核なき時代を
デザインする

国際政治・核不拡散・国際法からみた
現実的プロセス

［編著］
吉田文彦
遠藤誠治
佐藤丙午
真山 全

［著］
中尾麻伊香
向 和歌奈
西田 充
牧野愛博
小伊藤優子
堀部純子
樋川和子
河合公明

早稲田大学出版部

本書で表明されている見解は、執筆者個人のものであり、執筆者の所属する組織を代表するものではない。

まえがき

　核兵器の存在する時代を核時代と呼ぶならば、私たちが直面している核時代は一段と複雑な様相を示している。

　米ソの二大巨頭が核兵器で競いあい脅しあった冷戦期には、核リスク（核兵器使用のリスク）が高まる事態が何度もあり、しかも米ソ間で核戦争が起きると世界が破滅の淵に追い詰められる危険も大きかった。他方で、危うい「恐怖の均衡」のなかにあっても何とか核戦争が回避され、「不安定のなかの安定」が存在した時期だったとの見方もある。

　冷戦終結で二大巨頭の、天井知らずにもみえた核軍拡競争には区切りがつけられ、世界の核弾頭総数は減少基調が続いた。しかしながら、核不拡散条約（NPT）が認める5核兵器国の間での核戦争の危険が遠のく一方で、1998年にインドとパキスタン、2006年には北朝鮮が軍事目的の地下核実験を強行し、核拡散への懸念が拡大した。2001年に米国で起きた同時多発テロ（9.11テロ）は、「これが核爆発によるテロであったなら」との恐怖心を世界中で呼び覚まし、核テロ対策が国際・国家安全保障の重要課題となった。米国のバラク・オバマ大統領が2009年のプラハ演説で「核兵器のない世界」を目指す宣言をしたのも、少なくとも長期的な視点にたてば核抑止のメリット（核抑止効果）よりも、世界に核兵器が存在することのデメリット（核リスク）の方が大きいとの考えが根底にあったと考えられる。

　2010年代の半ばになって、さらなる転機が訪れた。米ロに加えて中国、さらにはインドが加わった大国間の地政学的競争・対立に拍車がかかり、新たな核軍拡競争も強く懸念されようになったのが大きな特色だ。サイバーや宇宙技術、ロボット、AI（Artificial Intelligence）などの新興技術の軍事応用も進み、これまで以上に多様で複合的な核リスクを抱える事態に直面しているのも、特色である。さらには、2022年のロシアによるウクライナ侵略開始と度重なる核兵器による威嚇の結果、キューバ危機（1962年）以降では最も核戦争のリスクが高まったともいわれる国際安全保障環境に突入した。そうした形で核時代の逆噴射が進む一方で、世界は核兵器禁止条約（TPNW）が存在する時代を迎

えることになり、多くの非核兵器国による「ポスト核時代」への動きもより顕著になった。ただ、既存の核兵器国・核の傘国はTPNWに反対しており、TPNW支持諸国と核抑止依存諸国との間の分断線は深まっているのが現実だ。

　冷戦期の対立構造も決してシンプルだったわけではないが、核問題の多面性と核リスクの多様性は確実に増加傾向を示している。これらにどう向き合って、「核兵器のない世界」へ進んでいけるのか。本書では、TPNWも含めて、すでに台頭している核抑止依存へのアンチテーゼ（対立理論）ともいうべき安全保障概念も踏まえながら、理論、政策の両面から「ポスト核時代」に向けた政策提言を示していく。

　本書でコアをなす政策基盤と、その下での2つの「問い」は以下である。ネガティブサイクルが目立つ現況の克服にブレイクスルーをもたらす政策基盤として、「安全保障を損なわない核軍縮」の構想・実装を重視する。この政策基盤をより明確化・具体化するプロセスを前進させ、やがては「安全保障を損なわない核軍縮」を国際社会の最大公約数にしていくことが緊要と考えている。その方向への前進を現実化させていくために設定した第1の「問い」は、安全保障政策において核兵器をどのように総合的に評価を示すべきか、である。核抑止に関する過信と過剰否定や、賛成・反対の二項対立の固定化を防ぐには、核抑止の実相を広角的な視点で見定めて、核の効用と限界についてできるだけ幅広い共通認識を持つことが賢策と考えられる。そうした共通認識の形成に向けた考察・判断材料として、核兵器の総合的評価を示すことが必要と考えた次第である。

　第2の「問い」は、「安全保障を損なわない核軍縮」の共有政策化に向けて、どのような政策提言が求められるのか、である。日本外務省主宰「核軍縮の実質的な進展のための賢人会議」の提言（2018年3月29日）による、「核抑止は、ある環境下においては安定を促進する場合もあるとはいえ、長期的かつグローバルな安全保障の基盤としては危険なものであり、すべての国はより良い長期的な解決策を模索しなければならない」（「核軍縮の実質的な進展のための賢人会議」2018：34）との指摘には重いものがある。ただ、この指摘の問題提起を認識しながらも、現状で足踏みが続くようでは問題解決への距離はなかなか縮められない。「より良い長期的な解決策」をどのように模索し、どんな政策提言につなげるのかという大きな宿題が残されたままである。

そこで本書では、核兵器のない時代に向けた政策や制度などをデザインすることにした。

　核軍縮と核抑止が二律背反ではない関係を安定化させ、核兵器を含む軍縮が国際秩序の維持、持続可能な平和にとって緊要な手段であることを共通認識とする。その上で、国際人道法、環境関連の国際法、核のタブーなどによる多面的な制約をベースにして核兵器の役割を最小化し、並行して「ポスト核時代」の安全保障システムの構築を進めていく。同時に核不拡散体制の強化・徹底をはかって、核廃絶後の違法な核（再）武装を防ぐ検証・保障措置の実装にも取り組んでいく。そうした地球サイズの見取り図を念頭に置きながら、「安全保障を損なわない核軍縮」を共通の行動原理に押し上げていけるような政策群を最終章で提示する。

　なお本書は、日本学術振興会の科学研究費助成事業（科研費）研究基盤（B）に基づく研究プロジェクト「安全保障を損なわない核軍縮」（代表研究者・吉田文彦、2021-2023年度）の成果をまとめたものである。研究チームは国際政治・安全保障、核不拡散、国際法の3つのグループに分かれて集中的に現状や課題の調査分析を行い、並行して全体会合で包括的な問題点の整理・分析を進めた。いわゆる、専門知を結集させる「統合知」による最適解の模索であり、核軍縮と安全保障をめぐる議論に新たな突破口を見出すべく尽力した。

　専門家だけでなく、大学の学部生・大学院生、関心を持つ市民の方々にも私たちの言葉が届くように、できるだけ専門用語を少なくし、問題の本質を端的に表現するように心がけた。より多くの読者が手にとってくださり、核軍縮と安全保障をめぐる議論においてそれぞれの当事者意識を高めていただくことに役立てばと願っている。

吉田　文彦

【まえがき参考文献】
「核軍縮の実質的な進展のための賢人会議 効果的な核軍縮への橋渡し─2020年NPT運用検討会議のための提言」。https://www.mofa.go.jp/mofaj/files/000403717.pdf

目　次

まえがき ……………………………………………………………………………… 3

第1部　多角的な研究報告

第1章　国際政治と核兵器 …………………………………………………… 15
▶吉田文彦・中尾麻伊香・向和歌奈・西田　充・牧野愛博・遠藤誠治

1　はじめに——人類の特異性を可視化させた核兵器（吉田文彦）………… 16
2　核兵器と人間（中尾麻伊香・吉田文彦）………………………………… 18
　　1　科学者や政治家のモラル面での葛藤　18
　　2　冷戦期における「不安定のなかの安定」　22
　　3　核軍縮が進み、核拡散・核テロ防止を重視した「第2の核時代」　24
　　4　核抑止論と核廃絶論が競い合う「第3の核時代」　26
　　5　人間が世代を超えて先延ばしにしてきた宿題　28
3　ロシアによるウクライナ侵攻がもたらした核抑止・核軍縮に係る課題
　　（向和歌奈・吉田文彦）…………………………………………………… 30
　　1　はじめに——浮き彫りになった核抑止の実相　30
　　2　核をめぐる議論の二分化と再確認
　　　　——核軍縮・核廃絶の必要性／核抑止の機能の必要性　31
　　3　核抑止の基本的な「原則」と核威嚇　33
　　4　ロシアによる核威嚇と核抑止の有効性　35
　　5　重なる原則の揺らぎ　38
　　6　核威嚇への批判　41
　　7　核抑止の再強化論の浮上　43
　　8　危機に瀕する軍備管理　46
　　9　NPTに吹きつける逆風　47
　　10　おわりに——核抑止の危うさを直視する必要性　49

4 P5/N5による秩序維持の枠組みの脆弱化（西田　充）……………51
   1　特別なパワーと権限を有しているP5/N5の形成　51
   2　国際秩序維持基盤としてのP5/N5の脆弱化　52
   3　P5/N5秩序の動揺の安定化に向けて　60

5 変化するアジア・太平洋における安全保障環境（牧野愛博）………63
   1　東アジアにおける日米同盟の現況と拡大抑止力　63
   2　ウクライナ戦争の日米同盟への影響　71
   3　中国の軍事戦略　74
   4　中国と米国・同盟国の原潜競争　81
   5　朝鮮半島と核問題　84

6 国際政治論と核兵器（遠藤誠治・吉田文彦）………………………91
   1　マルチラテラリズムとユニラテラリズム　91
   2　リアリズムと理想主義・自由主義　93
   3　民主主義と権威主義　96
   4　「安定化⇒核時代変革」への「黄金律」　98

7 おわりに──力だけでは生存競争で成功しない（吉田文彦）………101
   1　安全保障と核兵器　101
   2　危うい核抑止価値のインフレ状態　104

参考文献………………………………………………………………107

第2章　核不拡散と軍縮…………………………………………119
▶佐藤丙午・小伊藤優子・堀部純子・西田　充・樋川和子

1 はじめに──核不拡散体制の構図………………………………120

2 核兵器不拡散をめぐる政治的考察（佐藤丙午）………………124

3 核不拡散体制の基盤としてのNPT（小伊藤優子）……………128
   1　せめぎあいの舞台──NPT誕生前の核兵器をめぐる混迷状況について　128
   2　条約の精神の芽生え──核をめぐる言論空間の出現　130
   3　価値観の共有と合意の効力を求めて膨らむ期待　131

  4 対立と譲歩を許容する言論空間の課題 134

4 核不拡散措置の可能性——不拡散を通じた核廃絶への道（堀部純子）……137
  1 NPTの不拡散の現状——規範と機能 137
  2 核不拡散措置の現状 138
  3 核拡散問題の現状と核拡散リスク 142
  4 不拡散措置の可能性 143
  5 NPTの「前提」の揺らぎと不拡散措置への影響 147
  6 核廃絶とその先を見据えた不拡散に向けて 148

5 核廃絶に向けたプロセスとポストNPTへのトランジッション
 （西田　充）……149
  1 核廃絶に向けたプロセス
   ——中核的な役割を果たすのはNPTかTPNWか 150
  2 「最小限ポイント」における核兵器の戦略的価値と検証体制の関係 152
  3 「最小限ポイント」における非核兵器国への検証強化の必要性 155
  4 非核兵器国への保障措置の課題と向上 157
  5 ポストNPTへの移行に向けて 158

6 核廃絶後のポストNPTの姿・安定化スキーム
 ——「核不拡散レジーム」から「核廃絶レジーム」へ（樋川和子・西田　充）
 ……159
  1 核廃絶が実現する世界 160
  2 現行の国際政治システム
   ——主権国家が引き続き主要なアクターであり続ける世界 160
  3 新しい国際政治システム
   ——主権国家が主要なアクターでなくなった世界 166
  4 「核廃絶」とは？ 168

7 核不拡散政策の将来に向けて……169

8 おわりに——核廃絶の意味するもの……174

参考文献……176

第3章　安全保障の共通言語としての国際法 …………… 179
▶河合公明・真山　全・樋川和子

1　はじめに──国際政治と国際法（河合公明） ……………………… 180
2　武力行使に関する法と核兵器（河合公明） …………………… 183
  1　武力行使の違法化　183
  2　自衛権の行使と核兵器の使用　184
  3　自衛の極限状況における核兵器の使用　185
  4　核兵器使用の意図の表明と武力による威嚇　188
  5　取り残された核抑止政策の法的評価　189
  6　直接的抑止の法的評価　190
  7　一般的抑止の法的評価　191
  8　核抑止政策に jus ad bellum はどこまで迫れるか　193
3　国際人道法と核兵器（真山　全） ………………………………… 196
  1　国際人道法　196
  2　害敵手段規制と核兵器使用　199
  3　害敵方法規制と核兵器使用　205
  4　戦時復仇としての核兵器使用　207
  5　核兵器使用と戦争犯罪　211
  6　おわりに──国際法を「共通言語」という意味　215
4　軍縮国際法と核兵器（樋川和子） ………………………………… 218
  1　軍縮国際法と安全保障との関係　218
  2　NPT と安全保障　220
  3　CTBT と安全保障　222
  4　FMCT と安全保障　224
  5　TPNW と安全保障　226
  6　安全保障のための軍縮国際法──共通言語としての軍縮国際法　228
  7　核廃絶と安全保障の共通言語　230
5　おわりに──共通言語としての国際法（樋川和子） ……………… 231

1 共通言語の意義 232
 2 共通言語を使った議論を行うべし 233
 3 日本に求められること
   ──共通言語の明確化と法の支配（恣意性の排除） 233

参考文献 ……………………………………………………………… 235

第2部 「統合知」からの発信

第4章 核兵器の総合的評価 …………………………… 241
▶吉田文彦・遠藤誠治・佐藤丙午・真山　全

はじめに──激動期における二項対立の克服に向けて 242
 1 核兵器とモラルの歴史的経緯 243
 2 核抑止と大規模戦争不在の歴史 246
 3 継続される「必要悪」論 248
 4 核抑止と安全保障政策 251
 5 核抑止論の前提と限界 255
 6 核抑止破綻の偶発的リスク 260
 7 新興技術と核兵器 262
 8 核発射権限に関するリスク 265
 9 核兵器と国際人道法 268
 10 NPTの意義と持続可能性 270
 11 核抑止と軍備管理 274
 12 NPTと原子力平和利用 277
 13 「核不拡散レジーム」から「核廃絶レジーム」への移行 282
 14 核兵器の総合評価 285

参考文献 ……………………………………………………………… 296

第5章　提言──安全保障のための核軍縮と核廃絶……………………………301
　　▶吉田文彦・遠藤誠治・佐藤丙午・真山　全

　1　はじめに──持続可能な「核兵器のない世界」に向けて　302
　2　安全保障を損なうものとは何か　303
　3　核廃絶を実現するための「三本柱」その1：
　　　安全保障のシフト（Security Shift）　311
　4　核廃絶を実現するための「三本柱」その2：
　　　核廃絶への制度構築（Regime Building）　329
　5　核廃絶を実現するための「三本柱」その3：
　　　持続可能な核廃絶（Sustainable Zero）　342
　6　おわりに──「人新世」で求められる基本原則　353

参考文献……………………………………………………………………359

あとがき　361

索　引　363

・本書の構成は、大きく部──章──節──項からなる。各節冒頭に、その節の責任執筆者を掲げた。節の冒頭に執筆者が掲げられていない場合は、その章の執筆者らによる共同執筆である。
・本書に掲載されている国内法令は、e-GOV法令検索（https://elaws.e-gov.go.jp/）で参照することができる。また国会答弁なども、国会議事録検索システム（https://kokkai.ndl.go.jp/#/）で参照可能である。
・本書に掲載されている条約条文については、日本語の正文または公定訳（いずれも官報掲載）のあるものはそれに従い、そうでないものは、『国際条約集』（有斐閣、2024年）掲載の訳文を原則としてそのまま用いた。これにもないものは『ベーシック条約集』（東信堂、2024年）に依った。
・本書掲載のURLの最終閲覧日は、2024年7月31日である。
・引用文中における引用者注は〔　〕を用いて明示した。

●執筆者一覧（執筆順。＊は編者）

＊吉田 文彦
　長崎大学核兵器廃絶研究センター センター長・教授

中尾 麻伊香
　広島大学大学院人間社会科学研究科准教授

向 和歌奈
　亜細亜大学国際関係学部准教授

西田 充
　長崎大学多文化社会学部教授、同大学グローバルリスク研究センター 副センター長

牧野 愛博
　朝日新聞記者、広島大学客員教授

＊遠藤 誠治
　成蹊大学法学部教授

＊佐藤 丙午
　拓殖大学国際学部教授

小伊藤 優子
　国立研究開発法人日本原子力研究開発機構 大洗原子力工学研究所

堀部 純子
　名古屋外国語大学世界共生学部准教授

樋川 和子
　長崎大学核兵器廃絶研究センター 副センター長・教授

河合 公明
　長崎大学核兵器廃絶研究センター 副センター長・教授

＊真山 全
　大阪学院大学国際学部教授

第1部
多角的な研究報告

第1章
国際政治と核兵器

***

吉田　文彦

中尾麻伊香

向　和歌奈

西田　充

牧野　愛博

遠藤　誠治

1 はじめに
——人類の特異性を可視化させた核兵器

吉田文彦

　「人新世」とも呼ばれるように、人類は生存基盤である地球生態系の未来を左右するような、特異な種となった。その文脈で近年は、地球温暖化などの地球環境問題が注目されているが、最初に人類が自らの特異性を劇的に可視化させたのが核兵器の発明だろう。これによって自ら築いた文明や文化を毀滅させうるほどの破壊力を手にすることになり、その破壊力で平和を維持するという、見方によっては実に倒錯した時代に入り込むこととなった。そうした「平和論」を支えてきたのが、「恐怖の均衡」による核抑止論・政策である。ヒロシマ、ナガサキ以降の国際政治はかなりの部分、核抑止論・政策に突き動かされてきたといっても過言ではない。

　そこで本章では、国際政治と核兵器を主題に考えていく。最初に、そもそも核兵器を保有することによって歴史的に何が変わったのかについて考察したあと、核軍拡競争と核軍備管理が並行した冷戦期と冷戦後の約20年間に観察された不安定のなかの安定状態、いわば「疑似安定化」の仕組みとそこに内在していたリスクを読み解く。次に2022年のロシアによるウクライナ侵略と、ウラジーミル・プーチン・ロシア大統領によるあからさまな「核の恫喝」がもたらした①核抑止依存への反対論と賛成論の分断の深まり、②「米国とその同盟国」と「ロシア・中国」との間の対立構図の鮮明化による核軍備管理条約の消滅危機などを考察する。

　こうした変動は、第2次世界大戦後の国際政治の構図にも激震をもたらしてきた。大国主導型の協調による国際安全保障に重きをおいた国連憲章は、米ソ（ロ）英仏中の5カ国を安全保障理事会常任理事国（P5）とし、拒否権を付与して特別な責任を負わせた。いわゆるP5体制による紛争の回避・対応である。核不拡散条約（NPT）は米ソ（ロ）英仏中の5核兵器国（N5）の核保有を（少なくとも相当期間は）認めながら、核軍縮と核拡散の両立を目指す仕組みで、

世界が核だらけになるのを防ごうとしてきた。いわば、P5/N5体制による眼前の安全保障の維持と将来的な核廃絶の模索である。しかしながら、ウクライナ戦争でこの2つの体制の劣化が一段と目立つようになり、他方でグローバルサウスの台頭が誰の目にも明らかとなってきた。こうした国際政治上の地殻変動をどう考えればいいのか。それが今後の安全保障や核軍備管理にどのような影響をもたらすのかについて深堀してみる。さらに、変化する国際安全保障環境のなかで、逆に核兵器への依存を深めようとする国々がある現状を紹介し、アジア太平洋地域における主要国・地域の軍事的な傾向や特徴を読み解く。そして最後に、核時代における様々な変化を国際政治理論はどのように説明してきたのか、核軍縮へ向けた秩序変動についてどのようなヒントを提供しているのかを解説して、第2章以下の検討に向けた起点としたい。

2 核兵器と人間

中尾麻伊香・吉田文彦

1 科学者や政治家のモラル面での葛藤

　核兵器は「小型」と呼ばれるものであっても、その破壊力・殺傷力は巨大である。核戦争がエスカレートすれば国家や人類の文明、さらには地球環境にまで壊滅的な打撃を与える公算が大きい。核時代の到来は人間と兵器、人間と戦争の関係に根本的な変化をもたらした。

　核兵器と人間の歴史を駆け足で、広島、長崎への原爆投下前後の科学者の活動から振りかえってみよう。

　1939 年夏、米国に亡命していたハンガリー出身のユダヤ系物理学者レオ・シラードは、ナチ・ドイツで原爆が開発されることを憂慮し、フランクリン・ローズヴェルト大統領に米国でのウランの軍事利用について検討するよう促す書簡を起草した。この手紙は主にシラードが起草しアルバート・アインシュタインの名前（署名入り）でしたためたもので、大統領に届けられた（アインシュタイン＝シラードの手紙）（シラード 1982:124-125）。第 2 次世界大戦中、ドイツ、日本、ソ連など各国が核分裂を軍事利用するための研究に着手したが、イギリスとカナダの協力を得て、最も原爆開発に力を入れて取り組み成功したのが米国であった。科学者からの働きかけもあってはじまった原爆開発は、1942 年に始動した米国主導のマンハッタン計画で実を結ぶこととなった。

　原爆が完成間近となった段階で、マンハッタン計画に参加した科学者たちのなかから、実戦での使用に反対する者が声をあげるようになった。ドイツが降伏した後の 1945 年 5 月、原爆を日本に対して使用した際の政治的・社会的問題について考察する大統領の諮問委員会が組織された。シカゴ大学のジェイムズ・フランクと 6 人の科学者は、原爆は人の住んでいない適切に選択された地域での世界に向けた示威実験でまずは公開されるべきだという提言を盛り込ん

だ報告書（フランク報告）(Report of the Committee on Political and Social Problems 1945) を 6 月 11 日にヘンリー・スティムソン陸軍長官に提出した。しかしながらこの報告書は、原爆投下の決定に影響力を持たなかった。

7 月 16 日にニューメキシコ州アラモゴードの砂漠で人類初の核実験に成功すると、シラードは原爆を日本に投下することに反対する大統領への請願（シラードの請願書）を起草し、70 名の科学者の署名を集めた（シラード 1982:275-277）。この請願は軍内部に留め置かれ、大統領に届けられることはなかった。すでに完成した原爆は、科学者らの手を離れていた。

マンハッタン計画の科学者のリーダーであったロバート・オッペンハイマーは、ニューメキシコ州での核実験に立ち会った際、「今、われは死となれり。世界の破壊者となれり」というヒンドゥー教の聖典『バガヴァッド・ギーター』の一節を想起したという。彼は日本への原爆投下には反対しなかったが、広島と長崎に原爆が投下されたのち、原爆を作り出したという事実に大いに苦悩し、その手が血で染められているかのように感じた。オッペンハイマーは 1947 年にマサチューセッツ工科大学で行ったスピーチで、「どのような無作法、ユーモア、誇張をもってしても消すことのできない本質的な意味において、物理学者は罪を知った」と述べた（Oppenheimer 1948:65-68）。

広島と長崎への原爆投下は、科学者たちに大きな衝撃を与えた。彼らは恐ろしい兵器に転用される科学技術を世に生み出した責任を自覚し、科学者の社会における責任について反省を促されることとなる。1945 年 9 月、マンハッタン計画に参加したシカゴ大学の科学者たちは、核軍拡によってもたらされる問題を憂慮するシカゴ原子力科学者（Atomic Scientists of Chicago）というグループを結成し、雑誌『原子力科学者会報（Bulletin of the Atomic Scientists）』を創刊した。同誌では 1947 年から、地球滅亡（深夜 24 時）までの残り時間を分針で象徴的に表す「終末時計（Doomsday Clock）」を毎年発表している[1]。

このように道徳的、規範的な視点から核兵器の破壊力・殺傷力を見据え、通

---

1) 『原子力科学者会報』の目的は、原子力時代における科学者の責務を明らかにするとともに、原子力がもたらす諸問題について読者を啓蒙することであった。今日まで、核問題のみならず気候変動など科学・技術がもたらす広範な問題を取り上げ、議論を提起している。終末時計は 1947 年に同誌の表紙に採用されたもので、核軍縮のシンボルとなった。シカゴ原子力科学者及び『原子力科学者会報』については、土屋［2021］を参照。

常戦力と別扱いする価値観は第2次世界大戦後、核兵器の意思決定にかかわる人物たちにも、少なくとも一定程度、共有されてきた。核兵器の発射権限を持つ米国の歴代大統領も、程度の差こそあれ、そうした価値観を内在させていたことを強く示唆する公文書が多く残されている。核保有国として、核兵器による抑止政策を全否定したことはないものの、抑止には活用できても、実際には使用が困難な兵器、あるいは核兵器による先行使用は極めてハードルが高いとの考え方が存在してきたのである。それは「核のタブー」とも言われる考え方で、核兵器の存在や使用に反対する国内外の世論を意識したものでもあった。

主だった例をふり返ると——原爆投下を決断したハリー・トルーマンは戦後、核使用に極めて慎重で、拒否反応とも思えるような態度を示してきたことが公文書に残っている。1948年に、核爆弾・弾頭の所管を軍からシビリアンである原子力委員会に移行する議論を進めている時、軍からは反対意見が出された。これに対して、3年前に核兵器使用を命じたトルーマンはある会合で、机に目を落とし、何かを思い返すような表情で次のように語った。「とんでもない（terrible）破壊力、かつてない破壊力を持つものを使用する命令を出すのは、とんでもない（terrible）ことだ。諸君には、これ〔核兵器〕は軍事的な兵器ではないことを理解してもらいたい。女性や子供たち、武装していない市民までも一掃する（wipe put）ために使われるのであり、軍事的な使用〔軍事目標の攻撃〕が目的ではない。核兵器についてわれわれは、ライフルや大砲といった通常のもの（通常兵器）と異なる扱いをしなければならない」（Lilienthal 1948）。

核戦争の瀬戸際まで米ソが対峙した1962年の「キューバ危機」を何とか外交で切り抜けたジョン・F・ケネディも例外ではなかった。この危機の後にデンマーク外相と会談した際、「核兵器を使用してしまえば、まったく新しい世界に入り込むことになる。いったん核使用の決定をすると、もはや〔核戦争の〕エスカレーションを避ける方法などない」と語って（US Department of State 1962）、極めて慎重な考えを伝えたことが公文書に記されている。

二期目に思い切った核軍縮に乗り出したロナルド・レーガンは、歴代大統領のなかでも「核のタブー」を強く持っていた人物の1人だろう。レーガンはもともと核抑止に対して、道徳的な観点から強い違和感を持っていた。1984年1月の米国議会での一般教書演説で、ソ連に呼びかけた。「核戦争に勝者はなく、決して戦われてはならない」[2]と強調した上で、「米ソが核保有する価値は、

核不使用を確かなものにすることにしかない。しかし、それなら〔核不使用を徹底するためなら〕、核兵器を全面的に廃止する（do away with）方がよくはないだろうか？」（Reagan 1984）と、ソ連に核軍縮での前進を提案した。こうした核廃棄を指向したレーガンの基本姿勢がソ連指導者のゴルバチョフと共鳴して核軍縮の時代へと流れを変えたといえるだろう。

とはいえ、核兵器には、別の角度からみえる歴史もある。一定程度の「核のタブー」を持っていたとしても、大統領や首相を頂点とする核使用の意思決定にかかわってきた要人たちは、公式に核抑止を否定したきたわけではなく、事実上、核抑止への依存を選びとってきた歴史である。

現実に核兵器が存在する世界では、通常の戦力ではないからこそ、抑止の兵器として核兵器を活用する考え方が保持され続けてきた。その奥底では、核兵器の使用には人道上の問題があることを否定しないものの、国際秩序や平和の維持には核抑止が効果的だとみる核兵器の「必要悪」論が脈打ってきた。

トランプ政権で国防長官特別補佐官を努めたジョンズ・ホプキンス大学のハル・ブランズ教授は、「核兵器は人類を危険にさらす可能性があるほどに強力な兵器である。そうした点から核抑止力は、しばしば道徳面から不合理にみえるが、冷戦時代に自由世界が発展を守るために、『軍事的な盾』を提供してきた。核時代の大きな『逆説』は、想像を絶する破壊の道具が、前例のない人類の繁栄と創造の時代に貢献してきたということである」（Brands 2022）と、「必要悪」論の根拠を説いている。

核兵器を手にしたことを畏怖する一方で、核兵器による抑止力に安全保障を頼ろうとする。人間のこうした複雑な側面を踏まえ、以下では冷戦期を「第１の核時代」、冷戦後を「第２の核時代」（冷戦終結〜 2010 年代半ば）と「第３の核時代」（2010 年代半ば〜現在）に分けて、核抑止依存と国際社会における安全・不安定について概観していく（冷戦期を「第１の核時代」、冷戦後を「第２の核時代」「第３の核時代」に分ける考え方は、吉田他編著［2021］を参照）。

2）　米ソ首脳会談の共同声明でも、"A nuclear war cannot be won and must never be fought" との表現が採用された（Joint Soviet-United States Statement on the Summit Meeting in Geneva 1985）。

2　冷戦期における「不安定のなかの安定」

　米ソの二大巨頭が核兵器で競い合い脅し合った冷戦期は「第1の核時代」と位置付けられる。この時期の大きな特徴は、イデオロギーで鋭く対立した米ソ両国、米ソを筆頭にする東西両陣営が、軍事面では核抑止論に立脚して対峙し合っていたことだ。お互いが猜疑心を高める傾向が強まり、核抑止力面で相手より劣ることはこの大競争で相手に塩を与えるようなものと受け止められて、長きにわたって核軍拡競争が展開された。

　破滅リスクを抱えた対立構図のなかで直面したのが、核をめぐる「安全保障のジレンマ」であった。「安全保障のジレンマ」とは、ある国家が自国の安全保障を高めるためにとった行動が、他の国家の反発と対抗措置を招き、その結果、国家の安全保障が高まるどころか、むしろ低下してしまうような悪循環の状況である。

　米国を追いかけるソ連が初の核実験に成功すれば、米国が水爆の開発に拍車をかける。それを知っていたソ連も水爆開発競争でも米国を追随する。核弾頭増強での競争はその運搬手段である弾道ミサイル開発競争も誘発し、1957年にソ連が先に人工衛星・スプートニクを地球周回軌道に乗せた。宇宙空間を飛んだ後に大気圏内に戻る長射程の弾道ミサイルの開発で、この段階では米国をリードする形となった。米国も負けてはいられないと資金と人材を投じ、潜水艦発射の弾道ミサイルの開発・配備ではソ連に水をあけることとなった。「安全保障のジレンマ」の悪循環がこうして継続され、人類の文明を何度も壊滅させるオーバーキル（過剰殺戮）能力、すなわち、国家安全保障の必要量をはるかに超えると思われる核弾頭数が積み上げられていった。

　走り続けてないと倒れる（負ける）自転車のような核軍拡競争をいつまで続けるのか。核をめぐる「安全保障のジレンマ」を抜け出す突破口はないものなのか。

　試行錯誤の末に1960年代、とくに半ば以降から核軍備管理条約を安全保障政策のなかに位置づけるチャレンジが始動した。米ソによる①天井のみえない核軍拡競争の軌道修正、②核軍備管理を通じた先制核攻撃能力の規制や信頼醸成の拡大による核戦争リスクの低下、の模索が始まったのである。米ソ関係の

改善が進み、デタント（緊張緩和）と呼ばれる時期を経験したことも手伝って、1960年代以降には次々と多国間、二国間の核軍備管理条約が誕生していった。

米ソに関していえば、核ミサイルなどの保有上限を定める核軍備管理条約を生み出し、さらには核弾頭そのものを減らす核軍縮条約へと発展させていったプロセスは、「戦略的安定」をより確かなものにする試みの積み重ねでもあった。「戦略的安定」とは、核兵器保有量の差異にこだわらず、核抑止に十分と判断される保有量以上に増強することもせず、むしろ核戦争防止のため手段を強めていくことで得られる「不安定のなかの安定」である。こうした「不安定のなかの安定」に、先述の「核のタブー」もプラスに働いてきたと考えられ、①核兵器の破壊力と②それを忌避するモラル、の相反する2つのパワーが複合的に作用しながら、「不安定のなかの安定」の維持がはかられてきたといえるだろう。

実は米ソの核軍備管理交渉に先立って、重要な多国間の軍備管理条約の交渉もスタートしていた。NPTに関する交渉である。1968年に合意され、1970年に発効したこの条約はのちのち、「NPTは、軍縮・不拡散体制の礎石として、国際社会の平和と安全の維持をもたらして」きた（岸田文雄首相（当時。以下同）、首相官邸2022a）と高く評価されるまでになった。

NPTは条約妥結の時点ですでに核武装していた米ソ英仏中の5カ国をNPT上の「核兵器国」とし、少なくとも一定期間は「公認」することとした。一方、この5カ国以外の諸国については「非核兵器国」としてNPTの締約国となることを求めるという不平等な構造になっている。にもかかわらず、多くの諸国がNPTの締約国となり支持してきたのは、核拡散を防ぐことの意義に共感したこと、第4条で非核兵器国への原子力平和利用での協力が約束されたことにとどまらず、第6条で核軍縮条約について誠実な交渉を行う義務を核保有国に課している点が重要な理由である。

核保有国が核弾頭数を積み上げることを「垂直拡散」と呼ぶ。核兵器を持つ国がNPT「公認」の核兵器国以外に拡がることを「水平拡散」と呼ぶ。NPTは非核の締約国に「水平拡散」防止を法的に義務付けた。他方で核兵器国は誠実に軍縮交渉に取り組む法的な義務を負ったが、「垂直拡散」防止の法的義務は負っていない。それでも非核兵器国は自分たちが「水平拡散」防止を徹底し、「公認」核兵器国が「垂直拡散」防止を突き詰めていけば、核廃絶というNPT

の最終目標に近づけるとの期待を込めたのである。

　NPT が、少なくとも相当程度、不拡散に貢献してきたことは評価されるべきである。核不拡散についてケネディ米国大統領は 1963 年 3 月の記者会見で、「悪くすれば 1970 年までに 10 カ国、1975 年までに 15-20 カ国の核保有国が存在することになるかも知れない」との懸念を表明していたが（Kennedy 1963）、NPT 発効後に核武装した国はこれまで（核保有宣言はしていないイスラエルも含めて）4 カ国にとどまっている。非核兵器国が核保有に向かわない理由は NPT の存在以外にも考えられるため、NPT の功績がどこまであったかを厳密に評価するのは難しい。そうではあっても、相当程度の貢献を果たしてきたことは間違いないだろう。

　NPT は今でもなお、「公認」核兵器国に軍縮交渉を義務付けた唯一の多国間条約である。この稀少価値には大きなものがある。第 1 次戦略兵器制限条約（SALT Ⅰ）が 1972 年に合意に至ったが、その背景には、米ソデタント、米国経済の悪化などの様々な要因があったものの、NPT 第 6 条を意識した選択でもあった。核兵器国の観点からすると、核軍備管理交渉を常態化させて「垂直拡散」防止につなげることで NPT 重視の姿勢を示し、その見返りに「水平拡大」拡散の防止を促がす意図を込めた政策選択であった。SALT Ⅰ以降も米ソは、そうした同時追求が「戦略的安定」＝「不安定のなかの安定」に寄与し、核戦争のリスクを低めながら核抑止依存の安全保障体制を維持できるとの認識にたって、核抑止を前提にした核軍備管理・軍縮に取り組んできたと考えられる。

3　核軍縮が進み、核拡散・核テロ防止を重視した「第 2 の核時代」

　やがて時代は劇的に動く。1989 年に冷戦が終わり、1991 年にソ連が崩壊して、後継国であるロシアが核超大国として存続することになった。冷戦後の 30 年余りをどうとらえればいいのか。本節ではこれまでの記述で冷戦期を「第 1 の核時代」と位置づけて考えてきたが、この先は過去 30 年余りの冷戦後の時期を「第 2 の核時代」と「第 3 の核時代」に区切って、それぞれの特質などを描くことにする。

　「第 2 の核時代」でまず特筆すべきは、NPT の「普遍性」の拡大である。冷

戦終結後、それまでは、「公認」核兵器国に指名されていながらも、NPTに未締約であったフランスと中国が加わった。「潜在的核保有国」とみられてきたブラジル、アルゼンチンなども締約国となった他、秘密裏に核保有していた南アフリカは核廃棄を宣言した上でNPTの締約国となった。さらには1995年にNPTの無期限延長が決まり、現在は191カ国（北朝鮮を含む）が締約国となっている条約として、多くの課題を抱えつつも前記の岸田首相のような評価を得るようになったのである。

　NPTがこのような展開をみせるなかで、米ロはNPT第6条も意識しながら、核ミサイルなどの保有上限を定める核軍備管理条約から核弾頭そのものを減らす核軍縮条約へと大きく舵を切っていった。第1次戦略兵器削減条約（STARTⅠ）、第2次戦略兵器削減条約（STARTⅡ、未発効）、戦略攻撃能力削減に関する条約（モスクワ条約）、新戦略兵器削減条約（新START）が冷戦後の一連の核軍縮条約で、米ロの核弾頭総数は冷戦期のピーク時（1986年ごろ）の6分の1ほどに削減され、「垂直拡散」から「垂直拡散」の防止・抑制への変化が顕著になった。2011年に発効した新STARTでは米ロの戦略核の配備上限数は1550発だが、米国のバラク・オバマ大統領は2013年にベルリンでの演説で、ロシアとの交渉で1000発レベルにまでの削減をめざす方針を示した。米ロが共に1000発ほどにまで下げられれば、200発台（当時）の中国も加えた新たな交渉が視野に入ることに期待を抱かせる内容だった。

　その一方で、「水平拡散」については深刻な局面が相次いだ。「不平等条約」などの理由でNPTに背を向けていた南アジアのインドとパキスタンが1998年に軍事目的の核実験を強行した。北東アジアでは、核兵器開発疑惑が次々と指摘された北朝鮮が2003年に二度目のNPT脱退宣言を表明し、2006年に核実験へと踏み出した。北朝鮮に経済制裁を課す国連安全保障理事会決議が採択され、欧米諸国や日本などが制裁措置を実施したにもかかわらず、2017年までに計6回の核実験を強行した。中東では、国際原子力機関（IAEA）の査察をかいくぐりながらウラン濃縮施設を建設したイランで、核兵器開発疑惑が膨らんだ。「水平拡散」防止に効果的な包括的核実験禁止条約（CTBT）が1996年に国連総会で採択されたが、未発効のままになっている。

　混迷感を加速したのが、2001年9月に米国で起きた同時多発テロだった。民間航空機をハイジャックしてニューヨークの世界貿易センタービル2棟と国

防総省に体当たりするという常軌を逸した大規模なテロで、国際的なテロ組織「アルカイーダ」が事実上の犯行声明を出した。米国内では「テロ集団に核兵器が渡ってしまったらどうなるのか」との懸念が強まり、新たに拡散対抗政策が導入された。大量破壊兵器拡散防止に向けた輸出管理の強化にグローバルに取り組む政策で、ジョージ・W・ブッシュ政権の主導の下で始まったのである。それは、NPTによる核不拡散体制を補強するための措置でもあった。

　こうした目にみえる変化の底流で何が起きていたのか——「第2の核時代」において、プラス面では「垂直拡散」の防止・抑制（米ロ核軍縮）が進み、マイナス面では「水平拡散」（印パ、北朝鮮の核実験）が並行して進んでいた。そうしたなかで、NPTが条文上では対策を想定していない非国家主体（Non State Actor）による核テロに対する危機感も一気に高まる展開となった。冷戦後の世界は、冷戦期よりも複雑で困難だ。そんな言葉もささやかれる中、核保有国が描く「戦略的安定」＝「不安定のなかの安定」の計算にも大きな狂いが生じかねない事態に直面するようになっていた。

　2009年のオバマ米国大統領の「プラハ演説」は（Obama 2009）、「核兵器のない世界」を目指す基本方針を明確な言葉で表明をしたことで知られるが、実は「不安定のなかの安定」が大きく揺らいでいることを色濃く反映した演説でもあった。オバマ大統領は、「今日、冷戦はなくなりましたが、何千発もの核兵器はまだ存在しています。歴史の奇妙な展開により、世界規模の核戦争の脅威が少なくなる一方で、核攻撃の危険性は高まっています。核兵器を保有する国家が増えています。核実験が続けられています。闇市場では核の機密と核物質が大量に取引されています。核爆弾の製造技術が拡散しています。テロリストは、核爆弾を購入、製造、あるいは盗む決意を固めています。こうした危険を封じ込めるための私たちの努力は、全世界的な不拡散体制を軸としていますが、規則を破る人々や国家が増えるに従い、この軸が持ちこたえられなくなる時期が来る可能性があります」（邦訳は、American Center Japan 2009）と、直面する課題を率直に指摘していた。

4　核抑止論と核廃絶論が競い合う「第3の核時代」

　オバマ大統領のプラハでの懸念は、あの時点で的を射たものではあった。だ

が、オバマ大統領も未来をみる水晶玉を持っていたわけではなく、おそらく彼がプラハで想定していなかったことが次々と起きることとなる。

　米ロ間の核軍縮交渉は、ロシアの中距離核戦力全面廃棄条約（INF全面廃棄条約）違反や中国の中距離核戦力増強などによって進展を見通せなくなり、ドナルド・トランプ大統領は2019年に米ソ（ロ）間の最初の核軍縮条約であるINF全面廃棄条約を離脱し、ロシアも同じ措置をとった。ロシアのウラジーミル・プーチン大統領は2023年に新STARTの履行停止を表明して、2026年に期限切れとなる新STARTの後継条約に関する交渉の行方は視界ゼロに近くなった。

　背景にはまず、2012年に大統領職に復帰したプーチン氏が独裁的な統治へと傾斜し、核抑止への依存も強めたことがある。隣国ウクライナに対して2014年の軍事介入でクリミア半島を事実上併合し、2022年にはウクライナ各地への侵略を開始した。しかも、米国を中心とする北大西洋条約機構（NATO）の軍事介入をけん制する形で、「ロシアは今日最も強い核保有国の1つ」であり、「わが国を攻撃すれば、壊滅し、悲惨な結果になる」と語って（Putin 2022）、あからさまな「核の恫喝」に打って出た。

　軍事的に台頭してきた中国が、核増強を進めていることも核軍縮に悪影響を及ぼしている。中国が台湾問題も含めて「力による現状変更」も辞さない姿勢をみせ、ロシアのウクライナ侵略についても正面からは批判しなかったことも、中国脅威論を加速させた。北朝鮮の核・ミサイル開発にも拍車がかかり、インドとパキスタンとの核軍拡競争もより顕在化する事態となり、核使用リスクの高まりが冷戦終結後では最も強く懸念される時期に入ったといわざるをえない。

　「核のタブー」の弱まりが現出するように、限定的な核使用を可能にするという想定の下で、爆発規模を抑えた「使える核兵器」の開発や配備の必要性を唱える論者も目立つようになった。新たな核軍拡のなかで、サイバーや宇宙技術、ロボット、人工知能（AI）、ナノ技術などの先端技術の軍事応用が進み、それらが核抑止による「安定」を脅かすという図式もくっきりと像を結んできた。これまで以上に多様で複合的な核リスクを抱え、核抑止による「不安定のなかの安定」への不安が膨らむ局面にいたっているのも、「第3の核時代」の特色の1つといえるだろう。

　オバマ大統領が、世界的な核戦争の脅威は低下したものの、歴史の皮肉とい

うべきか、核攻撃の危険性はむしろ高まったとの見方を示したのは、核テロの危険を指摘するのが主たる目的ではあった。ところが「第3の核時代」に突入してからは、皮肉にも、核テロの脅威よりもむしろ、「世界的な核戦争の脅威」への強い懸念が復活する展開となったのである。

NPTに組み込まれた「理想＝最終目標は核廃絶」がかすんでいくなかで、本節の冒頭で記したような人間の視点、換言すれば人道主義の視点が国際社会で力を持つようになる。この時期のもう1つの重要な特色であり、核使用のリスク、人類や文明の破滅リスクは結局、核廃絶でしかゼロにできないとの考え方が2010年代半ばから大きなうねりとなって強まった。

冷戦期、冷戦後を通じて様々なタイミングで数多くの市民が反核・非核・軍縮の声をあげてきた。その総和が核兵器の非人道性を強調する動きとなり、1つの到達点として、中小の非核国や市民社会の主導で核兵器禁止条約（TPNW）が2017年に採択（賛成、122カ国）され、2021年に発効した。条約前文には「あらゆる核兵器の使用から生ずる壊滅的で非人道的な結末」を「深く憂慮」することが記されており、こうした「憂慮」がTPNW誕生の原動力だったことを強く示唆している。

新たな潮流のなかで、TPNWそのものが、人道主義とかけ離れた「第3の核時代」の核保有国の振る舞いに向けた「対抗概念」のような機能を発揮している。近い将来に核抑止に依存する諸国がTPNWの締約国となることは考えにくいにしても、TPNWの存在が核抑止に対抗する国際的な規範力を高め、NPTを基軸にした核軍縮・不拡散にどのような刺激を与えて、核廃絶＝「ポスト核時代」に向かえるのかは、「第3の核時代」の今後を大きく左右するだろう。

5　人間が世代を超えて先延ばしにしてきた宿題

このような歴史の流れの含意とはいったい何なのだろうか――核抑止論と核廃絶論がダイナミックに影響力競争を繰り広げる「第3の核時代」の到来は、歴史的に未解決ないくつかの重要な問いを私たちに突きつけているようにみえる。

本質的には軍事施設だけの攻撃に留まらず、多くの文民を直接的に、あるい

は巻き添え被害で殺傷することが運命づけられている核兵器で、平和や安全を持続可能なものにしていけるのか。「核の恫喝」や「使える核」重視の言説の往来は、「とんでもない（terrible）破壊力、かつてない破壊力を持つものを使用する命令を出すのは、とんでもない（terrible）ことだ」（Lilienthal 1948）との、世界でただ1人、核兵器使用命令を出したことがあるトルーマン大統領の重い言葉を忘れてはいないか。こうした問いに対して最適解をみつけるのは困難であるかも知れないが、人類の進歩のためにも絶え間ない知的チャレンジが必要なのではないか。

あるいは話は逆だとの反論もあるだろう。核兵器が従来型の通常戦力ではないからこそ、核抑止政策が存在し続けているのであり、核抑止にとって代わる安全保障の方策など果たして見出せるのか。それは単に、核兵器より強力な新型兵器の採用・依存に帰結するだけの問いではないのか。

いずれの問いもまさに、本書で筆者たちが最適解を模索していかなければならない問いでもある。人間が世代を超えて先延ばしにしてきた宿題から逃げずに、正面から向き合わなくてはならないのが、私たちの現在地であることを強く示唆している。

3 ロシアによるウクライナ侵攻がもたらした核抑止・核軍縮に係る課題

向和歌奈・吉田文彦

1 はじめに──浮き彫りになった核抑止の実相

　ロシアによるウクライナへの軍事侵攻は、地政学的な計算や領土的な野心の実行のために国際的な規定やルール、さらには国際世論を無視したものであり、世界を揺るがす一大事となった。現時点までに確認できる限り、ロシアの行動は、条約など国家間の法的な約束を踏みにじる掟破りの連続と繰り返しともいえる。

　国民に向けた 2022 年 2 月 24 日の演説のなかで、ロシアのウラジーミル・プーチン大統領は、ウクライナ政権がドンバス地域に住むロシア系住民へジェノサイド（集団殺戮）を加えていると指摘して、その実行部隊であるウクライナ軍の能力を無力化するために特別軍事作戦（special military operation）を開始すると宣言した（Presidential Executive Office 2022）。開戦を宣言したこの演説のなかでプーチンは、ロシアを「今日もっとも強い核保有国の 1 つ（one of the most powerful nuclear states）」であると述べ、ロシアへの直接的な攻撃を行ういかなる国は、いずれもが「敗北と不吉な結末（defeat and ominous consequence）」に直面すると核兵器の存在をちらつかせた威嚇を行った（Putin 2022）。その後もプーチンは、同じような核の恫喝を繰り返すようになった。

　ドミトリー・メドベージェフ安全保障会議副議長もまた、プーチンに同調するかのように、西側諸国がウクライナへの軍事支援を続けるならば、「グローバルな核の惨事（global nuclear catastrophe）」が起こるとの牽制的な発言を行い、核使用の可能性をちらつかせた（Reuters 2023b）。これに加えて、外交防衛政策評議会のセルゲイ・カラガノフもまた、先制攻撃を含む核使用が戦争を最終的に終結させるための 1 つの手段になりうるとの考えを示した（Karaganov 2023）。

このようなロシアによる核の恫喝と核使用の可能性に対する国際社会の懸念は、同国とベラルーシとの間で進展がみられた核共有によって、ますます膨らんでいった[3]。ロシアによるウクライナへの侵攻が始まると、ロシアを支持したベラルーシは発言力を一層高めて、ロシアに核の共有を求め、ロシアはこれに応じた（Sokov 2022; Gregory 2023）[4]。

　ロシアのこうした言動を目のあたりにしてもなお、核抑止は国際秩序を安定させる方向に作用するといえるのだろうか。またこのようななかで、核軍縮に対してはどのような課題が提示されたと考えられるだろうか。これらの問いを考察するために、本節では、ウクライナ侵攻におけるロシアの言動によって浮き彫りになった核抑止の実相について考えていくこととする。

2　核をめぐる議論の二分化と再確認
——核軍縮・核廃絶の必要性／核抑止の機能の必要性

　ロシアによるウクライナ侵攻が開始された2022年の時点で、核をめぐる国際的な議論は大きく二分化し、その分断は膠着した状況にあった。この状況は、2017年に成立したTPNWによって、核抑止を重要視する国と核軍縮・廃絶を推進する国との間にある核兵器の価値の捉え方をめぐる溝が一層深くなったこ

---

[3]　もともとベラルーシはロシアにとって重要な同盟国である。ベラルーシは1999年にロシアとの間でベラルーシ・ロシア連動国家創設条約を締結したが、2005年以降は統合プロセスが停止している。2015年に発足したユーラシア経済同盟（Eurasia Economic Community）の加盟国であると同時に、1993年に発足した集団安全保障条約機構（Collective Security Treaty Organization）の一員でもある。ベラルーシは2022年2月に憲法改正に係る国民投票を実施して、非核化地域及び中立国家を目指すとする規定を削除した。

[4]　核共有とは、核保有国の核弾頭を非核兵器国である同盟国の国内にある軍事基地に配備して、有事には同盟国が保有する運搬手段にその核弾頭を搭載して運用する制度である。核共有の制度下では、核使用の意思決定は、核弾頭を提供する核保有国と受け入れ国である同盟国が一緒に行うのも先例となっている。実際に現在、核共有の制度を持つNATOでは、平時の核兵器に関する管理は米軍が行いつつも、有事にはNATO理事会での最終的な決定が求められる。NATOでの核共有は、NPT内では例外的に容認されてきた。NPT成立以前にNATOで実行されていたことが背景にあるからだ。この点についてロシアは再三、この制度がNPT違反ではないかと批判してきたが、ウクライナ侵攻後には、自ら批判していたことを今度は自身が実行することになった。核共有については、例えば岩間編［2023:31］を参照。

とに端を発している。前者は核兵器に見出す戦略的価値がより重要なものであると考え、後者は核兵器には戦略的価値がなく、むしろ核兵器は非人道兵器であることを強調して、核廃絶に向かう必要性をより明確に主張するようになった。この両者間の主張の隔たりが一層顕在化したため、核兵器のない世界に向けた足並みがなかなか揃わない現実が、さらに浮き彫りとなった。

ロシアによるウクライナ侵攻はこの対立軸をより鮮明にしたばかりでなく、両者の主張をそれぞれ強化する要素を提供することにもなった。換言するならば、ウクライナ侵攻におけるロシアによる核の恫喝や威嚇は、核兵器が存在する限り、そしてそれゆえに、核兵器が非核兵器国の立場を脅かす可能性となり続けることを再確認するきっかけとなり、それゆえに核軍縮や核廃絶の必要性がより鮮明になったのである。かつて1960年代にNPT成立に向けた国際交渉の過程において、非核兵器国は核保有国に対して積極的安全保証と消極的安全保証を要求したが、その根底には、核保有国による非核兵器国への武力攻撃は、後者の安全や国家の生存そのものを脅かす重大な問題であり、この問題を解決するためには、核兵器の全廃が必要となるとの論理があった（非核兵器国に対する安全保証については、例えば秋山［2015:29-32］；向［2023b］を参照）。そうした歴史的背景もあって、非核兵器国のうち特にTPNWに賛同する国は、ウクライナ侵攻におけるロシアの核使用のリスクが現実味を帯びていることを受けて、核軍縮を早急に進めて核廃絶に向かうための具体的な政策の重要性を改めて強く認識した（Gibbons et al. 2023:2、9-10）。

他方、同じロシアによるウクライナ侵攻の結果、核抑止がより必要であるとの主張も同時に聞かれるようになった。この点は、核兵器を保有しない非核兵器国であるウクライナに対して、核兵器を保有するロシアが軍事侵攻したとの事実に鑑みて、仮にウクライナが核兵器を保有していたならば、ロシアによる侵攻は抑止できたはずであるとの考えに基づくものである（Salloum 2022:61-62; Cook 2023）。

これに加えて、NATOが直接的な軍事介入を回避しているのは、ロシアの核抑止が作用しているからだとの解釈から、核抑止必要論を再認識する動きもある。これは、ウクライナ侵攻におけるロシアの核使用の可能性への言及や核威嚇が、対ウクライナというよりもむしろ、その背後からウクライナを支持する米国に対する抑止効果を狙ったものであるとの考えに依拠する。ロシアのウ

クライナ侵攻に対してNATOが軍事介入する可能性が継続的に憂慮されるなか、現段階でNATOの中心的な存在である米国は、ロシアに対抗するような直接的な軍事介入の意思をみせていない。こうした現状は、米（NATO）露間での核抑止が現段階では効いているということを強く示唆しており、実際に核抑止が戦局の拡大を抑えられているとの見方も示されている[5]。

このように、ロシアによるウクライナ侵攻とそこで確認されてきた核の恫喝や核使用のリスクは、多くの核保有国に対しては核軍縮や核廃絶の重要性を再確認させた半面、他の国には核抑止による核使用が食い止められてきた可能性についても主張できる状況を提供することになる。両主張をめぐる対立や亀裂がすでに顕著となっていた国際社会において、核をめぐる議論の分断をさらに深化させる結果となった。

3 核抑止の基本的な「原則」と核威嚇

核をめぐる議論の分断が激しさを増すなかで、当然ながら、ウクライナ侵攻を通じてロシアは自身の核抑止力の強化を念頭に政策を展開していると考えられる。では、ロシアの核抑止は本当に効果的に作用しているのだろうか。この点を考えるにあたり、まず、核抑止論の基本を確認しておきたい。核抑止とは、核戦力を用いて相手が受け入れられないほどの報復をすることを明確にする（威嚇する）ことで、相手にその行動の実行を思いとどまらせる効果があると考えられている。ロシアの視点からすると、このような核抑止の堅持は、自国の生存を脅かす存在への対応に他ならない。

では、このような核抑止が機能し効果を発揮するためには、一般的にどのような原則が必要となるのだろうか。ここでは、ダニエル・ポストが提示する、核抑止が機能するための不変的な原則を紹介していく（Post 2023）。

1つめが、脆弱性（vulnerability）である。すなわち、敵対する国同士は、仮

---

[5] 実際にNATO自身も対ロシア政策における核抑止の重要性を意識している。例えば、イェンス・ストルテンベルグNATO事務総長は、記者会見において「ロシアによる核威嚇に対して、核兵器はNATOにとって究極的な安全保証であり究極的な抑止力である」（NATO's nuclear deterrent is our ultimate security guarantee and our ultimate deterrence）と述べていることからも明らかだろう。詳しくはNATO［2024a］を参照。

に相手が越えてはならない一線を越えた場合、もしくは死活的利益に対して威嚇行為に出てきた場合に、これらの行為に対して科される懲罰（報復）に対して脆弱である必要がある。例えば、互いに核兵器を保有して敵対関係にあるA国とB国で考えてみよう。仮にA国が受忍できないような重要な利益侵害（核兵器による先制攻撃も含む）にB国が出た場合、A国はB国に対して核兵器を用いて報復することが想定される。この際、A国の報復攻撃に対してB国が脆弱であること（すなわち高確率で防御する手段を持たないこと）が、核抑止の論理が成り立つ前提となる。仮にB国がA国の報復に対して脆弱でなければ、B国はA国の報復攻撃を恐れる必要がなくなり、それに伴ってA国による核抑止の効果も弱まるからである。

2つめが、不確実性（uncertainty）である。核抑止が機能するためには、敵対する国同士は互いの核保有の状況（核保有している事実やその概要）を認識する必要がある。この点は前述の脆弱性の原則と連動するものである。他方で、相手国の核戦力の正確な規模の詳細については確実な状況を把握していない、すなわち不確実な状態の方が、核抑止は機能するとの考え方もある。A国の核戦力の状況（弾頭数や配備の状況など）そのもののみならず、核戦略や戦術に対する不確実性がなくなれば、それはB国にA国の手の内をすべて明かすことを意味しており、B国によるA国の核抑止力への対応力が高まることになる。換言するならば、A国のB国に対する核抑止力は、その分弱まることになる。したがって理論上、核抑止が確実に機能するためには、自国の選択の確実性の部分ではなく、むしろ不確実性の部分がカギとなるのである。

3つめが、核兵器が持つ兵器としての特徴の例外性（exceptional nature）である。巨大な破壊力や殺傷力を持つ核兵器は、通常戦力とは異なる特殊な兵器である。1945年8月以降、今に至るまで、核兵器は一度も使用されていない。しかしながら、核兵器が仮に使用された場合、それがたとえ限定的な使用だった場合であっても、核兵器の実際の使用の敷居を一気に低くすることにつながりうる。核抑止が効果的に働くためには、核使用を究極的かつ最終的な状況、すなわち例外的な状況に限定することが重要となる。したがって、核兵器は兵器として例外性が高い兵器として認識されるべきとの考え方である。

4つめが、敵対国の合理性（rationality）である。核抑止は、核保有国同士が合理的なアクターであることを前提としている。すなわち、核保有国が双方と

もに目的を達成するための最善の方法について、的確に自ら判断できなければならない。したがって核抑止を効果的に発揮したい国は、敵対国が合理的な計算をもとに行動するように、自らの戦略を構築していく必要がある。

そして5つめが、信憑性のある抑止による脅威（credible deterrence threats）に係る意思伝達（communication）である。例えば敵対するB国の核使用によってA国の重大かつ死活的な利益が脅かされるとA国が判断した場合、A国はB国がそうした行動をとることを許さず、核兵器を使用して報復することによってB国が許容できないほどのコストを課す。核抑止の効果を維持するには、A国にそうした意思と能力があることをB国に前もって伝えておく必要がある。

以上の5つの原則は、いずれも核抑止が的確かつ効果的に機能するための指針のような性格を有している。ここで想定されているのは、核抑止を相互に作用させている国家が基本的には直接的な対立構造にあるケースであり、その最たる例が冷戦期の米ソ対立といえる。では、現在、核抑止が効果的に機能していると自負するロシアのウクライナ侵攻における核使用の可能性への言及は、上記5つの原則にその行動が則っているといえるのだろうか。また、ロシアの核抑止力はどこまで効果的なものであるといえるのだろうか。ウクライナは米国を含むNATO諸国の支援を受けているとはいえ、どの国からも拡大核抑止を提供されていない非核兵器国である。そのようなウクライナに対するロシアによる核使用や核の恫喝の効用と限界について、以下で詳しくみていくこととする。

4　ロシアによる核威嚇と核抑止の有効性

ポストが示す核抑止が効果的に機能するための5つの原則に照らし合わせた時、ウクライナ侵攻に伴うロシアの核使用に関連する言動は、ロシアの核抑止力に対してどのような影響を与えているといえるだろうか。

そもそもロシアは、核兵器を専ら抑止の手段として捉えており、その使用を極度の必要性に駆られた場合の手段としている（小泉 2023）。換言するならば、ロシアによる核抑止の目的は、ロシアとその同盟国に対する侵略を抑止することである。その一方でロシアは、核抑止が崩れて「軍事紛争が発生した際の軍

事活動のエスカレーションの阻止（escalate to de-escalate）」のために核兵器を使用する選択肢を持つことも同時に示唆している。すなわち、仮に核抑止が破れた場合は、想定されうる紛争のエスカレーションを抑制して、最悪の事態を回避しながら、最悪の段階に至る前に紛争を終結させる手段として考えているという。

　これに加えてロシアによる核兵器の実際の使用は、ロシアに対して核兵器が使用された場合の報復措置としてのみならず、核兵器以外の大量破壊兵器がロシアに対して使用された場合や、弾道ミサイルがロシアに対して発射されたとの確かな情報が得られた場合など、国家の生存が脅かされている事態への対応策であることが明示されている。これは、米国による武装解除をねらった先制的な攻撃が行われた場合、ロシアの核抑止力が大きな打撃を受ける可能性が近年高まっているためであるといわれている（小泉 2023）。

　ではポストが示す5原則のうち、ウクライナ侵攻における核使用に関して、ロシアは脆弱性の問題をどう考えているのか推察してみよう。ロシアによる核使用の可能性は、上記のように核抑止が破れた場合と同時に、大量破壊兵器・通常兵器にかかわらず、国家の生存が脅かされている事態に直面した際への対応手段であることも明らかにされている（Giovannini 2022:7）。

　ロシアがどのような状況で核使用するかは現時点では不明だが、米国やNATO諸国を核攻撃するようなことが仮に起こった場合、ロシアは米国とNATOの核報復を受ける公算が大きい。他方で、ロシアがこれを全面的に防御する術は皆無に近く、その意味でロシア側に脆弱性は存在する。したがって米国やNATOに対する核攻撃を防ぐという意味においては、米国やNATOの核抑止がロシアに対して作用していることが論理的には考えられる。

　では、実際にロシアがウクライナに対して核兵器を使用する場合はどうだろうか。ロシアの核戦略が、「軍事紛争が発生した際の軍事活動のエスカレーションの阻止」をも核使用の目的に加えているとすれば、戦況次第ではロシアがウクライナの領域内で限定的に核兵器を使用することはありえない展開ではない。ロシアが仮にウクライナへ核攻撃をしたとしても、米国とNATOは核報復してこないとロシアが判断すれば、ロシアにとって脆弱性の原則がきかなくなり、ロシアへの核抑止の効果が薄くなるということも考えられる。

　米国やNATOが核兵器による報復をそもそも行わないとの判断の下では、

ロシア自身が核使用の可能性をちらつかせる意味、すなわち核抑止力を誇示する意味は、ロシアが「エスカレーションの阻止」をも辞さないとの含意である可能性もある。ただ、米国やNATOが核兵器による報復をしないとの判断には明確な根拠はなく、核による報復を受ける可能性をロシアが少しでも想定しているとすれば、ロシア側には脆弱性が存在する状況が生まれるため、米国やNATOの核抑止がロシアに機能する可能性が出てくる。このように、どのような想定をするかで脆弱性に係る原則の適用が変わってくるため、核抑止の効果も異なってくる。

合理性の原則に関してもこれと同様で、想定次第で結果が大きく異なってくる。合理性の原則ではそもそも、核兵器を保有する国同士が対峙する状況が想定されている。そのため、核兵器を保有しないウクライナに対してロシアの核抑止がロシアの期待どおりに機能する構図にはなっておらず、それはむしろロシアによる核兵器を用いた非合理的な威嚇に過ぎないとの見方もできる。また、それぞれの国が敵対する相手国に対して合理的な計算をした上で対応することが核抑止の効果的な作用を狙う上では必要であるものの、ロシアがウクライナの戦略的行動を計算した上で合理的な判断の下に核威嚇を行っているかどうかは、判然としない。

例外性の原則についても、綻びが確認できる。核兵器を通常兵器とは異なる例外的な兵器として認識して、その使用は最終的かつ究極的な場面（その場合は、世界全体に破壊的な影響が及ぼされるとの認識）でのみ考えられうるという原則は、核兵器による威嚇を行えば行うほど、その例外性が低くなる。現時点では、ウクライナ侵攻でみられたロシアによる核威嚇が、ウクライナの反撃を抑制したと判断できる状況ではなく、また休戦が実現したわけでもない。今回の一連のロシアによる核使用の可能性への言及は、ロシアの核戦略の軸ともなっている「軍事紛争が発生した際の軍事活動のエスカレーションの阻止」を具現化するものとも考えられるが、広島と長崎に原爆が投下されてから核使用の例がないなか、ロシアの言動を「核のタブー（nuclear taboo）」への挑戦とも受け取る見方も散見された（戸崎 2022; 毎日新聞 2022; 朝日新聞 2022b）。例外性の原則を自ら破ることは、すなわち核抑止の効果を薄めることにもなる。

他方で、ロシアが短い期間に相次いで核使用の可能性をちらつかせていることは、ロシアがウクライナ侵攻の戦況をより喫緊かつ究極的な状況と判断して

おり、その点を意思表示する方法の1つであるとも読み取れる。仮にそうであるならば、自国の核兵器の存在自体を紛争時に効果的に使用しているとロシア自身が考えているとも想定できるが、それが例外性の原則に即したものであるかについては疑問が残る。核抑止が効果的であるとみる立論が成り立つのは、核兵器が最終的かつ究極的な局面でしか使用できないと認識されているからである。核使用の敷居を下げることはこの例外性を損ねるものとなり、結果として核抑止の効果をも損ねることにつながる。

5　重なる原則の揺らぎ

　今回のロシアによるウクライナ侵攻は、あくまでもロシアとウクライナとの間の武力衝突であり、ロシアによるNATO加盟国への侵攻ではない。したがって、NATOは核使用を含めて本格的な軍事介入や反撃は行わない可能性が大きいと考えられる。実際にこれまでの戦況でも、NATO諸国による武器などの軍事物資の供給はなされたが、それ以上の軍事行動を伴う支援はみられていない（NATO 2024b）。

　この現状が不確実性の原則の弱体化につながると想定されるならば、ロシアにとっては核兵器が使いやすい状況が生まれることにもなる。その場合には、ロシアにとって核使用の脅しをかけやすい展開となるわけであるが、不確実性の原則の弱体化はこの原則の消滅を意味しないので、実際にそうなるかどうかは、極めて危険な賭けでもある。つまり、不確実性の原則の観点からも、揺らぎがみられるのである。

　ロシアが核兵器を仮に使用した場合でもウクライナがなお戦闘を継続して、NATO側がウクライナに対して武器などの供給の強化やそれ以上の軍事支援をさらに拡大し続けると想定した場合には、どうなるだろうか。NATO側は、ロシアによるさらなる核使用による人道的危機や安全保障上の危機を防ぐために、本格的な軍事介入の準備を開始してロシアの行動に歯止めをかけようとするだろうか。もしそうだとするならば、ロシアによるNATOに対する行動や核抑止力の不確実性が高まることになり、両者間での核抑止が効果を発揮することも考えられる。

　そのロシアが2020年6月に発表した「核抑止政策の基礎」において、エス

カレーションを抑止するための核兵器の先行使用を排除しないとも読み取れる記述が認められたが、一方で、核使用に関する具体的な状況を示した段落にはこの点は明示されていない（堀内 2020）。それゆえに、ロシアが紛争のエスカレーションを阻止するために実際に核兵器を使用するか否かについては、引き続き曖昧性が残ることに留意する必要がある。

　この曖昧性は、不確実性ともいい換えることができるため、核抑止力の向上につながるとの考えの下で、ロシアが核抑止政策をあえて曖昧なものとしている可能性は切り捨てられない。他方で、不確実性や曖昧性は脆弱性の論理に反する場合が生じうるため、一概に不確実性が高まるからといって核抑止が高まるともいえない。また不確実性が高い状況においては、誤認や不信も高まることになり、偶発的な核使用の可能性が高まることも想定される。核使用の敷居が下がる場合、それは例外性の原則や合理性の原則にも抵触することにもつながりかねず、ここもまた核抑止効果に疑問を抱かせる点である。

　最後に意思伝達性についてである。ロシアがウクライナに対して核兵器の使用をちらつかせている行為そのものは、ロシア自身の意思表示の方法、すなわちいわゆる「核のシグナリング（nuclear signaling）」と捉えることもできる。では、この核のシグナリングによってロシアは本当に核抑止を有効に機能させることができているのだろうか。換言するならば、意思伝達が的確に行えているのかという点が、問題の核心となる。

　ウクライナ侵攻でたびたびロシアによって繰り返されてきた核恫喝は、一義的にはウクライナに対してであるものの、それと同時に、ウクライナの背後にいる NATO を念頭に置いているとの考え方が一般的である。だが現況において、ロシアとウクライナの双方にとって、死活的な利益が脅かされたと判断される「レッドライン」が一体どこに引かれているのかという点については、明確になっていない。例えば、核使用の可能性に繰り返し言及してきたメドベージェフは、2023 年 7 月の SNS 投稿において、NATO と一体となったウクライナによる攻撃が成功してロシアの領土の一部（a part of our land）が奪われるような事態になった場合には、大統領令の規定に則って核兵器を使用せざるをえなくなり、「それ以外の解決策はない」との考えを示した（Medvedev 2023）[6]。これに加えて、「我々の戦闘員を崇拝すべきである。なぜならば、彼らは世界が核の炎に包まれることを防いでいるからだ」とも発信し、核による威嚇とと

もに、ロシアの核抑止力の効用についても示唆している。

　ただし、この発言には曖昧性が残る上に、そこには逆に不安定性を助長する要素が含まれているともいえる。すなわち、ここでいう「領土の一部」が何を指すのかは不明であることに加えて、「世界が核の炎に包まれる」との脅しの言葉からすると、核使用の標的が必ずしもウクライナ領内に限らないことも同時に示唆しているからである。不確実性の原則の観点からすると、ロシアの核抑止力にとっては都合のよい核のシグナリングにもみえるが、意思伝達性の観点からみれば不安定性を拡大しているとも考えられるのである。

　あくまでも仮説ではあるが、この一連の発言は、NATOの拡大に対する抑制としての核のシグナリングであったことも考えられる。メドベージェフはすでに2022年4月の段階で、スウェーデンとフィンランドがNATOに加盟した場合には、核配備を拡大すると警告していた（Medvedev 2022）。実際にそのフィンランドが2023年にNATOに加盟を済ませた直後、ロシアはベラルーシとの核共有の決定を発表した（日本経済新聞 2023）。NATOが想定していた以上にロシアがNATOの北欧への拡大を脅威に感じていたとも考えられ、これによって新たな安全保障のジレンマを誘発するリスクも懸念された。

　ただし、2024年にスウェーデンがNATOに加盟を済ませた際には、フィンランドの時ほどロシアによる目立つ行動はみられなかった。ロシアの行動に一貫性がみられない点に鑑みて、ロシアによる核のシグナリングが、あくまでロシアからの核抑止に係る明確な意思伝達の一手段であったのか、あるいはNATOの拡大に対しての拒否反応を示すものだったのかについては、現段階では知りえない。つまり、現時点では、ロシアの意図を的確に判断できるだけの材料も対話の可能性もないのが実情であり、核抑止が安定するための条件で

6）　メドベージェフによるX投稿の文言については、以下のとおりである。"By repelling the collective enemy's counteroffensive, our Armed Forces are defending Russian citizens and our land. It is quite clear to all decent people. Besides that, they are preventing global conflict. Just imagine that the NATO-supported ukrobanderovtsy's offensive turned out successful, and they took away a part of our land: then we would have to, following the President's degree of 02.06.2020, use the nuclear weapon. There would simply be no other way out. That's why our enemies must worship our warriors. They are keeping global nuclear fire from flaring up. Congratulations on Russia's Navy Day!"

ある意思伝達性の原則にも疑問が残るところである。

　上記を総合すると、ロシアとNATO（米国）の間の核抑止力をめぐる安定性は、それを支える5つの原則に照らし合わせて考える限り、大きな限界があるといわざるをえない。他方で、ウクライナ侵攻後のロシアの言動は、単にロシアがウクライナに対して核使用の可能性をちらつかせたという単純な構造ではなく、ウクライナの向こうに存在するNATOや米国との関係性に大きな影響を及ぼすものとなっている。ポストの示す5つの原則に基づいて考察すると、ロシアによる核の威嚇の連続は、ロシアと米国・NATOとの間での核抑止の信頼性を証明するものではなく、むしろ核使用のリスクの高まりを示唆するものであり、核抑止に潜む不安定性をより明確にする結果を招いている。

　こうした核抑止をめぐる不安定感の高まりが広く共通された影響かどうかは定かではないものの、ウクライナ侵攻でのロシアの相次ぐ核威嚇は、1962年のキューバ危機以降、最も核使用リスクが高まった事案となっているとの見解もあり（Kosaka 2022）、国際社会全体を緊張に包んでいることには間違いない。

6　核威嚇への批判

　ロシアのウクライナ侵攻以前から、核抑止の有効性への批判や、その危険性についての懸念が非核兵器国では多く見受けられた。これに拍車をかけるように、今回のウクライナ侵攻に伴うロシアによる一連の言動は、核兵器の実際の使用の可能性への批判のみならず、核抑止そのものへの国際社会からの多角的な批判を改めて広く誘発する結果となった。

　例えば、アントニオ・グテーレス国連事務総長は、2022年6月に行われたTPNW第1回締約国会議の開会式に向けたメッセージのなかで、「我々は、一握りの国が振りかざす核兵器が地球上の全ての生命を危機にさらすことを許すわけにはいかない」と警鐘を鳴らした上で、「核兵器が我々を排除する前に、この兵器を排除しよう」と述べた（Guterres 2022）。

　また、2022年11月にインドネシア・バリ島で開催されたG20サミットで採択されたバリ首脳宣言には「核兵器の使用又はその威嚇は許されない（The use or threat of use of nuclear weapons is inadmissible）」との文言が盛り込まれた（外務省 2022b:1）。

G20には、G7のメンバーをはじめ、中国やインドなどとともにロシアも参加していたため、首脳宣言の採択は難航すると予測されていた。しかしながら、最終的には中立的な立場をとる国々からも戦争終結や紛争の平和的解決を求める発言が相次いだことや、G20サミットの成功に向けたインドネシアのジョコ・ウィドド大統領の外交努力への敬意などから、同文言が含まれる宣言の採択にいたった（朝日新聞 2022c）。これは、同文書でウクライナにおける戦争への非難がなされた一方で、ロシアを名指しにしなかった点や、それぞれの国の立場を尊重する文言の選択がなされたことが功を奏した結果でもあった。これに加えて、核兵器の使用を許容しないとの強い表現をあえて入れたのは、核をめぐる国際情勢に対してインドネシアをはじめとするG20内の非核兵器国の懸念が強く作用した結果とも考えられる。

　バリ宣言が採択された背景にあるもう1つの重要な視点は、核抑止が民主主義国よりも権威主義国に有利に作用する安全保障政策であることへの懸念の存在である。例えば、権威主義国は政策決定が中央集権的であることから、核抑止政策を迅速に変更・展開することができ、他国に対して威嚇をより明確に示して、リスクを高めながら核抑止の効果を上げる動きに出やすい体制を持つ。権威主義国は国内の統制が特定の指導者や集団により強く効いている場合が多く、野党や国内外の世論をあまり気にすることなくリスクの高い政策を実行できる場合が多いと考えられる。ロシアもそうだが、中国や北朝鮮にも同様の側面があるといえるだろう。

　他方、民主主義国はどうか。民主主義国の場合には、少なくとも相対的に法の支配、倫理、あるいは道徳を重視する傾向が強く、核兵器による威嚇やその使用についてもこうした側面からの検討が必要となってくる。さらにいえば、民主主義国は多くの場合、国際協力を尊重する傾向が強く、核抑止政策であったとしても、その環境作りや有効性の維持や強化についても、他国との協力を一定程度講じながら自国（や国際社会）の安全保障の維持をはかる可能性が高い。権威主義国の核抑止政策がハイリスク化すればするほど、核戦争を回避するために、あるいはそれを優先するとの判断が作用して、民主主義国の核抑止政策の運用に慎重さが求められる側面があるのは否定できないだろう。

　そうした計算も複雑にからむ形でバリ首脳宣言が採択されたと思われ、それが結果的にロシアによる核の威嚇に対する批判的かつグローバルな副産物とな

った。

7 　核抑止の再強化論の浮上

　ウクライナ侵攻後のロシアによる核の恫喝、すなわち核抑止への依存の強化は、欧州に限らず国際社会全体に対して重大な影響を及ぼしている。特に、米国とその同盟国である核の傘国は、自身が依存する拡大核抑止政策の再検討と再評価を余儀なくされた。こうした動きと並行して、ロシアと同じ権威主義国でもある中国や北朝鮮もまた、自身の核政策と核抑止の在り方について再検討と再評価を進めることになった。

　まずは、米国とその同盟国内での反応からみていこう。ウクライナ侵攻に際してロシアが核抑止を前面に押し出したことを踏まえて、米国とその同盟国の間では、これまで以上に核使用の可能性を視野に入れた核兵器の装備や同盟間の政策調整を行うべきといった核抑止強化論が目立つようになった。米国では、2022年10月にバイデン政権が核態勢見直し（NPR）をまとめたが（US DOD 2022a）、そのなかで核抑止に関して「唯一の目的」[7]とする旨の宣言は見送られた。NPRでは、核兵器の役割を侵略の抑止、同盟国やパートナー国への保証、そして抑止が失敗した際の米国の目的達成の各手段としており、米国の抑止力の維持の必要性が強調された。他方、同じNPRのなかで、核弾頭の配備が可能な海洋配備型巡航ミサイル（SLCM-N）の開発計画をキャンセルする方針を示し（US DOD 2022a:3）、2023年度から2025年度の予算案にも同ミサイルの開発に係る費用は計上されなかった（Fink 2024）。SLCM-Nは、ドナルド・トランプ政権が開発を決めた比較的「使いやすい核」の部類に入るものと考えられている核ミサイルであるが、バイデン政権では、低出力の核弾頭（W76-2）を搭載した海洋配備型弾道ミサイル（SLBM）が十分に抑止効果を発揮しているため、SLCM-Nはもはや不要であるとして、その開発計画を止める方針に

---

[7] 　核兵器の役割を論じる際の「唯一の目的」（sole purpose）化とは、核兵器の目的を「相手の核兵器による攻撃を抑止することに限定する」ことを意味する。「核兵器の唯一の目的が相手による核攻撃の抑止であるならば、核兵器を先に使ったり先に使うと脅したりすることもないという解釈をすること」で、核の先行不使用と「唯一の目的」化は「ほぼ同義のものとして互換的に用いられることも多い。久古［2023:34］から引用。

転じた。

　この決定の背景には、核使用の敷居を高くすることで、核抑止力の維持を図りつつも、核兵器の例外性を重視しつつ、その使用が究極的な状況下でのみ行われる点を強調する意図もあったと推察される。しかしながら、ロシアのウクライナ侵攻を受けて中国や北朝鮮が核戦力をさらに増強する方向に政策の舵を切っている事実や、同盟国への安心供与を念頭に、現在の米国では、特に議会を中心に SLCM-N の支持派がその復活に動いている（Balzer 2024; Kristensen et al. 2023）。

　同盟国の間でも拡大核抑止の強化論が勢いづいた。例えば日本では、これまでタブー視されてきた核の共有についての議論が、与党内で活発に行われた（日本経済新聞 2022a；2022b）。岸田文雄首相が政府としてこれを検討しない方針を明確にしたことで、核共有論はとりあえず沙汰止みになったとはいえ、核抑止強化論が消えたわけではなかった。米国の拡大核抑止への日本の不安を和らげる意図も込めて、2022 年 5 月の日米首脳会談を受けて発表された共同声明には、「バイデン大統領は、核を含むあらゆる種類の能力によって裏付けられた、日米安全保障条約の下での日本の防衛に対する米国のコミットメントを改めて表明」したとの文言が盛り込まれ、日本に対する米国の拡大核抑止の存在と重要性が再確認された（外務省 2022a）。

　米韓同盟を安全保障政策の基軸としている韓国では、拡大核抑止の強化と核共有論が日本におけるそれよりもはるかに強く顕在化した。2023 年 1 月に尹錫悦大統領は北朝鮮による核の脅威に対応するために、米国の戦術核の再配備もしくは韓国が自ら核保有をするという可能性がある点に言及した（Choe Sang-hun 2023）。2023 年 4 月に開催された米韓首脳会談では、核の傘の提供を軸とする拡大抑止の強化を盛り込んだワシントン宣言（Washington Declaration）が発表された（White House 2023）。これを受けて韓国側は、米韓が「米国の核運用に対する情報共有と共同計画のメカニズムを設けた」とし、これによって「韓国国民は事実上、米国と核を共有していると感じるだろう」との見解を示した（聯合ニュース 2023）。これに対して米国側は、今回の米韓間での合意内容を「事実上の核共有とはみていない」として、米韓の間での認識の違いを示した（Byun Duk-kun 2023）。この認識の相違については韓国側も承知していたと考えられるが、それでも韓国があえて米韓での合意が NATO の核共有体制の

ような核抑止効果をもたらしうることを強調した背景には、韓国内にみられる拡大核抑止強化論の広がりへの配慮があったと考えられる。

　このように、日本や韓国で拡大核抑止強化論への関心が一気に強まった発端は、ロシアによるウクライナ侵攻にあったといえるが、どちらかというとそれは遠因であり、より直接的な要因は、中国や北朝鮮による核戦力の増強への深刻な懸念の強まりがあるといえるだろう。では、その中国や北朝鮮は、ロシアによるウクライナ侵攻をどのように受けとめたのだろうか。

　まず中国である。中国では、2022年10月に開催された中国共産党第20回全国代表大会において習近平総書記の第3期目の続投（2022-2027年）が決定され、「習一強体制」が一段と強化された。国家主席でもある習は、同大会中に行った演説のなかで、台湾の「完全な統一は必ず実現できる」と強調した（Nikkei Asia 2022）。この発言自体は、従来の中国の台湾政策の域を超えるものではない。他方で、ロシアによるウクライナ侵攻のさなかでのこうした発言は、ロシアのように核抑止力を押し出して武力行使すれば、台湾に対する軍事作戦が有利に展開するのではないかと中国が暗に考えていることを示すものであり、そのような発言をもって国際社会に対して一種の牽制を行っていたとも解される。換言するならば、国際社会は中国が台湾統一に対して武力行使をも辞さない姿勢を持っているとの憶測をより強めることになった。その結果、こうした武力行使が実際に起こることを抑止するため、さらには台湾有事の際に起こるであろう紛争の拡大への予防策あるいは対応策として、米国による東アジア地域へのさらなる関与と、同地域の同盟国への拡大核抑止の継続的な提供の必要性及びその強化を主張する声が、一層強まったと考えられる。

　中国と同様に、ロシアによるウクライナ侵攻後、北朝鮮の核兵器に関する動きも活発化した。北朝鮮は2022年9月に開催した最高人民会議で、核兵器の使用条件などを定めた「核兵器政策」に関する法令を採択した。この法令の第6項は「核兵器の使用条件」を定めたもので、「相手からの核攻撃はもとより、核兵器以外の攻撃が差し迫ったと判断される場合」に核兵器の使用が許容されることが示された（倉田 2022）。またこの核政策を再確認するように、翌年9月に開催された最高人民会議では、「核兵器の発展の高度化」を最高法規の憲法に政策方針として盛り込むことが決定された（朝日新聞 2023d）。北朝鮮の最高指導者である金正恩は2023年に行った演説のなかで、日米韓の連携への警

戒を示すとともに、「核保有国の地位を絶対に変更しても譲歩してもならない。むしろ核戦力を持続的に強化していかなければならない」と述べたことから（同上）、北朝鮮が核抑止に依存する姿勢をさらに強化したと推察できる。韓国で核共有論が強まった背景には、こうした北朝鮮の動向があるといえるだろう。

8 危機に瀕する軍備管理

　核抑止に頼る政策や核に見出す価値を重視し続ける各国の姿勢は、核軍縮の進展を阻んできた。このように、以前よりすでに核軍縮は深刻な停滞に陥っていたが、ロシアによるウクライナ侵攻によって核軍縮や核廃絶といった政策は、さらに大きなダメージを受けたと考えられる。そしてそれは、核軍縮をめぐる今後の展望を描きづらい事態をもたらしているともいい換えることができる。

　核軍縮には様々なアプローチ方法があるが、なかでも国際社会全体に存在する核兵器の約90％を保有する米露間での核軍縮の推進が持つ意義は決して小さなものではない。しかしながら、その米露間での核軍縮が現在、大きな停滞期を迎えている。それは、プーチンが大統領職に復帰した2012年以降、米露関係自体が悪化の一途を辿ったことに依拠する。2014年にロシアがクリミア半島（ウクライナ領）を一方的に併合したことでさらに米露関係は冷え込み、二国間での核軍縮をめぐる環境が大きく損なわれた。2017年に米国大統領に就任したトランプが核軍縮に消極的であった点も逆風となった。2018年にトランプはINF全廃条約からほぼ一方的な離脱を決定し、2021年2月の期限が近づいていた新START条約の延長も決めなかった。

　トランプの後を継いで大統領に就任したジョセフ・バイデンは、就任後すぐに新STARTの延長を決定したものの、5年の延長期限内に後継の条約を締結できるかどうかは、その時点では見通せてはいなかった。仮に後継条約がないまま期限切れを迎えると、1972年以来初めて米露（米ソ）は核軍備管理・軍縮に関する二国間条約が不在の事態に直面することになる。

　米露間の核軍縮の停滞の現状は、当事国の二国間の問題にだけ起因しているものではない。もう1つ大きな要因は、核戦力の増強を進めている中国の存在である。米国がINF全廃条約の破棄にいたった背景には、この条約がINFの開発・運用能力を強化する中国に規制が及ばないことへの不満があったとみら

れている（Reif 2018:23-24）。

　新たな核軍縮政策へのハードルを高くしているさらなる要因として、核抑止に影響を与えるような最先端技術を利用した兵器の登場によって、軍事システムのマルチドメイン化がさらに加速し、核軍縮の枠組みの問い直しの必要性が高まっている点も指摘できる。極超音速兵器、指向性エネルギー兵器、あるいはサイバー兵器などの破壊力と探知困難性の拡大が同時に進行すると、これらの兵器による先制攻撃の優位性が高まり、核兵器による報復能力（抑止力）が脆弱化して、戦略的安定が大きく揺らぐ恐れがある。陸海空に加えてサイバーや宇宙空間が加わった軍事領域のマルチドメイン化に核兵器システムも組み込まれつつあり、相手の意図が不明確な非核領域への攻撃が負の連鎖を誘発し、結果として核使用へエスカレートするリスクを高めかねない。

　今後の核軍縮や核軍備管理は、こうした歴史的、構造的、そして技術的な変化も踏まえて、米露中などによる多国間交渉が必要となり、しかも、核兵器以外の最先端技術を利用した兵器も同時に交渉の対象とする必要性が高まってきている。換言すると、核抑止力と通常戦力のバランスや相関関係に関しても、根本的に再検討を要する時代に入ってきているともいえるだろう。

　そうした基本的構図の変成が進行するなかで、ロシアによるウクライナ侵攻が起きた。ウクライナ侵攻によって米露間の関係が一層悪化し、これに加えて中国がロシアに対する大規模な経済制裁に消極的だったことなどから、米中関係も同時に冷え込みが一段と強まった。多方面からの逆風が強まるなかで、新たな核軍縮の枠組みの構築に向けた具体策は、現時点でまったく見通せない状況となっている。

9　NPTに吹きつける逆風

　NPTは、1967年前に核実験を済ませて核兵器国として認められた5カ国（米ソ英仏中）と、これらの国との同盟関係により拡大核抑止の提供を受ける非核兵器国（核の傘国）が、核抑止に基づく安全保障政策を少なくとも当面の間は継続することができるような内容となっている。他方で、核の傘国をはじめ、この5核兵器国以外の国に対しては、核拡散の防止を法的に義務付けており、核抑止に依存しない非核兵器国にとっては極めて不平等な条約である。

それでも非核兵器国の大半が NPT に加入したのは、NPT 第 6 条で 5 核兵器国に対して誠実に軍縮交渉を行うよう義務付けているからであり、そこへの大きな期待があったからである。核兵器を保有しない NPT 締約国にとっては、世界で核拡散が進まないことは自分たちの安全の保障にもつながる重要な利点であり、この点は核保有国と利害を共有していた。また、NPT 内の非核兵器国には、原子力の平和利用に関しても、締約国の奪いえない権利として一定の条件の下認められている。換言するならば、NPT の三本柱（核軍縮、核不拡散、原子力の平和利用）の間でグランド・バーゲンを成立させて、同じ主権国間でありながら条約上存在する不平等性を少しでも調整しようとする意図があった。

　ただし、NPT が核軍縮を促進させる上で信頼できる存在か否かについては、意見が分かれるところであろう。NPT を土台とした核軍縮の前進がみられないことへの不満は、2017 年の TPNW という新たな法規範の成立につながった。NPT にくすぶり続ける不満が解消されることなく、むしろそれが残るなかで新たな法規範の成立を急いだことは、かえって TPNW に対する不満を助長する結果となった（NPT の不平等性については、例えば向［2023a］参照）。そのため、TPNW 派（核軍縮・廃絶派）と NPT 派（核不拡散・核抑止重視派）に国際社会が分断される結果となったのは、先述のとおりである。

　こうした状況が長期化して NPT が求心力を失う事態になるのを防ぐためにも、NPT の三本柱をバランスよく推進していくことが必要となり、そのなかでも特に核軍縮の必要性が一段と高まっている。核抑止への依存が高まれば高まるほど各国が核兵器に見出す戦略的な価値も高くなり、結果として核軍縮が進まない状態が続くと、NPT 内での不平等性もより深刻化するとも考えられる。ロシアによるウクライナ侵攻後は多くの国で石油価格が上昇し、供給量の確保も大きな政治的かつ外交的な課題となっている。その影響で日本も含めて原子力の平和利用に拍車をかける国が相次いでいるが、原子力の平和利用を軍事転用させないように進めていくためには、やはり NPT という基盤の維持と強化が欠かせない。

　ところが、ロシアによるウクライナ侵攻は核軍縮の必要性を再認する機会となったものの、実際の核軍縮の促進にはつながっていないどころか、国によっては核抑止の重要性への理解をより強めた。この状況からどう抜け出すか、どの国がどのような構想で突破口を見出そうとするのか。NPT の今後が問われ

る重要なフェーズに入り込んでいるといえるだろう。

10　おわりに——核抑止の危うさを直視する必要性

　ロシアによるウクライナ侵攻で核抑止や核軍縮をめぐり、何が浮き彫りになったのだろうか。1つには、本節で記したように、核抑止論とそれに基づく政策の信頼性への疑問、リスク管理の難しさが可視化された。ただその一方で、ロシアの言動が招いた反射的事象として、仮に核抑止に脆弱性があったとしても、核抑止への依存を強めるのが安心かつ有効だとの判断に傾く動きもまた続出した。

　そしていま1つには、ロシアのウクライナ侵攻における核使用の可能性やそれに関連するような言動は、核抑止に依存し続ける国の存在と、それが国際的な核リスクを助長させる負の作用をもたらすことをより鮮明にした点が指摘できる。それゆえに各国が核をめぐる政策の再考を突きつけられるなかにおいて、核抑止や核軍縮への立場の違いも露呈し、さらに多くの不信や猜疑心も生まれることになった。

　このような状況下では、核軍縮を推進する難しさはさらに増すばかりだろう。TPNW支持国を中心に核抑止批判も高まった。2022年8月のNPT再検討会議で議長をつとめたグスタボ・スラウビネン大使（アルゼンチン）は同会議終了後にロシアのシンクタンクのインタビューに応じ、5核兵器国がNPT第6条に基づいて核軍縮交渉を進めない状況が続けば、「NPT体制の信頼性を損なう可能性がある」との懸念を語った。さらに、多くの非核兵器国の「フラストレーションは明らかに増え続け」ており、「もし一部の非核兵器国がNPTから脱退することになれば、それはNPTの終焉の始まりとなるだろう。そして、その国の一つが核兵器開発プログラムを始めれば大きな打撃となるだろう」（Karnaukhova 2022）と強い危惧の念を示した。

　ロシアは国連安保理の常任理事国であると同時に、NPTで認められた核兵器国である。このような国には、核兵器を保有する責任と、それによる威嚇や使用をちらつかせることが何を意味するのかという点についての特段の自覚が求められる。しかしながら、今回のロシアによるウクライナ侵攻とその過程でみられた核恫喝や核使用への言及、さらには戦時下における新たな核共有の導

入などは、核兵器国としての責任や自覚を欠く行為といわざるをえない。

　ロシアによるウクライナ侵攻は、核抑止の原則の揺らぎを浮き彫りにした上に、核抑止に内在する危うさを露呈した。この点は何もロシアに限った問題ではない。核兵器が存在する限り、我々に常に突きつけられた課題でもあるからだ。核兵器を保有する国やその核兵器に安全保障政策を依存する核の傘国は、核抑止の実相とは何かを考え、理解し、核兵器とどう向き合っていくのかを真摯に検討し、グローバルな安全保障の観点からいま一度、核抑止や核軍縮についての立場を明確にしていく必要があるだろう。

※「NPT Review Conference」の邦訳については、「NPT 運用検討会議」と「NPT 再検討会議」の２つがあるが、以降いずれを用いるかは執筆者の選択に任せている。

4 P5/N5による秩序維持の枠組みの脆弱化

西田　充

1　特別なパワーと権限を有しているP5/N5の形成

　第2次世界大戦後の国際秩序は、戦勝国の連合国を中心に設置された国際連合（国連）によって体現されている。すなわち、「国際の平和及び安全の維持に関する主要な責任」を負う安全保障理事会において、拒否権を有する常任理事国としての地位を米国、イギリス、フランス、ソ連、中国の5か国（P5）に付与した。いわゆるP5体制である。これは、大国の関与を得られずに世界大戦を再び招いた国際連盟の反省に基づく体制である。これまで80年近くにわたって大国が直接戦火を交える戦争は起きていないのは、このP5体制もその主な要因といえるだろう。そして、このP5体制を補強する体制として、国際社会は、「核兵器国」としてこの5ヵ国（N5）に核保有を認めるNPTに基づく核不拡散体制を構築してきた。本節では、これをP5/N5体制と呼ぶ。

　このP5/N5体制は、ある種偶然の産物ではある。NPTは、P5に核保有を認めるとしておらず、「1967年1月1日前に核兵器その他の核爆発装置を製造しかつ爆発させた国」を「核兵器国」と定義しているに過ぎない（同条約第9条3項参照）。

　さらにいえば、中国は1964年に中華人民共和国政府が核実験を行ったことでNPT上「核兵器国」と定義されることになるが、1968年のNPT成立時点でP5の一角を占めていた中国という国家の国連代表権を保持していたのは、中華人民共和国政府ではなく、台湾に逃れた中華民国政府であった。したがって、P5体制を補強するためにNPTが作られたというのは必ずしも正確ではない。しかし、中華人民共和国政府は、NPTが発効した1970年の1年後には国連代表権を回復し、中華民国政府に代わって安保理常任理事国の座に就いたことから、NPTの50年以上の歴史において、ほぼP5 = N5である（中仏は、

第1章　国際政治と核兵器　51

1992年までNPTに未加入であったが、NPT上核兵器国と認められたN5と安保理常任理事国のP5がほぼ一致していたという趣旨）。

このようにP5/N5体制は偶然の賜物ではあるが、NPTに基づくN5体制は、実質的にP5体制を補強してきた。核兵器の持つ圧倒的な破壊力が、国家のパワーを増大させる以上、核兵器は国家間の関係を規定することになる。表面的な経緯上は偶然ながらも、NPTは、大国として君臨するP5に核兵器というパワーの増幅器の保有を認めることで、P5とそれ以外の国の関係にさらなる格差を生み出し、国際関係におけるパワーの分布を固定化することになった。その意味で、NPTを中心とする核の秩序は、国連憲章とともに、戦後の国際秩序の根本的な基盤を提供し、P5を中心とする国際秩序を事実上補強・固定化する機能を果たしてきたといえる。

国際社会は、このようにして、世界の平和と安定のために「2つの体制」を作り上げた。それゆえに、上記の経緯にもかかわらず、徐々に、国連憲章に基づいて正当な形で国際秩序の維持に特別な責任を有するP5と、形式的には偶然の時系列によって偶々定義づけられたN5が同一視されるようになってきた。NPTにおいてほとんどの国がN5のことを「P5」と呼称し、2009年から始まったNPT上の様々な核問題についてN5間で議論するNPTの文脈における枠組みも、N5が「P5プロセス」と自称することに対して、ほとんどの国が何の疑問も持たず「P5プロセス」と呼称している[8]。普段、核軍縮を強く唱える人々・国々であっても、国際社会全体の秩序と核兵器を制御するための秩序という2つの異なる秩序の区別を曖昧にし、P5＝N5という図式が無意識に刷り込まれるほど、現実問題として、P5/N5が国際秩序の維持において特別なパワーと権限を有しているということを示している。

2　国際秩序維持基盤としてのP5/N5の脆弱化

ところが、近年、こうしたP5/N5の図式あるいは体制を揺るがす事態が生じている。「2つの秩序」のうち、特に核秩序の脆弱化を招いている主な要因

---

[8]　日本はN5と呼称することが多い。米国は、トランプ政権時のある国務省高官（不拡散・国際安全保障担当フォード次官補）がN5と呼称すべきと主張したことがあるが、米政府としてはあまり定着していない（Ford 2019）。

としては、市民社会と中堅国による核兵器の非人道性の問題の推進、新興大国の台頭、ウクライナ侵略、核秩序に悪影響を与える P5/N5 自らの行動、選択的核拡散が挙げられる。これら要因が「2 つの秩序」に与える影響の程度は一様ではない。特に新興大国の台頭とウクライナ侵略は主に国際秩序に対して、それ以外は主に核秩序に対して強い影響を及ぼすが、それぞれがもう 1 つの秩序に対して与える影響も無視できるものではない。本節では、国際秩序への影響も踏まえながら、それぞれの要因が主に核秩序に与える影響を論じる。

市民社会と中堅国による核兵器の非人道性の推進

NPT が 1995 年の再検討・延長会議で無期限延長された後、核兵器国が 2000 年再検討会議で核廃絶に向けた「明確な約束」に合意したこともあって、核軍縮への期待が膨らんだ。しかし、2005 年の再検討会議が決裂し、また、2010 年再検討会議では「行動計画」が合意されたものの、その中身に大きな核軍縮上の進展がなく、また、その後の履行も遅々として進んでいないとして、NPT に対する多くの非核兵器国の不満は強まる一方であった。こうした不満が蓄積する形で、1995 年の NPT の無期限延長は核兵器国に白紙委任を与えるのみであったとの批判的な見解が根強く残っている（例えば、Dhanapala et al. (eds.) 2016:36）。その結果、ノルウェー[9]、オーストリア[10]、新アジェンダ連合（NAC）[11]、タイ[12]、コスタリカ[13]など、いわば国際政治では中小国とみなされる諸国が、核兵器廃絶国際キャンペーン（ICAN）を中心とする国際 NGO とタッグを組んで、核兵器の非人道性を前面に押し出す運動を始めた。核兵器の非人道性を前面に押し出すことで、核軍縮の議論の枠組みを、従来の軍事的な側面を中心とした自国の国家安全保障という狭い安全保障観から、より幅広いグロ

---

9) ノルウェーは、その後の核兵器禁止条約（TPNW）につながる核兵器の非人道性会議の第 1 回会合の開催国。
10) オーストリアは、第 3 回非人道性会議の開催国であり、TPNW の交渉開始の契機となった「オーストリアの約束」を発表。
11) NAC は、1998 年に印パの核実験を契機に結成。アイルランド、エジプト、南ア、ニュージーランド、ブラジル及びメキシコがメンバー国。結成時に参加していたスロベニアは、結成同年の 1998 年、スウェーデンは 2013 年に脱退。
12) タイは、TPNW につながる国連のオープンエンド作業部会（OEWG）の議長国。
13) コスタリカは、TPNW 交渉会議の議長国。

ーバルな安全保障に置き換え、それによって、核軍縮の歯車を大きく動かすという試みである。つまり、核軍縮に関する議論のパラダイムを一気にひっくり返すということである。

核兵器をめぐる議論のパラダイムをひっくり返すということは、現在の核秩序をもひっくり返すということに他ならない。表向き、TPNW 推進国は、NPT 体制に否定的な影響を与えることになるとの核兵器国からの批判を受けて、TPNW は NPT を補完するものであって、NPT を強く支持していると強調する（Kmentt 2021:168）。しかし、TPNW は NPT のように特別に限られた国にのみ核兵器国として核保有を認めることはせず、いかなる国にも核兵器の保有などを認めていないことからして、TPNW の最終目標は NPT と相いれないともいえる[14]。実際に現在の核秩序を転覆できるかは別として、TPNW の条約上の目的としては少なくともそれが目指すところとなっている。現時点で、現在の核秩序を具体的に脅かす程にはなっていないが、N5 が強く反発しているところをみると、少なくとも N5 体制、すなわち現在の核秩序への脅威となりうると感じているということであろう。また、TPNW の存在が、これまで N5 がコントロールしてきた核軍縮に関する議論の進行（proceedings）に関する特権を脅かしていることは間違いない（Kmentt 2021:165）。つまり、従来の核軍縮に関する議論は、ジュネーブ軍縮会議（CD）であれ、NPT であれ、核兵器国は、合意にコンセンサスを要する手続き規則を活用し議論の進行を阻んできたが、TPNW の交渉開始につなげることに成功したオープンエンド作業部会（OEWG）は、その成功に加えて、核兵器国が TPNW 交渉に向かう議論の進行を食い止めようと非建設的な態度をとったとしても、非核兵器国に自ら核軍縮に関する議論を進める力を与えた（empower）ことでも評価されている（Kmentt 2021:34-35）。

---

[14] この点に関する TPNW 推進派と TPNW 反対派との間の見解の相違は、タイムラインの捉え方の違いに起因すると考えられる。TPNW 推進派の観点からは、核廃絶が実現するまでの NPT が存在する限りにおいては、TPNW は NPT 第 6 条の履行の 1 つとして補完的ということになる。他方で、TPNW 反対派からすると、条約の目的そのものが最終的に NPT に取って代わることであり、そのために核抑止を否定するので、補完的といえないということになる。

新興大国の台頭

2000年代以降、ブリックス（BRICS）やG20の発足に如実に示されるとおり、中国、ロシア、インド、ブラジル、南ア、インドネシア、メキシコといった西側先進国以外の諸国が経済的に大きく台頭するなかで、西側とは異なる価値観・世界観を主張する新興大国の勢力が強まった。これは、P5/N5のなかにおいても同様である。従来からP5/N5として国際秩序と核秩序における特権を維持するという共通利益を有しつつも、P3/N3（米英仏）対P2/N2（露中）という図式はあったが、西側とは異なる価値観を有する新興大国の台頭と相まって、異なる価値観を有するP3/N3とP2/N2の間の対立構造はより強まっている。

同時に、特権的地位にない中露以外の新興大国は、国際政治における発言権の強化を求め、安保理改革やNPT批判強化といった形で、実質的に国際秩序と核秩序という2つの秩序の再編を求めている。G7をはじめとする先進民主主義国は度々「力による現状変更」を批判し、現状の国際秩序を維持すべきと主張するが、新興大国側からすれば、核秩序を含む現状の国際秩序そのものが既得権益を維持する装置に過ぎず、必ずしも武力によらずともそもそも現状変更を求めているのである（Zhigao 2023）。

核秩序については、NPT批判は以前からあるが、それでもNPT体制を代替する秩序を新たに作るというところまでは至らなかった。ところが、上記のとおり、1995年のNPTの無期限延長はその後の核軍縮の進展の欠如から「失敗」であったとの認識が広く共有されるに至り、2010年代以降、核兵器を国家安全保障の観点からのみ捉えることへのアンチテーゼとして、核兵器を非人道性の観点から捉えなおすべきとの動きが強まり、TPNWが成立するまでに至った。

新興大国もTPNWを強く支持したが、TPNW推進国のなかでも、オーストリア、アイルランド、ニュージーランド、コスタリカのような中小国と、ブラジルや南アのような経済力をつけつつある新興大国とでは、核秩序の再編とはいっても必ずしも視点が一致するとは限らない。前者は、TPNWの旗を最前線で振ってきたオーストリア外務省のクメント軍縮局長の2023年6月の米国軍備管理協会の年次総会での基調講演での発言に如実に示されるとおり、核廃絶を実現するために核をめぐるパラダイム・枠組みを根本的に変えることを企図している[15]。後者も、そうした点を共有しつつも、新興大国として、P5/N5という2つの秩序の既得権益に対する強い不満の表明という側面もあろ

う[16]。国際秩序における安保理改革と同様、核秩序でも、特権的地位にない新興大国による再編要求といえる。むしろ、新興大国が自らの発言権を高めるために、こうした人道面の動きを利用する可能性も排除されない。これら新興大国が今後さらに経済・軍事力を増して大国化する過程で、そうした可能性がより表面化・公式化していく可能性はあろう。すなわち、従来は、市民社会的な観点からの純然たる協力との側面が強かったものが、大国化していくなかで、特権的地位を有する P5/N5 が主軸となっている核秩序、ひいては国際秩序に対する公然たる国際政治上の挑戦に変質していく可能性である。

　こうした動きが強まるほど、TPNW 推進国のなかでも、西側中小諸国と新興大国との間で価値観の相違が拡大し、最悪のシナリオにおいては、NPT 体制の正当性への疑問と新興大国としていつまでも二流国家の地位に甘んじることへの不満という2つの要因を基調として、新興大国側が自らも核保有することで秩序再編を試みるという可能性も排除されない[17]。二流国家の地位に甘んじることへの不満というのは、西側の一員である日本でも NPT 批准に際して表出したものであり（数原 2019:54-55）、新興大国の動き次第によっては、日本においても再びそうした不満が表面化する可能性は排除されない。

ロシアによるウクライナ侵略

　上記のとおり、もともと P5/N5 は一枚岩ではなく、そのなかでも P3/N3（米英仏）対 P2/N2（露中）という図式があったが、ロシアによるウクライナ侵

---

15) クメントは、「核兵器に関するパラダイム・シフトが必要」であり、パラダイム・シフトとは、「核抑止力を支える論拠の信憑性を批判的に再評価し、それらの論拠を核兵器の人道的影響とリスクに関する経験的証拠に照らし合わせて比較検討する」ことであり、「それこそ非核兵器国が望んできたことであり、TPNW に反映されている」と述べている（Kmentt 2023）。この場での発言自体は、クメントの個人の立場としての発言であるが、「パラダイム・シフト」については、TPNW 交渉の直接の契機となった 2014 年の第3回人道会議のウィーン開催を発表したクルツ・オーストリア外相の声明をはじめ、オーストリア政府としても公式に述べている。オーストリア外相の声明は、Austrian Foreign Ministry［2014］。

16) 例えばブラジルは、グローバルな核秩序と国際秩序を不公平な枠組みとみている。Kassenova［2014:4］を参照。

17) 現段階でそのような可能性があるということではなく、あくまでも理論上ありえることとして論じている。

略でその傾向は一気に強化・固定化した。そして、上記の新興大国が、「グローバルサウス」という形で存在感を急速に高めているのと比例するかのように、P5/N5体制は従来から存在する脆弱性を急速に高めている。

また、TPNW推進国やそれを支持するNGOと、反TPNWの間の分断も、ロシアによるウクライナ侵略、特にロシアによる核恫喝の効用をどう解釈するかによってさらに深まった。一方は、核抑止こそが、第3次世界大戦にもつながりうるNATOとロシアの全面戦争を回避できている要因であると、核抑止を肯定的に捉える。他方は、核抑止こそが、ロシアの侵略を可能ならしめたと、核抑止を否定する（西田2023:33）。そこに、非核兵器国、特にロシアや中国といった武力による現状変更を厭わない核保有国の脅威に晒されている非核兵器国では、ウクライナが核を放棄してしまったことは間違いであった、ウクライナが核を放棄していなければ侵略されなかったに違いない、という認識が広まり、核拡散の種が蒔かれている状況となっている。これらの一般的な認識は、核抑止を肯定する方向に作用しており、TPNWを軸とした分断はさらに深まっている。こうした分断は、P5/N5体制をますます脆弱なものとしていくだろう。

核秩序に悪影響を与えるP5/N5自らの行動

P5/N5は、NPTにおいて「P5プロセス」と自称するグループを形成して、NPTへの対応について協議するほど、核兵器国として共通利益を有している。そこには、核兵器国としての地位を保持するという側面と核不拡散に関する共通利益を担保するという側面が共存している。国際政治全般において強まるP3/N3（米英仏）対P2/N2（露中）という対立構造はNPTにも影響を及ぼしているものの、NPTはP5/N5の共通利益を有する国際政治における数少ない枠組みでもある。したがって、N5にとっては、核秩序を維持するために、NPTにおける共通利益を国際政治全般における対立構造からどれだけ隔離することができるかが問われている。

しかし、そのN5自身の行動がNPTを中心とする核秩序に悪影響を及ぼすことも多々あり、近年は、P5/N5間の対立激化に伴って、核秩序を維持するという共通利益すら蔑ろにする動きがみられる。もともとNPTは、大国たるP5/N5が理性的に行動することで核秩序を担保するという想定で設計されているが、例えば、1980年代からの中国のパキスタンや北朝鮮への核拡散行動

のように、P5/N5 の一員が NPT の設計理念に真っ向から反する行動をとるケースもある。米国が政権交代によって、NPT の核軍縮交渉義務を軽視する姿勢をとることがあるのも、「グランド・バーゲン」によって成立しているとの認識を持つ多くの非核兵器国の NPT への信頼を損なう結果となっている。

　このように以前から N5 自らが核秩序に悪影響を与える行動をとることは往々にしてあったが、近年では P5/N5 相互間の対立の激化によってその程度がより高まる傾向がみられる。最も顕著な例が、ロシアによるウクライナ侵略と核恫喝である。ウクライナは、ソ連崩壊によって自国領土に残されたソ連の戦略核兵器をロシアに引き渡し、非核兵器国として NPT に加入する代わりに、ウクライナの領土の一体性とウクライナへの核兵器の不使用・威嚇が保証された（消極的安全保証）。しかし、2014 年のクリミア侵略に続いて 2022 年のウクライナ全面侵略によって、その保証を文書化したブダペスト覚書はいとも簡単に破られてしまった。ブダペスト覚書は、冷戦直後の不安定な時期にあって、核不拡散という NPT の中核的な目的を担保するという核秩序の維持にとって極めて重要な役割を果たした文書である。加えて、プーチン大統領をはじめとするロシア首脳・高官による核恫喝である（Horovitz et al. 2023）。ウクライナを侵略したロシアには、ブダペスト覚書を破ったという認識はなく、それが核秩序に与える悪影響について何ら考慮された形跡はみえない[18]。

　北朝鮮が国連安保理決議に違反して核・ミサイル開発を加速していることに対しても、P5/N5 間の対立の激化で何ら対応できていない。NPT における原子力の平和利用の権利を濫用し、NPT からの脱退を宣言した北朝鮮による核・ミサイル開発は、核秩序への重大な挑戦であるにもかかわらず、核秩序の保護者（ガーディアン）であるはずの P5/N5 が協調できていない。ウクライナ侵略で長期戦を強いられているロシアは、不拡散よりも戦略的利益を優先し、国連安保理決議に反して核・ミサイル開発を進める北朝鮮を擁護し北朝鮮に対する圧力を和らげるのみならず、自らも国連安保理決議に反して軍事面を含む北朝

---

18) むしろ、ロシアは、2022 年に開催された第 10 回 NPT 再検討会議で、西側によるユーゴスラビア空爆やコソボ独立、2004 年のウクライナへの介入の結果生じた同国でのクーデターなどでブダペスト覚書の有効性は 2014 年以前に失われていたことから、ロシアが同覚書を違反したというのは根拠がないと反論した（Summary Record 2022: para.119）。

鮮との協力関係を進めている（Rinna 2023）。これは、ウクライナ侵攻で武器不足に陥っているロシアが北朝鮮から弾道ミサイルや大量の弾薬を調達する見返りの可能性もあり、2024年6月に署名した露朝包括的戦略パートナーシップ条約に基づいて、ロシアは今後はさらに軍事偵察衛星や極超音速ミサイルなどの先端技術分野における協力を進める可能性も取りざたされている（日本経済新聞2024）。ウクライナ侵略後、韓国で核武装、日本で核共有に関する議論が巻き起こったように、最悪の場合、地域の核拡散につながりかねない問題であり、P5/N5が自らの責任を果たせていないことは、核秩序の脆弱化の一因となっている。

選択的核拡散

　1960年代に交渉されたNPTの主なターゲットは日本や西ドイツといった第2次世界大戦の戦敗国ではあった。戦後は米国の同盟国となったが、同盟国とはいえ、NPT交渉が始まるつい20年前まで敵国であったことに加え、米国は核秩序の観点からも同盟国に核保有を認めないことを必要とした。第1に、同盟国にだけ核保有を認めると、一般的な核拡散を止めるのがさらに困難になるからである。第2に、ケネディ政権が大量報復戦略から柔軟対応戦略にシフトするにあたって、ソ連陣営に対する核使用についてエスカレーション・ラダーをきめ細かく昇降すべく中央（米国）によるコントロールを必要とした。複数の同盟国が核保有すると、対ソ連での核使用の中央制御が困難になるからである（Volpe 2023:90）。

　こうした観点から、NPTを中核とする核秩序を維持することは米国、さらには他のN5にとっても利益であり続けてきたわけであるが、トランプ前大統領は、大統領選挙中に、「このまま日本や韓国を守り続けられない時が来る、もはや米国は裕福な国ではない、日本が自ら核保有して北朝鮮から自らを守る方がいいかもしれない」と述べた（The New York Times 2016）。これは、米国の利益を第1に考えるというアメリカ・ファーストの典型的な考え方に基づく。今後、トランプ氏が再選する可能性、あるいはトランプ氏と同様のアメリカ・ファースト的な考え方を持つ人物が政権をとった場合、再び、同盟国との関係を軽視したり、同盟国への核拡散を認める議論が再燃したりする可能性はある。何もトランプ的な政治家だけでなく、トランプ政権で国防次官補代理として国家防衛戦略の策定を主導したエルブリッジ・コルビー氏といった有力な安全保

障専門家も「友好的核拡散」として、仮に日韓が核武装する場合、米国は同盟関係を優先すべきと主張している（Colby 2014; コルビー 2023:427-429）。また、ウクライナ侵略の流れで、ロシアが同盟国のベラルーシに核兵器を搬入し、事実上の核共有を認めた。上記のとおり、すでに地域の核拡散につながりかねない状況が表出しかけている状況で、これまで核秩序を守ることに利益を見出してきた N5 の主要なメンバーが、同盟国による核保有を認める事態となれば、すでに述べてきた様々な要因と重なって、核秩序は一気に瓦解することになろう。

　同盟国とまでいかずとも、準同盟国のような形で扱われているインドの核保有については、戦略的な観点から、当初の制裁から、黙認を超えて、今や積極的な原子力協力にまで至っており、核不拡散体制への悪影響が懸念されている。2021 年に発表された米英豪の安全保障協力（AUKUS）（AUKUS については、最初の米英豪首脳声明は White House［2021c］、経緯や現状については US Department of State［2023］を参照）も、核兵器ではないものの、軍事用の高濃縮ウランを譲渡しないというこれまでの厳格な核不拡散体制の考え方からすれば、柔軟な対応に変化していることは確かである。戦略的判断が、普遍的に適用されてきた不拡散政策に優先するようになってきているという基調と軌を一にしているともいえ、今後、上記のとおり、米国内の政治状況次第では、同盟国への核保有を黙認することも可能性としては排除されていない[19]。

3　P5/N5 秩序の動揺の安定化に向けて

　この核秩序の脆弱化の特徴は、核廃絶を希求する純粋な動機と、P5/N5 のみが核を保有することへの反発から生まれる権力争いとしての政治的な動機が織り交ざっていることである。後者は、核秩序に限らず、拒否権という特権を有する P5 を中心とする、あるいは、西欧諸国を中心とする国際秩序そのものへの挑戦と方向性が一致している。その流れは、今に始まったことではなく、1970 年代の新国際秩序の流れからあったものではある。

　例えば、アフリカ非核兵器地帯は、アフリカの地で西側先進国が行う核実験

---

19)　なお、同盟国による核保有黙認の前例としてはイスラエルがある。米国は、ニクソン政権以来、イスラエルが核保有を公にしない限りイスラエルの核保有を問題視しない政策をとっている。Entous［2018］を参照。．

や核兵器原料の採掘に対する反抗でもあった。南半球を中心として成立してきた非核兵器地帯は、ある意味で、西側の核の秩序に対するアンチテーゼでもあった。しかし、今や、グローバルサウスのなかから、西側先進国に肩を並べる、あるいは凌駕する国力をつけてきている新興大国が出現している。その意味においては、本来の非核兵器地帯の役割はもはや終了したとみなされ、新たな形での現代の核秩序への反抗がなされる可能性は排除されない。それがNPTからの脱退や最悪の場合、核保有となりかねない。1960年代に独立したばかりのアフリカ諸国からすれば、独自に核武装するだけの国力はなく、当時の核秩序に反抗するといっても、NPT体制と齟齬はないが（すなわち、NPTというシステムの範囲内で）、NPTよりも突っ込んだ非核兵器地帯で表現するしか手段がなかった。その意味で、「反抗」とはいっても、「従順な反抗（obedient rebellion）」であった（Mpofu-Walsh 2022）。しかし、今は違う。従順になる必要はないほど国力をつけている新興大国がある。それら新興大国が本当に「反抗」するとなるとどうなるか。

　こうした流れが、近年では、主要な途上国が経済的な力をつけ大国化してきていることによって、より差し迫ったものとなりつつある。核秩序の動揺は、今後こうした国際秩序の動揺に大きく左右されて進行していくことであろう。

　この際、西側諸国との対立を深めるロシアと、ロシア寄りの立場を徐々に強めている中国が、西側諸国への対抗において、新興大国を味方につけるべく、新興大国への寄り添いを強めていくであろう。中露が、核に関してはN5としての特権、また、国際秩序に関しては拒否権を有するP5としての特権を持っているということには変わりなく、新興大国からすれば中露も米英仏も同じ穴の狢ともいえるが、他方で、中露は、「偽善的な西側の価値観」に基づく国際秩序への対抗という言説を強調し、新興大国との連携を強めていくであろう。そうなれば、P3/N3（米英仏）対P2/N2（中露）の対立はさらに深まり、P5/N5体制はさらに脆弱となろう。

　そして、先述の核秩序の脆弱化の特徴に沿って述べると、新興大国による国際秩序への挑戦が核秩序において行われる際には、当面は、核廃絶を純粋に希求する動きと「協力」しながらも、いずれ、その言説を「利用」しながら、N5への挑戦を突きつけていく可能性がある。すなわち、大国化が進むにつれて、パワーを伴う一流大国としての扱いを求め、そのためには、核保有をちら

つかせる可能性がある。そして、どこかの段階で、N5 による核軍縮の進展の欠如などを理由として、核廃絶を純粋に希求する動きとの「協力関係」から脱却して、実際に核保有に至り、P5/N5 体制に公然と抗う可能性は排除されない。

この最悪シナリオを食い止めるためには、N5 が核軍縮を進め、核不拡散を強化することが重要であるが、同時に、国連安保理を含む国際秩序全般の改革も不可欠であろう。それなくしては、N5 がいくら核軍縮を進めようとも、新興大国の上昇する経済・軍事力に見合うだけのパワーへの欲求を満たすことにはならないからである。その意味で、核軍縮の問題は国家や国際社会の安全保障のみならず、国際政治と切り離すことはできず、むしろ国際政治と合わせて議論する必要があり、国連改革を含む国際秩序の現実への調整（adjustment）といったあらゆることが核軍縮のためには必要ということがわかる。

他方で、そのことが、N5 による核軍縮・不拡散を無意味なものにするわけではない。核軍縮の進展と核不拡散の強化によって、新興大国が TPNW の言説を「利用」することを避けることの一助になるかもしれない。ただし、N5 が核軍縮を進めていったとしても、よほど加速度的で大幅な核軍縮でない以上、TPNW 側の期待に添えるものになるとは限らず、むしろ TPNW 側の不満は続くものになる可能性が高い。したがって、新興大国による TPNW の言説の「利用」を避けるために、TPNW の期待に添うような加速度的かつ大幅な核軍縮をしない限りは、長期的にみて、現在の核秩序を保つことは極めて困難という結論にならざるをえない。

とはいえ、N5 が核を保有し続けている限り、TPNW が P5/N5 に基づく NPT 体制を代替するものにもならないことは明らかである。しかし、上記を踏まえると、新興大国のパワー増進が続くとすれば、中長期的なトレンドとして、核秩序の重心が、P5/N5 体制に基づく NPT 体制から、TPNW にシフトしていく可能性がある。TPNW が NPT を代替することはできないため、いずれかの時点でそのシフトは止まり、均衡点を見出すことになろうが、核秩序の重心のシフトにおいて、秩序全体の不安定性が高まれば、核使用リスクが高まることも否定できない。したがって、核秩序の重心のシフトにおいては、安定的な秩序のシフトが必要となってくる。特に新興大国による核保有といった上記の最悪シナリオを避けるためには、TPNW が最後の砦となりうる側面もあり、TPNW の重要性は高まることが想定される。

5 変化するアジア・太平洋における安全保障環境

牧野愛博

　中国による核兵器を含む軍事力増強、北朝鮮が進める核・ミサイル開発など、北東アジアの安全保障環境は厳しさを増している。中国の海洋進出も勢いづいており、アジアや西太平洋において米国やその同盟国と対峙する構図がより鮮明になっている。こうした軍事的現実を棚上げにして、核兵器に関する今後の軍備管理・軍縮を具体化させることはできない。そこでここでは、日米同盟の現況と拡大抑止力、中国の軍事戦略、中国と米国・同盟国の原子力潜水艦（原潜）競争、朝鮮半島と核問題という 4 つの角度からアジア・太平洋で主要国・地域が対峙する現実を追ってみる。

1　東アジアにおける日米同盟の現況と拡大抑止力

　米国は 1979 年の米中国交正常化に伴い、台湾と外交関係を断絶した。しかし米国は同年、台湾関係法を制定し、台北に米国在台湾協会を設置して、台湾との非公式な関係は続けてきた。米国は台湾に武器は売却するものの、中国が主張する「1 つの中国」原則を理解し、台湾の独立は支持しないという公式の立場を維持してきた。
　ところが、トランプ政権時代にはさらに踏み込んだ秘密文書がまとめられた。米国家安全保障会議（NSC）が 2018 年 2 月に作成した秘密文書「インド太平洋戦略枠組み」である（White House 2021a）。そこには、米国が西太平洋で実行するべき 3 つの項目が示されていた。第 1 は、日本列島から台湾を通り、南シナ海を囲むように伸びる第 1 列島線の内側（中国側）で、中国による海空優勢の常態化を許さないこと。第 2 は、第 1 列島線上の国々を防衛すること。第 3 は、第 1 列島線の外側（太平洋側）ではすべてのドメイン（領域）で米国の優勢を確保すること、という内容だった。第 2 の項目にはカッコ書きで（台湾を

含む）と明示した。トランプ政権は2021年1月の任期満了直前、この文書の秘密指定を解除した。トランプ政権は4年間で台湾にF16V戦闘機など計11回、総額約180億ドルに及ぶ武器を売却した。当時、ワシントンの外交団のなかでは、トランプ政権が秘密指定を解除した背景には、バイデン次期政権に中国・台湾政策を踏襲させる狙いがあるとの指摘が出ていた。

　バイデン米大統領は2021年1月の就任以来、インタビューでの応答も含めて2024年6月末時点まで、計5度も米国には台湾を防衛する意思があると発言してきた。バイデン政権としても自走砲の売却や地対空ミサイルシステムの支援などを行っている。また、2021年3月9日、米インド太平洋軍のフィリップ・デービッドソン司令官（当時）が米上院軍事委員会の公聴会で、「台湾が（中国の）目標の1つであることは間違いない。その脅威は向こう10年、実際には今後6年で明らかになると思う」と述べ、「6年以内に中国が台湾を侵攻する可能性」に言及した（Committee on Armed Services 2021）。他方で米軍制服組トップのマーク・ミリー統合参謀本部議長（当時）は同年11月3日、米シンクタンク・アスペン研究所のフォーラムで「中国は近い将来、台湾へ行動を起こそうと準備しているか」という質問に対し、「私の分析によれば半年や1、2年という近い将来に起こり得るとは思わない」と否定した（産経新聞 2021）。ミリー氏の発言は、中国が本格的な台湾侵攻を試みた場合、中国軍側にも相当な被害が及ぶため、当面は自制するのではないかとの見通しに立っていると思われる。ただ、「2027年危機説」を否定するものではなかった。

　2023年になると米中央情報局（CIA）のウイリアム・ジョセフ・バーンズ長官が2月にワシントンでの講演で、米側のインテリジェンス（諜報）情報に基づいて、中国の習近平国家主席が「2027年までに台湾侵攻を成功させる準備を整えるよう、人民解放軍に指示を出した」との見方を示した（Reuters 2023a）。米政府・軍の高官が相次ぎ、「2027年危機説」を唱える背景には、同盟国・同志国を同じ時間軸で結集させて協力を引き出すための「時代精神（ツァイト・ガイスト）」を作りだす狙いがあるとみられる。

　デービッドソン氏らが「万が一の事態」に言及したのは、言葉の上で警戒心を表明したのではなく、実際に米軍が西太平洋での戦力展開を急速に変化、増強しようとしていることの反映である。具体的にみると米国は、太平洋抑止構想（PDI）を掲げ、2022年度に関連予算51億ドル、2023年度予算でも61億ド

ル、2024年度予算でも147億ドルをそれぞれ計上した。

　米国が第1に重視しているのは、深刻な「米中の中距離ミサイル・ギャップ」を埋める対策である。米国は1987年に旧ソ連と中距離核戦力（INF）全廃条約を締結して以降、射程5500キロ以下の中距離ミサイル（陸上配備）を廃棄した。現在、インド太平洋に展開する中国軍の陸上配備の中距離ミサイルは、弾道ミサイルが約1500発、巡航ミサイルが約500発といわれている。ほぼ、「ゼロ対2千」の勝負から、どうやってイーブンに持ち込むかが、米国が頭を痛めている点であり、喫緊の課題になっている。

　米太平洋陸軍のチャールズ・フリン司令官は2024年4月3日、「長距離精密射撃能力」を年内にインド太平洋地域に配備すると明らかにした（時事通信2024）。米太平洋陸軍は同年4月15日、米国とフィリピンの合同軍事演習「バリカタン」と重なる時期に米比両軍がフィリピン各地で行う合同軍事演習「サラクニブ」の際に、地上配備型の中距離ミサイル発射装置（MRC=Mid-Range Capability）をルソン島北部に送ったと発表した（US Army Pacific 2024）。すでにロッキード・マーチンから米陸軍に引き渡されている中距離ミサイルシステム（MRC）「タイフォン」とみられる。

　東京外国語大学の吉崎知典特任教授は「米国は（中距離ミサイルを）、陸上、水上（水上艦）、水中（潜水艦）、空中（航空機）を、それぞれの地域同盟国の事情に合わせて配備していく考えだと思う」と語る（牧野2024a）。フィリピンは、今回のタイフォンのルソン島北部配備に対して抵抗しなかった。米軍はもともとフィリピンに対して恒久配備はできず、巡回配備だけに限られてきたが、今後はタイフォンを定期的に配備する考えとみられる。

　米国は日本に対してまずは、海上発射型のミサイル配備を期待していると考えられ、すでにトマホーク巡航ミサイルの海上自衛隊（海自）への導入が決まっている。当初は、2026、2027両年度に最新式「ブロック5」（射程約1600キロ）を最大400発導入する計画だった。このうち、200発を1世代前の「ブロック4」（射程約1600キロ）に切り替えて2025年度から購入を始める。これも「2027年までに」という米国が作った時代精神に合わせた動きだろう。また、日本政府は空中発射型として、射程900キロの米製空対地ミサイル「JASSM」などを発注している。吉崎特任教授は「米国は海上発射型を日本に任せ、空中発射型は日米で対応する考えだろう」とみている（同上）。

吉崎特任教授はまた、残る水中発射型については米国側で対応する考えだろうと指摘する。米軍はトランプ政権当時、核を搭載したSLCM（潜水艦発射型巡航ミサイル）-Nの配備を目指したが、バイデン政権は2022年に公表した「核戦略態勢の見直し（NPR）」でSLCM-Nの開発を放棄した（US DOD 2022a:3）。ただ、SLCM-Nは潜水艦発射型だから、秘匿性も残存性も高い。潜水艦の運用次第では、中国、ロシア、北朝鮮のいずれからの脅威にも対応できる。米軍内部にもSLCM-Nの復活を望む声は高いという。

　米軍は西太平洋における中国軍との戦力格差を埋めるため、他にも様々な構想を推進している。米海兵隊は2020年3月に軍再編計画「Force Design 2030」を発表し（US Marine 2021a）、米海兵隊トップのデビッド・バーガー総司令官（当時）は2021年4月、「遠征前進基地作戦（EABO）」などを含む新しい作戦構想を発表した（US Marine 2021b）。EABOは、敵による攻撃の兆候が現れた場合に緊急展開する構想で、台湾有事を想定して出てきた新しい構想だといわれる。米海兵隊はさらに、2021年12月になって敵対国がミサイルなどで攻撃できる範囲内において作戦を行う「スタンドイン部隊コンセプト」を公表した（US Marine 2021c）。沖縄に司令部を置く米第3海兵師団の第12海兵連隊が2023年11月、島しょ部での作戦に適応させた海兵沿海域連隊（MLR）に改編されたのもこのコンセプトに沿うものだった。MLRは地対艦ミサイルや防空ミサイル、簡易飛行場を運営する能力を持ち、敵対国の攻撃圏外から加える空軍や海軍のミサイルなどによる攻撃を誘導する目や耳の役割も期待されている。

　バイデン政権下の2022年10月12日、ホワイトハウスが12月に「国家安全保障戦略（NSS）」を、27日には国防総省が「国家防衛戦略（NDS）」、「核戦略見直し（NPR）」、「ミサイル防衛見直し（MDR）」の戦略文書をそれぞれ発表した。NSSでは「決定的な今後10年間」という表現が使われ（White House 2022:6）、具体的措置の一例として、攻撃に耐えられるよう格納庫や燃料給油システムの抗堪化がグアムのアンダーセン空軍基地で進んでいる。近年では弾道・巡航ミサイルや極超音速兵器からグアムを隙間なく守るためのミサイル防衛システムの開発も進められている。

　米国では戦力運用の分散化も重要なテーマになっている。米海兵隊は2023年12月、グアムで新たな基地「キャンプ・ブラズ」を発足させた。沖縄に駐

留する海兵隊の一部が2024年以降にグアムに移転する。日米両政府は2012年に、約1万2000人余とされる沖縄駐留の米海兵隊のなかの9000人を移転させ、うち4000人をグアムに移すことで合意しており、その合意に基づいた措置でもある。

　米空軍は、西太平洋において有事でも活用可能な滑走路の調査を進めている。訓練では米軍が作戦の拠点にしてこなかったような空港に、第5世代戦闘機や燃料、弾薬、整備員を搭載した輸送機をパッケージで展開する「機敏な戦闘運用（ACE）」という取り組みを進めている。2022年6月にフィリピン海で行われた演習「バリアント・シールド2022」では、アラスカから太平洋島しょ国の1つパラオにF35A戦闘機を展開した。空軍機の運用拠点を多様化することで、米軍を攻撃する側の目標を分散させ、攻撃効果を弱めるという利点があるという。グアムのアンダーセン空軍基地に配備されていたB52戦略爆撃機5機は2020年4月、米本土の基地に移動した。これも、中国軍の弾道ミサイルの射程圏外に置くための措置だといわれている。

　在日米空軍でも様々な動きが出ている。米第18航空団は2022年10月28日、嘉手納基地に配備されたF15C/D戦闘機を11月から2年かけて撤収し、「より新しく、より進んだ航空機」をローテーション配備すると発表した（USFJ 18th Wing Kadena Air Base 2022）。米空軍はF15C/Dの退役を進め、最新鋭のF15EXイーグルと交代させる。F15EXは2021年3月に初号機が試験用に納入されたばかりで、今回の撤収には間に合わない。とりあえず、アラスカのF22戦闘機が嘉手納基地に展開すると報じられている（沖縄タイムス2022）。

　鹿児島県鹿屋市の海自鹿屋航空基地で2022年11月21日から翌2023年11月まで、米空軍の無人偵察機MQ9の運用が行われた。米軍関係者150-200人が市内に駐留した。2022年1月に発表された日米安全保障協議委員会（2プラス2）共同文書に基づく動きだ。MQ9は1年間の運用を終え、米軍嘉手納基地に移動配備された。この文書は「閣僚はまた、日本の南西諸島を含めた地域における自衛隊の態勢強化の取組を含め、日米の施設の共同使用を増加させることにコミットした」とうたっている（防衛省2022a）。米軍機をできるだけ多くの基地に分散させることで、中国軍の弾道ミサイルの脅威を減らすのが目的とみられる。

　他方で米海軍は、空母1隻にイージス艦5隻程度、原潜1-2隻で構成する空

母打撃群を中心とした作戦構想を変えようとしている。米海軍は2015年頃から、分散型海上作戦（DMO）という構想を掲げ始めた。DMOは、地対艦ミサイルなどの攻撃を避けるため、多数の小型艦や無人艦などに長距離ミサイルなどを搭載し、分散して相手の水上艦艇や地対艦ミサイルなどの攻撃を避けつつ行動させるとともに、情報衛星やドローン（無人航空機）、早期警戒機などを使ってネットワーク化することで、分散していても一体となった攻撃力として運用する。小型艦の主力は、2026年からの就役を目指すコンステレーション級ミサイルフリゲートで20隻を予定している。相手の戦力を相当部分消耗させた上で、空母打撃群が最後の決め手として展開するという構想だ。コンステレーション級の価格は海自の護衛艦「あさひ」型よりも高い約900億円である。対艦ミサイルも、日米の戦闘艦艇が標準装備している8発の2倍に当たる16発を搭載する予定だ。

　さらに、米国防総省・米軍は無人兵器やAIの導入も進めている。米インド太平洋軍のパパロ司令官は2024年6月、米紙ワシントン・ポストのインタビューで、「多数の機密の装備を用いて、台湾海峡を無人の地獄絵図にしたい」と語った。「1カ月の間、（中国を）惨めな状態にして、我々があらゆる対応を行うための時間を稼ぐことができる」という（The Washington Post 2024）。米国防総省は2023年8月、数千の無人機・自律型兵器を1年半から2年以内に配備する計画「レプリケーター構想」を発表した（US DOD 2023a）。パパロ氏の発言は、この構想が実現しつつあることを示唆したものだ。

　実はすでに米海軍の無人水上艦が2023年9月、太平洋を横断して米軍横須賀基地に寄港している（朝日新聞2023c）。同12月には米海軍にボーイング社製の大型自律型潜水艇「オルカ」が納入された（Boeing 2023）。米空軍も同年8月、F15 E戦闘機と無人機XQ58Aバルキリーが編隊飛行する写真を公開した（Air Force Research Laboratory Public Affairs 2023）。横須賀に新たに配備される原子力空母ジョージ・ワシントンにはMQ25スティングレー無人空中給油機が搭載されるという。米中の「中距離ミサイル・ギャップ」など深刻な戦力格差を埋める手段としても、無人兵器の開発に期待がかかっている。

　2022年2月から始まったロシアによるウクライナ侵攻でも、無人兵器は様々な戦果を挙げている。ウクライナ軍は開戦当初、無人機を使ってロシア軍陸上兵力に大きな被害を与えた。米軍事専門シンクタンク「海軍分析センター」の

サミュエル・ベンデット顧問によれば、ウクライナとロシアの両軍が現在、1人称視点（FPV）無人機や、（回転翼を4基搭載した）クアッドコプターなどを1000機単位で使っている。同氏は、ロシア軍が無人機に対する防空能力を整えた後でも、ウクライナ軍の無人機は「情報収集・警戒監視・偵察（ISR）」で大きな役割を果たしていると指摘する（朝日新聞2024c）。

またウクライナ軍は、大型の戦闘艦艇を持っていないが、黒海で無人兵器とミサイルを組み合わせた攻撃によってロシア黒海艦隊に大きな損害を与え、従来の軍事概念を覆した。防衛省防衛研究所の池上隆蔵1等陸佐によれば、無人機は破壊されやすい弱点を持つが、既存のシステムと組み合わせると、戦闘効率が劇的に向上する。火砲による攻撃の所要時間は従来、目標確認から射撃まで数十分かかる場合もあったが、無人機などとの組み合わせで3-5分まで短縮されたという（牧野2024b）。無人機は航続時間も長いため、艦艇など動く標的の位置情報をリアルタイムで伝えられる。

兵器へのAIの導入も進んでいる。ウクライナは、ロシア軍の戦車や兵士などを目撃した国民の情報をSNSで通報できるアプリを開発した。欧米諸国の衛星や高高度偵察機、無人機などの情報とも照合した上で、AIが1日約300の攻撃目標を選んでいる。米パランティア・テクノロジーズは2024年3月、AIと機械学習を活用した新しいターゲティングシステム「TITAN」の開発と提供を行うことを内容とする、約1億8000万ドルの契約を米陸軍と締結したと発表した。TITANは宇宙、高高度、空中、地上のセンサーにアクセスできる地上局で、長距離精密打撃などのための目標情報を提供する。陸上総隊司令官を務めた高田克樹元陸将によれば、選べる攻撃目標数は、ウクライナで使用されているAIシステムに比べ、1日当たり数百規模で増える（同上）。

米国防総省は陸海空軍、海兵隊、宇宙軍、サイバー軍の情報を共有し、相互運用する「統合全領域指揮統制（JADC2）」の開発を進めている。杉山良行元航空幕僚長は「JADC2が完成すれば、無人機や無人水上艦、無人潜水艇の連携が可能になり、大きな戦果を挙げることも可能になるだろう」と語る（同上）。

こうした動きのなかで、日本の自衛隊の動きはどうなっているのか。自衛隊も、米軍の動きに合わせて様々な変化を模索している。そもそも、米海兵隊がEABOを着想した背景には、陸上自衛隊（陸自）で15年ほど前から唱えられ始めた「南西の壁」構想がある。対馬から九州、沖縄本島などを経て、日本最

西端の与那国島までに対空・対艦ミサイルと地上部隊などを組み合わせた部隊を配置して防衛ラインを作り上げる構想だ（牧野 2021b）。すでに、自衛隊は奄美大島、宮古島に地対艦ミサイル連隊を、与那国島に沿岸監視隊を配置した。石垣島にも 2023 年 3 月、駐屯地を新たに開設し、地対艦・地対空ミサイル部隊を配置した。防衛省は 2022 年 12 月、与那国島の自衛隊駐屯地を拡張し、地対空ミサイル部隊を配備する方針を明らかにした（朝日新聞 2022d）。

　米海兵隊が掲げる新戦略を受けた日米共同訓練も始まった。陸自と米海兵隊との実動訓練「レゾリュート・ドラゴン 21（RD21）」が 2021 年末、日本各地の演習場や駐屯地などで行われた。RD21 は、日米の計画に基づいて展開した陸自と米海兵隊が、接近する敵を迎撃する訓練だった。陸上幕僚監部広報室によれば、陸自と米海兵隊が共通点の多い装備を保有しているため、RD21 には共通の敵を撃退する上での調整を行う狙いがあるという。関係者は「お互いが違う島に展開しているとき、接近する敵を効果的に撃退するためにはどうしたらいいのか。日米が双方の指揮命令の流れや、装備の性能を知る意味がある」と語っている（朝日新聞 2022a）。

　2023 年 11 月から行われた陸海空の自衛隊と米軍による共同統合演習「キーンソード」では、初めて沖縄県の先島諸島も訓練場所に選ばれた。与那国島でも同月、陸自の 16 式機動戦闘車（MCV）が初めて島内の公道を走行し、米海兵隊が与那国駐屯地内で陸自とともに共同指揮所演習を行った。ただ、石垣島や宮古島、与那国島の自衛隊は住民感情に配慮し、駐屯地の外に出ての訓練は極めて限定的に行っている。駐屯地外での日米共同訓練も 2024 年 6 月末時点では実現していない（自衛隊の南西諸島の動きと住民の不安については、牧野［2024c］を参照）。

　日本政府は 2021 年 12 月に閣議決定した 2022 年度防衛予算で 12 式地対艦誘導弾の能力を向上させる開発費を盛り込んだ。射程は 1000 キロ程度で、地上発射型は 2025 年度、艦船発射型は 2026 年度、航空機発射型は 2028 年度の開発完了をそれぞれ目指すという。政府が 2022 年 12 月 16 日に閣議決定した防衛整備計画にも、同じ目標年度が明記された（防衛省 2022b:2）。陸自が現在開発中の高速滑空弾は射程約 500 キロである。敵基地攻撃能力の議論次第ではさらに延長を検討する可能性もある。

　陸自は、2021 年 9 月から 11 月にかけ、有事に備えて、全国に駐屯する自衛

隊を南西方面に展開する訓練を行った。ここ数年は連隊規模で行っていたが、陸自の第2師団（北海道）、第6師団（山形県）、第14旅団（香川県）が実際、大分県の日出生台演習場に移動して訓練を行った。参加人員は約10万人で、車両約2万両、航空機約120機が参加した。陸自が「陸演（陸上自衛隊演習）」と呼ばれる大規模な演習を行うのは1993年以来28年ぶりである（陸上自衛隊2021）。

　一方、陸海空の各自衛隊を一元的に指揮する常設の「統合作戦司令部」を設置することを盛り込んだ改正自衛隊法などが、2024年5月10日の参議院本会議で可決され、成立した（朝日新聞2024a）。2024年度中に防衛省がある東京・市ヶ谷に設置される。台湾有事など日本の南西方面での脅威が増えるにつれ、必要性が叫ばれていた。自衛隊は2006年の自衛隊法改正で、統合幕僚監部が誕生し、弾道ミサイル防衛などのように、複数の軍種にまたがった作戦が必要になった場合に備えて統合任務部隊が編成されてきた。しかし、常設した統合司令部と統合司令長官のポストを持たずにいた。

2　ウクライナ戦争の日米同盟への影響

　ここで少し、ウクライナでのロシアの軍事行動が東アジアにおける日米同盟にどのような影響を及ぼしてきたかをふりかえっておきたい。2018年の米国のNDSから2022年のNDSに引き継がれたテーマは、中国やロシアによる「既成事実化戦略」、つまり、両国が迅速に軍事力を展開して相手国を圧倒し、米国による来援の時間を与えないままに相手国の領土を確保してしまう事態への対応だった。契機は2014年のロシアによるクリミア併合である。中ロによる急速な領土獲得を抑止するためには、拡張を狙う地域やその近くで動きを拒否する能力を持つ必要がある。米軍自体も敵対国による攻撃や妨害を受ける場所で作戦を行うことが前提になるため、攻撃や妨害に耐えうる強靱性が求められると判断した。

　陸上幕僚監部広報室は2021年末に実施した日米共同訓練RD21について、「陸自の領域横断作戦（CDO）と米海兵隊のEABOを踏まえた日米の連携向上のための訓練を実施した」と説明している（朝日新聞2022a）。CDOとは、陸海空に宇宙やサイバーを加えたマルチドメインにまたがった横断的な作戦を意

味する。例えば、奄美大島や宮古島に配備された陸自の対艦・対空ミサイル部隊が、敵の艦艇や航空機を迎撃することなどが想定される。電子戦やサイバー戦なども交え、より幅広い作戦を検討している。

　こうしたなかで2022年2月24日、ロシアが3方向から最大19万人の兵力でウクライナに侵攻した。英王立防衛安全保障研究所（RUSI）は同年11月、ロシアはウクライナを占領するまでに必要な作戦期間を10日間と見積もっていたとする報告書を発表した（Zabrodskyi et al. 2022）。ロシアは2022年1月、ウクライナの政府機関に対してサイバー攻撃をかけた。2月中旬になるとウクライナ全土で金融機関の現金自動預け払い機（ATM）にサイバー攻撃をかけ、一部に障害を発生させた。同時に「ウクライナのATMはすべて使えなくなった」という偽情報を振りまき、国民生活を混乱に陥れた。侵攻前日の2月23日になると、電磁波攻撃をかけてウクライナの衛星通信網を無力化し、軍の通信や民間のインターネットを使えないようにした（牧野2023c）。にもかかわらず、ロシア軍は緒戦で勝利できず、キーウ（キエフ）侵攻を断念した。

　米国防総省などは2022年5月、訪米した自民党議員団に対して、米国がウクライナに対して行ったハイブリッド戦争支援の概況を説明した。その説明によれば、米国はクリミア併合後、ウクライナにハイブリッド戦争への対抗策の支援を開始した。その1つが、陸自が目指しているCDOのような、従来の陸海空という作戦領域に、サイバー、電磁波、宇宙を加えて横断的に作戦を行うマルチドメイン化だった。同時に、ロシア軍の攻撃を受けた場合のバックアップ体制として、米軍などNATOが使う衛星通信網との一体化を推進した。米SpaceX社による衛星ブロードバンドインターネット「Starlink（スターリンク）」のウクライナへの提供だけが大きく報じられたが、米軍自体がこの仕組みを提供していたという（同上）。

　2022年12月16日に日本が閣議決定した国家防衛戦略も、「宇宙・サイバー・電磁波の領域及び陸・海・空の領域における能力を有機的に融合し、相乗効果によって全体の能力を増幅させる領域横断作戦により、個別の領域が劣勢である場合にもこれを克服し、我が国の防衛を全うすることがますます重要になっている」としている（首相官邸2022b）。

　以上のような大きな流れのなかで、日米同盟の変化も進んでいる。日米は同盟関係にあるが、指揮統制機能が別々に独立している。そこで日米は、様々な

レベルで詳細な調整を行う仕組み（同盟調整メカニズム）の維持発展に努めている。その際、米軍の持つグローバル・コマンド・コントロール・システム（GCCS）が調整の前提としての共通認識を持つツールになってきた。GCCSは指揮系統のための情報共有網で、作戦区域周辺の戦力展開、それぞれの部隊の兵站状況、損耗率などの部隊の状況を、ビジュアル形式でもテキスト形式でもみることができる（牧野 2023b）。

　新しい国家防衛戦略が「統合防空ミサイル防衛能力」に触れた他、マルチドメインでリアルタイムの対応が要求される時代になり、日米の一体化は指揮系統だけではなく、戦術・戦闘にまで及ぶことが不可避の状況になっている。自衛隊と米軍の場合、こうした「戦術・戦闘の一体化」が進んでいるのが海自と米海軍で、リンク16で連結されている。航空自衛隊も近年、米国のミサイル防衛システムに連動するため、バッジシステムの改修を行ってきた。これに対し、陸自の場合は、10式戦車など特定の装備のなかだけでの戦術・戦闘の一体化にとどまってきた。今後は、ウクライナの教訓もあり、統合司令部ができて陸海空が一体となる他、宇宙・サイバー・電磁波も含めて米軍との一体化が進むことが予想される。岸田文雄首相とバイデン米大統領は2024年4月10日に行われた首脳会談後に発表した共同声明で、自衛隊と米軍の指揮統制機能の強化を表明した（内閣官房 2024）。米政府はインド太平洋軍に指揮統制権を残す一方、在日米軍の司令部機能を強化する方針だ。

　グローバルにも地域的にも安全保障環境が変わるなかで、拡大抑止力にはどのような影響が及びうるのだろうか。バイデン政権は2022年に発表したNPRで、トランプ政権が進めた海上発射型核巡航ミサイルの開発を中止した。射程2500キロ程度を想定し、INF全廃条約（2019年に米ロが離脱・失効）の影響で、地上配備の中距離ミサイルを保有してこなかった米国の弱点を埋める手段の1つとして、米国内だけでなく、日本のなかでも期待する声があった装備だった。バイデン大統領は大統領選で、核兵器の役割低減のため「核攻撃を抑止し、必要であれば報復することが米国の核兵器の唯一の目的であるべきだ」としていた（Biden 2020:64）が、NPRには盛り込まなかった（US DOD 2022a）。海洋発射型の核巡航ミサイルの開発中止は、唯一の「核兵器の役割低減」策として採用された格好になった。

　ウクライナ侵攻開始後のロシアは繰り返し核兵器使用をほのめかしており、

核兵器をめぐる緊張感は高まっている。米国防総省の中国の軍事動向に関する年次報告書（2022年11月発表）の分析によると、中国が2035年までに約1500発の核弾頭を保有する可能性がある（US DOD 2022b: Ⅸ）。他方で北朝鮮の金正恩総書記は2022年末に開かれた朝鮮労働党中央委員会拡大総会で、核爆弾保有量を幾何級数的に増やす考えを示唆した（牧野2023a）。地理的に日本を取り囲むように存在するこれら3つの核保有国の動きは、米国が日本に提供する拡大核抑止に関する議論を活発化させている。

日米は2010年から、米韓は2011年から定期的に拡大抑止協議を開催し、米国の「核の傘」を含む拡大抑止力の提供をめぐる信頼性の確保に努めてきた。ただ、日米同盟の一体化が進むなか、核兵器のみがその例外とされている。新しい日本の国家安全保障戦略は「非核三原則の堅持」を確認したが、今後、核兵器をめぐる「日米の一体化」がどのような展開をみせるのかが、注目されるところである。

3　中国の軍事戦略

中国の軍事戦略の主な変遷からみておきたい。中国は、かつては長きにわたって民主化の可能性がある国と目されてきた。米国はソ連を孤立させる目的と同時に、ベトナム戦争の負担を減らす思惑もあって、ヘンリー・キッシンジャー国務長官が1971年7月、極秘に訪中した。米国は以後、中国への接近の方便として、民主化の可能性にしばしば言及してきた。同時に、中国は米国から様々な軍事技術を得たとされる。

中国の軍事戦略の大きな転換点となったとされるのが、1995年から1996年にかけて起きた第3次台湾海峡危機だった。中国は1996年の台湾総統選挙で独立派が勢いを増したことを牽制するためにミサイル演習を実施したが、米国はニミッツとインディペンデンスを中心とした2個空母打撃群を台湾近海に派遣し、中国に対する抑止力を誇示した。

中国はこの事件を教訓に米軍をどう抑止するのかという戦略を展開するようになった。基本線となるのが、接近阻止領域拒否（A2AD）戦略とされる。九州南端から台湾東側を通り、南シナ海を囲むように伸びる「第1列島線」のなかへの米軍の侵入を阻止する。同時に、伊豆諸島を起点に小笠原諸島、グアム、

サイパンを含め、マリアナ諸島にまで伸びる「第2列島線」のなかで、米軍による自由な作戦展開を許さないという戦略である。

中国はこの戦略を達成するため、様々な軍備増強を進めてきた。第1に米空母打撃群への対抗策として、1998年に廃艦になった旧ソ連空母「ワリャーグ」を購入した。2012年に空母「遼寧」として就役した。2019年末には2隻目となる初の国産空母「山東」が就役した。中国国営新華社通信は2024年5月8日、3隻目の国産空母「福建」が初の試験航行を終えたと伝えた（新華社通信2024）。

加えて、前述したように、弾道ミサイルの開発も進めてきた。米国とロシアが2019年まで、INF全廃条約によって射程500-5500キロの地上発射型弾道・巡航ミサイルの廃棄を義務付けられていた一方、中国がこのタイプの短中距離ミサイルを次々に開発してきた。代表例としては「空母キラー」と呼ばれる対艦弾道ミサイル「東風（DF）21D」（射程1500キロ）、グアムの米軍基地を攻撃できる「グアムキラー」と呼ばれる「東風（DF）26」（射程4000キロ）などがある（防衛省2024b:68-71）。

そして、2008年の北京夏季五輪と、同年に起きたリーマンショックからのいち早い回復が中国国内のナショナリズムを高め、習近平氏の中国共産党総書記就任（2012年11月）もあって、外部に対する拡張路線を本格化させた。具体的には南シナ海での人工島の建設となって拡張路線があらわれた。中国は2014年、南シナ海の南沙諸島（スプラトリー諸島）海域で人工島の建設に着手していることも明確になった。人工島に滑走路やレーダー設備などが存在することが確認された。海中を除き、海上と空域から接近する物体を識別、迎撃する機能を持つとみられている。オランダ・ハーグの常設仲裁裁判所は2016年7月、中国が南シナ海で主張する権利の根拠を否定したが、中国は黙殺している。

中国の軍事戦略で大きな脅威として、米国やその同盟国が警戒しているのが、従来の陸海空にサイバーや宇宙空間を加えたマルチドメイン戦略である（防衛省2024b:76-77）。また、中国は2003年、「人民解放軍政治工作条例」を改定し、与論戦、心理戦及び法律戦を展開し、敵軍の瓦解工作を実施するとした。国内外の世論に訴える世論戦、相手の心理状態を揺さぶる心理戦、国際的に中国の主張を正当化する法的根拠を作り出す法律戦（三戦）を意味する（戦略研究グ

ループ 2016:114-117)。マルチドメイン戦略と三戦を組み合わせ、相手の認知領域を標的にして、戦わずして勝利を収める方法も研究しているとされる。

　次に中国の戦力をみておこう。ストックホルム国際平和研究所（SIPRI）が2024年6月に発表した資料によれば、中国の核弾頭保有数は2023年1月時点の410発から2024年1月に500発に増加した。中国が保有する500発の核弾頭のうち、約24発が配備された可能性があると推定した。世界各国が保有している使用可能な核弾頭の総数は9585発で、そのうちロシアは4380発、米国は3708発を保有している（SIPRI 2024:271-367)。

　中国はさらに核兵器を大量増産する姿勢を示している。米国防総省は2021年11月に発表した「中国の軍事力に関する年次報告書（2021年版）」で、中国の核弾頭保有数が2030年までに少なくとも1000発になるとの見通しを示した（US DOD 2021a）。続いて2022年11月に発表した2022年版の報告書では、中国が2035年までに約1500発の核弾頭を保有する可能性があると指摘し、2023年10月に発表した2023年版報告書でもこの見通しを維持した（US DOD 2023b: IX）。中国の核弾頭の重量は300キロ程度にまで軽量化しているとされ、米国の100キロには及ばないものの、ほぼすべての弾道ミサイルに搭載が可能だとみられている。

　中国は従来、米ロとの核兵器保有数の格差も考慮し、敵の核攻撃を受けない限り、核兵器を使用しない「核の先行不使用政策」を採ってきた。ただ、早期警戒衛星などを使い、中国に対する攻撃を探知した段階で核を使用する即時発射態勢の強化も進めている。このため、米国防総省は2018年版の報告書で、中国が核の先行不使用政策を変更した可能性があると指摘している（US DOD 2018:75）。そうしたなかで、中国西部の甘粛省玉門で2021年、弾道ミサイルの地下格納サイロが建造されている様子を捉えた衛星写真が公開された。半径50キロの範囲内に約120基のサイロが点在していた（朝日新聞2021a）。サイロの半径は26メートルで、中国の大陸間弾道ミサイル（ICBM）「東風（DF）41」（射程1万4000キロ以上）が収容可能とみられる。DF41には1基のミサイルに核弾頭10発の搭載が可能で、実際に配備にまで進んでいけば米国の核抑止力に正面から挑戦する動きとなるとの警戒が強まっている。

　米国とその同盟諸国、国際社会の反応はどのようなものなのか。米国は前述したとおり、バラク・オバマ政権前半までは中国融和論が主流だった。南シナ

海で人工島建設が始まった際も、日本側が再三、外交・防衛協議の場で警鐘を鳴らしても、ほとんど対応しなかった。オバマ大統領は 2011 年 11 月、豪州議会でアジア太平洋地域を重視する新たな安全保障政策（ピボットともリバランスとも表現される）を発表したが、具体的な政策に乏しかった（White House 2011）。南シナ海で中国が建設した人工島の「領海」通航などを含む「航行の自由作戦」が 2015 年 10 月に始まったが、オバマ政権では結局 4 回の実施にとどまった。

2017 年に発足したトランプ政権は同年に策定した「国家安全保障戦略」で、中国とロシアを「修正主義勢力」と位置づけ、関与政策を中心にした対中政策の見直しに言及した（White House 2017）。トランプ政権は「航行の自由作戦」を頻繁に行った他、前述した INF 全廃条約の失効（2019 年 8 月）、米軍事情報などの入手を理由にしたテキサス州ヒューストンの中国総領事館の閉鎖命令（2020 年 7 月）、米国のキース・クラック国務次官（経済成長・エネルギー・環境担当）の台湾訪問（2020 年 9 月）など、対中強硬政策を実行した。マイク・ポンペオ国務長官は 2020 年 7 月の演説で「中国に闇雲に関与する古い方法論は失敗した。我々はそうした政策を継続してはならない」と訴えた（US Department of State 2020）。

2021 年に発足したバイデン政権もトランプ政権の対中政策を踏襲している。米インド太平洋軍のフィリップ・デービッドソン司令官は 2021 年 3 月 9 日、米上院軍事委員会の公聴会で「6 年以内に中国が台湾を侵攻する可能性」に言及した（NBC 2021）。米議会調査局（CRS）は 2021 年 3 月 9 日付の報告書で米中両海軍の保有艦艇を比較した。複数の資料から 3 通りの比較を行ったが、最も中国に有利な分析結果では、2020 年時点ですでに米軍の 297 隻に対し、中国軍は 360 隻に上ると指摘されている。さらに 2030 年には、中国軍艦艇数は 425 隻に達すると予測している（O'Rurke 2021:2）。中国の台湾侵攻を想定した米国防総省のこれまでのシミュレーションでも、米軍がしばしば敗北する結果が出ている。

このため、米国は様々な戦略を推進している。2021 年度米国防授権法は新たな基金「太平洋抑止イニシアチブ（PDI）」を承認した。グアムのミサイル防衛やステルス戦闘機 F35 の近代化、海上発射型のトマホーク巡航ミサイルの配備などが含まれている（US DOD Office of the Under Secretary of Defense 2022）。

また、中国のA2AD戦略に対抗するため、前述したように、米軍のインド太平洋地域での新たな動きが始まっている。さらに、米国は国際社会を巻き込むことで、中国に対する抑止力を高めようとしている。米国は2021年3月の日米防衛安保閣僚協議（2+2）共同声明（防衛省2021）、同年4月の日米首脳共同声明（外務省2021a）、同年6月の先進7カ国（G7）首脳共同声明（外務省2021b）、同月の米ＥＵ共同声明（White House 2021b）に、「台湾海峡の平和と安定の重要性」という文言を盛り込んだ。米国と日本は「自由で開かれたインド太平洋（FOIP）」構想を推進し、豪州とインドを加えた4カ国安全保障対話（QUAD）も行っている。2021年9月には初めて対面方式でQUAD首脳会議がワシントンで開かれた。米国は2021年9月、イギリスと豪州との新たな安全保障の枠組み（AUKUS）創設を発表し、豪州への原潜配備に協力する方針も明らかにした（牧野2021a）。

　また、オースティン米国防長官は2024年4月8日、英豪の国防相とともに共同声明を発表し、AUKUSの2つの柱の1つである先端技術の分野で、日本との協力を「検討している」と明らかにした（US DOD 2024）。AUKUSは豪州への原潜配備を「第1の柱」とし、AIや極超音速ミサイルの共同開発をはじめとする先端技術分野での協力を「第2の柱」に掲げている。韓国も2024年5月1日に豪州で開かれた豪韓両国による外務・防衛閣僚級協議（2プラス2）で、「第2の柱」への参加に意欲を示した。さらに、日米韓3カ国は2023年8月18日、米ワシントン郊外の大統領専用山荘「キャンプデービッド」で首脳会議を開き、首脳級や外相級などによる定期協議の開催や緊急時の迅速な協議などで合意し、日米韓の安全保障協力を強化するための「制度化」を図った（朝日新聞2023b）。

　米国はまた、2018年1月にカナダで開かれた朝鮮国連軍参加国を中心とした北朝鮮関係外相会合で、東シナ海を中心とした北朝鮮の国連制裁決議違反活動を監視する活動を決めた。「ファイブ・アイズ」と呼ばれる活動で、米国、イギリス、豪州、カナダ、ニュージーランドに加え、日仏韓の艦船や航空機が監視活動に参加している。日本と韓国以外は日本の米軍基地を拠点として活動している（朝日新聞2019）。欧州各国には、この活動を契機に緊張が高まるインド・太平洋地域での関与を高めたい思惑があるとみられる。2021年にはイギリス空母「クイーン・エリザベス」、ドイツ・フリゲート「バイエルン」が

東・南シナ海に進出し、日本にも寄港した。欧州各国が台湾有事の際に軍事力を派遣する可能性は小さいが、中国に対して台湾有事で支払うコストを意識させ、抑止力を高める効果への期待がこめられている。

一方、中国はこうした米国などの姿勢に反発し、台湾の防空識別圏への侵入や台湾近海での軍事演習を繰り返している。習近平中国国家主席は2021年7月1日に行った共産党創立100周年記念演説で、「誰であれ、中国を刺激する妄想をすれば、14億の中国人民が血と肉で築き上げた鋼鉄の長城にぶつかり、頭が割れて血を流すだろう」と主張した（中華人民共和国駐日本国大使館2021）。2022年8月には、ナンシー・ペロシ米下院議長（当時）が台湾を訪れた後、中国軍が台湾を取り囲むようにして軍事演習をし、弾道ミサイルが日本の排他的経済水域（EEZ）内にも落下した。2024年5月23、24の両日には、台湾での頼清徳政権発足を受け、台湾付近で演習「連合利剣2024A」を行った。中国軍はこの演習を、「戦備警戒パトロール」という中国軍の平時の活動から始めて、実戦に移行する形式で行った。平時からいつでも実戦行動に切り替えられる態勢を示すことで、台湾を常時緊張状態に置く狙いがあると思われる。また、「文攻武嚇」と呼ばれる、メディアや偽・誤情報などを使った言論分野の攻撃と軍事力を使った威嚇を繰り返している。

日本の安全保障への影響はどうだろうか。2012年9月、日本政府による尖閣諸島国有化以降、中国海警局の公船による日本領海侵入が激化するなど、日中関係は緊張している。ただ、日本政府は台湾有事について、平和安全法制によるところの重要影響事態になるのか、存立危機事態に発展する可能性があるのかについて、具体的な明言を避けている。日本政府は従来の国家安全保障戦略で北朝鮮を「脅威」と位置づけるが、中国は「懸念」にとどめ、中国を想定した防衛力の整備を公式には避けてきた。中国を脅威と認めた場合、日中関係の決定的な悪化を招き、経済も混乱するという懸念があったためだ。中国はすでに、INF全廃条約の失効に伴う米国の中距離ミサイルの日本配備や、日本の敵基地攻撃能力保有への懸念を外交ルートで伝えてきている。

米国は敵基地攻撃能力やミサイル防衛、サイバーなど多様な手段を動員した「統合ミサイル防衛」戦略を採用している。日本は2018年改定の防衛計画大綱で「総合ミサイル防空能力」の強化を目指すとした（内閣官房2018）ものの、具体的内容には踏み込んでいなかった。そうした状況の下、日本政府は2019

年、陸上配備型迎撃ミサイルシステム「イージス・アショア」の配備を断念した。日本は従来、弾道ミサイル防衛をイージス艦と地対空ミサイル「PAC3」で対応してきた。海自イージス艦は現在 8 隻体制だが、イージス・アショアに代わって弾道ミサイル防衛も負担する場合、最低でも 12-16 隻体制が必要だとの指摘がある。

　岸田文雄首相は 2021 年 12 月の国会での施政方針演説で、敵基地攻撃能力の保有についても検討する考えを示した。2022 年末には「国家安全保障戦略」（内閣官房 2022a）、「国家防衛戦略（旧防衛計画の大綱）」（内閣官房 2022b）、及び「防衛力整備計画（旧中期防衛力整備計画）」（内閣官房 2022c）の戦略 3 文書が閣議決定され、公表された。国家安全保障戦略は、現在の情勢認識において、「国際秩序は重大な挑戦にさらされている」とし、日本が「戦後最も厳しく複雑な安全保障環境に直面」しているとした。中国については「脅威」とはしなかったが、「深刻な懸念事項」「これまでにない最大の戦略的な挑戦」という踏み込んだ表現を使った。基本政策としては、「わが国を守る一義的な責任はわが国にある」とする一方、平和国家として専守防衛に徹し、非核三原則は堅持するという基本方針は今後も変わらないとした。「外交力・経済力を含む総合的な国力を活用し、わが国の防衛にあたる」とし、研究開発、サイバー安全保障、公共インフラ整備などを挙げた。日米同盟の深化も訴えている（内閣官房 2022a:4-9）。

　憲法及び国際法の範囲内で、専守防衛の考え方を変更することなく、武力行使の 3 要件を満たすことを前提に反撃能力の保有を国家安全保障戦略に明記した（同上:8）。この論理に基づけば、存立危機事態の際、集団的自衛権の行使として反撃能力を保有することも認められることになる。台湾有事の際、自衛隊が米軍の活動を支援している状況のなか、米軍が攻撃を受けた場合に日本による反撃能力の使用が法理的に可能になるのは、台湾が中国とは別国家であることを公言して個別的自衛権を行使できるようになり、米国がそれを助けて集団的自衛権を行使し、さらに台湾や米国への攻撃が日本の存立危機事態をも構成するのでなければならない。ただ、台湾有事などの際、日本がどこまで踏み込んだ対応を取るのかについては、国会などでの議論は深まっていない。

4　中国と米国・同盟国の原潜競争

　原潜の特徴とは何だろうか。潜水艦は敵から発見されにくい隠密性を有する上、巡航ミサイル、弾道ミサイル、魚雷などの多様な攻撃能力を持つ戦力だ。隠密性は、陸上の移動発射台よりもはるかに高く、予防攻撃などを受けにくい特性がある。このため、核ミサイルを搭載した潜水艦は冷戦時代に、核攻撃を受けた場合の報復用核戦力として重用され、先行核使用をためらわせる重要な手段と位置づけられた。

　特に、原潜は通常動力型潜水艦よりも高い隠密性と攻撃力を持つ。通常動力型潜水艦はディーゼル発電機で発電した電気を電池に充電し、潜航中は電動モーターを回して推進する。電池容量が少なくなると、シュノーケル航走で水面上の空気を取り入れながら、充電する。原潜の場合、シュノーケル航走は必要なく、敵に発見される可能性は格段に低くなる。

　また、電池は航行速力の3乗で消耗するため、2倍で航走すれば8倍の電力が必要になる。各国が運用する通常動力型潜水艦の最高速度はいずれも20ノット（約37キロ）程度だが、最高速度で航走すると電池の消耗が激しいため、巡航時はせいぜい5-6ノット（約9-11キロ）くらいの速度で移動するとされ、活動範囲が大きく制限される。また、潜水艦は攻撃をかけた際が、最も敵から発見される可能性が高まる。したがって攻撃後に、反撃を受けるのをどうやって防ぐかが大きな課題になる。通常動力型潜水艦では、最高速度で航走できる時間が限られるため、敵を攻撃する場合、敵から隠れやすい場所を選ぶなどの制約を課されることが多い。これに比べて原潜の場合、通常動力型潜水艦よりも高速での移動が可能になる。米バージニア級原潜は25ノット（約46キロ）、英アスチュート級原潜は29ノット（約54キロ）とされる。原潜の場合、敵を攻撃した後も最高速度で航走を継続できるため、敵の魚雷などによる反撃を受けにくくなり、より多様な作戦が可能になる。

　米国が台湾情勢に敏感になる理由の1つは、中国が台湾を併合し、台湾に中国の原潜基地を作ることを恐れるからだとされる。その場合、中国の原潜が太平洋に展開できる能力は格段に上がり、米本土が常に中国の核を搭載した潜水艦発射弾道ミサイル（SLBM）の脅威にさらされることになる。また、原潜は

ミサイル発射のプラットホームとして、広域に活動できない場合でも大きな脅威になる。例えば、北朝鮮が原潜を保有する場合、太平洋まで展開するだけの技量はないとみられる半面、朝鮮半島南端に回り込むだけで、米韓が主に北からの攻撃を想定して展開しているミサイル防衛網を突破できる可能性が広がる。

　各国の原潜保有状況はどうなっているのだろうか。現在、原潜の保有国は、米国、イギリス、フランス、中国、ロシア、インドの6カ国である。この他、韓国と北朝鮮も原潜開発に意欲を示している。各国の潜水艦保有数を比較した場合、米国64隻、中国61隻、ロシア65隻などとなっている。日本の海自が保有する潜水艦はすべて通常動力型で23隻、豪州も通常動力型潜水艦6隻となっている（Global Firepower 2024）。

　複数の専門家の証言を総合すると、米軍の原潜は従来、インド・太平洋海域で日豪両国の通常動力型潜水艦と協力してきた。この海域に展開する米軍の原潜は20隻前後とみられる。米軍の原潜はこの海域全般にわたり、中国やロシアの弾道ミサイル原潜（SSBN）の動きを中心に監視するとともに、この海域に進出する米空母打撃群の護衛にあたっている。潜水艦22隻体制の海自が、南西諸島や対馬・津軽・宗谷各海峡などのチョークポイントで、中国の潜水艦が第1列島線の外に出て太平洋に進出することを警戒・監視しているとみられる。6隻を運用する豪海軍は主に豪州近海からマラッカ海峡周辺くらいまでをカバーしている模様だ。通常動力型潜水艦の場合、豪州西部のパースにある潜水艦基地から南シナ海に展開・帰投するだけで数週間を要する計算になる。

　米英豪3カ国は2021年9月15日、新たな安全保障枠組み「AUKUS」の創設を発表しており、防衛科学やサイバー、AI、量子技術などの分野で協力している。当面の目玉は豪州による原潜取得の支援だ。豪州戦略政策研究所（ASPI）のマイケル・シューブリッジ防衛・戦略・国家安全保障部長は「AUKUSは中国政府が軍事力を使ったり、他国を脅かして指示に従わせる行動に出たりするコストを引き上げている。紛争を抑止する政治的意志の表明だ」とも語る（朝日新聞 2021b）。

　豪州が原潜を保有した場合、インド太平洋の安全保障はどう変化するのだろうか。自衛隊関係者によれば、原潜の30ノット（約56キロ）以上を期待できる航行速度や充電が不要な特性を考えた場合、豪州の原潜は中国周辺海域すべてで行動できるようになる。豪州は非核兵器国であり、おそらく保有する原潜

は通常型巡航ミサイルなどを装備した攻撃型原潜（SSN）になるとみられるが、西太平洋と東インド洋での広域哨戒が可能になる。海自は2030年代には、中国海軍が5隻の空母を保有し、常に3個空母打撃群を展開できるようになると予測している。中国のこの稼働率を想定した場合、豪州海軍が8隻の原潜を配備すれば約5隻で常時展開ができるため、中国海軍には深刻な脅威になる。

また、米軍の原潜は現在、横須賀を西太平洋での活動拠点としている。豪州が原潜を保有すれば、原潜の補給や修理ができるドックが豪州で整備されることになる。米軍は2020年4月、グアムに配備していたB52戦略爆撃機5機を米本土に戻したように、なるべく米軍を中国のミサイルの射程外に置こうとしている。このため、豪州が米軍の原潜の新たな拠点になる可能性は高い。さらに、米国は現在、INF全廃条約からの自国の離脱を受けた新たな防衛戦略を検討している。シューブリッジ氏は「高度なミサイルシステムの迅速な協力と配備と開発も、AUKUSの重要な要素だ」と語る（同上）。検討の方向によっては、豪州が保有することになる原潜が今後、ポストINFのプラットホームになる可能性もある。

豪州が原潜を保有するには課題も多い。原潜を運用する要員の養成だけでも数年から10年かかるとみられている。豪州の安全保障に詳しい防衛省防衛研究所の佐竹知彦主任研究官（当時）によれば、そもそも豪州の通常動力型潜水艦の退役は2026年から始まる予定だった。佐竹氏は「原潜の導入は40年ごろといわれる。豪州では既に、退役を10年延長することが決まったが、40年の本格導入の前に米英から原潜をリースする案なども出ている」としている（同上）。このような課題を抱えるなかで、米英豪の3カ国首脳は2023年3月、豪州の原潜の保有計画を発表した。豪州は2030年代に米国から最大5隻の原潜を購入し、2040年代前半には共同開発した新型の国産原潜の調達をめざすとした。

核拡散防止の面でも懸念は残されている。潜水艦に搭載するためには、小型の原子炉が必要であると同時に、任務遂行のために原子力発電所と同じ規模の数百メガワットの大きな電力が必要になる。潜水艦の船齢は30-40年とされ、その間の燃料棒の交換を必要としない濃縮ウランも必要になる。豪州の原潜取得については、核不拡散政策への影響が懸念されている。豪州のスコット・モリソン首相（当時）は「原潜に使う濃縮ウランや原子炉技術は絶対に核兵器に

転用しない。NPT も遵守する」と説明している（小林 2023）。プルトニウム分離を可能にする、原子力発電所から出る使用済み核燃料の再処理を禁じてきた豪州だけに、原潜を保有することには課題が多い。

　2021 年 9 月、ニュージーランドのジャシンダ・アーダーン首相（当時）はAUKUS 発表直後、モリソン首相に対し、ニュージーランド領海内への原潜の進入を認めない考えを伝えた（The Guradian 2021）。米国は豪州の原潜保有はNPT 体制に違反しないとの見方を示しているが、1980 年代には「核燃料の移転が核兵器の製造につながる」という理由でカナダの原潜保有を認めなかったこともある。現在、韓国も原潜保有に意欲を示しているが、米国は慎重な立場を崩していない。ロシアや中国は、豪州の原潜保有は「核不拡散への大きな挑戦」などと主張している（ヒロシマ平和メディアセンター 2023）。今後、核燃料の管理や秘密保持なども含め、解決すべき問題は山積している。

5 　朝鮮半島と核問題

　北朝鮮は朝鮮戦争（1950-53 年）で勝利を逃したことを教訓に、指導者の金日成が核開発を決意したとされる。1975 年、韓国中央情報部（KCIA）で北朝鮮分析を担当する局長だった康仁徳・元統一相は、脱北した対南工作を担う朝鮮労働党作戦部要員の証言を得た。この証言によれば、金日成は 1968 年、咸鏡南道にある国家科学院分院で「世界各地で米国が紛争を起こしている。食い止めるためには、米本土に核爆弾を落とすしかない。それを我々がやろうではないか」と演説した（牧野 2022）。北朝鮮は 1982 年、寧辺の 5000 キロワット級原子炉を稼働させた。

　北朝鮮は 1994 年 10 月の米朝枠組み合意で、軽水炉 2 基の提供と引き換えに核開発計画を放棄することで合意した（米朝枠組み合意の内容は、US Department of State［1994］を参照）が、2002 年 10 月のジェームズ・ケリー米国務次官補らの訪朝の際、従来のプルトニウムを使った核開発とは別に、秘密裏にウラン型の核開発を行っていた事実が表面化し、枠組み合意は崩壊した。その後、2003 年に北朝鮮の核問題を扱う 6 者協議（米朝中ロ韓日）が始まり、2005 年 9 月の共同声明で北朝鮮の核開発計画の放棄が盛り込まれた（外務省 2005）。6 者協議は、北朝鮮による核の凍結、申告、検証、廃棄という手順で進むはずだっ

たが、北朝鮮は未申告施設を申告に加えることを拒否した。検証でも、核物質のサンプル提供などを拒み、協議は崩壊した。

2018年6月の米朝首脳会談で発表された共同声明には「北朝鮮は朝鮮半島における完全非核化に向けて努力すると約束する」という文言が盛り込まれたが、同時に「新たな米朝関係の確立」、「朝鮮半島における持続的で安定した平和体制の構築」も盛り込まれた（White House 2018; 産経新聞 2018）。北朝鮮は2024年6月現在、米国による北朝鮮の敵視政策と、北朝鮮と韓国による兵器開発などへの扱いの「二重基準」を非難し、米朝対話の再開に応じていない。

北朝鮮非核化の外交努力が不調続きなのを横目に、北朝鮮は核能力を高めてきた。北朝鮮は2006年10月に初の核実験を実施し、その後、2009年5月、2013年2月、2016年1月、2016年9月、2017年9月の計6回にわたって核実験を行った。北朝鮮は3回目の実験（2013年2月）で「核兵器の小型化と爆発力の強化を行った」と説明しており、核融合技術を一部使って爆発力を高めたブースト型核分裂爆弾（強化原爆）を使ったとみられている（産経新聞 2013）。北朝鮮は4回目の実験（2016年1月）では「水爆実験を行った」と説明し、防衛省は6回目の実験の爆発規模について「過去最大規模であり、ＴＮＴ換算で約160キロトン」（広島型原爆は約15キロトン）だとした（防衛省 2023:4）。

こうした経緯から、北朝鮮の核爆弾はある程度、小型化を達成している可能性がある。日本の2020年版の防衛白書（2020年7月公表）は「北朝鮮は、わが国を射程に収めるノドンやスカッドERといった弾道ミサイルについては、実用化に必要な大気圏再突入技術を獲得しており、これらの弾道ミサイルに核兵器を搭載してわが国を攻撃する能力を既に保有しているとみられる」との見方を示した（防衛省 2020）。ちなみに、弾頭積載重量は、ノドン（射程1300キロ）が700-1200キロ、スカッドER（射程1000キロ）が300キロとされる。世界各国が保有する核弾頭の重量は、米国100キロ、中国300キロ程度だとされている。

北朝鮮は2017年11月、米国東海岸まで到達する能力がある大陸間弾道ミサイル（ICBM）「火星15」（射程1万キロ以上）の試射に成功した。ただ、火星15については、大気圏再突入能力が疑問視されている。韓国国防研究院（KIDA）で長年、北朝鮮の軍事研究に携わった金振武・韓国淑明女子大国際関係大学院教授は2021年12月、筆者（牧野）の電話取材に対し、「火星15の場

合、大気圏再突入の温度は 7000 度から 10000 度になる。弾頭内の温度が 45 度以上になると、電線などがショート・融解して起爆できない」と証言した（朝日新聞 2023a）。北朝鮮には大気圏再突入時に発生するプラズマ放電などを再現する実験施設も確認されていない。

北朝鮮は 2019 年から、ロシア製のイスカンデルに似た KN23、米軍の地対地ミサイル ATACMS に似た KN24 などの短距離弾道ミサイルの試験発射を続けた。いずれも変則軌道を取るため、従来の弾道ミサイル防衛（BMD）では迎撃しにくい兵器だ。SLBM の開発と試射も続けている。いずれも固体燃料を使っているため、迎撃や反撃に使える時間も短くなる。2021 年 9 月には、北朝鮮は「極超音速滑空弾の実験を行った」と発表した。いずれも日米が主導する BMD を突破するための兵器開発だとみられている。北朝鮮は 2022 年には 70 発前後の弾道ミサイルを発射した。このなかには、新型の ICBM「火星砲 17」も含まれている。2023 年 2 月の軍事パレードでは、固体燃料を使った ICBM とみられる機体も公開した（防衛省 2024a）。

北朝鮮が保有する核弾頭の数はどのくらいなのか。秘密のベールに包まれているが、SIPRI が 2024 年 6 月に発表した資料によれば、北朝鮮が 2024 年 1 月現在 50 発の核弾頭を保有し、1 年前より 20 発増えたと推定した。併せて、計 90 発の核弾頭に到達しうるのに十分な核分裂物質を保有しているという（SIPRI 2024:329-353）。SIPRI は 2023 年 6 月に公開した 2023 年度年鑑では、北朝鮮が保有する核弾頭数を 30 発、組み立て可能な核弾頭数を 50-70 発と推定していた。ただ、「北朝鮮が実際に保有している核弾頭の数は極めて不確実」とも説明した（SIPRI 2024:306-308）。

韓国の国防白書などによれば、北朝鮮は寧辺にある原子炉で年間 6 キロの兵器用プルトニウムを生産できる（朝日新聞 2021c）。これはプルトニウム型核弾頭 1 発から 1.5 発に相当する。IAEA は、2018 年末から停止していた原子炉が 2021 年 7 月ごろから運転を再開したとみており、核兵器増産につながる危険が懸念されている。北朝鮮は寧辺にウラン濃縮施設も持っている。拡張を続ける施設の規模から、遠心分離機が 4000 基程度あるとみられる。カンソンなど他の施設でさらに濃縮作業を行い、年間 100 キロの高濃縮ウランを生産できるとされる。これはウラン型核弾頭 4-5 個分に相当する。米韓などは、北朝鮮が他にもウラン濃縮施設を保有しているとみている。関係国の間では、北朝鮮が

年間10個のペースで核弾頭を生産しているという見方がほぼ定着している（牧野 2021c）。

　北朝鮮の核戦略はどのようなものなのだろうか。北朝鮮軍は戦略軍（旧：戦略ロケット軍）が弾道ミサイルを担当している。金正恩党総書記は2018年1月の新年の演説で「米国の全域がわれわれの核攻撃の射程圏内にあり、核のボタンは私の事務室の机に常に置かれている。これは威嚇ではなく現実だ」と語った（日本経済新聞2018）。しかし、北朝鮮による核搭載ミサイルの保管や、発射に至る指揮系統については全く明らかになっていない。そうしたなかで北朝鮮は2018年4月の朝鮮労働党中央委員会総会で、「核兵器と運搬手段のミサイルが完成した」として、核実験とICBMの発射実験の中止を決め、核開発と経済改革を同時に進める「並進路線」の完成を宣言した（朝鮮新報2018）。金正恩氏は2019年1月の新年の演説で「我々は既にこれ以上核兵器の製造、実験をせず、使用、拡散もしないということを内外に宣布し、様々な実際の措置を講じた」と語った（GLOBAL NEWS ASIA 2019）。ただ、金与正党副部長は2021年8月20日に発表した談話で「われわれは、日増しに増大する米国の軍事的威嚇に対処するための絶対的な抑止力、すなわちわれわれに反対するいかなる軍事的行動にも迅速に対応できる国家防衛力と強力な先制攻撃能力をさらに強化することに一層拍車を掛ける」とも語っている（KBS 2021）。

　北朝鮮は通常兵器の老朽化が著しい。空軍の主力戦闘機のミグ21は、ベトナム戦争時代に活躍した兵器で、韓国軍の最新鋭ステルス戦闘機F35には全く歯が立たない。陸軍の主力戦車も、1970年代に生産が終了したとされるT62だ。こうした実情を踏まえてのことと考えられるが、上述したとおり、北朝鮮はICBMの開発を続ける一方、2019年からは「使える核兵器」としての短距離弾道ミサイルの開発を本格化させている（牧野2021c）。防衛省が2024年3月に公表した資料によれば、北朝鮮は2019年5月以降、低空を変則軌道で飛翔可能な新型短距離弾道ミサイル（SRBM）などを繰り返し発射している。2021年9月以降、「極超音速ミサイル」と称するものや変則軌道で飛翔可能なSRBMなどを立て続けに発射し、その態様も鉄道発射型や潜水艦発射型など多様化した。ミサイルを異なる場所から1分間隔以内で連続発射する試験も行っている。防衛省は「ミサイル関連技術の向上のみならず、飽和攻撃といった実戦的なミサイル運用能力の向上を企図している可能性」があるとしている

（防衛省 2024a）。

　北朝鮮は 2023 年 9 月に開いた最高人民会議（国会）で、憲法に核武力政策を明記することを決定し、「責任ある核保有国として、核兵器の発展を高度化する」などとする修正案を採択した（朝鮮中央通信 2023）。核保有の既成事実化を進めた措置の一環とみられる。また、朝鮮中央通信によれば、北朝鮮軍は 2024 年 4 月 22 日、戦術核を使った反撃を想定した「超大型放射砲（多連装ロケット砲）」の発射訓練を実施した。訓練は「核の引き金」と名付けられた核兵器の指揮統制システムの下で初めて行われ、金正恩氏が指導した（朝鮮中央通信 2024）。この訓練も、北朝鮮が核兵器の実用段階に入ったことを誇示する狙いがあるとみられる。

　北朝鮮による核軍縮・核廃棄の行方はどうか。北朝鮮の核をめぐり、従来は米朝枠組み合意（1994 年）によって「経済的な対価と引き換えに放棄が可能」とする主張もあった。部分的な合意では意味がないとして、その後の 6 者協議では日米などとの国交正常化などを含む「グランドデザイン」を描いた上で、段階的に接近するという手法が採られた。6 者協議も失敗すると、「北朝鮮は独裁国家だから、最高指導者と合意すれば解決する」として、2018 年 6 月と 2019 年 2 月に米朝首脳会談が行われた。

　これらの試みがことごとく失敗したため、現在は「北朝鮮は、現在の独裁体制が続く限り、核軍縮には応じても、核放棄には応じない」とする見方が定説となってきている。米国のバイデン政権は 2021 年 4 月に新しい北朝鮮政策をまとめたが、その基本は「調整された現実的アプローチ」（2021 年 4 月 30 日のホワイトハウスのジェン・サキ報道官記者会見）とされる（Reuters 2021）。最終的に核廃棄という目標は捨てないものの、段階的に核を減らしていく、限りなく軍備管理・核軍縮に近いアプローチだとみられる。

　バイデン政権は「無条件での米朝対話再開」を呼びかけているが、北朝鮮は 2024 年 6 月時点までバイデン政権との対話に応じていない。北朝鮮は現在、米国に対して「米国による北朝鮮敵視政策と、（北朝鮮と韓国の軍事開発を差別して扱う）二重基準の撤廃」を対話の条件としている。北朝鮮が語る「敵視政策」とは米韓合同軍事演習や国連制裁などを意味するとみられ、バイデン政権はいずれにも応じる姿勢を示していない。このため、北朝鮮の核開発が凍結、縮小に向かう道筋は全くみえていない。

以上のような核兵器に関する北朝鮮の動きは、近隣諸国や米国との外交上・軍事上の関係にどのような影響を及ぼすのだろうか。米韓両国は2021年12月2日、ソウルで米韓定例安保協議（SCM）を行った。ロイド・オースティン米国防長官と徐旭・韓国国防相は共同声明で、北朝鮮の核とミサイルに対応するため、米韓共同作戦計画を更新するための新たな戦略企画指針（SPG）を承認した（US DOD 2021b）。韓国の専門家などによれば、米韓両軍は、朝鮮戦争と同じような大規模な陸上戦闘を想定した作戦計画「5027」と、これに局地戦闘やミサイル攻撃への基本対処方針を加えた「5015」などを保有しているとされる。新たなSPGは、北朝鮮が核搭載ミサイルで韓国や在韓米軍を攻撃するという想定の下、予防攻撃（preventive attack）などを含む新たな指針となっているとみられ、これに沿った新作戦計画が策定されることになる。

　日本の岸田文雄首相も2021年12月の施政方針演説で「敵基地攻撃能力も含め、あらゆる選択肢を排除せず現実的に検討する」との考えを示した（首相官邸2021）。その延長線上で日本政府は、2022年12月に発表した国家防衛戦略で反撃能力（敵基地攻撃能力）の保有を明記した（内閣官房2022b）。ただ、北朝鮮は移動発射台を200両程度保有しているとされ、反撃能力だけでは北朝鮮の核ミサイル攻撃を抑止できないという指摘が出ている。反撃能力は、実際に北朝鮮のミサイルを発射前に破壊する「対処力」としてではなく、同等の被害を北朝鮮にも与えることで発射を思いとどまらせる「抑止力」としての機能が期待される状況になっている。

　韓国統一研究院が2021年12月にまとめた世論調査によれば、韓国独自の核保有を求める人が71.3％、在韓米軍の戦略核再配備を求める人が61.8％に及んだ（統一研究院2021）。米国や中国は、北朝鮮の核保有が日本や韓国、台湾を刺激する「東アジアの核ドミノ現象」を警戒している。さらに、在韓米軍のロバート・エイブラムス前司令官は2022年1月までに公開された米政府系放送局「Voice of America」とのインタビューで、米韓連合軍が対象とする脅威について、従来の北朝鮮だけではなく、中国も含めるべきだとの考えを示した（VOA 2022）。米国と中国の覇権争いが激しくなるなか、米国のインド太平洋戦略は中国に集中せざるをえなくなり、米国の北朝鮮に対する抑止力が影響を受ける可能性もある。

　米国と韓国は2023年4月にワシントンで行った首脳会談の後、核・ミサイ

ル開発を加速させる北朝鮮をにらみ、米国の核戦力を含む軍事力で韓国を防衛する「拡大抑止」の強化を盛り込んだ「ワシントン宣言」を発表した（White House 2023）。その後、米韓両国は 2024 年 6 月 10 日、「核の傘」の提供を軸とした拡大抑止について話し合う「核協議グループ（NCG）」の 3 回目会合をソウルで開き、北朝鮮が核攻撃を行った場合に韓国の通常戦力と米国の核戦力を統合して対応するためのガイドラインが盛り込まれた「共同指針」の作成を事実上完了した（朝日新聞 2024b）。ただ、米国は核兵器の具体的な使用を含む戦術を他国に開示したことはない。ガイドラインは、韓国内で燃え上がる「核の独自保有論」や「核の共有論」を鎮静化させる狙いがあるとみられる。

　北朝鮮は 2023 年末から、韓国との平和統一政策を放棄し、韓国を敵視する姿勢を強めている。2024 年 6 月には、訪朝したロシアのプーチン大統領が金正恩総書記と首脳会談を行い、新たな口朝包括的戦略パートナーシップ条約に署名した。同条約は有事の際、双方が軍事支援を行うことを明記した（聯合ニュース 2024）。「自動参戦条項ではない」とする見方もあり、プーチン大統領も「同盟関係」という言葉は使っていない。ただ、ロ朝両国が軍事協力に踏み込んだことで、戦略的関係を強化したことは間違いない。すでに国連安保理常任理事国の中ロ両国の反対により、北朝鮮制裁決議をめぐる専門家パネルが 2024 年 3 月末で活動を停止しており、今後、北朝鮮の核ミサイル開発に対する国連制裁決議も、ますます弱体化するとの懸念が出ている。

6 国際政治論と核兵器

遠藤誠治・吉田文彦

　国際社会における安全保障環境や核兵器関連を含む軍事システムなどが大きな変化の波に直面している中、核兵器に関する諸問題を国際政治論の視点から分析すると、どのような課題が浮かび上がってくるのだろうか。ここでは、マルティラテラリズム（多国間主義）とユニラテラリズム（単独行動主義）、リアリズムと理想主義・自由主義、民主主義と権威主義という3つの視点から考えてみるにことにする。

1　マルティラテラリズムとユニラテラリズム

　第1の視点は、マルティラテラリズムとユニラテラリズムの対比である。マルティラテラリズムは国際関係における問題に3カ国以上の国々が関与して対処する場合に用いられる。通常は、それらの国々が何らかの国際合意や制度的枠組みを形成し、その合意や制度のなかで行動することが想定されている。そうしたマルティラテラリズムの対極に位置するのがユニラテラリズムで、行動を縛られる国際合意や制度的枠組みを敬遠し、独自の判断で行動することを指向する。

　多くの諸国はマルティラテラリズムとユニラテラリズムを個々の国益に照らして使い分けるケースが多く、核兵器を持つ国もそうした行動様式をとることが少なくない。例えば冷戦後に米国のブッシュ（シニア）政権とクリントン政権は、ソ連解体で核兵器が残存したウクライナ、ベラルーシ、カザフスタンによる核兵器のロシアへの返還と、非核兵器国としてNPTの締約国になることを多国間の協力で実現させた。

　クリントン政権はNPT無期限延長（1995年）、CTBT採択（1996年）などをマルティラテラリズムに立脚して実現し、オバマ政権はイランへの核拡散防止

の包括的共同作業計画（JCPOA）を欧州連合（EU）やロシアなどと協力して成立させた。他方でブッシュ（ジュニア）政権は同時多発テロ後に急速にユニラテラリズムへ傾斜し、大量破壊兵器の隠匿疑惑を一方的な大義にしてイラクに侵攻した。ロシアとの弾道弾迎撃ミサイル制限条約（ABM 制限条約）もロシアの反対を押し切って破棄した。トランプ政権は JCPOA を真っ向から批判して離脱を表明し、冷戦終結にも貢献したロシアとの INF 全廃条約についても強引なまでの「ロシアによる条約違反」批判を展開したあと、やはり離脱を表明した。

　一般的にいって、マルティラテラリズムは複数国がルールの下で行動する結果、国際関係の安定をもたらす効果が相対的に高いのに対して、ユニラテラリズムは一方的な現状変更行為が国際関係における不信や軍拡競争を引き起こすケースが多い。国連憲章を無視するかのようなロシアによるウクライナ侵略や、核実験・ミサイル実験を繰り返して国連安保理決議違反を続けてきた北朝鮮の動きのように、国際関係で広く承認されているルールに反した一方的な現状変更の行動にでる場合が多い。

　1998 年に NPT に背を向けたまま核実験に踏み切ったインドとパキスタンの事例や、やはり NPT の枠外で事実上の核武装国となっているイスラエルの事例もまたユニラテラリズムの表象といえるだろう。秘密裏に核武装していたことを「告白」して非核化の道を選択し、1991 年に NPT の締約国となった南アフリカは、核兵器に関してユニラテラリズムからマルティラテラリズムへ転換した典型的な事例となった。

　NPT が「公認」する 5 核兵器国は少なくとも NPT 無期限延長以降、基本的には NPT 体制をベースに核軍縮・不拡散体制を維持する路線を共通の利益とみなしてきた。各国間に核問題をめぐる不協和音を抱えながらも、NPT 体制を共通の利益と位置付ける意味においてのマルティラテラリズムでは一定の協調を示してきた。しかしながら、暴力的なユニラテラリズムの発現となったウクライナ侵略によって、ロシアはこうした 5 核兵器国の共通項を著しく傷つけ、NPT 体制の信頼性を大きく損なう展開となった。今回のロシアの例は極めて深刻なマルティラテラリズムとユニラテラリズムの身勝手な使い分けともいえるだろう。

　このように核兵器に関するマルティラテラリズムとユニラテラリズムの、国

益に基づく使い分けが様々な形で行われてきたが、概していえば、マルティラテラリズムとユニラテラリズムの一般的傾向と符合する形で、マルティラテラリズムを選択する場合は核兵器に関する国際規範を重んじる特徴が顕著であり、国際合意や制度的枠組のなかでの行動を指向していく。逆に国際規範をはみ出しても達成したい国益があればユニラテラリズムへの誘惑が強まり、マルティラテラリズムのなかで醸成されてきた予見可能性や戦略的安定性が脱線していくリスクが高まることになりかねない。

2 リアリズムと理想主義・自由主義

　核兵器に関する諸問題を国際政治論の視点から分析する際、リアリズムと、理想主義や自由主義に関する論点もまた重要である。

　国際関係に関しては、他の分野と同様に、リアリズムと呼ばれる立場のなかにも多様性があり、それらに共通する要素を抽出するのは容易ではない。核兵器と政治的なリアリズムの関係は一般的に考えられているよりはずっと複雑であるが、ここでは、まず、国家間で暴力が使われること、つまり、戦争が起こりうるということを普通の状態ととらえ、その状態のなかで、国家間の秩序をどのように安定させるのかを中心課題とする姿勢をリアリズムと考えておく。

　国際関係に関する学知でリアリズムに対抗する知的潮流としては、いかにも現実離れしているような印象を残す「理想主義」や「ユートピア主義」があるとされてきた。これらの潮流は、戦争という巨大な暴力が多大で悲惨な被害をもたらす現実を経験した人々が、いかにして戦争を克服するかということを課題として展開してきた知的営みである。リアリズムが、どちらかというと、「〜である」という議論をする傾向があるのに対して、理想主義的姿勢では、「〜すべきである」という規範論が展開される傾向があるが、戦争の悲惨さという現実をふまえた議論であることは銘記されるべきであろう。近年では「自由主義」や「自由主義的な制度論」をリアリズムに対置することが多い。これらは国家間に成立する制度やルールの拘束力に着目し、国家の一方的な利益追求行動に制約を課すことで国際協力の可能性や国際秩序の安定性を拡大していこうとする考え方である。

　国際政治システムは国内政治システムとは異なって中央政府がない。国際社

会においては、国内政治システムにおけるような安定的に機能する法体系や司法制度、法の内容を執行する政治機関がない。こうした事情から各国家は、自らの生存や死活的利益を確保するためには、自助（self-help）に頼るしかないとの考えが長きにわたって存続している。より具体的には、各国家は自らの持つ軍事力で、他国からの侵略や攻撃を排除しなければならないということである。国際関係が不信の体系といわれるのはそのためである。

そうした相互不信のシステムのなかでは、各国家が持つ軍事力は、自国を防衛するためにも、他国を攻撃するためにも用いられるため、いずれかの国が武装をすると、それが他国に対しては脅威となる。脅威を感じた国は、自らを守るためにやはり武装を強化するが、その武力が他国に対する脅威となる。こうして、もともと自己防衛行動であったものが、結果的には、国家間の相互不信を強化し、軍拡競争を引き起こし、結果的には戦争の可能性を高めてしまい、安全保障を低下させてしまうことがある。国際政治学では、これを「安全保障のジレンマ」と呼び、それへの対処は国際政治における極めて重要な課題となっている（Herz 1950：157-180）。

リアリズムは、安全保障のジレンマを避けられないものと考えて、ジレンマを抱えたままで国際関係を安定させる方法を考えることにエネルギーを注ぐ姿勢である。それに対して、理想主義や自由主義は、相互利益の蓄積や人間の合理性によって国家間の相互不信を軽減し、安全保障のジレンマを克服することを指向する姿勢だと考えると分かりやすい。リアリズムが人間性の悪や自己中心性の持続性を強調し進歩を信じないのに対して、理想主義や自由主義が合理性に基づく進歩の可能性を模索するととらえることもできる。

こうした国際政治の視点からの分析枠組みを踏まえながら問わなくてはならないのが、核抑止論はリアリズムに即しているといえるだろうかという点である。

核抑止論が安全保障政策として、十分に現実的であり、かつ説明責任を果たすことのできる存在であるためには、抑止が失敗した後に何が起こるのかということに関する十分な想定や対応策が必要になる。実際、人間は失敗するものであり、抑止も失敗することがある。しかし、核抑止論の論理体系では、いかにして核抑止をより精緻で有効なものにするのかということにエネルギーが注がれ、失敗した後のことが十分に検討されていない。失敗した後に起こるのは、

当然ながら核戦争である。「限定核戦争」が果たして可能なのかどうかについては論争が続いているが、いったん核戦争が起こった後に、人々がどのような精神状態で、何を合理的と考え、どのように行動するのかをあらかじめ想定しておくことは容易ではない。2001年に米国で起きた同時多発テロ（9.11テロ）の後に核テロのリスクへの懸念が強まったが、自滅を恐れないテロ集団に対して核抑止は無効といっても過言ではなく、核抑止のリアルな限界も語られるようになった。

　こうした問題意識を背景にして、実務的に抑止政策にかかわった人びとのなかからも、抑止政策に疑問を呈する声が上げられてきた。著名な例として2000年代の後半になって米国の民主党・共和党という党派を超えて、ジョージ.シュルツ元国務長官、ウィリアム・ペリー元国防長官、ヘンリー・キッシンジャー元国務長官、サム・ナン元上院軍事委員会委員長という「4賢人」が2年続けて共同論考を発表した（Shultz et al. 2007; 2008）。

　彼らは、そこで国家間の核拡散が進行するとともに国家以外の主体への核兵器の拡散の危険性も高まっており、冷戦期と同じような形での核抑止が機能し続けるとは考えられないとして、核抑止の持つメリットよりも不安定性やリスクが高まっているという認識の下、核軍縮と核兵器への依存を削減する方向への転換を提唱した。彼らはリアリズムを捨てたからではなくリアリズムに基づいて核軍縮への転換を提唱した。核抑止が抱える困難に関する彼らのリアルな認識は、核兵器と核抑止をめぐる不安定性がかつてないほど高まっている現状において、改めて想起しておく必要がある。

　核兵器をめぐるリアリズムと、理想主義や自由主義の論争は決着がつかないままであるが、リアリズムのなかでも論争が巻き起こってきたことは大きな変化である。リアリズムを現実に起こっていることを正確に認識し、起こりうる危険やリスクに向き合いそれを削減するためにとりうる選択肢を模索する姿勢と考えると、現状では、核兵器や核抑止の持つ不安定性やリスクを前提に核兵器への依存の縮小や核軍縮へ向かうことがリアリズムに合致しているとの主張、さらには、従来どおりに核抑止が機能することを期待する安易な姿勢の方がアンリアルだとの主張が強まっているのである。核抑止の不安定化、ハイリスク化の傾向のなかでリアリズムの軌道修正が進んでいることは国際政治の理論にとっても実践にとっても着目すべきシフトである。

3　民主主義と権威主義

　近年になって、民主主義 vs 権威主義という対立型の構図で国際政治をみる傾向が強まっている。米欧諸国や日本と政治体制が異なり、法治主義をとっているかに疑問を抱かせる行動を重ねる中国が経済力・技術力を急速に拡大し、しかも核戦力も増強していることから、米国をリーダーとする民主主義グループが警戒心を強めている。さらには、やはり権威主義的な国家として核戦力を増強するロシアや北朝鮮に対しても猜疑心が向けられてきた。ロシアのウクライナ侵略後はこうした傾向に拍車がかかったといえるだろう。

　このような対立構図にあるわけだが、そもそも民主主義、権威主義と核抑止の安定性とはどのような関係にあるのだろうか。

　民主主義国では、政治指導者や政党が独自の政策を掲げて民衆の支持をめぐる競争を展開した上で政治権力を行使することが基本となっている。また、政府やシンクタンクなども報告書や政策文書を発表して公開性や透明性の高い政策論議が展開されている。そのため、政治指導者や政党は安全保障政策に関しても、説明責任と結果責任を担って行動することになる。こうしたシステムのなかでは、政権担当者の一存で政策を変更することが困難となり、有権者の支持を失うような政策を採用することは難しくなる。外交政策や安全保障政策においても、予測可能性の高い行動が期待されることになる。

　民主主義のこうした側面が、核抑止の安定性を背後で支えている。つまり、民主主義諸国においては、公開の言論空間で関与が表明されている核抑止政策を含む外交・安全保障政策が突然変更される可能性は低く、奇襲攻撃などの予想外の行動が極めて起こりにくいということが、予測可能性の高さを必要とする核抑止の安定性に貢献している、ということである。また、有権者の支持を継続的に獲得する必要がある民主主義においては、人命や人権が重視されるので、戦争などの政策を選択する上でのハードルが高いという面がある。

　それに対して、権威主義的な国では、政策そのものや政策決定過程に関する透明性が低く、指導者や少数の指導者集団によって従来の政策が突然変更される可能性があるという点が、予測可能性の高さを必要とする核抑止において不安定性を与えているといえるだろう。本章で前述したように、核抑止の安定化

には合理性の原則という欠かせない原則の徹底が求められる。なぜならば、核抑止力は、核保有国同士が合理的なアクターであることを前提としているからである。ここでいう合理性とは、核保有国が共に、お互いの目的を達成するための最善の方法を選択すること、すなわち非合理的な判断で突然に核使用にいたることなく、的確に理性的な判断で問題の対応に当たれる存在であることである。民主的なチェック・アンド・バランスが作用することもなく、軍事的に追い込まれた段階で自暴自棄になって合理的な判断をしないと危惧されるのが権威主義的な国であり、核抑止の不安定要因となっている。

しかしながら、民主主義国において核抑止が必ず安定するというわけではない。民衆的な期待が高い核廃絶や核軍縮に向けて、民主主義国からより積極的な政策が展開されているともいえない現状もある。なぜこうしたことが起きるのだろうか。

第1の理由は、先進資本主義国が同時に自由民主主義国であり、現状の国際秩序を維持することに利益を持つ現状維持勢力であり、そうした現状維持の背景に核抑止をはじめとする力による政策が存在しているということがあげられる。つまり、現状維持国による自由や民主主義などの普遍主義的な主張もまた力の面での優位性によって支えられている面があるということである。

さらに米国を中心とする同盟諸国では、軍事安全保障政策をめぐって巨大な利益の体系が形成されており、そうした利益集団の複合体が、核抑止を基軸とするような安全保障政策からの転換に積極的ではない。実際には、メアリー・カルドアが指摘するように、安全保障政策において、何を重視した政策、戦略、装備、訓練を行うかについては、多様な可能性があり、人間の安全保障を重視した安全保障文化、対テロ戦争を重視した安全保障文化、新しい戦争を重視した安全保障文化など異なる目標に即した安全保障政策体系を考えることができるが、今のところは従来からの地政学的な安全保障文化が大きな力を備えている（Kaldor 2018:210-234）。その結果、従来どおりの戦略、政策、装備に大きな資源が投入され続けることになる。こうした状況で、核抑止自体の不安定性の高まり、核抑止を支えてきた共通の基盤の弱体化などが起こっている。

最近は、米国こそが世界の安定にとって脅威との議論が米国内で持ち上がっている。代表的な例は、米国の外交問題評議会のリチャード・ハース名誉会長が2023年のインタビューのなかで、①米国は激動する世界における信頼でき

る柱ではなくなり、現在は世界の不安定を引き起こす最も深刻な根源になっている、②米国が直面する自国内部の脅威はすでに、外部からの脅威より一層深刻である、③米国内の政治情勢は他国が見習おうとしないだけでなく、世界に予測不可能性をもたらし有害なものである、④また同盟国も、米国の近年の国際的な振る舞いを信頼し難くなっている、と指摘したことである。また、「私は過去半世紀のほとんどを他国に関する研究に費やしてきたが、現在は米国の研究に転じる用意をしている」と述べ、その理由としては、米国国内の不確実性を挙げた。現在は多くの外国人と外国の指導者が、米国にとって何が常態で何が例外であるか、そして米政府が理性を取り戻すかどうかが分からなくなっていると問題点を指摘している（The New York Times 2023）。政治・外交に安定性・寛容性を欠く「トランプ現象」などを念頭に置いたものと考えられるが、民主主義が必ずしも安定化装置として作用するわけではないことを米国自身が実証し始めているかも知れない点に、問題の深刻さがある。

4 「安定化⇒核時代変革」への「黄金律」

　以上のように、マルティラテラリズムとユニラテラリズム、リアリズムと理想主義・自由主義、民主主義と権威主義といった考え方やアプローチの相違によって、核兵器に関する問題のとらえ方も異なってくる。核兵器の登場は通域的・通時的に安全保障政策を転換させた面も大きいが、核抑止の運用、核抑止への評価は国によって時代によって複雑な様相をしめしていることが浮き彫りになっている。

　それぞれの相関関係が複雑に絡み合っており、どれか1つが変わっても核軍拡や核抑止不安定化の悪循環から抜け出すことは容易ではないだろう。そうしたなかではあるが、ここでは、当面の核抑止の安定化（核使用リスクの低減）から将来的な核軍縮・不拡散政策の新たな進展によって、核時代に変革をもたらしうるような「黄金律」とはどのようなものかについて考えてみる。

　本章の記述全般からいえることであるが、NPTに代表されるようにマルティラテラリズムが核兵器に関する対応策の中核をなすようになればなるほど、核抑止の不安定化に歯止めをかけられるし、核軍縮・不拡散を含む軍備管理への好条件が増えると考えられる。ユニラテラリズムはその逆のベクトルに作用

することが多いが、ユニラテラリズムが常にマイナスなわけではない。プラスに作用したユニラテラリズムの典型例は、1991年にブッシュ（シニア）大統領が実行した大統領核イニシャティブ（Presidential Nuclear Initiative: PNI）で（PNIについては、Koch［2012］が詳しい）、当時のソ連でのクーデター未遂事件の際に戦術核が奪われたり、指揮権が乱れたりして核使用に至るリスクが高まったことを経験し、そうした事態を回避していくために、まず米国が海外配備の戦術核をほぼ全面撤収することにした。それと同時にソ連にも同様な措置を取るよう期待を表明した。その結果、ソ連も同様なユニラテラリズムに基づいてロシア外の戦術核を国内に撤収させていった。こうしたユニラテラリズムは身勝手な独断的ユニラテラリズムではなく、むしろ協調的なユニラテラリズムとも呼ぶべきものであり、マルティラテラリズムを補完する機能を持つといえるだろう。

　リアリズムと理想主義・自由主義の間の溝を埋める大きな潜在力を有しているのが、核リスクの存在を強く意識した「4賢人」のリアリズムである。道徳面を含めた思想的な側面を起点に「核兵器のない世界」を提唱しているのではなく、核テロや偶発的核戦争も含めて核リスクによる核抑止の不安定化、場合によっては無力化をリアルに懸念して、安全保障政策の軌道修正を促している。こうしたアプローチは、理想主義を具現化したTPNWのアプローチとは異なるものの、共通点は少なくないことから、「核兵器のない世界」という共益の実現と、そこへのプロセスにおいて協調しうるだろう。

　民主主義と権威主義の関係を念頭に置いた場合、核抑止の安定化（核使用リスクの低減）から将来的な核軍縮・不拡散政策によって、新たな進展で核時代に変革をもたらしうるような「黄金律」とは何だろうか。

　まず重要な点は、人類や文明、さらには地球環境の未来を左右するような決定は、秘密裏にかつごく限られた人間の意思で決められるような事態を極力避ける必要がある。核抑止に依存する国は世界で約40カ国ほどであり、その他の諸国は核抑止の外にあり、しかも相当数の諸国が非核兵器地帯条約にも加盟している。2022年のTPNW第1回締約国会議でビデオ演説したグテーレス国連事務総長は「ほんの一握りの国が振りかざす核兵器が、地球上のすべての命を脅かすことを許してはならない」と力を込めた上で、「世界滅亡の扉をノックするのをやめさせねばならない」と強調したが（Guterres 2022）、この点に

ついては民主主義か権威主義かの区別などなく、どの核武装国も人類や国際社会全体への責任を逃れられないところである。

　ただ、こうした規範的な意識を相対的に強く持てるのは民主主義の側であり、米国とその同盟国がまず、核抑止の役割低減、核リスクの削減、核軍縮・不拡散を含む軍備管理へと向かうことで、権威主義の側にも規範的な圧力をかけられるだろう。そうした形で民主主義が核世界においてビルトインスタビライザーとして安定的に機能していくには、民主主義vs権威主義の構図のなかで、「悪貨が良貨を駆逐する」ような展開になるのを防ぐことが重要であり、民主主義自身の進化が求められるだろう。

　このように考えてみると、国際規範を重視するマルティラテラリズムと協調的なユニラテラリズム、合理的に核リスクを直視する「4賢人」的なリアリズム、核戦争を防いで軍備管理への条件を整えるビルトインスタビライザーの機能を果たす民主主義が並存して相乗効果を発揮することが、ここで期待される「黄金律」と考えられる。もちろんこの「黄金律」は今の世界には現存しないバーチャルなものであるが、混沌とする核問題をめぐる情勢の今後を考える際に指針の1つとなりうるだろう。

7 おわりに
──力だけでは生存競争で成功しない

吉田文彦

1 安全保障と核兵器

　振り返ってみると核時代の大きな特徴は、核兵器を「Currency of Power」（パワーの評価基準）とみる時代であったといえるだろう（Harrington de Santana 2009:34）。核兵器を大量に持っていればスーパーパワーとみなされ、数は少なくても核兵器を保有するだけで小国扱いされなくなり、通常戦力に対するものも含めた軍事攻撃への抑止力になるとの考えが広まるといった表象である。

　だが、この「Currency of Power」の桁外れの破壊力、放射線被害という固有の被害の深刻さは、戦争での使用が国際人道法上、許容されるような兵器の範疇にはとても入らないとの意識が徐々に広まってきており、TPNW の発効はそうした傾向を可視化したといえるだろう。TPNW を支持する諸国は核兵器という「Currency of Power」に安全保障を頼らない諸国であり、TPNW を批判する諸国は頼っている諸国である。つまり、後者の諸国は核兵器の非人道性は意識しつつも、この「Currency of Power」の魅力に引き寄せられ、手にしたものを手放そうとしない諸国ともいえるだろう。

　TPNW は主に人道的な見地から核兵器の保有も核兵器による威嚇も禁止しており、この「Currency of Power」そのものを全否定している。これに対して核抑止依存国は、核兵器は基本的に抑止のための兵器であって、保有そのものは非人道的ではないとの立場にたっている。「核軍縮に関するG7首脳広島ビジョン」（広島ビジョン）でも、NPT を礎石にして核軍縮・不拡散を進めて、「核兵器のない世界という究極の目標」に向かうことへのコミットメントを再確認したものの、それはあくまで「全ての者にとっての安全が損なわれない形

で、現実的で、実践的な、責任あるアプローチを通じて達成される」ものであって（外務省 2023）、達成されるまでの間は核抑止が必要との認識を示している。そうした論理から透けてみえるのが、やはり核兵器という「Currency of Power」の寡占の継続による、自分たちが主導する形の安全保障体制を維持していきたいとの政治的意思である。

　こうした核抑止重視論は、ロシアのウクライナ侵略後、一段と強まる傾向にある。大半の南半球諸国を含む非核兵器地帯に覆われた多くの非核兵器国の主張を少なくとも当面は二の次にして、北半球各地で軍備増強論が勢いを増し、核抑止強化論も一段と幅を利かせるようになった。ソ連崩壊後に残った核兵器をロシアに移管してNPTの締約国となる道を選択したウクライナがロシアに侵略されたことで、やはり自前の核抑止力が必要との考えを強調する人も増えた。ロシアや中国、さらには北朝鮮に対する核抑止、さらには通常戦力による抑止強化政策を求める声も一気に広まった。

　ロシア自身も核大国路線の維持へと、さらに重心を移したようにみえる。米ロ間で唯一残る二国間核軍備管理条約である新STARTについてプーチン大統領が履行停止まで発表し、2026年に期限切れとなる新STARTの後継条約の展望は視界ゼロに近い状態になった。ロシアは、ウクライナ侵略作戦の一環で重要なパートナーである隣国ベラルーシへの核配備を決めただけでなく、核使用の意思決定を共同できめる「核の共有」の導入も明らかにした。こうした動きに反応する形で韓国でも「核の共有」を求める意見が政治家や国民のなかで強まり、米韓首脳会談によって拡大核抑止の強化が確認された。日本では岸田政権が「核の共有」の議論はしない方針を示したものの、2024年の自由民主党の総裁選挙の際には「議論」の必要性が改めて指摘されたこともあった。

　ウクライナ侵略が続くなかで開かれた2022年のNPT再検討会議は、核軍縮などを促す内容を含む最終文書がロシア一国の反対で採択されないまま終わってしまった。TPNW支援国のみならず、NPT内の多くの非核兵器国の間でも落胆の空気が広まった。ただ、核軍縮の停滞はロシアのウクライナ侵略のせいばかりではない。それ以前から核軍縮は前進をみない状態が顕在化していた。核兵器削減を初めて実現した米ロ間のINF全廃条約からの離脱を2019年に決めたのは米国のドナルド・トランプ政権だった。表立った理由はロシアが条約に違反して中距離核の陸上配備計画を進めているというものだったが、INF

で禁止対象になっているミサイルを中国が増強しているにもかかわらず、INF全廃条約に中国が入っていないことについても、トランプ政権内では「不平等感」が膨らんでいた。

　第1の核時代、第2の核時代における核軍縮条約は、「1つの兵器（核兵器）、2つの国（米ソ・米露）」を前提にしていればよかったが、第3の核時代では事情が大きく異なる。中国が核戦力を急速に増強しつつある中、米ロのみでの次の段階の核軍縮、少なくとも大幅な核軍縮を想定しにくい状況に入り込んでいる。また、新興技術の軍事分野への多様な応用が進む状況では、低出力の核ミサイルの代用になるような高性能爆弾を搭載した精密誘導ミサイルや、極超音速ミサイルなどの非核兵器の規制も同時に必要となるとの意見も台頭してきており、核兵器のみに焦点をおく軍備管理・軍縮が大きな壁にぶち当たっているのも現実である。そうしたなかでロシアによるウクライナ侵略が始まり、核軍縮の今後に向けた視界が近年ないほどに悪化してしまったのである。

　以上のような背景はあるにせよ、はっきりしていることがある。それは、第3の核時代にあって、核抑止に依存する諸国が核抑止依存を強める方向にハンドルを切り、逆方向への転換を求めるTPNW支持諸国を含む非核諸国との溝を深めてしまったことである。NPTの締約国になっている約190カ国のうち、核抑止に依存する諸国は約40カ国であり、グテーレス国連事務総長は2022年5月のTPNW第1回締約国会議へのメッセージで「ほんの一握りの国が振りかざす核兵器が、地球上のすべての命を脅かすことを許してはならない」（Guterres 2022）と指摘した。2022年8月のNPT再検討会議で議長をつとめたグスタボ・スラウビネン大使（アルゼンチン）は同会議終了後にロシアのシンクタンクのインタビューに応じ、5核兵器国がNPT第6条に基づいて核軍縮交渉を進めない状況が続けば、「NPT体制の信頼性を損なう可能性がある」との懸念を語った。さらに、多くの非核兵器国の「フラストレーションは明らかに増え続け」ており、「もし一部の非核兵器国がNPTから脱退することになれば、それはNPTの終焉の始まりとなるだろう。そして、その国の一つが核兵器開発プログラムを始めれば大きな打撃となるだろう」（Karnaukhova 2022）と強い危惧の念を示した。

2　危うい核抑止価値のインフレ状態

　このような危惧の根本にあるのは、国際秩序を支えるルールや約束事、規範とは一体何なのかという疑問だろう。大国以外の諸国は、大国の身勝手に振り回されないように、あるいは大国の自己中心的行動に歯止めをかけるために、さらには国際秩序を共同作業で維持していくために、ルールや約束事、規範の形成と定着化をはかってきた。その努力を木端みじんに砕いてしまうようなロシアの軍事侵略、核の恫喝をみせつけられ、それが起きた後はロシアだけでなく5核兵器国すべてが、NPT第6条の履行義務に基づく思い切った核軍縮へ踏み出せない状況に陥っている。それどころか、核戦力の増強や、同盟国への拡大核抑止の強化を打ち出す展開となって、核兵器の役割低下による核リスク低減の構想も視界不良となってしまった。核兵器が「Currency of Power」としての価値を高め、むしろインフレ状態ともいうべきレベルに達しているようにもみえる。

　しかしながら、核抑止が高いリスクを伴う安全保障政策であり、失敗した際のコストが計り知れない軍事戦略であることは常に念頭においておく必要がある。日本外務省が主催した「核軍縮の実質的な進展のための賢人会議」（賢人会議）の議長レポートは、「核抑止は、特定の環境における安定性を強化する」場合もあるが、「世界の安全保障にとって危険な基盤」との認識を示しており（「核軍縮の実質的な進展のための賢人会議――議長レポート」2019:49）、核抑止について考える際の基本を見事に表現している。

　本章の第3節で記されているように、核抑止が「成立」するには、いくつもの要件が満たされないといけない。核保有国がそれぞれに同じように核抑止を機能させることができるとも限らない。例えば、独裁的・独善的な権威主義国は核抑止、核による威嚇を政策ツールとして使いやすいが、核兵器の非人道性を指摘する国際世論の強まりを受けて、民主主義国ではそうした政策ツールを声高に叫ぶことは、権威主義国に比べて敷居が高くなりつつあると考えられる。したがって現実には、核抑止はかなり一方的に権威主義国に優位な政策ツールになっており、核兵器以外でも有利なツールを複数持つ民主主義国はむしろ、そうした非核手段を前面に出した安全保障政策を展開した方が、数多くの非核

国や核兵器の非人道性を指摘する国際世論を味方につけやすい側面もある。

そう考えてみると、「Currency of Power」としての核兵器の価値がむしろインフレ状態にある第3の核時代の現在地は、核抑止自体の不安定性の高まり、核抑止を支えてきた共通の基盤の弱体化などの裏返しであるのかも知れない。経済や情報のグローバリゼーションや新興技術の進歩・拡散が加速するなかで、国際政治も従来からの地政学的な安全保障文化からの転換の方が合理的である可能性があるにもかかわらず、そうした転換を推進する具体的な力を生み出せないままでいる。人類全体でみるならば、他国の核兵器だけが脅威の源であり、自国の核兵器は安全の源であるとはいえず、誰が持つものであれ、核兵器や核抑止政策自体が脅威の源ともいえるはずなのに、地政学的視点が国際政治や安全保障を牛耳る思考回路から抜け出せない国がたくさんある。第3の核時代もそうした状況の下で、ロシアによるウクライナ侵略や核の恫喝が相ついで起きており、危ういインフレ状態が続いている。

だが、先の議長レポートが指摘したように、「核抑止は、特定の環境における安定性を強化するかもしれないが、世界の安全保障にとって危険な基盤」である（同上）。地政学的思考と核抑止的思考を重ね合わせることで国際政治上、あるいは安全保障上の「解」に到達したと思い込むのはむしろ早合点だろう。米国の国務長官もつとめたヘンリー・キッシンジャーがかつて語った以下の言葉に対して説得力のある反論をできない限り、それは安全保障政策としては厳しくいえば敗北、よくみても未熟ではないだろうか。

「どんな形であれ、核兵器が使われれば間違いなく、予見可能な外交上の目的とは釣り合わないレベルの犠牲と破壊をもたらすことになる」「仮に米国政府が〔核戦争を限定した形で戦え、有利に展開できるといった〕考えに基づいて政策を選択したとすれば、世界の安全保障を最も残忍で、おそらくジェノサイド〔集団殺害〕のような状態に転落させるだろう」（Kissinger 2009）。

その一方で、キッシンジャーのこの問いを投げかけるだけで、核抑止信奉が消えてなくなるわけではないのも現実である。核抑止に頼ることを覚えてしまったヒトという種が、核抑止と手を切る知恵を身に着けることができるのか。この問いに明答を示すのは困難なことではあるが、以下のキッシンジャーの至言は胸に刻んでおきたい。

「核時代になって私たちが得た逆説的な教訓の1つは、比類ない力を手にし

た瞬間、〔ヒトが〕生存していけるかどうかについての難題を解決できるのは、人間の心（minds in men）でしかないと思い知らされたことである。マンモスと恐竜がたどった運命〔適者生存のなかでの絶滅〕は、力だけでは生存競争のメカニズムのなかにおいて必ずしも成功しないと警告している」（Kissinger 1984: 406）。

【付記】本章には、本研究チームが中間的研究成果として著した『核兵器問題の主な論点整理——国際政治・安全保障編（改訂版）』RECNAポリシーペーパー17号（2023年6月）に掲載された論考を加筆修正したものが含まれている。具体的には以下のとおりである（かっこ内は同号における掲載頁）。

・「2 核兵器と人間」
　中尾麻伊香「原爆開発と科学者の責任」（2-4）、「日本への原爆使用に対する評価」（吉田他との共同執筆、5-7）、「核実験と国際条約」（8-9）
・「5 変化するアジア・太平洋における安全保障環境」
　牧野愛博「東アジアにおける日米同盟の現況と拡大抑止力」（118-123）、「中国の軍事戦略」（124-128）、「中国と米国・同盟国の原潜競争」（129-131）、「朝鮮半島と核問題」（132-136）
・「6 国際政治論と核兵器」
　遠藤誠治「民主主義と権威主義」（106-108）、「マルティラテラリズムとユニラテラリズム」（109-111）、「核とリアリズム」（112-116）

【参考文献】

秋山信将［2015］,「核兵器不拡散条約（NPT）の成り立ち」秋山信将編『NPT——核のグローバル・ガバナンス』岩波書店，29-32 頁。

朝日新聞［2019］,「北朝鮮の瀬取り監視，隠された狙い　8 カ国の視線の先に」，2019 年 9 月 29 日（以下，朝日新聞の日付はデジタル版による）。

朝日新聞［2021a］,「中国，ICBM 格納庫を大量建設か　米研究所が写真分析」，2021 年 7 月 1 日。

朝日新聞［2021b］,「対中国戦略の目玉に浮上した『オーストラリアに原子力潜水艦』計画　何がどう変わる」，2021 年 10 月 5 日。

朝日新聞［2021c］,「北朝鮮の核開発，いまどこまで進んでいる？　金正恩氏が目指す『使える核兵器』」，2021 年 12 月 10 日。

朝日新聞［2022a］,「米海兵隊の変化と自衛隊の課題が見えてきた　日米，年の瀬の実動訓練」，2022 年 1 月 5 日。

朝日新聞［2022b］,「『77 年の核兵器タブー，たった 100 日で』戦後最悪の危機，解決は」，2022 年 6 月 19 日。

朝日新聞［2022c］,「G20 首脳宣言『戦争を非難』ロシア直接非難避ける」，2022 年 11 月 17 日。

朝日新聞［2022d］,「与那国島にミサイル部隊の配備を計画」，2022 年 12 月 27 日。

朝日新聞［2023a］,「【ミサイル】急ピッチで進む開発　米国も射程に　日米韓，迎撃難しく」，2023 年 6 月 19 日。

朝日新聞［2023b］,「日米韓首脳ら，年 1 回の協議と軍事訓練を合意　中国・北朝鮮を念頭に」，2023 年 8 月 19 日。

朝日新聞［2023c］,「米海軍の無人水上艦が日本に初寄港　情報収集に活用へ運用試験中」，2023 年 9 月 21 日。

朝日新聞［2023d］,「憲法に『核兵器の高度化』北朝鮮が明記，開発加速へ」，2023 年 9 月 29 日。

朝日新聞［2024a］,「陸海空自衛隊の『統合作戦司令部』設置へ　改正法が成立」，2024 年 5 月 10 日。

朝日新聞［2024b］,「米韓が共同指針，北朝鮮の核攻撃に対応『拡大抑止の強力な土台』」，2024 年 6 月 10 日。

朝日新聞［2024c］,「『無人の地獄絵図』は生まれるのか　米識者が語るドローンの現在位置」，2024 年 6 月 21 日。

岩間陽子編［2023］,『核共有の現実——NATO の経験と日本』信山社。

沖縄タイムス［2022］,「F15 が退役する代わりに暫定配備　F22 ステルス戦闘機，沖縄・嘉手納に次々飛来」，2022 年 11 月 5 日（デジタル版）。

外務省［2005］,「第 4 回六者会合に関する共同声明（仮訳）」，2005 年 9 月 19 日。https://www.mofa.go.jp/mofaj/area/n_korea/6kaigo/ks_050919.html

外務省［2021a］,「日米首脳共同声明『新たな時代における日米グローバル・パートナーシップ』」，2021 年 4 月 16 日。https://www.mofa.go.jp/files/100181507.pdf

外務省［2021b］，「G7 カービスベイ首脳コミュニケ」，2021 年 6 月 13 日。https://www.mofa.go.jp/mofaj/files/100200083.pdf

外務省［2022a］，「日米首脳共同声明『自由で開かれた国際秩序の強化』」，2022 年 5 月 23 日，3 頁。https://www.mofa.go.jp/mofaj/files/100347254.pdf

外務省［2022b］，「バリ首脳宣言」，2022 年 11 月 15 日 -16 日。https://www.mofa.go.jp/mofaj/files/100422034.pdf

外務省［2023］，「核軍縮に関するＧ 7 首脳広島ビジョン」。https://www.mofa.go.jp/files/100506519.pdf

「核軍縮の実質的な進展のための賢人会議──議長レポート」［2019］。https://www.mofa.go.jp/mofaj/files/000529774.pdf

数原孝憲［2019］，オーラル・ヒストリー「核不拡散体制の成立と安全保障政策の再定義」プロジェクト，政策研究院大学。https://grips.repo.nii.ac.jp/records/1682#

久古聡美［2023］，「核の先制不使用をめぐる政策の動向と論点──米国を中心に」，国立国会図書館調査及び立法考査局編『レファレンス』第 865 号，2023 年 1 月 20 日。https://dl.ndl.go.jp/view/prepareDownload?itemId=info:ndljp/pid/12452779

倉田秀也［2022］，「北朝鮮最高人民会議『核使用法令』採択」日本国際問題研究所，2022 年 9 月 26 日。https://www.jiia.or.jp/research-report/korean-peninsula-fy2022-02.html

GLOBAL NEWS ASIA［2019］，「金正恩党委員長『新年あいさつ』全文 5/5」，2019 年 1 月 2 日。https://globalnewsasia.com/article.php?id=5420&country=1&p=2

小泉悠［2023］，「『核抑止の分野におけるロシア連邦国家政策の基礎』に見るロシアの核戦略」日本国際問題研究所研究レポート，2020 年 8 月 24 日。https://www.jiia.or.jp/research-report/post-3.html

小林祐喜［2023］，「AUKUS とオーストラリアへの原潜供与──NPT 下における保障措置上の課題」，笹川平和財団。https://www.spf.org/iina/articles/yuki_kobayashi_04.html

コルビー，エルブリッジ（塚本勝也，押手順一訳）［2023］，『拒否戦略──中国覇権阻止への米国の防衛戦略』日本経済新聞出版。

産経新聞［2013］，「北朝鮮が 3 回目の核実験『爆発力大』『小型・軽量化』」，2013 年 2 月 12 日（以下，産経新聞の日付はデジタル版による）。

産経新聞［2018］，「トランプ，金正恩両氏が署名した共同声明全文」，2018 年 6 月 12 日。

産経新聞［2021］，「中国の台湾侵攻『1，2 年以内ない』米軍制服組トップ」，2021 年 11 月 4 日。

時事通信［2024］，「中距離ミサイル『太平洋配備』 対中国で年内に──米陸軍高官」，2024 年 4 月 3 日（デジタル版）。

首相官邸［2021］，「第二百七回国会における岸田内閣総理大臣所信表明演説」，2021 年 12 月 6 日。https://www.kantei.go.jp/jp/101_kishida/statement/2021/1206shoshinhyomei.html

首相官邸［2022a］，「ＮＰＴ運用検討会議における岸田内閣総理大臣一般討論演説」，2022 年 8 月 1 日。https://www.kantei.go.jp/jp/101_kishida/statement/2022/0801enzetsu.html

首相官邸［2022b］，「国家防衛戦略」，2022 年 12 月 16 日。https://www.kantei.go.jp/jp/

content/000119646.pdf

シラード，レオ著，ウィアート，S. R.，シラード，G. W. 編（伏見康治，伏見諭訳）［1982］，『シラードの証言』みすず書房。

新華社通信［2024］，「新華社通信速報：中国海軍の福建艦，最初の航海試験を成功裏に完了」，2024 年 5 月 8 日。http://www.news.cn/20240508/c072e4df0ad742239afa4c632f764fab/c.html

戦略研究グループ［2016］，「幹部学校研究メモ 3 中国による三戦の定義等およびエア・パワーに関する三戦の事例」『エア・パワー研究』第 2 号，航空自衛隊航空研究センター，2016 年 6 月，pp.113-124。https://www.mod.go.jp/asdf/meguro/center/img/113memo1.pdf

中華人民共和国駐日本国大使館［2021］，「中国共産党創立 100 周年祝賀大会における習近平総書記の演説全文」，2021 年 7 月 2 日。http://jp.china-embassy.gov.cn/jpn/zt/zggcdcl100zn/202107/t20210702_8934774.htm

朝鮮新報［2018］，「金正恩委員長，並進路線の勝利を宣言／党中央委第 7 期第 3 回総会」，2018 年 4 月 24 日。https://chosonsinbo.com/jp/2018/04/24suk-16/

朝鮮中央通信［2023］，「金正恩総書記が最高人民会議第 14 期第 9 回会議で演説」，2023 年 9 月 27 日。http://www.kcna.kp/kp/article/q/8803817f72619030b57dc18bf3abe408.kcmsf

朝鮮中央通信［2024］，「600 ミリ超大型ロケット砲兵区分隊が初の核反撃想定総合戦術訓練に参加　金正恩総書記が核反撃想定総合戦術訓練を指導」，2024 年 4 月 23 日。http://www.kcna.kp/kp/article/q/9fe354c7044e64b2bd2739669e06d56e.kcmsf

土屋由香［2021］，『文化冷戦と科学技術——アメリカの対外情報プログラムをアジア』京都大学出版会。

統一研究院［2021］，『統一研究院（KINU）統一意識調査 2021——統一・北韓認識の新しい接近』（統一研究院・研究報告書）。https://www.kinu.or.kr/main/module/report/view.do?idx=46&nav_code=mai1674786094

戸崎洋史［2022］，「ロシアのウクライナ侵略と核問題の動向」（ひろしまレポート 2022 年版別冊コラム），2022 年 4 月 14 日。https://hiroshimaforpeace.com/hiroshimareport/report-2022/column/

内閣官房［2018］，「平成 31 年度以降に係る防衛計画の大綱について」，2018 年 12 月 18 日。https://www.cas.go.jp/jp/siryou/pdf/h31boueikeikaku.pdf

内閣官房［2022a］，「国家安全保障戦略について」，2022 年 12 月 16 日。https://www.cas.go.jp/jp/siryou/221216anzenhoshou/nss-j.pdf

内閣官房［2022b］，「国家防衛戦略について」，2022 年 12 月 16 日。https://www.cas.go.jp/jp/siryou/221216anzenhoshou/boueisenryaki.pdf

内閣官房［2022c］，「防衛力整備計画について」，2022 年 12 月 16 日。https://www.cas.go.jp/jp/siryou/221216anzenhoshou/boueiryokuseibi.pdf

内閣官房［2024］，「日米首脳共同声明（「未来のためのグローバル・パートナー」）」，2024 年 4 月 10 日。https://www.mofa.go.jp/mofaj/na/na1/us/pageit_000001_00501.html

西田充［2023］，「核をめぐる抑止と軍縮をどう考えるか」『外交』第 78 号，2023 年 3/4 月，32-37 頁．

日本経済新聞［2018］，「金正恩氏『核のボタンが私の机に』新年演説で威嚇」，2018 年 1 月 1 日（以下，日本経済新聞の日付はデジタル版による）．

日本経済新聞［2022a］，「『核共有』議論自民で浮上　米の使用判断に関与　NATO は自国配備　別方法を検討　プーチン発言契機に」，2022 年 3 月 11 日．

日本経済新聞［2022b］，「自民『核共有』を議論，安保調査会，『日本にそぐわず』」，2022 年 3 月 16 日．

日本経済新聞［2023］，「ベラルーシに戦術核　プーチン大統領表明　米は影響注視」，2023 年 3 月 27 日．

日本経済新聞［2024］，「ロシア，北朝鮮を『武器工場』に　砲弾 500 万発規模を調達の可能性　核・衛星技術，見返りか」，2024 年 6 月 19 日．

ヒロシマ平和メディアセンター［2023］，「ニュース　NPT 準備委　豪原潜配備計画巡り紛糾　核拡散の恐れ指摘も」，2023 年 8 月 9 日．https://www.hiroshimapeacemedia.jp/?p=135638

防衛省［2020］，『令和 2 年版防衛白書』，2020 年 7 月．http://www.clearing.mod.go.jp/hakusho_data/2020/pdf/index.html

防衛省［2021］，「日米安全保障協議委員会（2 ＋ 2）共同発表（仮訳）」，2021 年 3 月 16 日．https://www.mod.go.jp/j/approach/anpo/2021/0316b_usa-j.html

防衛省［2022a］，「日米安全保障協議委員会（「2 ＋ 2」）共同発表」，2022 年 1 月 11 日．https://www.mofa.go.jp/mofaj/files/100284738.pdf

防衛省［2022b］，「防衛整備計画」，2022 年 12 月 16 日．https://www.mod.go.jp/j/policy/agenda/guideline/plan/pdf/plan.pdf

防衛省［2023］，「北朝鮮による核・弾道ミサイル開発について」，2023 年 8 月．https://www.mod.go.jp/j/surround/pdf/dprk_bm_202308.pdf

防衛省［2024a］，「北朝鮮による核・弾道ミサイル開発について」，2024 年 3 月．https://www.mod.go.jp/j/surround/pdf/dprk_bm_202403b.pdf

防衛省［2024b］，『令和 6 年版防衛白書』，2024 年 7 月．https://www.mod.go.jp/j/press/wp/wp2024/pdf/R06zenpen.pdf

堀内智直［2020］，「ロシアの核兵器政策 2020 年『核抑止の分野におけるロシア連邦の国家政策の基礎』発表の意義」コラム 179，海上自衛隊幹部学校戦略研究会，2020 年 11 月 9 日．https://www.mod.go.jp/msdf/navcol/index.html?c=columns&id=179

毎日新聞［2022］，「時代の風──ウクライナ侵攻 核惨事なら人類の敗北＝中西寛・京都大教授」，2022 年 3 月 20 日．

牧野愛博［2021a］，「対中国戦略の目玉に浮上した『オーストラリアに原子力潜水艦』　何がどう変わる」，朝日新聞 GLOBE ＋，2021 年 10 月 5 日．

牧野愛博［2021b］，「対馬から与那国島まで，陸自が築こうとした『南西の壁』」，朝日新聞 GLOBE ＋，2021 年 11 月 17 日．

牧野愛博［2021c］，「北朝鮮の核開発，いまどこまで進んでいる？　金正恩氏が目指す『使

える核兵器」」，朝日新聞GLOBE＋，2021年12月10日。

牧野愛博［2022］，「北朝鮮のミサイルは核兵器を運ぶ　冷戦期からの開発目標，到達近づく」，朝日新聞デジタル，2022年6月8日。

牧野愛博［2023a］，「金正恩氏は焦っている　金日成主席の元通訳が見通す今年の北朝鮮」，朝日新聞デジタル，2023年1月4日。

牧野愛博［2023b］，「3年前からの新部隊構想が具体化，日米が示した覚悟と課題」『Forbes Japan』，2023年1月17日。

牧野愛博［2023c］，「ロシア，ウクライナ侵攻の短期決着になぜ失敗？　アメリカが明かした『宇宙』の攻防」，朝日新聞GLOBE＋，2023年1月17日。

牧野愛博［2024a］，「米国が唱える2027年危機，米が唱えるプランに従うだけでいいのか」『Forbes Japan』，2024年6月12日。

牧野愛博［2024b］，「無人兵器やAIで変わる戦争　市民狙い偽情報，スマホが「戦場」に」，朝日新聞デジタル，2024年7月5日。

牧野愛博［2024c］，「防衛の『南西シフト』で新設の陸自石垣駐屯地」，朝日新聞GLOBE＋，2024年7月10日。

向和歌奈［2023a］，「核兵器不拡散条約の不平等性」『核兵器問題の主要な論点整理――国際政治・安全保障編』RECNAポリシーペーパー17号，2023年4月，30-33頁。

向和歌奈［2023b］，「消極的安全保証」『核兵器問題の主要な論点整理――国際政治・安全保障編』RECNAポリシーペーパー17号，2023年4月，38-41頁。

吉田文彦，鈴木達治郎，遠藤誠治，毛利勝彦編著［2021］，『第三の核時代――破滅リスクからの脱却』（デジタル版），長崎大学核兵器廃絶研究センター。

陸上自衛隊［2021］，「令和3年度陸上自衛隊演習」，2021年9月10日。https://www.mod.go.jp/gsdf/news/train/2021/20210910.html

聯合ニュース［2023］，「『事実上の核共有』韓米間で早くも食い違い」，2023年4月28日。

聯合ニュース［2024］，「ロ朝首脳　包括的戦略条約に署名＝『侵略されれば相互支援』」，2024年6月19日。https://jp.yna.co.kr/view/AJP20240619003500882

Air Force Research Laboratory Public Affairs [2023], "AFRL AI Agents Successfully Pilot XQ-58A Valkyrie Uncrewed Jet Aircraft2," 3 August 2023. https://www.af.mil/News/Article-Display/Article/3481081/afrl-ai-agents-successfully-pilot-xq-58a-valkyrie-uncrewed-jet-aircraft/

American Center Japan [2019], 「バラク・オバマ大統領のフラチャニ広場（プラハ）での演説」。https://americancenterjapan.com/aboutusa/translations/4089/

Austrian Foreign Ministry [2014], "Kurz: 'Paradigm Shift in Nuclear Disarmament Is Overdue'," 13 February. 2014. https://www.bmeia.gv.at/en/the-ministry/press/news/2014/kurz-paradigm-shift-in-nuclear-disarmament-is-overdue/

Balzer, Kyle [2024], "SLCM-N and the Deterrence Value of Ambiguity," *Breaking the Defense*, 28 February 2024. https://breakingdefense.com/2024/02/slcm-n-and-the-deterrence-value-of-ambiguity/

Biden, Joseph R. [2020], "Why American Must Lead Again: Rescuing US Foreign Policy after Trump," *Foreign Affairs*, March/April 2020.

Boeing [2023], "Boeing Delivers First Orca Extra Large Uncrewed Undersea Vehicle to U.S. Navy," 20 December 2023. https://boeing.mediaroom.com/news-releases-statements?item=131380

Brands, Hal [2022], "Putin Reminds Biden That Nuclear Deterrence Works," *Bloomberg Opinion*, 2 March 2022. https://www.aei.org/op-eds/putin-reminds-biden-that-nuclear-deterrence-works/

Byun Duk-kun [2023], "Washington Declaration Will Help Deter N. Korean Threat But Not a 'Nuclear Sharing' Agreement: U.S. Official," *Yonhap News Agency*, 28 April 2023. https://en.yna.co.kr/view/AEN20230428003200325

Choe Sang-hun [2023], "In a First, South Korea Declares Nuclear Weapons a Policy Option," *The New York Times*, 12 January 2023. https://www.nytimes.com/2023/01/12/world/asia/south-korea-nuclear-weapons.html

Colby, Elbridge [2014], "Choose Geopolitics over Non-proliferation,"*The National Interest*, 28 February 2014.

Cook, Ellie [2023], "Bill Clinton: My Nuke Deal to Blame for Russia's Invasion of Ukraine," *Newsweek*, 5 April 2023. https://www.newsweek.com/bill-clinton-ukraine-war-russia-nuclear-weapons-deal-vladimir-putin-1792682

Dhanapala, Jayantha and Rauf, Tariq (eds.) [2016], *Reflections on the Treaty on the Non-Proliferation of Nuclear Weapons: Review Conferences and the Future of the NPT*, Stockholm International Peace Research Institute (SIPRI).

Entous, Adam [2018], "How Trump and Three Other U.S. Presidents Protected Israel's Worst-Kept Secret: Its Nuclear Arsenal," *The New Yorker*, June 2018.

Fink, Anya L. [2024], "Nuclear-Armed Sea-Launched Cruise Missile (SLCM-N)," *CRS Report*, 31 May 2024. https://crsreports.congress.gov/product/pdf/IF/IF12084

Ford, Christopher Ashley [2019], *The P5, the "N5", and the NPT Review Conference*, Wilton Park Nonproliferation Conference, 16 December 2019. https://2017-2021.state.gov/the-p5-the-n5-and-the-npt-review-conference/

Gibbons, Rebecca Davis and Herzog, Stephen [2023], "Nuclear Disarmament and Russia's War on Ukraine: The Ascendance and Uncertain Future of the Treaty on the Prohibition of Nuclear Weapons," Gibbons, Rebecca Davis, Herzog, Stephen, Wan, Wilfred and Horschig, Doreen, *The Altered Nuclear Order in the Wake of the Russia-Ukraine War*, Cambridge: American Academy of Arts and Sciences, pp.1-36.

Giovannini, Francesca [2022], "Negative Security Assurances after Russia's Invasion of Ukraine," *Arms Control Today*, Vol.52, No.6, July/August 2022, pp.6-11.

Global Firepower [2024], *Submarine Fleet Strength by Country (2024)*. https://www.globalfirepower.com/navy-submarines.php

Gregory, James [2023], "Putin: Russia to Atation Nuclear Weapons in Belarus," *BBC News*, 26 March 2023. https://www.bbc.com/news/world-europe-65077687

Guterres, António [2022], "Secretary-General's Video Message to the Opening of the First Meeting of States Parties to the Treaty on the Prohibition of Nuclear Weapons," 21 June 2022. https://www.un.org/sg/en/content/sg/statement/2024-06-07/secretary-generals-video-message-the-annual-conference-of-the-arms-control-association

Harrington de Santana, Anne [2009], "Nuclear Weapons as the Currency of Power: Deconstructing the Fetishism of Force," *The Nonproliferation Review*, Vol.16, Issue 3, October 2009, pp.325-345.

Herz, John H. [1950], "Idealist Internationalism and the Security Dilemma," *World Politics* 2(2), January 1950, pp.157-180.

Horovitz, Liviu and Arndt, Anna Clara [2023], *One Year of Nuclear Rhetoric and Escalation Management in Russia's War against Ukraine: An Updated Chronology*, WP Nr.1, German Institute for International and Security Affairs, February 2023.

Joint Soviet-United States Statement on the Summit Meeting in Geneva [1985], 21 November 1985. https://www.presidency.ucsb.edu/documents/joint-soviet-united-states-statement-the-summit-meeting-geneva

Kaldor, Mary [2018], *Global Security Cultures*（Kindle 版）, Polity Press.

Karaganov, Sergei A. [2023], "A Difficult but Necessary Decision," *Russia in Global Affairs*, 13 June 2023. https://eng.globalaffairs.ru/articles/a-difficult-but-necessary-decision/

Karnaukhova, Elena [2022], "Always Say the Truth, Be Fair and Transparent to All,– Interview with H.E. Ambassador Gustavo Zlauvinen," *PIR Center*, 7 November 2022. https://pircenter.org/en/news/always-say-the-truth-be-fair-and-transparent-to-all-interview-with-h-e-ambassador-gustavo-zlauvinen/

Kassenova, Togzhan [2014], *Brazil's Nuclear Kaleidoscope: An Evolving Identity*, Carnegie Endowment for International Peace. https://carnegie-production-assets.s3.amazonaws.com/static/files/brazil_nuclear_kaleidoscope_lo_res.pdf

KBS [2021],「金与正氏　韓米合同軍事演習を非難する談話発表」, 2021 年 8 月 10 日。https://world.kbs.co.kr/service/index.htm?lang=j

Kennedy, John F. [1963], *News Conference 52*, 21 March 1963, The John F. Kennedy Presidential Library. https://www.jfklibrary.org/archives/other-resources/john-f-kennedy-press-conferences/news-conference-52

Kissinger, Henry A. [1984], *Nuclear Weapons and Foreign Policy*, Westview Press.

Kissinger, Henry A. [2009], Speech to the 45th Munich Security Conference, 6 February 2009. https://www.americanrhetoric.com/speeches/henrykissinger45thmunichsecurityconference.htm

Kmentt, Alexander [2021], *The Treaty Prohibiting Nuclear Weapons*, Routledge.

Kmentt, Alexander [2023], Keynote Address by Ambassador Alexander Kmentt, 2 June 2023. https://www.armscontrol.org/2023AnnualMeeting/Kmentt-remarks.

Koch, Susan J. [2012], *Case Study 5 the Presidential Nuclear Initiatives of 1991–1992*,

Center for the Study of Weapons of Mass Destruction at National Defense University, September 2012.

Kosaka, Tetsuro [2022], "Nuclear Alert Makes Ukraine Worst Standoff since Cuban Missile Crisis," *Nikkei Asia*, 1 March 2022. https://asia.nikkei.com/Spotlight/Comment/Nuclear-alert-makes-Ukraine-worst-standoff-since-Cuban-missile-crisis

Kristensen, H., Korda, M., Johns, E. and Knight, M. [2023], "Strategic Posture Commission Report Calls for Broad Nuclear Buildup,"*Federation of American Scientists*, 12 October 2023. https://fas.org/publication/strategic-posture-commission-report-calls-for-broad-nuclear-buildup/

Lilienthal, David [1948],"Meeting with the President July 21, 1948, 4:00 to 4:15 p.m.," Entry from David Lilienthal Diary, 22 July 1948, *National Security Archive*. https://nsarchive.gwu.edu/document/16062-document-01b-entry-david-lilienthal-diary

Medvedev, Dmitry [2022], "Russia Warns of Nuclear Weapons in Baltic if Sweden and Finland Join NATO," *The Guardian*, 15 April 2022. https://www.theguardian.com/world/2022/apr/14/russia-says-it-will-reinforce-borders-if-sweden-and-finland-join-nato

Medvedev, Dmitry [2023], メドベージェフの X への投稿。https://x.com/MedvedevRussiaE/status/1685573843094544384

Mpofu-Walsh, Sizwe [2022], *Africa's Role in Global Nuclear Non-proliferation*, 11 February 2022. https://blogs.lse.ac.uk/africaatlse/2022/02/11/africa-role-in-global-nuclear-non-proliferation-decolonisation-nwfz-history/

NATO [2024a], "Pre-ministerial Press Conference,"12 June 2024. https://www.nato.int/cps/ru/natohq/opinions_226400.htm?selectedLocale=en

NATO [2024b], "NATO's Response to Russia's Invasion of Ukraine," 19 July 2024. https://www.nato.int/cps/en/natohq/topics_192648.htm

NBC [2021], "China Could Invade Taiwan in the Next 6 Years, Assume Global Leadership Role, U.S. Admiral Warns," 10 March 2021. https://www.nbcnews.com/news/world/china-could-invade-taiwan-next-6-years-assume-global-leadership-n1260386

Nikkei Asia [2022], "Transcript: President Xi Jinping's Report to China's 2022 Party Congress," 18 October 2022. https://asia.nikkei.com/Politics/China-s-party-congress/Transcript-President-Xi-Jinping-s-report-to-China-s-2022-party-congress

Obama, Barack [2009], "Remarks by President Barack Obama in Prague as Delivered," White House, 5 April 2009. https://obamawhitehouse.archives.gov/the-press-office/remarks-president-barack-obama-prague-delivered

Oppenheimer, J. R. [1948], "Physics in the Contemporary World," *Bulletin of the Atomic Scientists*, Vol.4, Issue3, 1948, pp.65-68.

O'Rurke, Ronald [2021], "China Naval Modernization: Implications for U.S. Navy Capabilities—Background and Issues for Congress," *CRS Report*, 9 March 2021. https://crsreports.congress.gov/product/pdf/RL/RL33153/250

Post, Daniel [2023], "The Value and Limits of Nuclear Deterrence," *U.S. Navel Institute*

Proceedings, Vol.149, January 2023. https://www.usni.org/magazines/proceedings/2023/january/value-and-limits-nuclear-deterrence

Presidential Executive Office [2022], "Adress by the President of the Russian Federation," Official Internet Resources of the President of Russia, 24 February 2022. http://en.kremlin.ru/events/president/news/67843

Putin, Vladimir [2022], Address by the President of the Russian Federation, Kremlin, 24 February 2022.

Reagan, Ronald [1984], "Address before a Joint Session of the Congress on the State of the Union," 25 January 1984. https://www.reaganlibrary.gov/archives/speech/address-joint-session-congress-state-union-january-1984

Reif, Kingston [2018], "Trump to Withdraw U.S. from INF Treaty," *Arms Control Today*, Vol.48, No.9, November 2018, pp.23-24.

Report of the Committee on Political and Social Problems [1945], Manhattan Project "Metallurgical Laboratory," University of Chicago, 11 June 1945.

Reuters [2021], "Biden Administration Sets New North Korea Policy of 'Practical' Diplomacy," 30 April 2021. https://www.reuters.com/world/asia-pacific/biden-administration-has-completed-north-korea-policy-review-white-house-2021-04-30/

Reuters [2023a], "CIA Chief Warns against Underestimating Xi's Ambitions toward Taiwan," 3 February 2023. https://www.reuters.com/world/cia-chief-says-chinas-xi-little-sobered-by-ukraine-war-2023-02-02/

Reuters [2023b], "Russia's Medvedev Says Arms Supplies to Kyiv Threaten Global Nuclear Catastrophe," 27 February 2023. https://www.reuters.com/world/europe/russias-medvedev-says-arms-supplies-kyiv-threaten-global-nuclear-catastrophe-2023-02-27/

Rinna, Anthony V. [2023], "Why Russia Is Willing to Live with a Nuclear North Korea," *NK News*, 25 August 2023.

Salloum, Cynthia [2022], "Ukraine and Nuclear Weapons," Thierry Tardy (ed.), *War in Europe*, NATO Defense College, pp.61-62.

Shultz, George P., Perry, William J., Kissinger, Henry A. and Nunn, Sam [2007], "A World Free of Nuclear Weapons,"*Wall Street Journal*, 4 January 2007.

Shultz, George P., Perry, William J., Kissinger, Henry A. and Nunn, Sam [2008], "Toward a Nuclear Free World,"*Wall Street Journal*, 15 January 2008.

SIPRI [2024], *Yearbook 2024*, June 2004. https://www.sipri.org/yearbook/2024

Sokov, Nikolai N. [2022], "Russia-Belarus Nuclear Sharing Would Mirror NATO's――and Worsen Europe's Security," *Bulletin of Atomic Scientists*, 1 July 2022. https://thebulletin.org/2022/07/russia-belarus-nuclear-sharing-would-mirror-natos-and-worsen-europe-security/

The Guardian [2021], "Aukus Submarines Banned from New Zealand as Pact Exposes Divide with Western Allies," 16 September 2021.

The New York Times [2016], "Transcript: Donald Trump Expounds on His Foreign Policy Views," 26 March 2016. https://www.nytimes.com/2016/03/27/us/politics/donald-trump-transcript.html

The New York Times [2023], "To Foreign Policy Veteran, the Real Danger Is at Home," 1 July 2023. https://www.nytimes.com/2023/07/01/us/politics/richard-haass-biden-trump-foreign-policy.html

The Washington Post [2024], "The U.S. Military Plans a 'Hellscape' to Deter China from Attacking Taiwan,"10 June 2024. https://www.washingtonpost.com/opinions/2024/06/10/taiwan-chinahellscape-military-plan/

US Army Pacific [2024], US Army's Mid-Range Capability Makes Its First Deployment in the Philippines for Salaknib 24, 15 April 2024. https://www.usarpac.army.mil/Our-Story/Our-News/Article-Display/Article/3740807/us-armys-mid-range-capability-makes-its-first-deployment-in-the-philippines-for/

US Department of State [1962], Memorandum of Conversation, "NATO, Nuclear Matters," 4 December 1962, National Security Archive. https://nsarchive.gwu.edu/document/16069-document-08-memorandum-conversation-nato

US Department of State [1994], "Agreed Framework Between the United States of America and the Democratic People's Republic of Korea," 21 October 1994. https://2001-2009.state.gov/t/ac/rls/or/2004/31009.htm

US Department of State [2020], Communist China and the Free World's Future, 23 July 2020. https://2017-2021.state.gov/communist-china-and-the-free-worlds-future-2/

US Department of State [2023], "About Us." https://www.state.gov/about-us-office-of-the-aukus-senior-advisor/

US DOD [2018], *Annual Report to Congress: Military and Security Developments Involving the People's Republic of China 2018*, Office of the Secretary of Defense, Department of Defense United States of America. https://media.defense.gov/2018/Aug/16/2001955282/-1/-1/1/2018-CHINA-MILITARY-POWER-REPORT.PDF

US DOD [2021a], *Annual Report to Congress: Military and Security Developments Involving the People's Republic of China 2021*, Office of the Secretary of Defense, Department of Defense United States of America. https://media.defense.gov/2021/Nov/03/2002885874/-1/-1/0/2021-CMPR-FINAL.PDF

US DOD [2021b], "53rd Security Consultative Meeting Joint Communique," 2 December 2021. https://www.defense.gov/News/Releases/Release/Article/2858814/53rd-security-consultative-meeting-joint-communique/

US DOD [2022a], *Nuclear Posture Review*. https://media.defense.gov/2022/Oct/27/2003103845/-1/-1/1/2022-NATIONAL-DEFENSE-STRATEGY-NPR-MDR.PDF

US DOD [2022b], "Military and Security Developments Involving the People's Republic of China," November 2022. https://www.defense.gov/Spotlights/2022-China-Military-Power-Report/

US DOD［2023a］, "Hicks Underscores U.S. Innovation in Unveiling Strategy to Counter China's Military Buildup," 28 August 2023. https://www.defense.gov/News/News-Stories/Article/Article/3507514/hicks-underscores-us-innovation-in-unveiling-strategy-to-counter-chinas-militar/

US DOD［2023b］, "DOD Official Briefs on 2023 China Military Power Report," 18 October 2023. https://www.defense.gov/News/Transcripts/Transcript/Article/3562254/dod-official-briefs-on-2023-china-military-power-report/

US DOD［2024］, "AUKUS Partners Consider Cooperation with Japan," 8 April 2024. https://www.defense.gov/News/News-Stories/Article/Article/3734336/aukus-partners-consider-cooperation-with-japan/

US DOD Office of the Under Secretary of Defense（Comptroller）［2022］, "Pacific Deterrence Initiative," April 2022.

USFJ 18th Wing Kadena Air Base［2022］, "Advanced Fighters to Temporarily Deploy to Kadena through Phased F-15 Withdrawal," 28 October 2022. https://www.kadena.af.mil/News/Article/3204073/advanced-fighters-to-temporarily-deploy-to-kadena-through-phased-f-15-withdrawal/

US Marine［2021a］, *Force Design 2030*. https://www.hqmc.marines.mil/Portals/142/Docs/CMC38%20Force%20Design%202030%20Report%20Phase%20I%20and%20II.pdf

US Marine［2021b］, "Expeditionary Advanced Base Operations (EABO)," 2 August 2021. https://www.marines.mil/News/News-Display/Article/2708120/expeditionary-advanced-base-operations-eabo/

US Marine［2021c］, *A Concept for Stand-in Forces*, December 2021. https://www.hqmc.marines.mil/Portals/142/Users/183/35/4535/211201_A%20Concept%20for%20Stand-In%20Forces.pdf

US Senate Committee on Armed Services［2021］, *Hearing to Receive Testimony on United States Indo-Pacific Command in Review of the Defense Authorization Request for Fiscal Year 2022 and the Future Years Defense Program*, Committee on Armed Services, United States Senate, 9 March 2021. https://www.armed-services.senate.gov/imo/media/doc/21-10_03-09-2021.pdf

VOA［2022］, "Former Top US Commander in Korea Urges Allies to Include China in War Plans," 11 January 2022. https://www.voanews.com/a/former-top-us-commander-in-korea-urges-allies-to-include-china-in-war-plans/6391856.html

Volpe, Tristan A.［2023］, *Leveraging Latency: How the Weak Compel the Strong with Nuclear Technology*, Oxford University Press.

White House［2011］, "Remarks by President Obama to the Australian Parliament," 17 November 2011. https://obamawhitehouse.archives.gov/the-press-office/2011/11/17/remarks-president-obama-australian-parliament

White House［2017］, *National Security Strategy*, December 2017.

White House［2018］, Joint Statement of President Donald J. Trump of the United States of America and Chairman Kim Jong Un of the Democratic People's Republic of Korea at the Singapore Summit, 12 June 2018. https://trumpwhitehouse.archives.gov/briefings-statements/joint-statement-president-donald-j-trump-united-states-america-chairman-kim-jong-un-democratic-peoples-republic-korea-singapore-summit/

White House [2021a], "A Free and Open Indo-Pacific," 5 January 2021. https://trumpwhitehouse.archives.gov/wp-content/uploads/2021/01/OBrien-Expanded-Statement.pdf

White House [2021b], U.S.-EU Summit Statement, 15 June 2021. https://www.whitehouse.gov/briefing-room/statements-releases/2021/06/15/u-s-eu-summit-statement/

White House [2021c], "Joint Leaders Statement on AUKUS," 15 September 2021. https://www.whitehouse.gov/briefing-room/statements-releases/2021/09/15/joint-leaders-statement-on-aukus/

White House [2022], *National Security Strategy*, October 2022. https://www.whitehouse.gov/wp-content/uploads/2022/10/Biden-Harris-Administrations-National-Security-Strategy-10.2022.pdf

White House [2023], Washington Declaration, 26 April 2023. https://www.whitehouse.gov/briefing-room/statements-releases/2023/04/26/washington-declaration-2/

Zabrodskyi, M., Watling, J., Danylyuk, Oleksandr V. and Reynold, N. [2022], "Preliminary Lessons in Conventional Warfighting from Russia's Invasion of Ukraine: February–July 2022," *RUSI*, November 2022. https://static.rusi.org/359-SR-Ukraine-Preliminary-Lessons-Feb-July-2022-web-final.pdf

Zhigao, He [2023], "US-led International Order Is at a Critical Crossroads," *Global Times*, 19 February 2023. https://www.globaltimes.cn/page/202302/1285749.shtml

第 2 章
核不拡散と軍縮

***
佐藤　丙午
小伊藤優子
堀部　純子
西田　　充
樋川　和子

1 はじめに
──核不拡散体制の構図

　本章では、核兵器の不拡散に関わる対策を考察する。
　核兵器の不拡散は、核兵器保有国の数を抑え、米露間に必要な戦略的安定性の関係を維持するために不可欠な要素とされる。核兵器をめぐる政策的な課題の1つは、中国を多国間の軍備管理枠組みに参加させることであるが、その展望は開けていない。それでも、可能な限り現在の核保有国数を抑える点と、核不拡散条約（NPT）の枠外で核兵器保有を目指す国を抑制する不拡散政策の促進では、中露を含む核兵器国の間に一定のコンセンサスがある。
　核兵器の製造の過程で必要となるウランは、低いレベルの濃縮では原子力発電に使用されるが、そのレベルを上げると核兵器に使用可能な高濃縮ウランの製造につながる。今後原子力発電に関する技術が進展するなかで、ウランの需要は高まり、濃縮技術の必要性も継続する。また、原子力発電の使用済み核燃料を再処理することにより、プルトニウムの抽出も可能となる。つまり、現在の方式による原子力発電が存在する限り、潜在的に核兵器製造の可能性は残る。気候変動対策の一環として、原子力発電所の役割が再確認されており、比較的安全な原子力発電の方式とされる新型炉の開発などの進展もみられる。その意味で、ウラン開発の管理及び原子力発電技術の拡散防止も、戦略的な安定性を担保する重要な手段となっている。
　この問題は、核兵器をめぐる問題に、大きな課題をもたらす。それは、たとえ核兵器の廃絶に合意できたとしても、活動が認められる限り、原子力発電に関係する技術は存在し続け、核廃絶は不可逆的なものにならない可能性が残るというものである。実際、核兵器開発の意思を持つ国家もしくは非国家主体が出現する可能性が高いと判断する場合、現在の核兵器国などは、核兵器という重大な効果をもたらす兵器（もしくはその製造の可能性）を放棄する選択をしないだろう。そう考えると、核兵器の軍備管理軍縮の進展とは別に、堅牢な核不

拡散体制の構築が、「核兵器なき世界」の実現にとって重要な手段であり、なおかつそこで設置され実施される措置が、「核兵器なき世界」実現後の国際安全保障を担保する手段となるのである。

核不拡散と軍縮の問題を検討するためには、まずこの基本的構造を理解する必要がある。その上で、「核兵器なき世界」への道筋のなかでの不拡散政策の意義を理解する上で、まずは戦略的安定性の問題を起点とした、現在の不拡散政策の誕生にまで辿る必要がある。

第2節で詳述されるが、国際社会における不拡散問題の歴史は、米国が1940年代に核兵器の製造に成功した後、原子力の平和利用を進める上で、核燃料の国際管理を目指した「平和のための原子力（Atoms for Peace）」構想にまで辿ることができる。この構想は、原子力利用が核兵器開発に転用される懸念への対応を考慮したものであり、ソ連を含む多くの国の賛同が得られたが、実現にまで至らなかった。ソ連が1950年代初頭に核兵器開発に成功し、その後核兵器競争が進展するなかで、原子力によるエネルギー開発の平和的な推進、その知識の共有などを目的に、国連が後援して国際原子力機関（IAEA）が1957年に設立されている。原子力の平和利用を進める上で、IAEAの果たす役割は大きく、2024年までに168カ国の加盟を得ている。IAEAの主要な任務は、加盟国が拡散防止の義務を果たしているかを検証するものであり、その活動は核兵器に転用可能な核物質や原子力関連施設など検証が必要な施設に対する査察の実施である[1]。

NPTの成立以前は、核不拡散は主にIAEAによる技術的側面からの査察によって担われていた。1970年に発効したNPTは核不拡散（第1、2、3条）、核軍縮（第6条）、原子力の平和利用（第4条）の三本柱から構成される。NPTは条約内に、核兵器の保有が認められる国（米、ソ（後に露）、英、仏、中）として核兵器国、そして核兵器の保有が認められない非核兵器国の2つの立場の国を規定する、一種の不平等条約である。ただし、NPTに加盟する時点で、多くの国は核兵器の不保持を前提にしており、自主的に不平等状態を受け入れているため、不平等性自体が条約上の問題とされた事例は少ない。むしろ、非核兵器国はNPTの下で核不拡散の重要性を確認しており、この条約への参加

---

[1] https://www.iaea.org にはIAEAが実施している主要なプログラムと、査察活動の概要が示されている。

が核不拡散の維持に貢献することにつながるとの認識を共有している。

NPTの核兵器国は「1967年1月1日前に核兵器その他の核爆発装置を製造しかつ爆発させた国」（NPT第9条3項）である。NPT成立後、インド、パキスタン、南アフリカ（1991年に核兵器を破壊することを決定している）、イスラエル（核実験を公開していないし、核保有を公式に認めていない）、北朝鮮などが核開発を成功させている。これら諸国のなかでも核実験が国際社会に大きな影響を及ぼしたのが、1974年のインドの核実験であった。インドは、カナダ製研究用原子炉から得た使用済み燃料を再処理してプルトニウムを抽出してそれを実験に使用したため、原子力の平和利用が核兵器開発につながることの懸念が現実化したものと受け止められた。

この事態に対し、原子力の平和利用において、技術や燃料の拡散防止の重要性が改めて認識された。そこで各国は原子力供給国グループ（Nuclear Suppliers Group: NSG）を編成し、1978年にロンドンガイドライン（後にNSGガイドライン）を制定している（2024年時点で参加国は48カ国）。NSGガイドラインは、原子力専用品・技術の移転に係わるパート1（INFCIRC/254, Part 1）と、原子力関連汎用品・技術の移転に係わるパート2（INFCIRC/254, Part 2）から構成される。パート1に記載されている品目や関連技術を非核兵器国に移転する場合は、当該国がIAEAとの間で包括的保障措置協定を発効させていることと、以下の4条件：(a) IAEA包括的保障措置の適用（ガイドライン:para. 4）; (b) 移転資機材等の核爆発装置への不使用（同:para. 2）; (c) 移転資機材等への実効的な防護措置の実施（同:para. 3）; (d) 第三国に再移転する場合には受領国は原供給国に与えたのと同様の保証を当該第三国からとりつけること（同:para. 9）の同意が必要とされている。

NSGガイドラインは紳士協定であり、その管理の実効性は各国独自の法的措置に依存する。つまり、各国がそれぞれ実施する輸出管理法制度が重要な意味を持つ。核不拡散に関する輸出管理体制は、2001年の同時多発テロ以降、国連などを中心に進められた非国家主体への大量破壊兵器（WMD）の不拡散体制を確認した国連安全保障理事会決議1540（2004年4月28日）によって大幅に強化された。決議1540は、各国の法制度の実施状況を1540委員会に報告することを義務化したに過ぎないが、それによって輸出管理の制度的状況が可視化された。このため、NSGに参加していない諸国にとっても、管理強化に

向けた社会的圧力が高まることになった。
　このように、核不拡散体制は NPT を中心とし、その管理の実効性を各種措置で支える構造になっている。

2 核兵器不拡散をめぐる政治的考察

佐藤丙午

　核兵器保有国が増加することが、国際秩序の安定につながるかどうかという議論が、1990年代初頭にケネス・ウォルツとスコット・セーガンの間で繰り広げられたことがある。冷戦の経験から、核戦争の恐怖が相互の抑制と冷静さをもたらしたことを主張するウォルツと、拡散による核兵器管理の弱体から発生する危機を強調するセーガンの間で展開した議論は、理論的な面には大きな意義があった。ウォルツの主張に従うと、それまでの核不拡散体制の大幅な見直しと、責任ある国家による核兵器取得を許容する必要がある。ただし、そのようなドラスティックな体制変更が受け入れられることなく、1995年に期限を迎えたNPTの無期限延長の議論には大きな影響を与えなかった。それまで核兵器不保持を維持してきた国の政策には影響を与えなかったことから無期限延長以降においても、核兵器保有に対する否定的な見方が一般的に共有されていると解釈されてきた。

　冷戦後の核不拡散政策は、1995年のNPTの無期限延長を起点とする。1970年に発効したNPTは25年の時限条約であった。核兵器の軍事上の意義の大きさから、不拡散を目的とする条約の元に核兵器国と非核兵器国を集めるNPTを、条約の期限が過ぎた後に維持すべきかどうかが大きな争点となった。先のウォルツとセーガンの議論の背景には、核兵器国が核兵器を持つ法的権利を独占する体制が長期的には維持できないのではという懸念があった。そして、国際政治理論に基づいて、管理された拡散を許容し、冷戦期の米ソ間の「冷たい平和」という言葉に象徴されるような、核兵器が国際平和と安定に及ぼす効果に期待することが現実的かどうかが検討されたのである。

　NPT締約国は、1995年のNPT再検討会議において、条約を再び時限条約として継続するか、それとも無期限の延長を選択し、核兵器の拡散を防止するかを中心に議論を進め、最終的には無期限延長を選択した。もちろんこの背景

に、核兵器国の資格を持ちながら NPT に参加していなかった中国とフランスが 1992 年に NPT に参加し、条約が目指した核兵器の管理体制が実現した意義も大きい。NPT 締約国は条文に基づき、5 年ごとに条約履行の再検討の会議を開催している。

　すでに述べたように、NPT において、核兵器国とは 1967 年 1 月 1 日前に核起爆装置の実験を実施した国と規定されている。この理由は、核兵器の拡散を防止する切実な必要性が存在したためである。1960 年代初頭には、その後 30 年後には核兵器を保有する国は数十カ国に及ぶと予想されていた。もし、自由主義陣営と共産主義陣営の対立を特徴とする冷戦構造の下で、それぞれの陣営内の各国に核兵器取得を許すことになると、確かにそれぞれの戦略的な利益は向上する可能性はあるが、核兵器の使用の可能性はより高まることが懸念された。すなわち、核兵器保有国が拡大することで、不安定性が増すことが懸念されたのである。これが水平拡散の問題の中核である。

　しかし、核兵器の保有を一部の国に限定した場合、保有しない国の安全保障上の懸念は複雑になる。この問題は、北大西洋条約機構（NATO）設立の背景の議論をみると理解しやすい。共産陣営の通常兵器による侵略に対抗する上で、西欧諸国の通常兵力だけでは十分に対抗できず、さらに米軍の来援が遅れることが確実なため、侵攻への核攻撃による対抗が想定されていた。その際、米国の関与を確実にすることと、米国がソ連に直接核攻撃されるリスクを冒しても核攻撃を実施することを担保するため、何らかの形の保証が必要であった。

　核兵器の保有が可能であったイギリスとフランスは、この保証を得ることが可能であった。しかし、当時の西ドイツを含む、すべての国が同様の措置を求めると、核兵器の拡散につながり、国際社会の安定は大きく損なわれる。この問題に対処する上で、核兵器の保有を一部に限定し、同盟陣営内の各国の核の脅威への対処を、核兵器保有国が保証する、拡大核抑止（核の傘）が重要と認識されるようになった。NPT 参加を迫られた日本が、批准を受け入れるまで真剣に議論していたのは、当時中国が核実験に成功し、核兵器の保有国として台頭することが確実な情勢のなか、非核兵器国の立場を受け入れることの是非であった。

　このように、水平拡散の防止は、戦略的な安定性を維持する上で、重要な意味を持った。そして、NPT の下では、核兵器の不拡散の政治的重要性とその

規範性を核兵器国と非核兵器国の双方が受け入れ、同時に核兵器国が核軍縮への道筋をつけることを条件に、その体制が確立していくことになった。

　NPT では核兵器国が核兵器保有を独占する体制を許したが、核兵器の質と量を締約国が管理するには限界があった。冷戦期には核軍縮の枠組みは存在せず、冷戦後に戦略兵器削減条約（START）が合意され、国際合意の下に削減されていった。NPT の第 6 条の誓約は満たされず、2015 年の NPT 運用検討会議での各国の意見の不一致を受け、国際社会の一部と市民社会集団は核兵器禁止条約（TPNW）の成立に向けて動いた。TPNW は核兵器の全面的な違法化を法的に規定し、そのための手続きも明記するなど、画期的な条約ではあったが、核兵器国や、北朝鮮などの国は全く関心を示さなかった。

　核兵器を保有する国の、核兵器の質と量の変化を垂直拡散という。皮肉な表現をすると、核兵器国は NPT の下で保護され、同時に非核兵器国が核不拡散を受け入れているために競争関係に怯えることなく、その軍事的優位を維持することができる。その構造を理解しているいくつかの国は、独自に核開発に向かった。北朝鮮は NPT に非核兵器国として参加しながら、その過程で蓄積した原子力技術を利用するなどして核開発を進め、イランも同様の道を進みつつある。インドやパキスタンも独自に核技術開発を進めるともに、国際的な核不拡散輸出管理の抜け穴を利用して技術の取得を進めていった。つまり、これら諸国は水平拡散の存在に助けられて戦略的利益を確保し、核兵器能力の向上を進めている側面があるのである。

　垂直拡散は、個別の、あるいは集合的に核兵器能力の向上を図るものであり、水平拡散防止の措置とは直接的には無関係である。水平拡散の防止が強化されることで核兵器を保有する側の立場は強化されるが、垂直拡散防止を図る手段としては、核兵器保有国間の国際合意、あるいは個別の国家の核計画の変化に期待することに依存することになる。核軍縮が進み、核兵器の数が減少すると、保有する核兵器の価値は高くなる。垂直の上下動を管理するのが、核兵器保有国側にある以上、外部からそれに影響を与えることができる可能性は低い。

　実際、垂直拡散の防止に貢献しうる国際合意は、その数も影響力も減りつつある。米露間で配備核兵器数を制限した新戦略兵器削減条約（START）は、両国ともに離脱を宣言している。戦略的安定性の基盤である相互脆弱性を担保した弾道弾迎撃ミサイル制限（ABM）条約は 2000 年代初頭に廃止され、拒否

的抑止の強化が進められた。冷戦末期の最大の成果でもあった中距離核戦力全廃（INF）条約も、ロシアによる条約違反の疑いから、両国共に離脱を宣言している。地上発射型の中距離核ミサイルの戦略的な価値については議論があるが、垂直拡散の防止を担保した国際合意の喪失は、いわゆる軍備競争の安定性（arms race stability）を揺るがすものになったのである。

　国際秩序の観点からすると、不拡散と原子力の平和利用には根源的に矛盾する側面があり、核軍縮と核不拡散は核兵器を保有する側にすると重要な政策だが、それを保有しない側にすると、現状では一方的に不利益を受け入れる措置となる。つまり、現在の不拡散体制には、極めて大きな課題が存在している。

　残念なことだが、NPTが存在することで核軍縮が進まない側面があり、核兵器国などが核軍縮を進める圧力を受けるためには、核不拡散を犠牲にする必要があるとも指摘される。つまり、NPTは根源的な矛盾を抱えており、たとえ核軍縮を実施するコンセンサスが生まれたとしても、その状況を利用しようとする国が出てくる。それらの国に対し、強制的な手段で核兵器への関心の放棄を求めることは合理的であるが、実現可能性は低い。

　このように、核不拡散は核軍縮が進む世界で極めて重要な意味を持つが、そこで生じる矛盾を各国がどのように受け止めるかが、重要な意味を持つのである。

3 核不拡散体制の基盤としてのNPT

小伊藤優子

　核分裂の際には、熱エネルギーが放出される。1gの質量から得られるエネルギー量は、石油や石炭を燃焼する場合と比べて、およそ300万倍に相当する（「原子力のすべて」編集委員会編 2003:300）。このエネルギーが持つ威力を、人類は広島・長崎に投下された原子爆弾によって目の当たりにした。核分裂エネルギーが兵器として用いられた時の破壊力や放射線によりもたらされる傷害は、核に対する畏怖の念を芽生えさせることになった。こうして人類は、核兵器の拡散は危険であるという認識を共有しながら、管理のあり方をめぐって様々なせめぎ合いを経て、NPTを成立させた。

　本節では、NPTの成り立ちについて、条約の無期限延長が決定される前と後に分けて概観し、運用方法となっているコンセンサス方式に着目して、核をめぐる秩序の形成に果たす役割を評価する。まず、核兵器国の思惑と非核兵器国の主張がぶつかり合うなかで、核兵器の不拡散、核軍縮、そして平和利用という価値が共有される過程を概観する。次に、1995年に条約の無期限延長が決定されて以降のNPTにおける、運用検討会議の役割及び合意文書について評価する。その上で、核をめぐる秩序の形成を目指す場としてのNPTの価値について再考を試みる。

1　せめぎあいの舞台
　——NPT誕生前の核兵器をめぐる混迷状況について

　核兵器が使用された後、国連総会においては核開発の管理や核兵器の廃絶について議論が高まり、国連に原子力委員会が設置されることになった。1946年6月に開催された初会合では、米国が、国際原子力開発機関（IADA）を設置して、その下でウランの管理や核兵器の研究を独占的に行うこと及び段階的に核兵器を廃絶することを提案した。この提案に対してソ連は、原子力兵器禁

止案を提唱して使用・製造・貯蔵を無条件に禁止すること及び同案の効力発生後3カ月以内に既存の核兵器をすべて廃棄することを主張するとともに、国際管理委員会を設置して同委員会により原子力施設を査察するという対案を示した。

　米ソ両国は核の国際管理が必要であるという認識を共有していた。しかし米国は、取り決めに違反して核兵器を保有あるいは使用するといった問題が生じた場合に、国連安保理の拒否権を行使して自らの違反行為を擁護する国が現れることを懸念しており、核の国際管理に関する問題が生じた場合に限って拒否権を廃止することを提案したが、ソ連は拒否権が国連憲章で定められた権利であるため廃止は認められないと反論した（前田 1956:28-29）。また国際管理機関に、ウランの独占的所有や核施設の独占的経営などの強大な権限を与えるか、定期的かつ必要に応じた査察活動といった比較的小さな権限を与えるにとどめるかなど、多くの点において対立した。その結果、国連に設置された原子力委員会は1950年1月に活動を停止することになった。

　このように米ソ両大国間で折り合いが見いだせないなかで、平和目的の原子力利用は進展していった。まずイギリスが軍事主導であった核開発を軍事利用と民生利用に分けて、より積極的に活用する政策を打ち出した。同国は1953年5月に、軍事用プルトニウムの生産に加えて発電に利用するという目的で、コールダーホール型原子炉の建設を発表した。半年後には原子力公社を設立して、発電利用の礎を築いた。1954年6月にはソ連が世界で初めてオブニンスク原子力発電所の運転を成功させた。このような動きのなかで米国は、ドワイト・アイゼンハワー大統領が1953年12月の国連総会において「平和のための原子力（Atoms for Peace）」と題する演説を行い、核の技術によってもたらされる便益を共有し、平和のために活用するべきという理念と構想を打ち出した。そして自国の原子力法改正のなかで、核技術の独占と優位のために国家が原子力研究及び開発を独占して軍事利用を優先するという方針を転換し、民間企業にも原子力技術、施設、核物質の扱いを許可した。

　1955年12月には日米原子力協定が発効した。以後、米国は自らの濃縮ウランの供給能力をもとに、諸外国と次々に原子力協力協定を締結して、軽水炉の導入を促した。ソ連も米国に対抗するように、東側陣営の国々と原子力協力協定を締結していった。こうして原子力による協力関係は、核技術によってもた

らされる便益を享受したい国と、東西各陣営の維持をはかりたい米国とソ連の意図が絡み合うなかで急速に拡大していった。

2　条約の精神の芽生え──核をめぐる言論空間[2]の出現

　米国とソ連の二大国が軍拡競争を繰り広げ、各々を盟主とした東西冷戦が激化する状況下において、国連の枠外に核問題をはじめとした軍縮について議論する多国間会議が設置され、NPT 交渉は進展することになった[3]。背景には、アイルランドやポーランド、スウェーデンといったヨーロッパ地域の国々が、核兵器の不拡散を求める決議案を国連総会に提出するようになったことがある。その動機には、NATO が加盟国の要員で核兵器の搭載が可能な艦隊を運用するという多角的核戦力（MLF）構想を検討しており、東西両陣営の軍縮交渉に進展がみられないため、ヨーロッパ地域を主戦場に核戦争が起きうるという緊張が高まったことが挙げられる。なかでもアイルランドは、NPT を成立させる根源的な核兵器不拡散の精神を確立する一翼を担ったともいえる。同国は幾度となく国連総会に決議案を提出しており、核兵器の拡散という危険が存在することをすべての国が認識し、国際協定により核兵器拡散の問題を解決すること、そして、核兵器を保有している国にはいかなる国へも核兵器の管理を移譲せず、製造に必要な情報を提供しないこと、また、核兵器を保有していない国には核兵器を製造せず、核兵器の管理を獲得しないように求めていた（アイルランドの提案のほか、ポーランド及びスウェーデンの提案については黒沢［1983］が詳しい）。同国が 1961 年 12 月の国連総会に提出した決議案は、同月 4 日に全会一致で採択された（国連総会決議 1665（XVI））。このことからアイルランドの提案は、核兵器を保有する国が核不拡散のための国際的な協定作りを主導して開始するということを想定しており、以降の国際安全保障秩序の管理は核

---

[2]　本稿では、NPT をめぐる交渉の場が、核兵器の不拡散という精神を共有し、意見を表明する場としても機能してきた経緯を踏まえて、核をめぐる言論が交わされる場を言論空間という。

[3]　多国間会議は、「10 カ国軍縮委員会」（1959-62 年）、「18 カ国軍縮委員会」（1962-68 年）、「軍縮委員会会議」（1968-78 年）の交渉努力を受けて、現在は「ジュネーブ軍縮会議（CD）」となっている。ジュネーブ軍縮会議（CD）については、外務省ホームページ（https://www.mofa.go.jp/mofaj/gaiko/un_cd/cd/gaiyo.html）を参照。

兵器を保有する国が主導するという前提条件を生み出すことになったともいわれている（秋山 2015:10-14）。

　時を同じくして、平和利用をめぐる協力や議論も広がりを見せた。ヨーロッパでは、フランス、イタリア、西ドイツ、ベルギー、オランダ、ルクセンブルクの六カ国が、原子力エネルギーの開発及び売買で協力することを目的とした欧州原子力共同体（ユーラトム）を発足させた。日本の国会においても、日本を含めたアジア地域全体の繁栄のために、原子力共同体を構想すべきという議論があった。1957 年 11 月に開催された第 27 回国会においては、病気療養中であった正力松太郎科学技術庁長官が出席し、平和利用について「私ども一体原子力をやっておるのは、ただ日本のためにやっているのではありません。それは少くともアジア全体、世界全体のためであります。」という見解を述べている（「第 27 回国会衆議院科学技術振興対策特別委員会議録」第 5 号（1957 年 11 月 14 日）2 頁）。他方で同時期には、平和利用を国際管理下に置いて新たな核兵器国の出現を予防することを目指す IAEA の設立に向けた機運も高まっていた。そのため、核物質及び資機材などが軍事目的に転用されていないことを確認するための保障措置（safeguards）をめぐっては、IAEA の任務とするか否かの議論を呼び起こすことになった。

　上述のとおり、核兵器の不拡散という精神は、米国とソ連が軍拡競争を繰り広げる状況下においても多くの国々に共有され、平和利用の追求も促すことになった。こうしたなかで、NPT 条約は収斂されていくことになる。

3　価値観の共有と合意の効力を求めて膨らむ期待

　NPT の条文をめぐる交渉は 1965 年頃から本格化し、条約案は 1968 年 6 月 12 日に国連総会決議 2373（XXII）によって推奨され、同年 7 月 1 日に寄託 3 カ国によって署名のために開放された。NPT は不拡散を主たる目的とした条約であるが、締約国を核兵器の保有が認められる核兵器国と保有が認められない非核兵器国の 2 種類に区別した差別性を持つ条約である。その差別性を緩和するため、条約の交渉過程においては、非核兵器国の「原子力の平和利用」の権利を明記するとともに、核兵器国は「核軍縮」交渉を約束するという「グランド・バーゲン（grand bargain）」を通じた政治的取引が行われた。

交渉を通して「核不拡散」、「核軍縮」、「平和利用」という政策目標の包括的な実現を目指すための言説空間が形成された。「平和利用」に関わる保障措置については、IAEA とユーラトムが同時期に発足したため、各々の保障措置の整合性が問題となった。結果として、IAEA がユーラトムの保障措置の結果を検証することになり、保障措置の標準化や普遍化といった課題を将来に残した。また、NPT 非締約国への保障措置によって不拡散義務の遵守をいかに担保するかという課題も残されることになった。こうして、複数の課題が残されていたものの、条約を成立させることが優先され、核兵器国は保障措置の適用外とするなどの譲歩を経て署名のために開放されることになった。

　NPT は 1970 年に発効したが、当初期限を発効後 25 年としていたため、その期限にあたる 1995 年の 4 月から 5 月にかけて NPT 運用検討・延長会議が開催された。会議では、核兵器国と非核兵器国の区別をも恒久化することになる、また、核兵器の開発を放棄することについて法的拘束力を伴う約束をする非核兵器国の安全に対する保証が不十分であるとして、無期限延長に反対する意見もあった。こうした意見に配慮し、1996 年までに包括的核実験禁止条約（CTBT）交渉を完了させることや、核兵器用核分裂性物質生産禁止条約（FMCT）交渉の即時開始と早期の妥結といった、核実験を最大限抑制すること及び核兵器国による核軍縮努力を再確認した。さらには、条約の完全な遵守や究極的な目標である核兵器の完全な廃棄を目的として、条約の運用についての確認・評価を強化するために、5 年毎に運用検討会議を開催して条約運用のプロセスを強化することも決定した[4]。あわせて、中東地域における核兵器などの大量破壊兵器の存在しない地帯（中東非大量破壊兵器地帯）の創設を目指す決議（中東決議）を採択した。同決議は、中東非大量破壊兵器地帯の設立に向けて進展を図るために、NPT 未加盟で核開発を行うイスラエルへの名指しを避けて、すべての中東諸国に NPT への加入と原子力施設を IAEA の保障措置下に置くことを求めていた[5]。

　同時期に開催されていた国連安保理においては、5 核兵器国（米国、ロシア、

---

[4]　1995 年の NPT 運用検討・延長会議の決定事項については、外務省ホームページ（https://www.mofa.go.jp/mofaj/gaiko/kaku/npt/gaiyo.html）で整理して示されている。採択文書本文については、日本原子力研究開発機構「核不拡散ポケットブック　1 章 1.4 NPT 無期限延長」を参照。

イギリス、フランス、中国）が核兵器国は非核兵器国に対して核兵器を使用しないという消極的安全保証（NSA）を与える声明を発表し、4月11日に国連安保理決議984を採択した。しかし、NSAについてはNPTに追記されることがなかったため、今もなおNPTの不平等性の問題として残っている[6]。

条約の無期限延長が決定した後、初めて開催される2000年の運用検討会議は、1998年にインドとパキスタンによる核実験後に開催されることとなった。会議では合意文書が採択され、95年の合意事項を更に強化した状況評価と認識に加えて、運用検討プロセス改善に関する合意事項が付け加えられることになった。また、核軍縮に関する核兵器国の「明確な約束（unequivocal undertakings）」を含む13の措置に合意したことについても、従来にない前進と評価することができる[7]。こうして、合意事項が着実に実施されることや次回の運用検討会議への期待は膨らむことになった。

期待感が高まるなか開催された2005年の運用検討会議においては、合意文書を採択することができなかった。そればかりか、議題の採択が難航し、実質的な議論を開始することすらできないという状況に陥った。その理由として、イランの核開発疑惑が浮上したことにより、当時のブッシュ政権が対イランへ強硬な対応を取るようになり、イランの合意が得られなくなったことが挙げられる。

こうした経緯から合意文書の採択は、運用検討会議の成果を評価する指標や、NPTを中核とした核不拡散・核軍縮の推進において果たす役割を評価する判断材料の一つとして考えられるようになった。また、2002年には北朝鮮が秘密裏に核開発をしていたことが発覚しており、条約を遵守しない事案が度々起こるため、NPT体制は機能不全に陥っているという評価もある。しかし、合意文書の採択の有無や条約の不遵守事案にもかかわらず、NPT締約国の数は、2003年に北朝鮮が一方的に脱退宣言をしたケースを除けば着実に増えていることを考慮すれば、NPT体制とその中核となっている「核不拡散」、「核軍縮」、

5）「中東非大量破壊兵器地帯構想」及び「中東決議」については、外務省ホームページ（https://www.mofa.go.jp/mofaj/gaiko/kaku/n2zone/hikakuchitai.html）を参照。イスラエルの核開発など中東における核や大量破壊兵器をめぐる状況については、例えば立山［2007］が簡潔に整理している。

6）NPTの不平等性や消極的安全保証については、向［2023］が詳しい。

7）NPT運用検討会議の合意文書については、樋川［2021］が詳しい。

「平和利用」は多くの国の間で共有が可能な意義のある価値であり、合意文書の採択・不採択と NPT そのものの是非は別に考えることが望ましいといえるのではないか。

4　対立と譲歩を許容する言論空間の課題

　NPT は各国の署名・批准を経て 1970 年に発効し、2023 年現在では、191 カ国が締約国となっている[8]。国連加盟国数が 193 カ国であることを考えてみると、締約国の多い国際条約であり、核兵器不拡散の精神を共有する言論空間ともいえる。ただし、NPT 成立当時には、核兵器保有が認められているフランスや中国は参加せず、イスラエルや南アフリカ、さらにはインドやパキスタンなど、当時核兵器の保有を目指していた国も参加していない。また、NPT に参加しながら、その後政治情勢が変化したという理由で北朝鮮は NPT からの離脱を表明し、イランは条約内に留まりながら核技術の高度化を進めている。

　NPT における核兵器国と非核兵器国の関係について、確かに条約は法的には差別性を有するが、大多数の国はそれを問題としていない。ただ、第 6 条に基づく核軍縮に対する核兵器国側の努力が不足しているとして、運用検討会議の際に非核兵器国側が核兵器国側を強く非難する事例は多い。法的な状態を元に政治的に考察すると、核兵器国側が条約上の義務を果たさないのであれば、非核兵器国側が NPT からの離脱を圧力として使用することは想定しうる。しかし、核兵器開発を進めて NSA の供与を拒否し、核兵器を抑止力などが生まれるような運用可能な状態にまで昇華させるには、政治的にも経済的にも大きな犠牲を受け入れる必要がある。このため、不平等性を内包しながらも NPT は、内部に存在する諸問題を建設的に是正しようという価値観や努力を育んできた。進化性を秘めた言論空間といえるのではないか。

　この言論空間で創出され、育まれた 3 つの価値の 1 つである「平和利用」は、2010 年代に入り新たな局面を迎えようとしている。インフラ整備や工業力の水準の低い国が、人口増加や経済成長に伴うエネルギー需要の増加によって、新たに原子力発電の導入を検討している。グローバルサウス諸国の多くは、気

---

8)　北朝鮮は、2003 年に脱退を宣言した。この宣言の有効性を認めるか否かについては明確な結論が出ていないため、本論文では北朝鮮を含めて数えることとする。

候変動による暴風雨や洪水、土地の侵食などの影響を受けやすいこともあるため、発電所を設置する前に地形や地質、気象などの環境審査を行って土地柄に適した設計や工事が施され、その上エネルギーの安定供給が可能な原子力発電に期待を寄せている。課題になっているのは、原子力発電を安全にかつ安定的に運用するために必要な国内法体系や産業体制の整備、人材や資金の獲得、また、核不拡散や核セキュリティのリスクを低減することである。解決するには、原子力の自主開発を進めてきた先進国が、規制制度の構築や人材育成などの面で積極的に協力するなど、国際的な規制遵守のための環境整備のために積極的な投資をする必要があると指摘されている（秋山 2015:39-40）。ここに、「平和利用」に重きを置いた議論の土俵が生じる余地があると考えられる。

　また中東諸国は、脱炭素社会において石油に代わる産業の創出や商品製造に活用するため、原子力への開発投資を積極的に行っている。この機会に、安全や核セキュリティなどの条件が満たされるのであれば、例えば核拡散抵抗性の高い革新炉の実証及び商業化を中東地域で行うといった「平和利用」に重きを置いた議論や交渉で、中東非大量破壊兵器地帯構想の実現に向けて前進を図るといった発想の転換があってもよいのではないだろうか。

　こうした政策アイディアの実現を阻むのは、原子力技術を持つことは核兵器の開発につながるという、根強く残る懸念である。原子力技術を核兵器の使用・製造・貯蔵から切り離すことが確約できれば、懸念は払拭できるかもしれないが、効果的な方策はないのが現状である。しかし、日本は平和利用に専念し[9]、その恩恵を享受して経済発展を遂げてきた。また、核兵器との結びつきを切り離すよう原子力技術の高進に努めてきた。日本が「平和利用」、「核不拡散」、「核軍縮」に果たせる役割は少なくない。

---

[9] 日本は、1955年に原子力基本法を制定した。同法のなかで原子力の利用は、平和目的に限ることが明記されている。あわせて、原子力の研究、開発及び利用の成果を公開して国際協力に資することとしている。同法は2023年2月に改正され、「産業の振興及び地球温暖化の防止」を図ることが第1条の「目的」の項目に追加された。また、第2条には新たに「国の責務」という項目が追加され、「原子力発電を電源の選択肢の一つとして活用することによる電気の安定供給の確保、我が国における脱炭素社会の実現に向けた発電事業における非化石エネルギー源の利用の促進及びエネルギーの供給に係る自律性の向上に資することができるよう、必要な措置を講ずる責務を有する」ことが明記された。

2022年12月に策定された日本の国家安全保障戦略には、政府開発援助（ODA）の一環として気候変動対策への支援が挙げられており、自ら開発してきた核拡散抵抗性の高い原子力技術の提供を通して開発途上国の経済や社会の発展に貢献するとともに、核不拡散の精神を共有するパートナーシップを築くこともできるであろう。原子力発電の新規導入を希望している開発途上国の多くは、農業や林業、漁業を主たる産業としており、これらの産業地が発電のために提供されることになると考えられる。原子力発電の代わりに再生可能エネルギーの普及を推奨する意見もあるが、年間100万kWを発電する際に、原子力発電所に要する敷地面積が約0.6㎢であるのと比べて、同等の電気を太陽光発電でつくる場合には約58㎢、風力発電の場合は214㎢の敷地が必要になる。そのため、核物質や技術が拡散することを懸念して、原子力発電の役割低減を目指すあまり、途上国の産業を阻害しないように配慮することが必要である。例えば、原子力と再生可能エネルギーを組み合わせた発電システムの普及を後押しする文言をNPTの関連文書に盛り込むことは一考の余地がある。その際に、第4世代といわれる次世代炉による発電システムを用いることができる場合は、技術自体の核拡散抵抗性の向上により、保障措置の負担を軽減することも期待できる。

　核・原子力技術は、人類共通の課題を生み出すこともあれば、解決することもできる。気候変動が人類共通の課題として強く認識されつつあるなかで、発電の際に二酸化炭素を排出しない原子力の評価は再び高まっている。こうしたなかでNPTは、核不拡散に寄与するような言論空間として、原子力技術の進化に応じて「平和利用」について議論を重ねることや「平和利用」と「核軍縮」の議論に架け橋を築くことが求められており、そうした機会を創出するなかで価値を考えることが望ましいのではないか。

4 核不拡散措置の可能性
── 不拡散を通じた核廃絶への道

堀部純子

　新たに核兵器を取得する国や非国家主体の出現が懸念されるなかで、核保有国が抑止力である核兵器を放棄するとは考えにくい。そのため、核廃絶に至る過程で不拡散が重要となるが、その際、これを目的とした現存する唯一の条約であるNPTは、第3節で述べたとおり基盤としてその中心的役割を担うと考えられる。

　現在の国際的な核不拡散体制は別称「NPT体制」とも呼ばれるようにNPTを中核としつつも、それを実質的に補完する様々な重層的措置で構成されている。実際の核拡散防止においては、これらの措置が実質的な役割を果たしてきた。本節では、NPTの措置の現状を概観した上で様々な措置に焦点を当て、核廃絶に向けたそれらの可能性について考えてみたい。

1　NPTの不拡散の現状──規範と機能

　1995年の条約無期限延長までに世界のほとんどの国がNPTの締約国となり、その不拡散義務を受け入れた。これにより核不拡散は、国際社会においてほぼ普遍的ともいえる規範となった。NPTをめぐっては様々な評価があるが、現在に至るまで大半の締約国が不拡散規範を遵守してきた事実は重要であり、この規範が正当性のある価値として広く受容されていることを示唆しているといえよう。

　他方で、規範の遵守を確保するための機能面での措置については、その不備が露呈し、強化が必要となった。しかしながら、NPTは非核兵器国の義務負担が大きい条約であるため、追加的義務を課す措置の合意には常に困難を伴ってきた。

　実際に、不拡散機能の中核を担うIAEAの包括的保障措置は、冷戦後、イラクと北朝鮮による秘密裡の核開発の発覚を受け、未申告活動の探知能力を高

めた追加議定書を通じて強化されたが、同追加議定書を保障措置の標準とすることには国際的な合意が得られず、途上国を中心に約50カ国が締結していない。また、原子力関連設備等の輸出管理に関するNPTの規定（第3条2項）について対象の明確化が必要となった際には、対象は条約の外に非公式に設置されたザンガー委員会で合意がなされた。この合意に法的拘束力はなく、各国は自発的に従っているのが現状である。NPTにおいては、第3節で述べた「グランド・バーゲン」に由来する構造的な問題があり、軍縮、不拡散、原子力の平和利用の三本柱のうち不拡散のみを強化することは容易ではない。

さらに、IAEA保障措置の目的は兵器転用を早期に探知することであり、探知後、問題が生じた際に有効に対応する実質的な機能がNPTにはない。保障措置協定違反が生じた際、違反国が是正要請に応じず、IAEAの場で解決に至らなければ、対応は国連安保理に委ねられることになる[10]。NPTはまた、条約の締約国にはならずに核兵器を取得した（とみられる[11]）「事実上の核保有国」（インド、パキスタン、イスラエル）やNPT脱退を宣言して核武装した北朝鮮の問題にも有効に対応する術がない[12]。

2 核不拡散措置の現状

上述のとおり、NPT下の措置は強化が図られてきてはいるものの、締約国の自主性に依存せざるをえない、条約の構造に起因する制約あるいは不完全性、また対応力の欠如といった問題を抱えている。こうしたNPTをめぐる状況を受け、実質的にこれを補完する様々な措置が講じられていることから、以下ではそれらの現状をNPTとの関係性を軸に概観する。

---

10) IAEA憲章第12条C項で規定されている。
11) イスラエルは核兵器の保有が確実視されているが、その保有を肯定も否定もしない「あいまい政策」を採用している。
12) ただし、条約締約国になるか否かは各国が主権の下に決めることであり強制はできないため、NPTに固有の問題というわけではない。なお、NPTの改正あるいはNPT議定書策定によって、これら3カ国を国際的な核不拡散体制に取り込む提案が専門家レベルで過去になされたが、核兵器国を5カ国のみに制限した既存の体制の根本的な変更となることから反対も多く、条約改正も容易ではないなどの問題を孕む（戸﨑2008：277-278）。

NPTを補完する措置

　NPTの機能を補完する最も重要な措置の1つとして挙げられるのが、本章「はじめに」で述べたNSGによる輸出管理である。NPTの輸出管理規定（第3条2項）は、原子力資機材等の移転について、NPT上の非核兵器国の受領国に対しIAEA保障措置（包括的保障措置協定）の締結を求めているが、NPT未締約の受領国については規定がなく抜け穴となっている。この抜け穴を防ぐべく形成されたNSGでは、参加国は輸出指針に基づき、IAEAの包括的保障措置を適用していない国、すなわちNPT未締約国への原子力専用品、原子力関連汎用品・技術などの移転をしないことを約束している[13]。NSGはNPTにとらわれずに不拡散への挑戦に対処しようとするものであり、NPTの規定を超える内容の管理を行っている[14]。

　2000年代に入り、イランやリビアなどによる秘密裡の核開発やパキスタンのアブドゥル・カーン博士を中心とした「核の闇市場」の発覚を受け、輸出管理をいかに強化しても巧妙な拡散の完全な防止は困難との認識が広まった。そこで力点が置かれるようになったのが、「拡散対抗（counter-proliferation）」措置である。代表的なものにはWMDや弾道ミサイル、関連資機材の不法移転阻止のために2003年に開始された「拡散に対する安全保障構想（PSI）」があり、リビアへのウラン濃縮機材の移転阻止など複数の実績がある。また、関連する施設などを軍事的手段で破壊し、拡散を強制的に食い止める先制攻撃もこれに含まれる（Litwak 2018: 226-236）。

　さらに、いわゆる「原子力ルネサンス」を受けて核燃料サイクル（濃縮・再処理）への関心が高まり、その技術拡散が一層懸念されたことや核兵器開発疑惑が生じたイランによる技術開発の表明を受け、国際社会では核燃料サイクルの多国間管理のための様々な提案がなされた[15]。そのうち、各国が自前のサイ

---

13) NPT未締約国はIAEAと包括的保障措置協定を締結していないことから、未締約国への輸出はできないことになる。
14) NSG発足当初の参加国であったフランスと日本は、当時NPTの締約国ではなかった。
15) 核燃料サイクルの多国間管理は1940年代に始まり、1970年代にも国際核燃料サイクル評価（INFCE）によっても検討され、その後2005年に再びIAEAが研究成果に基づき提案を行った。核燃料供給保証及び核燃料バンク、機微な原子力施設を多国間の管理の下に置くことなどに関して様々な提案がなされている（Carlson 2018: 408-413）。

図１　核燃料サイクル

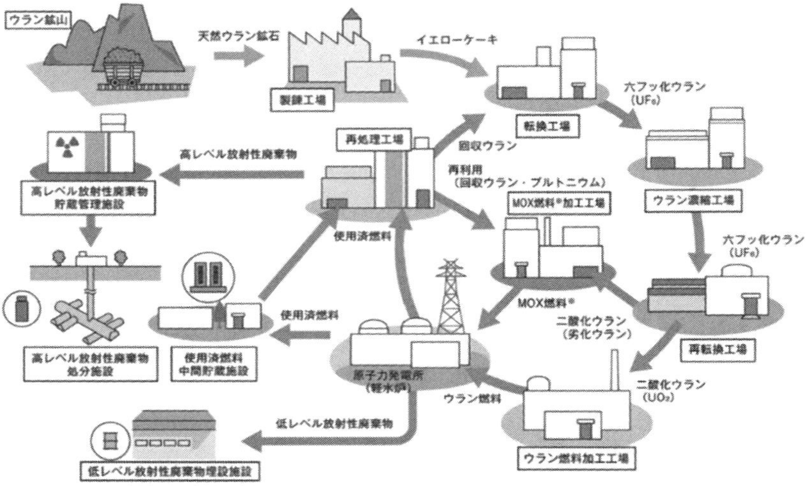

※MOX（Mixed Oxide）燃料：プルトニウムとウランの混合燃料

（出所）原子力・エネルギー図面集（日本原子力文化財団）。

クルを持つ必要性を減じることを目的とした燃料バンクがロシアとカザフスタンに設立され、政治的理由などにより核燃料供給が途絶した際に利用が可能となっている。

ここまでは主に国家への拡散防止措置であったが、米国同時多発テロ（9.11テロ）事件を契機に、NPT が想定していなかった非国家主体への核拡散に対する懸念が高まり、以降、IAEA を中心に包括的な核テロ対策である核セキュリティの取組が強化された他、2005 年に核テロ防止条約が採択されるなどした。また、非国家主体による WMD や関連資機材等の取得阻止を目的として、本章「はじめに」で紹介した国連安保理決議 1540 が 2004 年に採択され、核物質の計量管理・防護や輸出管理に関する実効的な国内制度設置が各国に求められた。

NPT の規範に依拠した措置

NPT の枠外で講じられつつも、その規範に依拠した措置もあり、国連安保理による IAEA 保障措置協定違反への対応はこれに該当する。対応は主とし

て決議を通じて行われ、違反国に対し問題解決のために必要な行動を要請し、応じない場合には経済制裁などの非軍事的措置を講じるというのが一般的である。加えて、安保理のみならず、多国間の枠組で個別の対応もなされてきた。北朝鮮の核問題については6者協議（米中露日韓）、イランについてはEU3（英独仏）＋3（米中露）といった「アドホックな協議体」（秋山 2012:24）による外交交渉を通じた解決も試みられた。さらに、非軍事的措置では解決しない場合には、軍事的手段を用いた強制的な不拡散も行われてきたが、その正当性の確保や国際社会からの支持を得る上でもNPTの規範は根拠として重要となる。なお、湾岸戦争後に発覚したイラクの核兵器開発阻止では、1990年11月29日に採択された国連安保理決議678に基づき、1991年1月に開始された多国籍軍による空爆で関連施設が破壊され、軍事手段が不拡散で実質的に大きな役割を果たした。

法的合意に基づく措置

不拡散を主な目的とした条約はNPTのみであるが、これを規定した法的合意に基づく措置は他にも複数ある。まず、国際的なものに2021年に発効したTPNWがある[16]。核兵器を包括的に禁止する一方で原子力の平和利用を認めており、保障措置も規定する。しかしながら、TPNWではIAEAの包括的保障措置協定締結を義務とする一方、追加議定書については「将来追加的な関連文書を採択することを妨げない」（第3条1項）という「控えめな」表現に留め、締結を求めていない。法的義務の観点からは実質的にNPTと何ら変わりはない。

次に、地域的なものとしてまず、非核兵器地帯条約がある。地域諸国の任意の取極に基づく核兵器の存在しない地帯設置を目的とし、これまでにラテン・アメリカ、南太平洋、東南アジア、アフリカ及び中央アジアの5地域で条約が成立した[17]。地帯には多数の非同盟運動（NAM）諸国を含む約110カ国が含まれ、

---

16) 1996年に採択されたCTBTは未発効のため現時点では国際的な合意はないが、発効すれば、核兵器保有を試みうる国による核実験を禁止する観点からNPTを補完する重要な位置づけとなる。

17) ラテン・アメリカ及びカリブ核兵器禁止条約（1967年採択）、南太平洋非核地帯条約（1985年採択）、東南アジア非核兵器地帯条約（1995年採択）、アフリカ非核兵器地帯条約（1996年採択）、中央アジア非核兵器地帯条約（2006年採択）である。加えて、南極条約（1959年採択）は南極における核爆発や軍事的措置の禁止を規定している。

NPTとは別に自ら不拡散を国際的に約束している。

　加えて、2国間あるいは特定地域の多国間による法的合意に基づく保障措置があり、ブラジル・アルゼンチン核物質管理機関（ABACC）及びユーラトムの2つの地域機関が独自の保障措置を実施している。ABACCの査察は「隣国が隣国を監視する」原則に基づいており、違反を相互に抑止することが意図されている。一方、ユーラトムはIAEA保障措置とは異なり、国ではなく事業者毎に原子力活動を直接管理し、違反者にはEUによる制裁が可能である他（樋川 2019:269）、査察の実施に関し核兵器国と非核兵器国の間に差異がないという特徴がある。

3　核拡散問題の現状と核拡散リスク

　上述の様々な措置が講じられ、また、NPTの非核兵器国のほとんどが不拡散義務を遵守してきたことから、国際社会が直面する主な核拡散問題は現在、北朝鮮とイランの2カ国となった他、加えて「事実上の核保有国」の問題が懸念されている[18]。

　様々な措置の実施にもかかわらず、北朝鮮による核兵器取得は、国連安保理常任理事国である米中露の3カ国が参加する六者協議の枠組でも止められず、2018年以降の歴史的な米朝首脳会談によっても解決に導けていない。そればかりか、さらなる核・ミサイル開発も阻止できず、また、監視の目を掻い潜る巧妙な方法での核・ミサイルビジネスも続いている（堀部 2023:59）。イランの核問題もEU3+3による個別対応により2015年に「包括的共同作業計画（JCPOA）」の合意に至ったものの本稿執筆時（2024年4月）において解決に至っていない。イランは核兵器の材料となる高濃縮ウラン（HEU）の生産を禁止していないというNPTの「抜け穴」を使ってIAEAに報告を行うなど、形式上は保障措置協定を遵守しつつ兵器級に限りなく近い濃度のHEUを生産している。これによりイランは核兵器製造の一歩手前の能力を手にしたとされ、その製造に十分な核物質を得た段階でNPTを脱退し、合法的に核兵器を取得す

---

18)　他にはシリアの核問題がある。秘密裡の原子力炉建設疑惑が生じ、IAEA保障措置協定上の義務の不遵守を理由に2011年に国連安保理に付託されたが、シリアは疑惑を否定し、IAEAの度重なる疑惑解明の求めにも応じていない。

る可能性が懸念される。

「事実上の核保有国」の問題については、基本的に地域安全保障に根差した問題であり、解決は容易ではなく実質的に進展がない。イスラエルの核問題については、第3節で概説した中東決議に基づき、NPT、また2019年以降は国連総会においても、中東にWMDのない地帯を設置するための国際会議[19]の開催を通じた取組がなされているが、解決の糸口は掴めていない。

こうしたなか、核拡散リスクも多様化・複雑化し、核不拡散の取組に挑戦をもたらしている。新規の原子力発電導入による原子力技術基盤・能力保有国や、NPTで禁止されていない濃縮・再処理活動の実施国の増加は核拡散リスクを高める要因となりうる。IAEAの追加議定書をもってしても未申告活動の完全な探知は容易とはいい切れず、逆にその締結を通じて濃縮、再処理関連の協力を得やすくしてしまう可能性もある。さらに、国家のみならず非国家主体への拡散の問題にも対処が必要であるなか、原子力への関心の高まりにより核物質の在庫量や使用場所が世界的に増加すれば、核テロのリスクを高めることとなる。加えて、原子力国際市場における主たる供給国は本稿執筆時（2024年4月）ではロシアと中国になっており、不拡散規範を重視する欧米諸国や日本といったかつての主要供給国と比べて、中露は不拡散を損なうとはいわないまでも相対的に商業的利益や戦略的利益に重きを置くかもしれず、核拡散リスクが高まることも懸念される。

4　不拡散措置の可能性

核不拡散には、平和利用の核物質の兵器への転用防止、原子力関連資機材・技術等の輸出管理、核セキュリティといった措置が不可欠である。核拡散問題の現状と核拡散リスクに照らして、核廃絶に向けた不拡散措置の可能性、またその限界について考えてみたい。

まず、NSGによる輸出管理については前述のとおり欠点はあるが、それが

19）　イスラエルが未締約のNPTの場では問題解決に進展が得られなかったことから、2018年にアラブ諸国グループが国連総会において、翌年に中東非大量破壊兵器地帯について話し合うための国際会議の開催を国連事務総長に委託する決定案を提出し、これが採択された。Dicision 73/546（2018年12月22日）。

核技術の拡散防止において果たしてきた役割は小さくない。NSG は輸出指針を数次にわたって改訂・強化し、各国が国内制度を整備し互いに従うことで自律性による不拡散を可能としてきた。技術を持たざる側からは平和利用の権利を阻害するものとの批判もあるが、不拡散という利益を守るためには一定程度致し方ないという認識が広く共有されてきている。こうした認識を維持し自律性を高めることで措置の有効性を高め得ると考えられるが、その際、核軍縮における進展、あるいは原子力の平和利用における協力の促進が必要となろう。

NSG の制度上の欠点は、法的拘束力を持つ国連安保理決議 1540 を通じて各国に輸出管理制度確立を求めるといった重層的な措置により一定程度穴埋めもなされている。この決議は、各国に対して NPT では合意が困難な新たな措置を求めた点で意義が大きい。しかしながら、義務実施の程度には各国にばらつきがみられ、さらなる実施の努力やそのための支援が必要となっている。そうした現状からも、核関連の密輸を未然に防いだ実績を持つとされる PSI に代表される拡散対抗措置が注目される[20]。PSI には途上国も含む 100 カ国以上の国がその基本原則や目的に支持を表明しており、阻止活動への協力などを通じ一定の不拡散効果は得られるかもしれない。他方で北朝鮮のような拡散国は手口を巧妙化させており、完全な阻止は難しいといった限界もある。

核兵器開発につながりうる拡散事案への対応を主として担う安保理では、5 つの常任理事国には拒否権があるため、これらの国が一致して不拡散規範を重視し、拡散防止のための決議を採択できるか否かがまず重要となる。しかしながら、現実にはこれらの国々は常にそうするとは限らず、安保理による対応には不確実性を伴う。また、仮に決議が採択できた場合でも、近年多用される非軍事的措置である経済制裁は有効性を発揮するのに複数の条件が満たされねばならず、実効性を確保するのは容易ではない（北野 2016:296-297；鈴木 2023:132-135）。一方、軍事的措置は拡散阻止効果が高いが、法的、政治的側面などで実施のハードルが高い他、報復攻撃の懸念からも、たとえ最終手段であっても実際に取り得る措置として想定し難い（北野 2016:297-300）。

NPT 体制の制度的な制約、不完全性、強制力の欠如を補完し問題解決を目指す六者協議や EU3 + 3 といった個別の多国間の外交交渉、あるいは歴史的

---

20) ただし、拡散防止における PSI の実際的な効力については議論がある（Koch 2018: 268）。

な米朝首脳会談といった2国間の首脳交渉をもってしても北朝鮮及びイランの核問題は解決していない。北朝鮮の核問題については、2009年に国連安保理の下で対北朝鮮制裁の実施状況を調査する専門家パネルが設置され制裁の履行状況に関する調査が行われてきたが、2024年3月にその任期延長にロシアが反対し拒否権を行使したことから、専門家パネルは翌月末をもって活動を停止するに至った。なお、中国は棄権した。

　これらはいずれもNPTでは対応できないことから講じられた措置である一方、NPTの不拡散規範が国際社会でほぼ普遍的に受容されているからこそ、それを拠り所として一連の措置が可能となった。ただし、それらをもってしても拡散は止められていないという厳しい現実がある。

　そうなると、各国が独自に核兵器の材料となる核物質の生産技術や能力の保有に制限を設けることも検討せざるをえず、核燃料サイクルの国際管理は不可欠に思われる。しかしながら、各国の自主的な核燃料サイクルの権利は保証されるべきとの反対意見が根強くあり、本稿執筆時（2024年4月）において多国間管理の考え方に国際的な合意はない。そのため、提案された構想の大半が実現していない他、実現した国際燃料バンクも実質的な問題解決策とはなり得ていない。

　ここまでの国家への拡散に加え、非国家主体への拡散防止措置である核セキュリティについても、NPTで言及されていない措置のため、核軍縮に進展がないなかでのNPTでの推進は難しい。こうした状況を打開し、国際的な取組を推進するには核軍縮へのコミットメントを示す必要があり、バラク・オバマ米国大統領（当時）は2009年にプラハでの歴史的な演説で「核兵器のない世界」を語った。その後、米国は核セキュリティ・サミットを開催し、NAM諸国を含む約50カ国の首脳を招待した。本サミットなどを通じて、NPTの原子力平和利用の権利にもかかわらず、多くの国が核テロリスクの高いHEUを自発的に国内から撤去した[21]。こうした首脳レベルによる確固たる措置は不拡散の可能性を秘めているといえよう。他方で、サミットでも核軍縮の問題は取上げられ、NPTの枠外であっても核軍縮の進展と無関係に核セキュリティの

21）2022年5月時点において、34カ国及び台湾からHEUが除去された。"Materials: Highly Enriched Uranium," International Panel on Fissile Material, May 22, 2022, https://fissilematerials.org/materials/heu.html.

取組を強化することは政治的に容易ではない他、取組への政治的機運を維持していく難しさもある。

　上述の措置はいずれもNPTが取りこぼした不拡散機能をその枠外で別途手当し、補完するものである。しかしながら、そうではあっても「グランド・バーゲン」に起因する問題の影響を全く受けないわけではない。不拡散は米国をはじめとする西側諸国が重視する施策であり、核軍縮に進展がみられない、あるいは原子力平和利用の権利の制限につながる措置である場合には、NAM諸国を中心に根強い反発がある（Non-Aligned Movement 2021：1-4）。

　また、上述の措置は主にNPT体制の下でNPTを補完するための措置であり、多くは不拡散を重視する米国が主導したものでもあった。他方で、非核兵器地帯条約や地域機関による保障措置といった地域的な法的合意に基づく措置は、NPTや米国などによる関与とは関係なく、地域諸国が自発的に開始したものである。これらはNPTの「グランド・バーゲン」に起因する構造的問題に左右されない措置であるともいえ、この点で意義が大きい。核拡散問題は地域の安全保障環境が大きく関係することから、域内諸国による措置は核兵器取得に対するものとしても有用性が高い。

　非核兵器地帯に関しては特に、アフリカ地域の条約にはNPTでは推進が容易ではない核セキュリティに関連する規定が含まれており、これに基づき域内で取組の推進・強化を図る可能性を秘めている[22]。他地域の条約でも同様の規定の取り込みを検討できよう。加えて、原子力発電の新規導入が今後見込まれる国々には既存の非核兵器地帯条約の締約国も含まれることから、地域で法的に合意された不拡散規範として条約の重要性が高まる可能性もある。さらには、核燃料サイクルの地域的な多国間管理の模索もできよう。

　同様に地域安全保障の観点について、ABBACやユーラトムの保障措置は義

---

[22] 具体的には、アフリカ非核兵器地帯条約の第10条において、同条約の各締約国は「盗取並びに不正使用及び不正取扱いを防止するため、核物質、施設及び設備の最高水準のセキュリティと有効な防護（effective physical protection）を維持すること」、また「特に、核物質防護条約並びにそのためにIAEAが作成した勧告及び指針に規定されているものと同等の物理的防護措置を適用することを約束」している。さらに、同第11条において、各締約国は「アフリカ非核兵器地帯内の原子力施設に対し、通常手段又はその他の手段による武力攻撃を目的とするいかなる行動も取らず、これを援助せず、又はこれを奨励しないことを約束」している。

務違反の代償が高い制度設計となっていることから、他の2国間や地域での将来的な応用の可能性もあろう。これらの実現はいずれも容易ではないが、地域の内側から不拡散に一層大きな価値が見いだされる状況が生まれれば実現可能性も高まるのではないか。

5 NPTの「前提」の揺らぎと不拡散措置への影響

　これらの不拡散措置は、限界はありつつも核拡散防止に実質的に大きな役割を果たしてきた。ただし、NPTの不拡散規範を根源として原子力関連活動に一定のルールが設定され、それが国際社会に広く受容されたからこそNPTを拠り所にして多くの措置が有効性を発揮できた面が大きい。だからこそNPTの規範は重要であるが、すべての核兵器国による一貫した不拡散価値重視の姿勢というNPT成立時の「前提」には今日変化がみられ、規範が損なわれ始めることが懸念される。不拡散には非核兵器国の協力が不可欠であり、それを可能とするために核軍縮へのコミットメントが欠かせないにもかかわらず、すべての核兵器国が核兵器の近代化などの核軍縮に逆行する行動をとっている。ロシアついては、NPT上の非核兵器国であるウクライナに対する安全の保証の約束を反故にし、核の恫喝を繰り返している。不拡散についても、米国は2018年にJCPOAから一方的に撤退した他、近年では米中対立や米露の関係悪化を受け、中国とロシアは北朝鮮の核・ミサイル問題に関連する制裁の実施や安保理決議採択でも協力的でない行動をとっている。

　核不拡散措置の多くは、米国の主導力の下、その同盟国かつ主要な原子力供給国である西側諸国も協力して推進し、また不拡散価値が核兵器国間で共有されるなかで実効性を有してきた。そのため、核兵器国間で不拡散価値がかつてほどは重視されなくなれば、これらの国の核拡散問題に関する国連安保理での行動にも影響が生じうることが懸念される。実際に、2014年のロシアによるクリミア併合により米露関係が悪化し、また米中の対立も深まるにつれ、北朝鮮やイランの核問題への対応について中露は制裁措置にかつてほど協力的ではなくなっている。また、2024年4月には、ロシアの反対により、北朝鮮制裁委員会の専門家パネルが活動停止に追い込まれた。このように不拡散よりも戦略的利益を重視しているとも受け取れる姿勢がすでにみられている。

6 核廃絶とその先を見据えた不拡散に向けて

　本節では様々な不拡散措置を取り上げた。それらにはNPTを補完するものもあればNPTと直接には関係なく講じられている措置もある。いずれの措置も実施が可能かつ一定の有効性を発揮したのは、まず、NPTが抱える問題の各論については意見の一致がみられなくとも、その不拡散規範が広く国際社会で根強く共有されているからだといえよう。さらに重要なこととして、核兵器国も不拡散価値を共有し協力することでNPTを崩壊させないという暗黙の合意が存在するという「前提」があったことが大きい。しかし現在、目先の戦略的利益を優先させる誘惑に駆られた国々が核軍縮へのコミットメントに背を向け、それが不拡散という重要な利益を損なうリスクを過少評価しているように思われる。こうした「前提」の変化がもたらしうるNPTの「揺らぎ」は、中長期的に不拡散措置に影響を与えずにはおかないであろう。その影響がどこまでどの程度及ぶのかは現時点では定かではないが、そうした状況が続けば様々な不拡散措置が依拠するNPTの規範は弱まり、不拡散を確保しながら核廃絶に向けて進めていくことは困難になるであろう。国際社会は手遅れになる前に、不拡散を損なうリスクに真剣に向き合うことが求められている。

5 核廃絶に向けたプロセスとポストNPTへのトランジッション

西田　充

　第1章第4節で概観したとおり、核不拡散条約（NPT）を中心とした核をめぐる国際秩序は近年大きく動揺しており、NPT体制がこのまま持続可能か予断を許さない。NPT体制を維持していくためには、少なくとも多くの国が抱えている不満に向き合い、NPT体制に内在する不平等性を改善していくことが求められる。対処療法的な対策をとり続けることで何とか持ちこたえさせることもできるかもしれないが、核秩序の不安定化や混乱にともなうリスクを減らしつつ安定的な核秩序を獲得するための最も根本的で理想的な対策としては、論理的には、核廃絶に向かって大きく前進していくということになる。NPTの主目的が核不拡散にあることは確かであるが、核軍縮の進展が遅い、あるいは、欠如したまま、核不拡散の強化に比重がより置かれれば、NPT体制への不満は強まる一方で、NPT体制が持続可能であることはより困難となる。新興大国の不満に対処するために、核保有を認めるというのも論理的にはあり得るが、それでは核拡散を促すこととなり、NPT体制の崩壊を意味する。

　他方で、核廃絶に向かって大きく前進するといっても、少なくとも安全保障政策において核兵器に依存している国が認識する脅威に対処していかなければ、鶴の一声で核軍縮が進むというものでもない。核軍縮が大幅に進展するには、核保有国間の大幅な関係改善、核兵器が関わる地域問題の解決・緊張緩和といった政治・安全保障面、また、核軍縮合意違反の探知能力の向上、違反国に対する責任の追及を可能とする国際的な法執行体制の構築といった技術・制度面での大きな進展を要する。加えて、核兵器を大国としてのステータスやパワーの源泉とみなしている核保有国については、上記の問題に加え、根本的な価値観の転換も要する（西田 2016:14-16）。

　本節では、これらすべてを取り扱うことはできないが、本章第6節で扱う「核廃絶レジーム」の一歩手前としての「最小限ポイント（minimization point)」[23] に至るまでの世界に想像をめぐらせながら、核不拡散の側面を中心に、ポストNPT体制へ移行（トランジッション）するにあたって対処しなければならない核廃絶に向けたプロセスにおける主な課題を概観する。

1 核廃絶に向けたプロセス
―― 中核的な役割を果たすのはNPTかTPNWか

　核廃絶に向けたプロセスにおいて、少なくとも当面はNPTを基盤とした核不拡散体制を中心に進めていく必要があろう。核兵器が拡散する世界において核軍縮を進めることは難しいことから、核廃絶に向けては核不拡散を確実なものとしながら進めていく必要があるのは自明である。いずれかの段階で、ポストNPTに移行していくとしても、早々にNPT体制を放棄すれば核秩序は混乱を来し、逆効果となる。ポストNPTに移行するには、円滑かつ安定的な移行が不可欠である。したがって、当面は、本章第4節までで論じられているとおり、NPT体制を基盤として、核不拡散をしっかりと確保しつつ核軍縮を進めていくことが肝要となる。その意味で、NPT体制が核廃絶に向けたプロセスで引き続き要としての役割を果たしていく必要がある。

　ただし、そのためには、すべての締約国がNPTは核廃絶に向けた暫定的な体制であるという認識を共有する必要がある。同盟国の場合は、安全保障上の必要性から核の傘に入っている場合が多い。核保有国の場合でも安全保障上の必要性という計算もあろうが、それでは安全保障環境が十分に良好になった場合に本当に核兵器を手放すつもりがあるのか、換言すれば、核保有を国際政治上のパワーの源泉・既得権益として核兵器に固執することにならないかが問われる。安全保障環境を理由にしつつ、実際には、そうした国際政治上の利益も

---

[23] 「最小限ポイント」とは、2008年に日豪両政府が設置した各国の元政治指導者や元高官など15名の委員で構成される「核不拡散・核軍縮に関する国際委員会（ICNND）」の報告書において提示された概念。核廃絶までのプロセスを「最小限化のフェーズ」と「廃絶のフェーズ」の2つのフェーズにわけ、諸国間の対立・紛争、国際的な検証・執行体制といった政治・安全保障・技術面における根本的な変化を要する「廃絶のフェーズ」に移行する前の段階として、概ね現状の秩序を前提として可能なところまで大幅に核兵器を削減したポイントを「最小限ポイント」とした。例えば、世界全体の核兵器の数について、2000個程度とした（報告が発表された2009年時点での約23,000個から10分の1までの削減）（Evans et al. 2009:72-76）。

背後に隠し持っているのではないかと疑われる核保有国もある。仮にそうであれば、NPTは単なる現状固定のための枠組みということになり、NPTに対してよく投げかけられる批判の正しさを証明することになる。

　仮にNPTが現状固定のための枠組みということであれば、中長期的にNPTは核廃絶に向けた中心的な役割を果たすことはできず、何らかの代替的な枠組みが必要になるということになろう。多くの非核兵器国にとって、それはTPNWということであろう。核保有国が参加しないなかでTPNWがNPTの代替の役割を果たすことができるのか一般的に疑問符がつけられるところであろうが、NPTが現状固定の枠組みに過ぎず、核廃絶に向かうための推進力としての役割を果たせないということであれば、TPNWが設定する規範性、核兵器の非人道性を前面に押し出す形での道義性、狭い国家の安全保障ではなくグローバルな安全保障を考慮すべきとする普遍性といった力によって、(それが成功するかは別として)現状から核廃絶に向かう推進力としての機能を果たすことは可能といえるだろう。

　とはいえ、現時点において、核保有国はTPNWへの参加に近づくどころか強く反発している。見通しうる将来において核保有国の参加が得られる見込みがないなかでは、特に規範形成の面で一定の役割を演じることは可能としても、少なくとも当面はTPNWが核廃絶に向けた中心的な役割を果たすことは難しいだろう[24]。

　そうすると、結局は核保有国も参加する枠組みでしか核廃絶に進むことはできないということとなり、当面は(少なくともTPNWに核保有国が参加するまでの間は)NPTしかないということになる。TPNWが核廃絶に向けた中心的な役割を果たすことは難しいとしても、NPT体制に動揺を与え続ける存在であり続けることはできる。特にNPT体制に不満を持つグローバルサウスのいくつかの主要国が、核保有までに至らなくとも、NPT体制への不満を表す政治的な意思表明の方法として、NPTから脱退しTPNWに鞍替えするという事

---

[24]　あくまでも「中心的な」役割を果たすことは難しいということであり、TPNWが無意味ということではない。また、TPNWが中心的な役割を果たしうるシナリオとしては、TPNWやその他の努力によって、核保有国を含む世界全体の価値観が、安全保障環境の改善いかんにかかわらず核兵器を保有してはならないとの方向に大きく転換する場合においてであろう。

態が起きれば、NPT体制に大きな影響を与えることとなろう。あるいは、実際は核保有を念頭に置きながら（例えば、イラン）、政治的意思表明という仮面を被ってTPNWに鞍替えする国が現れる可能性も理論上は排除できない。あるいは、北朝鮮が、核廃絶のための検証や執行体制が欠如しているTPNWの欠点を利用して、核放棄を装いながら、実際には秘密裏に核を保有したまま国際的な制裁解除や緩和を目論む、あるいはそうした国際的な世論を高めるために、「不平等で不当な」NPTへの復帰ではなく、「平等で国際的な正当性がある」TPNWへの加入を表明する可能性も理論上排除されない[25]。したがって、NPT体制に動揺を与えることで、NPT体制を刺激し、現状固定から脱することを促す役割を果たすことはできよう。ただし、刺激が強すぎて、NPT体制の崩壊につながってしまう可能性は排除できない。

　結論としては、核廃絶に向けたプロセスにおいては、引き続きNPTが中心的な役割を果たす必要があるが、そのためにはNPTが現状固定のための枠組みではなく、核廃絶までの暫定的な枠組みであり、いずれポストNPT体制に移行していく必要があるとの認識をすべての国が共有し、その認識を再確認し続けることが肝要である。ここに5年に1度の再検討会議で、「明確な約束」を再確認し続けることの意味が出てくるし、本来はそこから更に踏み込んだ認識を示す必要がある。TPNWは、そうした再確認を続けさせる外部からのプレッシャーとしての役割を果たすことはでき、その意味で、NPTとTPNWには補完性が生まれる。

2　「最小限ポイント」における核兵器の戦略的価値と検証体制の関係

　核軍縮が進み、核兵器の数が減るほど、核兵器の1発の戦略的な価値は高まっていく。その価値の高まりは、核廃絶の一歩手前である「最小限ポイント」に近づくほど指数的に高まっていく。それは、核軍縮条約を違反した側にとっての違反の軍事的効用が高まることを意味するので、核軍縮条約の遵守を検証

25）　こうしたNPTからTPNWへの乗り換えはフォーラム・ショッピングとも呼ばれる。必ずしもそうした可能性が高いということではなく、そうした可能性が少なくとも理論上排除されないことが問題という趣旨である。フォーラム・ショッピングについては、Mount et al.［2017］を参照。

図1 核軍縮と核兵器1発の価値／検証体制の強度の相関関係

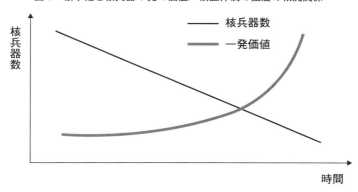

するシステムを今まで以上に厳しいものとする必要がある（図1）。

例えば、これまで米ソ・米露2国間の核軍備管理・削減条約では、当初は運搬手段のみが検証の対象で核弾頭は検証対象ではなかった。これは核軍備管理・削減における検証技術が未だ低いレベルにあったからで、衛星からでも検証できる運搬手段のみが検証対象となった。核弾頭については、最初の核軍備管理条約である戦略兵器制限交渉（SALT）Ⅰ及びSALT Ⅱでは上限設定の対象に盛り込まれず、冷戦末期に交渉された戦略兵器削減条約（START）で初めて上限設定の対象となった。しかし、それでも検証の対象はあくまでも運搬手段であった。具体的には、大陸間弾道ミサイル（ICBM）、潜水艦発射型弾道ミサイル（SLBM）及び戦略爆撃機である。核弾頭数の上限義務を遵守しているかについては、運搬手段数を検証することで判断されていた。そこでは、特定の運搬手段には何個の核弾頭が搭載されているという計算ルールを設定し、実際の搭載弾頭数とは関係なく計算ルールに基づく弾頭数が搭載されているとみなされた。初めて核弾頭が検証対象となった新戦略攻撃兵器削減条約（新START）でも、例えばミサイルの弾頭部分に被せたシュラウドの外から確認できる形状で搭載弾頭数を検証できるとの前提に基づいて検証を行った。その意味で、より実際に搭載されている核弾頭数に近いと推測されるものの、現実の核弾頭数を完全に検証するものではなかった。

これは非核兵器国に対する国際原子力機関（IAEA）による比較的厳格な現行の検証と比べると非常に緩いものである。しかし、配備戦略核弾頭数の上限

が 1550 個というレベルの核軍縮においては、それくらいの緩さがあっても実質的な問題にはならない。仮に実際には 1560 個配備されていたとしても、10 個上限を超えたところで米露間の戦略的な軍事バランス、戦略的安定性を意味のある形で崩すことにはならないからである。一般論として、検証の強度は、査察などの検証のコスト（政治的・軍事的・商業的コストを含む）とそこから得られる利益（検証の信頼性や監視技術のレベルを含む）のバランスで決まる[26]。現行の新 START では配備・非配備の戦略システムを対象とする Type One の現地査察が 1 年に 10 回、非配備の戦略システムのみを対象とする Type Two の現地査察は 1 年に 8 回までとされている。配備戦略核の上限が 1550 個に設定されている現状では、相手が義務を遵守しているとの概ねの確信が得られればいいので、この程度での頻度が査察による利益とコストをバランスさせる最適解なのであろう。

しかし、これが「最小限ポイント」、例えば核弾頭のストックパイル、あるいは配備核弾頭数が例えば 2 桁レベルになってくると話は大きく変わってくる。仮に配備核弾頭数の上限が 50 個だとすれば（あるいはこのレベルまで行けば配備数だけではなくストックパイルに上限が設定されるかもしれない）、50 個か 60 個かは、どちらも大規模な被害が生じるという意味では変わらないが、1550 個の時点よりは、相対的に 10 個の違反の価値は高まる。

実際面でも、現在の 1550 個という上限レベルは、具体的なターゲティング・リストに基づいて必要な配備戦略核弾頭数が割り出されている。それを 50 個まで下げるためには、そもそものターゲティング・リストにおける戦略的ターゲットを劇的に減らす必要がある。その場合、多くのターゲットの破壊に核兵器を割り当てることができないため、それら核兵器が割り当てられなくなったターゲットに何らかの代替兵器を割り当てる必要が生じる。仮に相手のみが上限より数個違反しているとすれば、現状の軍事的な考え方の下では、自国側の代替兵器が核兵器並みの破壊力を持たない限り、軍事的には相手国よりも劣勢に立つことを意味する。つまり、違反によって得られる相手側の軍事的利益が飛躍的に高まることを意味する。したがって、「核廃絶レジーム」へのトラン

---

26) 実際には、こうした客観的な要因のみで決まるのではなく、超国家組織が存在しない国際社会における国家間の協力のリスクや可能性への見方の違い（主観的要因）も検証のあり方や強度に大きな影響を与える。詳細は、Gallagher［1999］を参照。

ジッションとしての「最小限ポイント」における核保有国間の核軍備管理・削減条約の検証体制は、現在のそれと比べて遥かに強力な検証体制が必要となる。

なお、こうしたシナリオは、「最小限ポイント」に至るまでの政治的側面として諸国間の大幅な信頼関係の改善が必要と上述したとおり、米露や米中の戦略的関係が劇的に良好になっているという想定に基づいている。劇的に関係が良好になっているからこそ、有事に備えた戦略的ターゲットの必要数も大幅に減少し、そこまでの大幅な核削減が実現するともいえる。他方で、既存の国際システムにおいてはそうした関係改善が永続する保証がない以上、一定のマージンをヘッジとして持っておきたいとする誘因が生じる。仮に50個まで削減する合意が成立する場合には、25個程度にまで戦略的ターゲットが減っていることが必要となろう。あるいは、戦略的ターゲットは200個程度残っているとしても、そのほとんどを核兵器以外の代替兵器に割り当てることができており、どうしても核兵器でしか破壊できない戦略的ターゲットが25個程度まで減っているという状況かもしれない。いずれにしても、核軍縮が大幅に進展する世界では、戦略的ターゲットが大幅に減るか、戦略的ターゲットの多くを代替兵器に割り当て、その時点での戦略的ターゲットよりも少ない核兵器数でも戦略的安定性を維持できると判断できる世界が想定される。逆にいえば、そのくらいの世界にならなければ、「核廃絶レジーム」一歩手前である「最小限ポイント」までの大幅な核軍縮は難しいともいえるのである。

3 「最小限ポイント」における非核兵器国への検証強化の必要性

「最小限ポイント」において今より強力な検証体制が必要なのは核保有国のみではなく、非核兵器国も同様である。核保有国間の大幅な核削減の進展に合わせて、核保有国にとっての核兵器1発の戦略的価値が高まるのみならず、核不拡散義務に反して核兵器を保有することによって得られる非核兵器国にとっての軍事的利益も相対的に高まることになる。すなわち、核保有国の核保有数が50個レベルに削減した世界で、ある非核兵器国が秘密裏に核兵器を開発・保有した場合、その1個あるいは数個の核兵器の戦略的・軍事的価値は、現在の世界におけるそれよりも遥かに高いものとなる。

NPT上の核兵器国は、概ね、NPTを遵守する非核兵器国に対しては核兵器

を使用しないとの約束、すなわち NSA を供与している。これは、裏返せば NPT 違反をして核兵器を秘密裏に保有する非核兵器国には NSA は供与されないこと、また、その結果、違反した非核兵器国に対しても一定数の核兵器を割り当てる必要が生じることから、非核兵器国による違反に備えて核兵器の保有数に一定数の余裕を持たせておく必要があることを意味する。しかし、現在よりも大幅に核兵器が削減された世界では、上記のとおりそもそも新たな標的に核兵器を割り当てる余裕が現在の世界よりも少ない。仮に非核兵器国による違反のリスクが現在の世界のそれと同程度であれば、核保有国は「最小限ポイント」レベルまでの大幅な核軍縮に同意することはないだろう。つまり、そこまでのレベルの核軍縮を達成するためには、非核兵器国による違反のリスクが現在の世界よりも大幅に低い、そのためには、非核兵器国による違反を探知できる能力が現在の世界よりも大幅に高い、という状況を作る必要がある。したがって、核軍縮を進めるためには、核保有国間の核軍縮合意のための検証技術・能力・体制を向上させていく必要があるとともに、非核兵器国に対する不拡散上の検証（現状でいえば NPT/IAEA 保障措置）の技術・能力・体制も比例的に向上させていく必要がある。

　このように非核兵器国に対する検証レベルも大幅に高めていくためには IAEA が中心的な役割を果たす必要がある。こうした観点からも、現在の NPT 上の非核兵器国に対する IAEA の保障措置の根拠となっている NPT が引き続き核廃絶に向けたプロセスにおいて中心的な役割を果たす必要が出てくる。ほとんどの締約国が核不拡散よりも核軍縮を重視する TPNW には今のところその役割を期待することは難しい。ただし、今後、仮に NPT を脱退して TPNW にのみ加入することを選択する国が出てくる可能性があれば、否が応でも、TPNW が NPT における役割を果たす必要性が生じる。本来こうしたフォーラム・ショッピングのリスクが生じることは避けるべきであるが、TPNW が成立してしまった以上、TPNW は、核不拡散においても重要な役割を果たさなければならないという宿命を負っており、今後、TPNW の締約国会議などにおいてこうした核不拡散の側面の強化についても NPT と歩調を合わせる形で議論されることが期待される。その意味でも、NPT と TPNW は今後協力していかざるをえない。

4　非核兵器国への保障措置の課題と向上

「最小限ポイント」に向けて、非核兵器国に対する検証はどのように強化される必要があるか。実は、現状においては、NPT第2条における非核兵器国の義務は完全には検証されていない。あくまでも第3条の（核物質に対する）IAEAによる保障措置の義務を果たすことによって、第2条の核兵器開発・保有等の禁止も遵守しているであろうと推測しているに過ぎない。検証の強度は査察を含む検証のコストとそこから得られる利益のバランスで決まると上述したとおり、現在のように核兵器国が大量に核兵器を保有している世界では、核不拡散義務を完全に検証しない現状レベルの検証体制でも十分であろう。しかし、「最小限ポイント」にまで大幅な核軍縮を進めるのであれば、第3条の下でのIAEA保障措置の不断の改善・強化のみならず、非核兵器国の第2条の義務の遵守をより直接的に検証していく必要がある。

現行のIAEAの保障措置体制で最も強力なツールである追加議定書は、未申告の核物質の不存在の検証を目的とするが、それでもあくまでも「核物質」を中心に据えている、換言すれば、「核物質」に焦点を当てているに過ぎず、NPT第2条で禁止されている「核兵器」そのもの（の生産や取得）に焦点を当てたものとはなっていない。したがって、「最小限ポイント」では、核物質のみならず、核兵器にも焦点を当てる現行の追加議定書以上の検証ツールの開発が必要となろう（少なくとも、次章で論じる「核廃絶レジーム」においては必須である）。また、現行の包括的保障措置協定（CSA）と追加議定書をベースとして核物質については引き続き検証していく必要があるが、その場合でも、核保有を決意した非核兵器国が核兵器1個分の核物質を生産するまでのブレークアウト時間を可能な限り長くするために、「有意な核物質量」を現行よりも低く設定したり、必要とされるタイムリーな探知時間を短縮したりするといった強化策も必要となろう。

具体的には、イランの核開発に関するJCPOAが1つの参考になる。JCPOAでは、追加議定書の締結を義務付けるとともに、イランが核兵器の開発を行っていないかをより高いレベルで検証するために、核物質のみならず、核兵器により直接関連する構成部品等を開発・保有していないことも検証の対

象になっている。JCPOA はあくまでも現在の世界における追加議定書以上の検証体制であるため、ここで論じているような核軍縮が大幅に進展した世界でのより厳格な非核兵器国に対する検証体制としてはそれでも不十分であろう。しかし、それでも参考にはなる（The Stanley Foundation 2017）。核兵器に直接焦点を当てる検証体制の構築は、上記の現行の NPT/IAEA 保障措置体制の強化と合わせて、今後の技術的検討課題である。

5 　ポスト NPT への移行に向けて

　ポスト NPT 体制に移行していくにあたっては、様々な問題に正面から向き合って一つ一つ解決していく必要がある。他方で、このように一つ一つやっていっては時間ばかりかかり、また、結局は現状固定のためのいい訳ではないかとの疑念から、パラダイムを一気に転換するための TPNW の運動が始まった。核廃絶に向かうプロセスにおいて、どちらのアプローチがより効果的かはわからないが、いずれのアプローチをとるにしても、上述した政治・安全保障面や技術・制度面における課題を解決していく必要はあろう。もちろん、上述した課題の多くは、現状のパラダイムにおける価値観に基づいた考え方に過ぎず、TPNW によって価値観を一気に転換することができれば、それだけで多くの問題は存在すらしなくなるという主張も論理的にはなしうる。例えば、核兵器の役割や任務を完全に代替できる兵器が出現するなどして、そもそも核兵器の戦略的価値がなくなれば、技術・制度的課題の多くは論点ですらなくなるかもしれない。あるいは、TPNW によって、核兵器は絶対悪という価値観が普遍化し、保有しているだけで「ならず者国家」であるとの烙印を押されるような世界になれば、核保有を続けることの安全保障・政治上の利点がなくなり、核放棄の競争が始まるかもしれない。そうなれば、核の脅威も消え去ることになろう。人類がそれほどにまで進歩を遂げ、TPNW のアプローチが成功することを祈るばかりであるが、それが成し遂げられるまでの間は、現状のパラダイムにおいて一つ一つの課題に向き合って対処していくしかないだろう。

6 核廃絶後のポストNPTの姿・安定化スキーム
——「核不拡散レジーム」から「核廃絶レジーム」へ

樋川和子・西田　充

　核廃絶が実現した世界というものは、現在の国際的核不拡散レジームであるNPT体制がなくなる世界である。すなわち、NPTで核保有が認められている5つの国以外に核兵器を持たせないというNPTを礎とする現行の「核不拡散レジーム（体制）」がなくなり、すべての国が核兵器を持たない「核廃絶レジーム（体制）」が必要とされる世界になる。

　核兵器の廃絶を実現するためには、単に現存する核兵器を地上から物理的に消し去れば済むというものではない。現在の「核不拡散レジーム」から「核廃絶レジーム」に移行するためには、そのレジームが安定的に機能するよう確保する必要がある。では安定的な「核廃絶レジーム」にはどのような要素が必要とされるのか。

　この「核廃絶レジーム」を考える際に、まず忘れてはならないのは、このレジームがどのような国際環境、国際システムの下で達成されうるかという点である。核廃絶が実現する世界は、現在のように主権国家が自国の安全保障を優先的に考え、軍事力や軍事同盟に頼りつつも、核兵器には頼らない、という世界であろうか。主権国家によって構成される国際社会のシステムはそのままであったとしても、軍事力とは別の力、それがなんであるかは別にして、軍事力以外の力が軍事力に勝る世界、すなわち、軍事力以外の力が安全保障の軸となる世界であろうか。それとも主権国家という国際社会における主要なアクター自体が意味をなさなくなった世界であろうか。

　世界が多極化し、民主主義・資本主義を標榜する西側諸国の求心力が衰え、中国はもとより、グローバルサウスの盟主を標榜するインドといった国が発言力を高めているなかで、核廃絶が実現する世界がどのようなものとなっているか、そしてそのような世界で核廃絶を安定的なものにするには、何がもとめら

れるのか。本節では核廃絶後のありうべきレジームについて、現行の国際政治システムにとらわれることなく、新たな世界秩序が生まれる可能性も踏まえて論じてみたい。

1　核廃絶が実現する世界

核廃絶後のレジームを考えるとき、まずは、どのような国際情勢の下で核廃絶が実現するのかが重要となる。様々なケースが考えられる。ここでは１つの考え方として、①現行の国際政治システム、すなわち、対等の主権国家からなり、上位の権力が存在しない国際社会の下で核廃絶が実現する場合と、②主権国家が主要なアクターではなくなった（主権国家という存在がなくなる世界を含む）新しい秩序に基づく世界で核廃絶が実現する場合の２つを想定してみたい。

この場合分けが重要なのは、安全保障を損なわない核軍縮・核廃絶を実現するためには、現行の国際政治システムでいいのかという問題意識があるためである。

2　現行の国際政治システム
　　──主権国家が引き続き主要なアクターであり続ける世界

軍事力を安全保障の軸とする世界としない世界──原子力の平和利用の是非

主権国家が引き続き主要なアクターとして存在し続ける世界において、核廃絶はどのような条件の下で達成されうるのであろうか。

現実的かどうかはともかくとして、あくまでも想定としてまず考えられるのは、諸国間、特に大国間の強い信頼関係が構築され、核抑止どころか、通常軍事力以外の力をより安全保障の軸とする国際政治・安全保障環境が整った世界である。すなわち、５核兵器国（N５）間のみならず、インド、パキスタンの間でも、イスラエルと中東諸国との間でも、北朝鮮さえも、軍事力による抑止という考え方を自国の安全保障の軸としなくてもよいと考えられる世界である。

次に考えられるのが、大国を含む諸国間では引き続き様々な問題があり、安全保障上一定の軍事的な抑止力を維持することは必要ではあるが、核抑止までは必要ない、あるいは、必要であっても核抑止は悪という価値観が浸透するまでに至った世界である。

いずれの場合であっても、安定的な核廃絶レジームを確保するにあたって決定的に重要となるのは、核兵器製造に転用可能な原子力の平和利用の扱いをどうするかという点である[27]。第5節で述べたとおり、核廃絶レジームでは、1発の核兵器の戦略的価値が圧倒的に高まり、ある1カ国が密かに核兵器を保有すれば、他国は一気に戦略的劣勢に立たされることとなる。よって主権国家が引き続き主要アクターとなる核廃絶レジームでは、原子力の平和利用の扱いをどうするかが重要な論点となってくる[28]。

　この点、上述の軍事力を安全保障の軸としない世界では、各国が核兵器開発に走らなくてはならないというインセンティブがないことが想定されるため、核兵器に転用されうる原子力の平和利用を認めることは可能となりうる。また、現実的かどうかはともかくとして、相互の猜疑心もないため、核兵器への転用を防ぐ国際的な検証・執行体制も不要、あるいは、それほど強力なものでなくてもよいということになりうる。

　一方で、核兵器は廃絶されながらも、軍事力による抑止を引き続き安全保障の軸とする世界ではどうか。このような世界での核廃絶レジームでは、国家は引き続き軍事力に依存しており、相互の猜疑心も残っている状況のため、核兵器への転用が可能となる原子力の平和利用[29]は認められない方が望ましい。認められるとしても、極めて強力で実効的な保障措置[31]、すなわち、極めて強力で実効的な検証・執行体制（現行の国連安保理を中心とする強制執行システムの根本的な改革も含む）の構築が必要とされている世界となる。

　では、このような引き続き猜疑心の残る世界において、安定的な核廃絶レジームを確保するために、原子力の平和利用を認めないことを担保するためどのような措置が必要とされるのか。極めて強力で実効な国際的検証・執行体制とはどのようなものであるべきかも含めて考えてみたい。

27）　原子力の平和利用の扱いに限らず、他にも、例えば核兵器の運搬手段の扱いといった論点も極めて重要である。西田［2023a］参照。
28）　この論点については、西田［2023b］で詳述されている。
29）　原子力の平和利用といっても、放射線技術を利用した医療・農業分野といった非発電分野での利用から、ウラン、プルトニウムという核兵器製造に転用可能な核分裂性物質を扱う原子力発電分野まであるが、ひとまずここで認められないとする原子力の平和利用は主に発電分野である。

原子力の平和利用を認めない核廃絶レジームにおける検証のあり方

　現在の NPT 体制に基づく核不拡散レジームの下では、IAEA が原子力の核兵器への転用を防ぐための保障措置を提供している。原子力の平和利用を認めない核廃絶レジームの下では、この IAEA の保障措置をベースに大きく発展させた厳格な検証・執行制度[31]をすべての国に適用し、違反があった場合には強制執行力を持った国際組織（現状では国連安保理）による厳格な対応メカニズムを備えておくことが理想的である。

　忘れてはならないのは、現行の IAEA 保障措置体制では、違反があった場合には国連安保理が対応することになっているが、必ずしも実効的に執行できていないということである。北朝鮮の例をみれば明らかであろう。北朝鮮は NPT を締結し、IAEA とも保障措置協定を結んでいたにもかかわらず、NPT からの脱退を宣言し、IAEA との協定も反故にして核兵器開発に成功した。しかし、核兵器開発に成功した北朝鮮に対し、国連安保理が一定程度強力な経済制裁を科してきたものの、国際社会はそれ以上の有効な手段をとれずにいる。ましてや、現状の安保理では拒否権を有する常任理事国が違反した場合には、北朝鮮に対して科されたような制裁ですら不可能になるであろう。したがって、原子力の平和利用を認めない核廃絶レジームにおいては、検証体制に加えて、執行体制についても国連を含めた国際システムの根本的な改革を含め大幅な強

---

30)　ここでの保障措置は NPT/IAEA 保障措置を意味するのではなく、違反から生じる不利益を回避するためにどのような措置をとるのかという、一般的な意味での保障措置である。NPT 成立より以前に成立した IAEA 保障措置では、IAEA 憲章第 12 条に則り、計量管理や査察など検証の過程で違反が探知された場合は、まずは IAEA 理事会にて是正措置が決定され、それでも違反が解消されない場合は、国連安保理に報告され、国連安保理による強制執行が図られるという制度となっており、こうした国連安保理との関係は NPT/IAEA 保障措置でも援用されている。このことは、計量管理や査察といった一般的に検証と位置付けられる措置は、NPT/IAEA 保障措置の一部にすぎず、概念的には原子力活動の軍事転用防止を保障するための手段の 1 つ（すなわち保障措置の一部）として位置付けられることを意味する。なお、NPT/IAEA 保障措置については、NPT 第 3 条にて、その目的を、核兵器への転用防止という条約上の義務の遵守を「検証することのみを目的として（for the exclusive purpose of verification）」と規定しており、保障措置を NPT 上の核不拡散義務の検証の手段として位置付けている。

31)　この場合の保障措置は、原子力の平和利用の軍事転用を防ぐための保障措置ではなく、平和利用であっても軍事利用であってもいかなる原子力の利用も防ぐための保障措置となる。

化が必要となる。最低限のこととして、国連安保理の常任理事国であっても、核廃絶レジームにおける自国への検証結果に対する憲章第7章に基づく強制措置が必要となる場合には、拒否権を行使することは認めないとする安保理改革が必須である。

しかし、現行のIAEA保障措置体制を強化した検証・執行体制を構築し、拒否権を認めないとする安保理改革を断行したとしても、最終的に強制力に頼らなくては解決できない制度では核廃絶レジーム下の違法な核開発を取り締まることは難しい。超国家組織のようなものを作れば、それは現行のシステムを超えるシステムとなるだろう。

主権国家によって構成され、上位の権力を持たない現在の国際政治システムの下でこうした問題を乗りこえる可能性のある方法として、IAEA保障措置とは異なる構図から構築された地域的保障措置であるユーラトムやABACC[32]が示唆を与えてくれる。ユーラトム保障措置はIAEA保障措置とは違い、ユーラトムという地域機関が、国に対してではなく、事業者の原子力活動に直接保障措置を適用している。数カ国からなる文化的に同質な地域機関が直接、事業者に保障措置を適用することで原子力の目的外利用を阻止している仕組みである。違反した事業者には、地域機関としての制裁を科すことが可能となっている。次にABACCであるが、これはブラジルとアルゼンチンの2カ国が互いに核兵器を開発しないための相互保障措置という形で保障措置を行なっている機関である。上位権力による強制力はないが、片方が核兵器開発に走ればもう片方も同じことができるため、ある意味抑止力として機能している。

このような地域的ないしは相互的保障措置、すなわち、相互に監視する制度を世界中で構築することで、主権国家から成り立つ国際社会という本質的な問題ゆえに、違反が探知されたとしても最終的には違反国に対して強制力を及ぼすことは困難だとしても（特に国連安保理が機能不全に陥っているような場合など）、国際機関による保障措置よりも実効性を高めることが可能かもしれないし、超国家機関による強制力を最後の砦としなくてもよい保障措置の構築が可能となるかもしれない。その際、IAEA保障措置のような国際的保障措置と組み合わせることも可能である。

---

[32] ユーラトム、ABACCの保障措置については、樋川［2019］参照。

また、IAEA 保障措置についてもう 1 つ忘れてはならないのは、特に IAEA の包括的保障措置は基本的に性善説に基づいているという点である。すなわち、IAEA 包括的保障措置は、各国から出される申告は基本的に正しいとの前提の下、本当に正しいかどうかを検証するということが基本となっている。NPT 体制の下ではこの方法で問題ないかもしれない。しかし、1 発の核兵器の価値が高まる核廃絶レジームにおいては、騙そうという意図を持った国にどう対応するかが問題となるのであり、その意味からは、主権国家が引き続き軍事力に依存し、相互の猜疑心も残る世界においては、「Trust, but verify」（信ぜよ、されど検証せよ）」ではなく、「Don't trust, thus verify（信じるな、したがって検証せよ）」といった考え方も取り込んだ保障措置を再構築する必要がある[33]。

バーチャル抑止という考え方
　超国家組織を作ることができず、引き続き現在の主権国家中心の国際政治体制を前提とするのであれば、むしろ原子力の平和利用を認めることで、場合によっては核兵器に転用できる状態を各国が確保する「バーチャル抑止」体制の下での核廃絶レジームを構築するということも可能性として考えられる。上述のような原子力の平和利用を認めない核廃絶レジームにおいては、いまだ各国の猜疑心は残っているため、他国が本当に秘密裏に核兵器を開発・保有していないのか確信できず、各国は、疑心暗鬼になり、そのなかから秘密裏に核兵器を開発・保有する国が出てくるかもしれない。すべての国が誠実に核廃絶レジーム下の義務を遵守することが前提となっているにもかかわらず、秘密裡に核兵器を保有しカミングアウトする国が出現する世界は、不安定で危険な世界といえる。そうであれば、猜疑心の残る核廃絶レジームの世界であっても、あえて核兵器に転用可能な原子力の平和利用を認めることで、原子力の平和利用を認めない核廃絶レジームよりは若干不安定になるかもしれないが（breakout の可能性が相対的に高まるので）、その一歩手前のより現実的な（とはいっても現時点ではあくまでも仮想の世界ではあるが）形としては、より安定性を担保できるかもしれない。
　そもそも人類が得た核兵器製造にかかる知識を消し去る（uninvent）するこ

33）　あり得べき保障措置制度の詳細については、「軍縮国際法と保障措置」『軍縮国際法』RECNA ポリシーペーパー（近刊）参照。

とはできない以上、また、超国家組織を作ることができないのであれば、バーチャル抑止としての原子力の平和利用を認めることがより現実的かもしれない。原子力の平和利用を認めて、核（再）武装能力を各国に持たせることによって、核兵器がない状態での抑止力（「無兵器抑止力（weaponless deterrence）」）を創出し、それによって核廃絶レジームを構築・維持することができるという考え方である[34]。核兵器に転用可能な原子力の平和利用を一切認めない核廃絶レジームと比べると、安定性は低いかもしれないが、（印パや米露のように）互いの戦略核兵器が相手側に届き大量の人々が死に至るまでの時間が10分弱や30分弱といった現状よりは、核再武装まで数週間から数か月、あるいは数年のリードタイムを要する状態の方がまだ安定的といえ、かつ、原子力利用の全面禁止よりはより現実的といえる。

　ただし、このバーチャル抑止の世界では、原子力の平和利用を認めることから、原子力の平和利用を認めない核廃絶レジームよりも違反する国を出さないという意味においての保障措置の重要性がより高まるため、どのような検証・執行体制をとるのかという問題は残る。

バーチャル抑止で認められる原子力の平和利用の範囲

　原子力の平和利用については、安全保障環境がどのような状態にあったとしても（抑止が必要であったとしてもなかったとしても）、国家の主権的権利なのであるから、原則論として無条件かつ完全に認められるべきとの考え方もあろう。特に途上国にとっては開発のためにも原子力の平和利用が必要という切迫した問題もある（ただし、開発という観点からは、論理的には原子力を代替する安定エネルギー源があれば、禁止ないし制限することは可能ということになる）。他方で、核兵器製造に転用可能な濃縮・再処理までも認めるとなると、かなり不安定的な核廃絶レジームになる。先述のとおり現在の核不拡散レジームよりは厳格化すべきとの考え方では、開発やエネルギー源としての有用性を認めつつ、核廃絶レジームの安定性を担保するために、例えば、濃縮や再処理といった機微な技術に関わる部分のみを禁止するという考え方はあろう（だたし、禁止をどう担保するのかという問題は残る。すなわち、保障措置により違反を探知できたとし

---

[34]　weaponless deterrence の考え方については、Schell［2000:112-123］参照。

ても、主権国家が始めたものをやめさせることができるのかという強制力の問題が残る）。また、原子力の平和利用を一切認めない前述の世界における検証・保障措置体制ほどではないとしても、現行の追加議定書を含むIAEA保障措置体制よりも更に厳しいものとすることも必要となる。

　他方で、上記の「無兵器抑止力」の考え方からすれば、機微技術こそ各国に認めるべきとも主張しうる。濃縮・再処理といった機微技術を除いた原子力技術では、効果的な「無兵器抑止力」を構築することはできないからである。また、「無兵器抑止力」の考えの下では、現在原子力技術を有していない国にまで原子力技術を提供、すなわち拡散すべきなのかという論点もあり得る。そうであれば、濃縮・再処理のような機微技術の部分については、かつて何度も出ては消えた国際管理構想のようなものとのセットで考えることが必要となろう。

3　新しい国際政治システム
――主権国家が主要なアクターでなくなった世界

　変容する世界において、現行の主権国家を主要なアクターとする国際社会のシステムが今後も永続的に続くとは必ずしも限らない。ヨーロッパですでに始まっている公共善エコノミー（フェルバー 2022）といった資本主義に代わる新たな経済システムを構築しようとする動きは、長期的に考えた場合、新たな国際政治システムを作り出すきっかけともなりうる。ここでは、こうした新たな動きを踏まえ、主権国家が主要なアクターでなくなった世界における核廃絶レジームのあり方について考えてみたい。

　まず、主権国家が主要なアクターではなくなった世界においては、安全保障という考え方そのものが変わるであろう。国家を守るという考え方がなくなるからである。国家に代わる国際社会の構成員として想定されるのは、ローカル化された共同体レベルの独立採算グループである。このようなグループは、他のグループとの競争を行動原理に入れていない。グループの存亡に他者の行動は関係ないことになっているからである。安全保障のために核兵器を持とうとする国家が主要アクターでなくなった世界において、人間はそれでも核兵器を持とうとするであろうか？

　この関係で、アインシュタインとフロイトとの興味深いやり取りを紹介したい。

アインシュタインは、フロイトとの往復書簡のなかで（アインシュタイン他 2016：15）、人間には憎悪に駆られ相手を絶滅させようとする本能的な欲求が潜んでいるとしつつ、どうしたら戦争をなくせるかについてフロイトに問うた。フロイトの答えは端的にいえば、戦争は、本能的に暴力的な側面を持つ人間が利害が対立したときに用いる手段の1つであり、人間である以上必然、ということであった。

　このように、そもそも主権国家というものが存在しなくなった、ないしは主権国家が主要なアクターではなくなった世界であっても、人間の本能にもとづき、引き続き他者に対し優位に立つために、争いとなったときに「究極の暴力である核兵器」[35] が使えるよう、核兵器開発に走る人間が出てくる可能性は十分にある。では、主権国家が主要なアクターでなくなった世界において核兵器廃絶を安定的なものにするためには、何をしなくてはならないのか。

　ここでまさに、安全保障のための核軍縮・核廃絶ではなく、人道もしくはその他の目的のための核軍縮・核廃絶という考え方がより重要性を増すのではないか。

　核兵器は悪である。何故、悪なのか。人間に甚大かつ不必要な苦痛を与えるから悪なのか。地球環境を破壊するから悪なのか。理由づけは様々であるかもしれない。しかしここでマルクス・ガブリエルの「道徳哲学[36]」に従うならば、核兵器は倫理的、道徳的に悪なのであるといえるのではなかろうか。道徳的もしくは倫理的に人間が何をすべきかと考えたとき、まず重要なのは人間の尊厳を確保すること、言い換えれば誰の自由も犯さないことである。すなわち、すべての人が自由でいられるかどうかということにつながる。核兵器の存在は、それを持つものが国家であろうが、非国家主体であろうが、その強大な力により、持たないものの自由を奪うことにつながる。だからこそ倫理的に考えて持つべきではない。仮に道徳哲学の考えが浸透し、ガブリエルのいうところの新

---

35)　小泉悠氏が2023年4月16日、読売新聞主催G7サミット開催記念シンポジウム「核兵器のない世界に向けて――安全への道筋は」で使った言葉。https://www.yomiuri.co.jp/politics/20230414-OYT1T50278/
36)　道徳哲学あるいは倫理学は、人間が人間であるかぎり何をすべきかを考える学問であり、ガブリエルはこの道徳哲学を用いることにより、人間が人間を合理的に理解し、合理的に危機を乗り切ることができるとしている。詳細は、ガブリエル［2020］及び丸山［2021］参照。

実存主義や前述の公共善エコノミーの世界が実現するのであれば、核兵器を持つインセンティブはなくなる。そのような世界では、核兵器を持たせないための保障措置や検証・執行制度、強制力を行使できるような機関の存在は必要なくなる。原子力の平和利用は、それが倫理的なものである限りは、認められるべきであろう[37]。

4 「核廃絶」とは？

　「核廃絶」とは何を意味するのか。例えば、平和利用にも用いられている原子力技術はもともと核兵器開発のために始まったものであり、核廃絶レジームにおいて原子力の平和利用をそもそも認めるのか否か、認めるとすればどこまで認めるのか、認める場合に安定的な核廃絶レジームの制度設計は技術的にも政治的にも可能なのかなど、様々な論点が浮かび上がる。更には、核弾頭のみならず通常弾頭も搭載できる弾道・巡航ミサイルをはじめとする運搬手段をどうするか、その検証はどうするのかといった原子力の平和利用と同様の論点がある。本稿ではいくつかの想定に基づき、特に不拡散の観点から重要である原子力の平和利用の是非に焦点を当てつつ、考察してみた。本稿で取り上げきれなかった論点はいくつかある。なかでも現在の国際政治システムの下で核廃絶が実現することを前提にした場合、核兵器に代わる抑止手段や信頼醸成措置、より強固な検証・執行制度の重要性は指摘したが、具体的にどのようなものが考えられるかについては、紙幅の関係で触れていない。これらはいずれも安定的な核廃絶レジームを構築する上で、より詳細な議論・検討が別途必要とされる論点である。

---

[37] 原子力の平和利用が倫理的であるかどうかについては別途の議論が必要とされる。放射線によるがん治療など、非発電分野の原子力利用は倫理的であると考えられるかもしれないが、原子力発電については、環境への負荷などを考えると倫理的とはいえないという議論もありうるからである。

7 核不拡散政策の将来に向けて

　本節では、これまでの議論の内容を踏まえ、核不拡散政策の将来に必要で望ましい措置を提案する。

　不拡散政策は、拡散防止を政策目標とするが、拡散阻止や管理はその政策手段の1つに過ぎない。さらに、同政策では絶対的な意味で不拡散を実現することも目標としない。しばしば、北朝鮮の核開発や、インド、パキスタンなどの核保有を指して、不拡散政策が失敗したと評する意見がみられる。もちろん、非核兵器国やNPT不参加国が核兵器を取得しないのは理想である。しかし、核技術の拡散を完全に阻止することはできない。国際社会はNPTの下で、あるいはTPNWの下でも原子力の平和利用の権利を各国に保証することを基本としており、そのような形で移転される核技術を利用して、核兵器取得に向かう国がいたとしても、それを完全に阻止することは困難である。

　つまり、不拡散政策は、核兵器や核技術の拡散防止を図る上で、それをどのような政治的理由の下で合理化し、さらにはどのように管理体制を強化するかという点が極めて重要な意味を持つ。不拡散政策は、拡散防止を政策目標として実施する際に用いられる政策手段を、包括的に意味付けするために使用される「ラベル」であり、それ単体で機能的に有効な政策を指すものではない。

　したがって不拡散政策では、核不拡散に関連するプロセスのすべての局面で、必要な政治的措置が準備されうる。それら措置は、ウラン鉱の採掘から、原子力発電所で使用する燃料の製造、原子力発電所の運用、再処理、原子力爆弾の製造、投射手段の開発などに至るまで、核燃料の活用をめぐるプロセスすべてにおいて存在する。原子力をめぐる3S（セキュリティ、セーフティ、セーフガード）も、直接的には原子力の平和利用において必要な措置であるが、その政治的な文脈は不拡散ということになる。

　不拡散が実現するものは、核兵器の拡散を最小限にとどめることで、それを

めぐる戦略的な計算を管理可能な状態に置く、というものである。核不拡散は、核兵器を保有する国の数を最小限にとどめ、場合によってはNPTにおける核兵器国の核軍縮をめざすものだけではない。それぞれの安全保障政策上の要請に従って、核兵器の役割は変化する。戦略的安定性の下で、核抑止の信頼性を重視する国は、一定以上の核兵器の数を確保しようとするだろうし、最小限抑止を目指す国は、必要な数と能力を準備する。また、核兵器の非人道性などを重視する場合、核抑止に依存すること自体を中断しようとする国が出てくることもある。つまり、どのような規模と内容の核不拡散が求められているかは、戦略環境などの外部要因に依存することになる。つまり、核不拡散政策の目標は変化しないが、その内容が変化するという点が重要なのである。

　1990年代初頭より、北朝鮮は核開発に関心を示してきた。北朝鮮は1992年に朝鮮半島非核化宣言に合意した裏で、核開発を進めていた。その時期、国際社会では、北朝鮮に核兵器を保有させないという政策を掲げていた。北朝鮮の核兵器保有は、近隣国の核抑止への願望を高め、核拡散を誘発する可能性があることに加え、長期的に北朝鮮が在日米軍を含め米国本土などへの投射能力を高めた場合、米国の関与政策に影響が及ぶと考えられたためである。しかし、国連の制裁を受けるなど、北朝鮮は国際的な圧力にさらされたが、核兵器の開発を進め、米国本土を攻撃する能力を獲得したとも指摘される。そうなると、北朝鮮の核保有を放棄させるのではなく、核兵器を保有した状態を認めた上で、それが地域の安全保障環境を損なわない方策は何か、ということが不拡散政策の大きな焦点となりうる。

　北朝鮮は一例に過ぎないが、核不拡散政策はこのように、状況の変化によって必要な措置は変化してゆく。その意味で、将来的に「核兵器なき世界」の到来が展望できるとして、そこでの核不拡散政策は、今日とは全く異なるものになるであろう。ただし将来に向けた政策の連続性を維持するために、現状の核不拡散政策の枠組みであるNPTを、維持強化させることが可能であるというのが前提になる。

　したがって本節では、以下の4つを重要な論点として考察すべきであると考える。

　第1に、政策空間、あるいは規範の存在を確認する空間として、NPTを維持することには意義があることを再確認すべきである。

1970年に発効して以降、NPTは核兵器不拡散において中核的な役割を果たしてきた。もちろんNPT自体に核不拡散を実効的に阻止する機能があるものではなく、原子力の平和利用はそれぞれの協定や合意、さらにはIAEAなどを通じた査察検証措置、そしてNSGによる輸出管理措置が、実質的に核不拡散を担保してきた。本章の各節で説明されているように、各措置の役割は大きく、NPTはその結節として機能してきた。

　しかしNPTは、大きな課題に直面してきた。2022年のロシアのウクライナ侵攻以前より、各種国際枠組みでは参加国間での合意形成が難しく、NPTでも2000年の運用検討会議以降、全体の合意文書の採択に失敗している。ただNPT締約国は、このような状態にありながらも、核軍縮、核不拡散、原子力の平和利用の3分野で対話を重ね、それぞれの領域での合意形成に向けた努力を積み重ねてきた。つまりNPTでは合意形成が難しいなか、3分野それぞれの領域で、NPTの枠組みとは別の措置を通じて総体的に政策推進を管理してきたのである。

　これらを考えると、NPTのような多国間枠組みが将来にわたって安定的に合意形成に貢献することを期待することにはリスクがあるが、そこで醸成された規範や、少なくとも定期的にNPTの運用検討会議の場などを通じて行われる対話には、不拡散を推進する上で十分な価値があると理解できる。冷戦期に構築された各種軍備管理軍縮措置が使命を終えつつあるなかで、政策論議や対話の空間としての場を維持する価値は大きい。

　第2に、原子力の平和利用の抱える、潜在的な拡散促進の側面を管理することを通じ、不拡散の推進を図る必要がある。

　原子力の平和利用は、将来的に様々な技術開発の結果や、社会経済的な要請の下で、推進される可能性が否定できない。もちろん、原子力発電所における燃料の開発と使用済み核燃料の処理などは、IAEAなどの管理の下、厳格に実施されており、拡散の懸念は低くなっている。さらに、拡散抵抗性の高い原子力発電の模索も続けられている。しかし、豪英米三国間安全保障パートナーシップ（AUKUS）における豪州への原子力潜水艦の供与事案など、将来的に原子力の活用の幅が拡大する可能性は否定できず、その際に原子力の平和利用と不拡散を両立させる方策が重要になる。

　この問題は、たとえ不拡散に関する規範やルールが国際社会で共有されてい

第2章　核不拡散と軍縮

たとしても、各国の政策的な要請の下で不拡散をリスクに晒すような事態が発生するという問題に、どのように取り組めばよいか、というものである。もちろん不拡散を最上位の概念と規定し、それに矛盾する行為を拒否するというアプローチは単純な解決方法かもしれない。しかし、実際には矛盾を包摂した措置を考案し、実施する必要がある。

このためには、開発サイド（Supply-side）でのルール形成と強化を図る必要があるだろう。原子力潜水艦の建造を含め、新規の原子力発電などを推進する技術力があるのは、NSGなどに参加する一部の国家である。第3節で説明されているように、開発側が技術開発と利用を規制する措置について合意し、それを事実上の国際ルールとして、相手国側に受容を迫ることは、極めて重要な措置になる。

第3に、以上の2点をふまえ、有志国側の Good Practice（優れた取組）を強化すべきである。これは、核兵器の「最小限ポイント」に近づくに従って、極めて重要な段階になる

NPTそのものに含まれる内容に加え、その制度的問題点として、コンセンサス方式による合意がある。これは、参加国が実質的に平等に拒否権を持っているのと同様であり、2000年以降最終文書の採択が困難になっている交渉の執行面から見た最大の理由でもある。しかし、コンセンサス方式を否定すると、合意事項を履行しない国の増加を招く。国際条約においては、それぞれが同意しない内容を各国が実際的に強要される可能性は低い。

核不拡散においては、様々な多国間枠組みのなかで実効的な措置が考案されている。例えば、非国家主体にWMD関連製品や技術の移転を禁止する法制度の設立を求めた国連安保理決議1540では、各国に輸出管理法制度の整備状況を公開することを求めているものであり、法制度構築を第一義的に求めていない。しかし、法制度の不備は、信頼される貿易パートナーではない（拡散のリスクがあるため）と評価されることにつながるため、各国は自発的に規制体制を強化している。つまり、直接的に不拡散に関する措置の受け入れや履行を求めなくても、間接的な方法で不拡散措置の実効力を向上させる方策は存在する。

したがって、核不拡散において、また不拡散と原子力の平和利用を両立させる上で、規制の Good Practice の共有を進め、それらを事実上の規範へと昇華

させることで、法的な枠組みが欠如した状態であっても、自律的に不拡散措置は強化されうる。

このように、たとえNPTのように、これまで不拡散を推進してきた国際枠組みが、国際情勢の変化によって機能が十分に発揮されないとしても、不拡散は自律的に政策として成立しうる。そして、国際社会が核廃絶に近づいたとしても、その流れを不可逆的なものにする上で、また各国の核拡散に対する不安を緩和する上で、不拡散措置は重要な役割を果たす。

たとえ、IAEAによる査察強化や、TPNWによる核廃絶の道筋の明確化が進んだとしても、不拡散はそれ自体で国際安全保障に大きな役割を果たすものとなるだろう。したがって、本章第5、6節で触れたように、どれかの方式に依存するのではなく、それぞれの枠組みや措置のなかで相互補完関係を構築する必要がある。そうすることで、もし国家の力が相対化された場合でも（国際秩序の変動があったとしても）、不拡散や廃絶に向けた政策が安定的に強化推進されることにつながるだろう。

8 おわりに
──核廃絶の意味するもの

　不拡散問題の将来を考察する上で、いくつか留意すべき点がある。

　まず、核をめぐる秩序（NPT などの条約その他の国際法で規定されたルールなど）が動揺を示すなかで、それを逆転させることは可能なのか、という問いに向き合う必要がある。これは、秩序の再構築か、新秩序の構築の方が現実的かを問うものである。

　国際社会において、核兵器による安全を求める心理は短期的には封じ込めることは困難になっており、残念なことに個別の国家が核抑止の強化を真剣に考えるべき状況が生まれている。ロシアによるウクライナ侵攻や、一向に進まない北朝鮮の非核化交渉などが、その傾向に拍車をかけた。軍備管理もしくは軍縮の有効性に対する不信感を払拭するのが困難な状況の下、個別の国家による核兵器追求は必要以上に不安定さを増すことが予想されるなかで、何が現実的な方策なのかを真剣に考察する必要がある。

　この問いを考察する上で、本章では、不拡散については、核秩序が動揺したとしても、制度が自律的に維持され得るので（原子力の平和利用に関連する課題があるので）、それを中心に据えることで国際主義の維持を図ることを提案した。そして、安全保障貿易管理は各国が関心を持つ経済安全保障と密接に関係するため、そこでのルール維持を強調することで、軍備管理軍縮不遇の時代を乗り切ることが重要であることも述べている。

　次の問いとして、「核兵器なき世界」を直線的に追求する場合、「安全保障」と「平和主義」の2つの世界が出来てしまうが、この2つの世界は独自の論理を持つので、対話が困難になるという問題にどのように取り組むかという問題も重要である。

　これら2つの世界には独自の支持勢力が存在するため、各国で政権交代が発生した場合の政策の不安定さが問題となる。そして、この2つの世界観に基づ

く軍備管理軍縮に対する認識が大きく異なることが、大きな問題をもたらしている。実際、ロシアの脅威（国際法秩序の恣意的な変更）の中核には、地政学的脅威の台頭と国際主義の機能不全がある。そして、地政学と国際主義の問題をどのようにみるべきかについて、2つの世界観には調整メカニズム（共通の土台）が存在しない。

　この問題について、本章では、「核兵器なき世界」への道は複線的に進展することに対する理解を深め（相互の意見対立を、結論の対立につなげない）、NPTとTPNW、CTBTなどが同時並行で進めることができる世論を形成することが重要であると述べた。不拡散においては、実効的な措置の蓄積と発展が、この対話の推進に貢献するものになるとしている。

　核廃絶とは何かという問いは、本章のなかでも繰り返し提起された重要な課題である。核兵器削減の「最小限ポイント」から核廃絶に至る段階は、想像以上に困難で、場合によっては逆転現象が予想される世界である。そして、たとえ核廃絶に対する合意ができたとしても、国際システムの状態如何で、相互不振が再燃する可能性がある。特に原子力の平和利用に関わる技術を人類が保有する限り、その巨大なエネルギーを兵器及び軍事利用しようとする誘因が生じるのも当然である。核廃絶を目指すために、原子力の平和利用を止めてしまうのは1つの選択肢である。しかし、いったん生まれた技術を廃絶するのは現実的ではなく、その技術が多面的な利益を生むのであれば、その廃絶に関する合意を得るのは困難だろう。

　このようななかで、核廃絶とは何かというというに対する答えを、現時点で我々が手にしているわけではない。しかし、核廃絶のためには、核不拡散体制の強化がなければ近づくことができないことは自明の理である。核不拡散に関わる措置は、状況の変化に応じて今後新たなものが導入されることが予想される。したがって、NPTとIAEAに基づく現在の措置を誠実に推進し、新たな措置を積極的に取り込んでいくことが、核廃絶に向けて国際社会に求められていることなのだろう。

　本章では、このような方策を深化させることで不拡散を推進する選択が、現実的な安全保障にも貢献するものになると考えるものである。

【参考文献】

アインシュタイン，A., フロイト，S.（浅見昇吾訳）［2016］，『ひとはなぜ戦争をするのか』講談社学術文庫．

秋山信将編［2015］，『NPT——核のグローバル・ガバナンス』岩波書店．

秋山信将［2012］，『核不拡散をめぐる国際政治——規範の遵守，秩序の変容』有信堂．

秋山信将［2015］，「第 3 章　原子力をめぐる地経学と地政学」『平成 27 年度外務省外交・安全保障調査研究事業　日本の資源外交とエネルギー協力　平成 27 年 3 月』日本国際問題研究所，39-40 頁．

ガブリエル，マルクス（廣瀬覚訳）［2020］，『新実存主義』岩波新書．

北野充［2016］，『核拡散防止の比較政治——核保有に至った国，断念した国』ミネルヴァ書房．

黒沢満［1983］，「核兵器不拡散条約体制の起源」『法政理論』第 15 巻，第 3 号，15-55 頁．

「原子力のすべて」編集委員会編［2003］，「1. 原子力エネルギー」『原子力のすべて　資料編』国立印刷局，300 頁．

鈴木一人［2023］，「経済制裁のジレンマ」浅田正彦，玉田大編著『ウクライナ戦争をめぐる国際法と国際政治経済』東信堂，131-143 頁．

立山良司［2007］，「中東における核拡散の現状と問題点」『アジア研究』第 53 巻，第 3 号，57-71 頁．

戸﨑洋史［2008］，「核兵器拡散防止のアプローチ——『決然たる拡散国』への対応を中心に」浅田正彦，戸﨑洋史編『核軍縮・不拡散の法と政治』信山社，273-296 頁．

西田充［2016］，『核兵器廃絶実現のために——『核兵器の必要のない世界』の構築の必要性』RECNA ポリシーペーパー第 2 号，2016 年 3 月．https://www.recna.nagasaki-u.ac.jp/recna/bd/files/REC-PP-02.pdf

西田充［2023a］，「ミサイル拡散と核軍縮の関係」『核兵器問題の主な論点整理——国際政治・安全保障編　改訂版』RECNA ポリシーペーパー第 17 号改訂版，2023 年 6 月，23-25 頁．https://www.recna.nagasaki-u.ac.jp/recna/bd/files/REC-PP-17-Rev.pdf

西田充［2023b］，「核廃絶後の原子力の平和利用」同上，80-82 頁．

樋川和子［2019］，「核不拡散における保障措置とは」日本軍縮学会編『軍縮・不拡散の諸相』信山社，261-280 頁．

樋川和子［2021］，「第 10 回 NPT 運用検討会議に向けて——NPT 運用検討会議の結果と核不拡散をめぐる動向に関する考察と今後の展望」『軍縮研究』第 10 巻，第 1 号，2021 年 7 月，4-15 頁．

フェルバー，クリスティアン（池田憲昭訳）［2022］，『公共善エコノミー』鉱脈社．

堀部純子［2023］，「北朝鮮の核・ミサイル『ビジネス』への対応」『核兵器問題の主な論点整理——国際政治・安全保障編　改訂版』RECNA ポリシーペーパー第 17 号改訂版，2023 年 6 月，59-61 頁．

前田寿［1956］，『第二次大戦後における軍縮問題の発展（朝日新聞調査研究室報告社内用：58）』朝日新聞社，28-29 頁．

丸山俊一［2021］，『マルクス・ガブリエル 新時代に生きる「道徳哲学」』NHK 出版新書．

向和歌奈［2023］,「核不拡散条約の不平等性」,「消極的安全保証」『核兵器問題の主な論点整理——国際政治・安全保障編　改訂版』RECNA ポリシーペーパー第 17 号改訂版, 2023 年 6 月, 36-39 頁。

Carlson, John [2018], "Multinational Approaches to the Nuclear Fuel Cycle," in Pilat, Joseph F. and Busch, Nathan E. (eds.), *Routledge Handbook of Nuclear Proliferation and Policy*, London, Routledge, pp. 403-415.

Evans, Gareth and Kawaguchi, Yoriko [2009], *Report of the International Commission on Nuclear Non-proliferation and Disarmament*.

Gallagher, Nancy W. [1999], *The Politics of Verification*, The Johns Hopkins University Press.

Koch, Susan J. [2018], "Interdiction and Law Enforcement to Counter Nuclear Proliferation," in Pilat, Joseph F. and Busch, Nathan E. (eds.), *Routledge Handbook of Nuclear Proliferation and Policy*, London, Routledge, pp. 265-275.

Litwak, Robert S. [2018], "Counterproliferation and The Use of Force," in Pilat, Joseph F. and Busch, Nathan E. (eds.), *Routledge Handbook of Nuclear Proliferation and Policy*, London, Routledge, pp. 226-236.

Mount, Adam and Nephew, Richard [2017], "A Nuclear Weapons Ban Should First Do No Harm to the NPT," *Bulletin of Atomic Scientists*, 7 March 2017. https://thebulletin/2017/03/a-nuclear-weapons-ban-should-first-do-no-harm-to-the-npt/

Non-Aligned Movement, "Working Paper Submitted by the Members of the Group of Non-Aligned States Parties to the Treaty on the Non-Proliferation of Nuclear Weapons," NPT/CONF.2020/WP.25, 24 November 2021.

Schell, Jonathan [2000], *The Fate of the Earth: The Abolition*, Stanford University Press.

The Stanley Foundation [2017], *The Iran Nuclear Agreement: Could It Inform Future Nonproliferation and Disarmament?* January 2017.

第3章
安全保障の共通言語としての国際法

***
河合　公明
真山　　全
樋川　和子

1 はじめに
―― 国際政治と国際法

河合公明

　国際政治学者バーナード・ブローディは、米国が 1945 年に広島と長崎に投下した原爆について考察し、当時の技術的条件の下では原爆の「主な目標は都市」であり、攻撃側には「他の種類の目標を求める誘因はほとんどない」と記した[1]。彼は、核兵器が「必然的に無差別破壊兵器であるという事実」により、「国際法が課す『軍事』目標と『非軍事』目標の区別は完全に崩された」と考えた（Brodie（ed.）1946：36）。

　他方、20 世紀前半における武力行使の違法化を背景に、かつて戦争法と呼称された *jus in bello* は、既存の法を再確認しつつ「人道（humanity）」を重視する方向に発展し、国際人道法（武力紛争法）と呼称されるようになった[2]。国際人道法上、区別原則により対都市攻撃は禁止される（ジュネーヴ諸条約第 1 追加議定書第 48 条、第 51 条及び第 52 条）。区別原則は、戦闘員と文民、軍事目標と民用物を区別し、それぞれ後者を保護するための国際人道法の原則である[3]。それは、「慣習国際法の侵すことのできない原則」の 1 つとみなされている（ICJ 1996：para. 79）。

　この国際人道法上の禁止を十分に承知しているのであろうが、それでもなお、国際政治学では「核抑止のためには、核攻撃をする側への対都市核報復をする他に手がないという戦略的必要性がある」（土山 2014：425）といった議論がよ

---

[1] この記述は、後に「カウンター・バリュー（countervalue）」戦略と呼ばれる、相手国の都市や文民たる住民や民用物に被害を与えると威嚇することで相手を抑止する目標選定に理論的基礎を与えた。

[2] 国際人道法（International Humanitarian Law）という用語は、1971 年にジュネーブで開催された政府専門家会議ではじめて公式に使用された。

[3] 武力紛争で使用される害敵手段としての兵器は、軍事目標に対して使用されるもので、軍事目標ではない文民及び民用物に向けて使用されてはならないという点は、一般にあまり理解されていない。

くなされる。国際法の視点からは、このような「報復」は区別原則違反の対都市攻撃になるため、戦時復仇の法理で適法化する他はなくなる。戦時復仇とは、一方の武力紛争当事国による国際人道法上の違法行為を停止させるため他方の当事国が行う同様の違法行為で、その行為の違法性は阻却されるというものである。

　結局のところ、区別原則で禁止された対都市攻撃を戦時復仇で適法化するという捻れた議論を持ち出さない限り、核兵器で文民や民用物を意図的に攻撃することは国際法上「絶対に」許されない（Diss. Op. Higgins, ICJ 1996:para. 12）。そもそも対都市攻撃が禁止されるのであれば、大量破壊兵器である核兵器を何に対して使用するのか。核兵器の壊滅的な破壊力に抑止の観点から大きな有用性をみるからこそ、捻れた議論を持ち出してでも、核兵器の保有国は核戦力を強化してきたのである。

　このように、核抑止をめぐる議論では、国際人道法の原則が論者の意識において後景に退きがちである。国際法学の立場からさえ、「少なくとも重要な分野（国家の武力行使等）では国際法が守られないと考えるからこそ、国際政治学は国際法の規則・原則や国際法の視点を無視した研究に安んじることができた」との指摘がある（大沼 2001:8）。国際政治の議論では、法は力の従僕の扱いを受けていることになるが、法的義務付けが無価値であるということを意味するものではない。

　いかなる社会でも、その構成員は絶対的な行動の自由を有するわけではなく、一定の規律のなかで生きている（Kohen 1999:311）。国際社会という分権的なシステムは、外部的な統制や制裁よりも自発的な法の遵守がより大きな役割を果たすという意味において、「他律的（heteronomous）」であるより「自律的（autonomous）」なシステムである（Kolb 2014:187）。こうしたシステムで活動する国家などの主体が、自らの存在基盤――国際社会――をどのように規律するかは、自らの存続――安全保障――にとって現実的な課題のはずである。

　「規範は銃弾を止めることはない」（D'Amato 2014:656）かもしれないが、それでもなお国際政治の議論の中心にある安全保障の分野で国際法の発展がみられてきたのはなぜか。それは、諸国家が、自らの存在基盤である国際社会の根本的な破壊を回避し、その持続可能性を担保するためにはやはり何らかの規範が必要であると認識し、協働してそうした規範形成を積み重ねてきたからにほ

かならない。国際政治の立場からも、核兵器の問題を国際法に基づいて議論することに意味を見出すべき理由は、核兵器が国際社会を根本的に破壊しかねない兵器だからである。「力（brute strength）だけでは生存競争のメカニズムのなかにおいて必ずしも成功しない」のである（Kissinger 1957:394）。だからこそ、立場の異なる国家間の「意思伝達」や「交渉媒介」を可能にする国際法の機能（大沼 2001:19-21）に着目し、安全保障を追求するための「共通言語」として国際法を活用することにも意味がある。それにより、現実主義的とされる立場──核抑止論を肯定──と理想主義的とされる立場──核抑止論を否定──の間で膠着する、核兵器をめぐる議論のあり方にも変化が生じるかもしれない。

以上の問題意識に立ち、本章では、「ローフェア（lawfare）」を通じて安全保障を追求することを考える。元々ローフェアは、米国空軍法務官のチャールズ・ダンラップ将軍による造語とされ（Dunlap 2008:147）、「ウォーフェア（warfare）」（＝戦争）における勝利のために法を利用することの重要性を指摘するものであった。これに対し、本章では、法を「力（power）」（＝パワー）の従僕として用いるローフェアではなく、法の価値や機能を通じてパワーを制御することを念頭に置き、法や法的思考を駆使して相手を説得する様々な試みをローフェアと定義して議論を進める。

近代ヨーロッパで生まれた国際法には、国際社会の強者が弱者を支配する手段として機能してきた歴史がある。他方で、法は当事者間で平等に適用されることを建前としており、それゆえ今日では、弱者が強者のパワーを制御する機能を国際法に見出すこともできよう。核抑止を否定する立場もまた、国際法を活用することが可能である。本章では、武力による威嚇及び武力の行使の合法性に関する法──*jus ad bellum*──と武力紛争における犠牲者を保護し敵対行為を規律する法──*jus in bello*──のそれぞれと核兵器の使用の関係が分析され、さらに核兵器の保有に関する軍縮国際法の意義とその限界が示される。以上の分析を貫くのは、分権的で自律的な国際社会で国際法をどのように有意義に機能させるかという視点である。

2　武力行使に関する法と核兵器

河合公明

1　武力行使の違法化

　伝統的な国際法の下では、戦争は国家間の紛争解決の手段として許容されていた。国際社会では紛争の平和的解決の仕組みが不十分であったため、戦争による紛争解決もやむをえないと考えられたからである。19世紀後半には、①戦争の原因の正当性を判断する有権的判断者は国際社会にはない、②戦争の防止は国際法にはできない、③国際法にできるのはすでにある戦争を規律すること——*jus in bello*——にとどまると考えられ、戦争の正当化事由としての法——*jus ad bellum*——について深く考えることに実益はなかった。

　20世紀の国際社会は、戦争観の大きな転換を経験した。第1次世界大戦が諸国に与えた衝撃は大きかった。この戦争は、それまでの限定戦争とは異なって多数の国が参戦する世界戦争となり、諸国にあってもその全国民を巻き込む総力戦となってしまった。そこで生じたかつてない惨禍は、戦争という紛争解決手段に疑問符を打つことになった。このため、国際連盟規約（1919年）から不戦条約（1928年）へ戦争違法化が進行した。そうした試みも第2次世界大戦を防ぐごとはできなかったが、その反省から生まれた国際連合憲章（1945年）によって紛争の平和的解決の義務と武力の行使の包括的な禁止が定められ、ようやく戦争違法化が完成をみた。

　国連憲章第2条3項は、国際紛争を「平和的手段（peaceful means）」で解決する義務を規定し、第2条4項——*jus ad bellum*——は、「武力による威嚇（threat of force）」と「武力の行使（use of force）」を違法としている[4]。この法的枠組みに反して違法に武力が行使された場合、第7章に基づく集団安全保障

---

4)　ICJはニカラグア事件判決で、第2条4項が慣習国際法の地位にあると述べている（ICJ 1986: paras. 187-191）。

措置が予定され、その違法な武力の行使が「武力攻撃（an armed attack）」であれば、集団安全保障措置がとられるまでの間、第51条に基づき、武力攻撃を受けた国には個別的自衛権及びこれを助ける他の国には集団的自衛権──*jus ad bellum*──の行使が認められている。このように、武力の行使は例外的な場合にのみ許容される。したがって、今日、*jus ad bellum* を *jus contra bellum* と呼び換える場合があるのには理由がある[5]。

2　自衛権の行使と核兵器の使用

今日、*jus ad bellum* に関して重要な部分を占めるのは、自衛権の問題である。自衛権の行使にあたって核兵器が使用された場合、それは法的にどう評価されるか。国連憲章第51条の規定により、自衛権の行使には「武力攻撃の発生」が必要である。さらに、自衛権の行使にあたっては、慣習法上、「必要性（necessity）」及び「均衡性（proportionality）」という2つの要件を満たさなければならない[6]。必要性の要件は、当該状況で侵害を阻止するに武力の行使を必要とするか否かに関わる。均衡性の要件は、攻撃国の武力の行使の規模や烈度に反撃国のそれが均衡した反撃しているか否かに関わる。

国際司法裁判所（ICJ）は、核兵器の合法性に関する1996年の勧告的意見の主文(2) Cで、「国連憲章第2条4項に反し、第51条のすべての要件を満たさない核兵器による武力による威嚇または武力の行使は違法である」と述べている（ICJ 1996:para. 105 (2) C)[7]。換言すれば、武力攻撃の発生を前提に、自衛権の行使にあたり必要性と均衡性の要件を満たすならば、核兵器に限らずすべての兵器の使用は *jus ad bellum* からすれば適法であることになる。

---

[5]　それゆえ、例外的な場合にのみ許容される武力の行使を自国の安全保障を理由に自衛権で適法化しようとする声高な主張が、*jus contra bellum* を損ないかねない点には警戒が必要である。トーマス・フランクは、「紛争の開始に関する事実が十分に確認できない限り、第51条の運用は実質的にかつ危険なほど無制限である」と指摘した（Franck 2003:811)、この点は、後に検討する自衛の極限状況における核兵器の使用の問題にも関連する。

[6]　ICJはニカラグア事件判決で、これらの要件が慣習国際法であるとしている（ICJ 1986:para. 176）。

[7]　この見解は全員一致である。

核兵器との関連で問題となってきたのは、通常兵器による攻撃に対する核兵器による反撃が自衛権の均衡性の要件を常に満たさないというべきであるのか、通常兵器による攻撃に均衡する核兵器による反撃がその壊滅的な破壊力を考慮してもなおありうるかという問題であった[8]。ICJ の勧告的意見が、核兵器といえども自衛権を行使する要件を満たせばその限りで核兵器の使用は適法になるとし、核兵器の使用が常に自衛権を行使する要件を満たしえない訳ではないとも解せることは、この問題を考える上で大きな意味を持っている。

　なお、ICJ は同勧告的意見で、「自衛の法のもとで均衡である武力の行使は、それが適法であるためには、特に人道法の原則及び規則を含む武力紛争で適用される法の要件も満たさなければならない」としている（ICJ 1996:para. 42）。この見解は、自衛権の行使が均衡性の要件を満たすためには、*jus in bello* の要件もまた満たさなければならないものと解される（根本 2007:71-74）。ICJ はオイルプラットフォーム事件判決でも、イランのオイルプラットフォームが米国による自衛権の行使の際に攻撃対象となる合法的な軍事目標（legitimate military target）であることを示さなければならないとした（ICJ 2003:para. 51）。そこでは、*jus in bello* の規則の充足が *jus ad bellum* の規則の要件の充足のための条件に転化しているものと考えられる。これは、害敵方法と害敵手段を規律する *jus in bello* 上の法的評価をめぐる議論が、*jus ad bellum* の規則である自衛権上の核兵器の使用の法的評価にも関係してくることを意味している。

3　自衛の極限状況における核兵器の使用

　核兵器の使用に対する法的評価の議論をさらに複雑にしているのは、ICJ が

8）　冷戦期、北大西洋条約機構（NATO）は、通常戦力でソ連に対し劣位にあり核戦力でソ連を抑止することを安全保障政策の基本とした（梅本 1996:138）。こうした政策を国際法の視点でみると、通常戦力に核戦力で反撃することが、自衛権の行使にあたり均衡性の要件を満たすかが論点となる。ICJ は勧告的意見で、核兵器の使用が常に自衛権を行使する要件を満たしえないという立場はとっていない（ICJ 1996:paras. 42-43）。均衡性を考えるにあたり、ICJ が関心を持ったのは、どのような方法や手段を選択するかではなく、当該反撃が意図した結果をもたらすかどうかであったのだろう（Greenwood 1999:259）。なお冷戦後は、NATO とロシア（旧ソ連）の立場が入れ替わり、通常戦力でロシアに対し優位に立つ NATO をロシアが核戦力で抑止する構造に変化している。

「自衛の極限状況（an extreme circumstance of self-defence）」について別に取り上げたことである。ICJ は 1996 年の勧告的意見で、「核兵器の威嚇または使用は、武力紛争に適用される国際法の規則、特に人道法の原則及び規則に一般的に違反するであろう」（主文 (2) E 前段）とする一方、「国際法の現状及び裁判所が利用しうる事実の要素に鑑みるとき、国家の生存そのもののかかった自衛の極限状況において、核兵器の威嚇または使用が合法であるか違法であるかについて確定的に結論することはできない」（同主文 (2) E 後段）とした（ICJ 1996: para. 105 (2) E）。

　主文 (2) E の第 1 の問題は、核兵器の使用が、特に国際人道法の原則及び規則に「一般的に違反」すると同前段で述べているにもかかわらず、それに違反する核兵器の使用であっても、自衛権で許容される可能性が完全には排除されていないように同後段が読める点である。つまり、この見解は、*jus ad bellum* の規則による評価が *jus in bello* の規則の適用に影響を与えるかのようにも読めるのである。しかし、自衛の極限状況における核兵器の使用の法的評価——それは *jus ad bellum* の次元の問題である——が、*jus in bello* の次元で確定的に結論できないものと ICJ が述べたとするならば、それは差別適用に基づくものとして問題のある考え方であろう。

　なぜならば、国際法においては、相手から武力攻撃を受けた場合に、被攻撃国の武力の行使が合法であるためには、*jus ad bellum* の規則である自衛権で適法化されなければならない。また、武力攻撃とその反撃で生じた武力紛争における敵対行為は、*jus in bello* の規則に従わなければならない。さらに *jus in bello* の規則は、*jus ad bellum* 上の評価にかかわらず、紛争当事者に等しく適用される。以上のことは平等適用の原則と呼ばれ、核兵器の使用の法的評価を考える際にも当てはまる国際法の基本的な原則である。ICJ の見解は、こうした原則を否定することになりかねないからである。そのような法解釈は、国際社会の法の支配の実現という視点からは容認しえないだろう。ICJ のロザリン・ヒギンズ判事は、ICJ の見解は、国際人道法に違反するような核兵器の使用さえも「合法となり得る可能性を未解決のまま残す」ものであり、それは「核兵器国によりなされたいかなる主張をも超える」（Diss. Op. Higgins, ICJ 1996: para. 29）と批判した。武力紛争で適用される *jus ad bellum* と *jus in bello* の基本的な関係からの逸脱を容認するような解釈に道を開いたという点

で、主文（2）Eに示されたICJの見解には法的に大きな問題がある。

　主文（2）Eの第2の問題は、ICJの意図を超えて、自衛の極限状況であれば自衛権の要件を超えて核兵器を使用できるとする議論を同後段が生み出しかねないという点である[9]。勧告的意見には法的拘束力こそないものの権威ある国際的な司法機関の法的見解としての重みがあり、実際のところ、核兵器の保有国の核ドクトリンや見解はそれを利用しているかのようである。

　例えば、米国は、自国と同盟国などの「死活的な利益（vital interests）」を守る「極限的な状況（in extreme circumstances）」において「のみ核兵器の使用を考慮する（would only consider）」としている（US 2022:9）。それは、死活的な利益を守る――そこには自衛の極限状況が含まれるであろう――ためであれば、自衛権の要件を超えた核兵器の使用も排除されないかのようにも読め、同盟する他国の死活的な利益を守る――そこには他国にとっての自衛の極限状況が含まれるであろう――ための核兵器の使用も肯定している[10]。同様に、ロシアは、通常兵器を用いたロシアへの侵略により「国家の存立が危機に瀕した場合（когда под угрозу поставлено само существование государства）」において核兵器を使用する権利を留保するとしている（Russia 2020:para. 19-r）。イギリスは、核兵器の使用は「自衛における極端な状況においてのみ（only in self-defence in extreme circumstances）」考慮されるとしている（Howe 1996）。フランスは踏み込んで、国連憲章第51条に規定された正当な自衛の例外的状況では、核兵器の使用や威嚇が「適法たりうる（may be legal）」ことをICJが認めたとし、それがフランスの立場であるとしている（Reuters 1996；Burroughs 1997:155）。

---

9)　例えば、ICJのジルベール・ギョーム判事は個別意見で、「裁判所は、自衛の極限状況においては、国際法は国家に指針を示していない」とし、「もし法がこうした場合に沈黙しているのであれば、国家は自らの意図するところに従い自由に行動できるままである」と主張している（Diss. Op. Guillaume, ICJ 1996:para. 9）。しかし、「国連憲章第2条4項に反し、第51条のすべての要件を満たさない核兵器による武力による威嚇または武力の行使は違法である」とする全員一致の主文（2）Cに賛成しているギョーム判事が、なぜ「自衛の極限状況においては、国際法は国家に指針を示していない」と述べたのか、主文（2）Cの立場と個別意見の関係は必ずしも明らかではないように思われる。

10)　これは、米国の核兵器の使用が個別的自衛権の行使に基づく場合に限定されず、その同盟国のための集団的自衛権の行使に基づく場合があることを示している。

こうした核ドクトリンや見解が、もし *jus ad bellum* の規則である自衛権の要件の制限の解除の意図に基づくものであるならば、それは実に危険な考え方である。こうした考え方に道を開きかねないという点でもまた、主文（2）Eに示されたICJの見解は大きな問題を抱えている[11]。

4 核兵器使用の意図の表明と武力による威嚇

以上のように、核兵器の使用は、自衛権を行使するための要件に照らして法的評価を受ける。これに対し、核兵器を使用する用意があるとの意図を明らかにすることは、どのような法的評価を受けるか。この問題について考えるために、そのような意図を明らかにすることと国連憲章第2条4項で禁止されている「武力による威嚇」の関係について考えてみよう。

ある国が他国から武力攻撃を受ければ、当該の被攻撃国には自衛権を行使した反撃が許される。したがって、武力攻撃を受けることが予期される国——当該の被攻撃国——が、自衛権の範囲、つまり必要性と均衡性の要件の下で武力の行使を排除しないと「合図を送る（signal）」[12]ことは（ICJ 1996:para. 47）、第2条4項で禁止された「武力による威嚇」には該当しない。この考え方は、自衛の手段や方法のいかんを問わずにいえることで、核兵器の場合にも妥当する。

ICJは、1996年の勧告的意見で、「予期される武力の行使が違法ならばその威嚇も違法」であるとし、「武力の行使」と「武力による威嚇」を一体として法的評価の対象とした（ICJ 1996:para. 47）。そして、国連憲章第2条4項に反し、第51条のすべての要件を満たさない核兵器による武力による威嚇または武力の行使は違法であるとした（ICJ 1996:para. 105（2）C）。つまり、ある国が武力の行使を排除しないとの合図を送る場合、それが適法であるためには、予期されるその武力の行使は自衛権を行使するための要件を満たすものでなければならない。しかし、その要件を満たさないことが予期される状況で武力の

---

11) なお、日本は、ICJの見解を「厳粛に受け止める」としている（答弁書（安倍）(2007)）ものの、自衛の極限状況における核兵器の使用の問題について、政府がいかなる立場にあるかは必ずしも明らかにしていない。

12) ICJは、「違法な攻撃のリスクを軽減または排除するために、国家は時に、自国の領土保全や政治的独立を侵害するいかなる国家に対しても、自衛のために特定の武器を保有することを意思の表示（signal）をすることがある」と述べている。

行使を排除しないとの合図を送る場合、それは「武力による威嚇」に該当し違法と評価される。

5　取り残された核抑止政策の法的評価

　それでは、核抑止政策はどのような法的評価を受けるであろうか。直接的に問われていなかったとはいえ、1996年の勧告的意見において、ICJが「抑止政策（policy of deterrence）」に法的評価を下さなかったことは（ICJ 1996:para. 67）[13]、その問題をどう考えるかという課題を残している。ICJは、核兵器の使用だけでなく「核兵器の威嚇（threat of nuclear weapons）」についても、武力紛争に適用される国際法の規則、特に人道法の原則及び規則に「一般的に違反する」としているため（ICJ 1996:para. 105（2）E）、その見解と「抑止政策」との関係が問われるのである。

　ここではまず、核抑止とは何をいうかを考えてみよう。通常兵器とは異なる壊滅的な破壊力を持つ核兵器（Norway 2013）[14]は「抑止（deterrence）」と結びつき、「核抑止（nuclear deterrence）」という概念が生まれた。核抑止の研究で先駆的な役割を果たしたグレン・スナイダーは、抑止を「何らかの制裁を加える（applying some sanction）という脅し（threat）により、自己の利益に反すると思われることを他者に思いとどまらせる（dissuade）力」と定義している（Snyder 1960:163）。つまり核抑止は、壊滅的な破壊力を持つ核兵器の「使用の可能性（possible use）」を表示してなされる威嚇である（Diss. Op. Schwebel, ICJ 1996:314）。

　それでは「威嚇（threat）」とは何であろうか。それは一般に、相手に不安や

13）　ICJは、「『抑止政策』として知られる慣行について、ここで述べるつもりはない。多くの国が、冷戦の大部分でそうした慣行に従ったことは事実であり、現在も従い続けていることに留意する」と述べるにとどまった。

14）　ノルウェーのオスロで2013年3月に行われた核兵器の人道的影響に関する国際会議の議長総括は、いかなる国家または国際機関も、核兵器の爆発が直ちにもたらす人道上の緊急事態に適切に対応し、被害者に対して十分な救援を提供できるとは「考えにくい（unlikely）」とし、そうした能力を確立しようとしても、それは「可能でないかもしれない（might not be possible）」としている。この評価は、核兵器が通常兵器とは異なる壊滅的な破壊力を有することを示している。

恐怖などの心理状態を作り出して相手の行動に影響を与える行為であるとされ、「強制（coercion）」の一形態とされる（Sadurska 1988:241）。国連憲章では、第2条4項が「武力による威嚇（threat of force）」を禁止しているものの、その定義を示していない。国連憲章のコメンタリーは、第2条4項に規定される「武力による威嚇」は、他国の「特定の行動（specific behavior）」に向けられた「強制の意図（coercive intent）」を要するとしている（Simma et al.(eds.) 2012: 218）。

　他国に何かをさせること[15]、またはさせないこと[16]を目的とする強制は、違法な武力の行使を他国に合理的に予期させるならば、単なる内政干渉を超えて第2条4項のいう「武力による威嚇」に該当し違法となる[17]。以上を前提に、自国の核兵器の使用を他国に予期させることで他国に攻撃を思いとどまらせる核抑止の国際法上の評価を行うことにする。

6　直接的抑止の法的評価

　国際政治学においてパトリック・モーガンは、軍事能力を持つ相手の国家が「攻撃を考え準備している（contemplating and preparing an attack）」ときに、その対象とされた側が当該の「特定の相手に対して威嚇する（issue threats to a specific opponent）」ことを「直接的抑止（immediate deterrence）」と定義して

---

[15]　国際政治学では、トーマス・シェリングが、自らの望む行動を他者にさせることを目的とする強制を「強要（compellence）」として概念化している（Schelling 1966:69-91）。また強制には、先行する他者の行動を受けて、それを取り消すよう他者に働きかける場合も考えられる。こうした強制を、アレクサンダー・ジョージは「強制外交（coercive diplomacy）」として概念化している（George et al. (eds.) 1994:7）。

[16]　先に見たように、抑止とは他者に何かをさせないこと（dissuade）である。核抑止は、武力の行使——核兵器の使用——の用意があるとの意図を明らかにすることにより、他者に何かをさせないこと——不作為——である。不作為を求める抑止は、作為を求める強要と強制を軸にして鏡像関係にある。

[17]　したがって、例えば、2022年2月に始まったロシアによるウクライナ侵略においてロシアがNATO諸国に対して核兵器の使用に言及したことは、ロシアによる武力の行使が同年3月2日の国連総会緊急特別会合決議（A/ES-11/1, 2 March 2022）で国連憲章第2条4項に「違反する（in violation of）」とされたものであることから、核兵器の使用への言及も武力による威嚇に該当し違法である。

いる（Morgan 2003:9）。こうした直接的抑止は、どのような法的評価を受けるか。特定の国 A と常日頃から A を脅威とみなす国 B を仮設して考えてみよう。

B に対する A からの武力攻撃を受けることが合理的に予期される場合——B が A からの「武力による威嚇」を受けている場合——に、B が A に対して、必要性と均衡性の要件の下自衛権の範囲で「武力の行使」を排除しないとの意図を明らかにすることが、第 2 条 4 項で禁止された「武力による威嚇」に該当しないことは、先に述べたとおりである。

次に、B に対する A からの武力攻撃が発生したが、B は核兵器の使用に踏み切らずに、B が A を核兵器で引き続き威嚇する行為はどうか。B のこうした行為は *jus ad bellum* の規則である自衛権の行使であり、ここでも自衛権を行使する 2 つの要件である必要性と均衡性に照らして適法性が評価される。B が A からの継続的な武力攻撃にさらされている状況下であれば、B が核兵器で A を威嚇して A からのさらなる武力攻撃を防ぐ行為は適法化される可能性があろう（Stürchler 2007:273）。

最後に、B が核兵器の使用に踏み切った場合はどうであろうか。例えば、進行する A からの武力攻撃で劣勢に置かれた B が、限定された規模の核兵器の使用により戦闘の停止や領域外への撤退を A に要求するような場合である。こうした B の行為は「エスカレーション抑止」[18] に相当するものと考えられ、*jus ad bellum* の規則上は、自衛権の必要性及び均衡性の要件を満たすかという点が問題となろう。

7 　一般的抑止の法的評価

以上のような直接的抑止に対し、特定の相手や状況への言及のない核抑止政策の法的評価について考えてみよう。ICJ のステファン・シュウェーベル副所長は、威嚇の相手や状況を特定していない核抑止政策は「一般性（generality）」を有するとした（Diss. Op. Schwebel, ICJ 1996:314）。この指摘は、モーガンが

---

[18] 　エスカレーション抑止はロシアの核戦略であるとされ、①進行中の紛争においてロシアが劣勢に陥った場合、敵に対して限定された規模の核攻撃を行って戦闘の停止を強要する、②進行中の紛争や予期される紛争に米国などの大国が関与してくることを阻止するために限定された規模の核攻撃を行うものと理解されている（小泉 2021:93）。

定義した「一般的抑止（general deterrence）」を想起させる。一般的抑止とは、攻撃に対する「懲罰的対応の広範な威嚇（broad threats of a punitive response）」によって[19]、「いかなる者（anyone）」からの攻撃も阻止する行為である（Morgan 2003:9）。

　国際法におけるこれまでの議論をみると、こうした核抑止政策は強制ではなく単なる「警告（warning）」であり、禁止された「武力による威嚇」には該当しないと考えられているようである（Sadurska 1988:267）。一般的抑止には威嚇の対象となる相手国に関する特定性が欠落していることから、*jus ad bellum* の規則上の正当化も不要であると考えられたのであろう。換言すれば、予期される武力の行使が特定されていない状況における抑止が、一般的抑止に当たるものと考えられる。ICJが1996年の勧告的意見で核抑止政策の法的評価を行わなかった背景には、一般的抑止に関するこのような理解があったものと推測される。

　ただし、ここで考える必要があるのは、威嚇の相手や状況を特定しない核抑止——モーガンによる一般的抑止——が理論上ありうるとしても、現実の核抑止政策がそうした理念型に当てはまるかという問題である。核抑止政策が冷戦期の米国とソ連の対立のなかで形成されてきたことは歴史的事実であり、少なくともそこでは威嚇の相手——仮想敵——が特定されていたことは明らかである。冷戦後においても、核兵器の保有国による核抑止政策のこうした基本的特徴に変わりはない（ICJ 1996:para. 67）。現実の核抑止政策は、威嚇の相手や状況を特定しない一般的抑止たりうるのだろうか。この問いには、十分な理由があるものと考えられる。

19）　ここで、懲罰的な核兵器の使用を自衛権で適法化できるかという問題に触れておく。国際政治学の概念である「懲罰的抑止（deterrence by punishment）」は、相手の行動に対する自らの「報復（retaliation）」により、相手に「耐えがたい破壊（unacceptable destruction）」の可能性を想起させ、相手の行動を思いとどまらせることである（Snyder 1960:163）。これに対し国際法上の自衛権の行使は、必要性と均衡性の要件の下、相手による武力攻撃を中止させ撃退することに限定され、それを超えて、相手に耐えがたい破壊を与えることを目的とする懲罰は自衛の範疇を超える（根本 2004:62；Gray 2018:159）。したがって、懲罰を目的とする核兵器の使用を自衛権で根拠づけることはできない。相手に与える耐え難い破壊が自らの被った破壊と均衡していなければ、均衡性の要件を満たさないであろう。

一般的抑止を観念できるとした場合に生じる問題として、通常兵器とは異なる壊滅的な破壊力を持った核兵器については、その使用が国連憲章第51条の自衛権の必要性と均衡性の要件を満たす状況は考えられるかという、直接的抑止の場合と同じ問題が存在する。その他に、一般的抑止が特定された仮想敵を持たない抑止であるゆえに、核兵器の保有数に歯止めがきかなくなるのではないかという問題もあろう。

　前者の問題については、ICJ が 1996 年の勧告的意見で、核兵器の威嚇について、武力紛争に適用される国際法の規則、特に国際人道法の原則及び規則に一般的に違反するとしたのは（ICJ 1996:para. 105（2）E）、暗黙のうちに直接的抑止の場合と同じ問題を想定していたのかもしれない。つまり、核兵器については、*jus in bello* の規則に照らして適法な使用が想定されにくい——使用の一般的な違法性——ことから、予期された使用が違法であれば、その使用の威嚇も違法——威嚇の一般的違法性——であると考えたのではないかということである。

　後者の一般的抑止に特有な問題については、ICJ は同勧告的意見で、核兵器の「保有（possession）」が直ちに「武力による威嚇」に該当するとの立場をとっていない（ICJ 1996:para. 48）。しかし、通常兵器とは異なる壊滅的な破壊力を持つ核兵器について、一般的抑止の名の下無制限にその保有を認めることは、実際に自衛権を行使することを想定した場合、均衡性の要件から見て保有数そのものが自ずと過剰であるとの議論もありうるのではないか。

　このように、通常兵器とは異なる壊滅的な破壊力を持った核兵器については、一般的抑止に基づくその保有や増強が国連憲章第２条４項に反する「武力による威嚇」に該当するのではないかという議論にも、理由がないわけではないのである。

8　核抑止政策に *jus ad bellum* はどこまで迫れるか

　本節では、*jus ad bellum* という「共通言語」を用いて、まず、自衛権を行使するための要件に照らした核兵器の使用の法的評価を、次に、武力による威嚇の禁止規定との関連で核抑止政策の法的評価を行った。ここまでの議論を要約しよう。

まず、核兵器の使用に対する自衛権における評価についてである。武力攻撃の発生を前提に、*jus ad bellum* の規則である自衛権の必要性と均衡性の要件を満たすならば、核兵器に限らずすべての兵器の使用は自衛権で適法化される。ICJ は、核兵器の使用それ自体が直ちに自衛権における必要性と均衡性に反するとはせず、また、相手からの核兵器による攻撃の場合にのみ核兵器を自衛のために使うことができるともしなかった[20]。

　なお、ICJ は、自衛権の行使が均衡性の要件を満たすためには、国際人道法の規則の要件もまた満たさなければならないとし、そこでは、*jus in bello* の規則の充足が *jus ad bellum* の規則の要件の充足のための条件に転化しているものと考えられる。そのため、通常兵器とは異なる核兵器の壊滅的な破壊力を考えれば、1996 年の勧告的意見も指摘するように、核兵器の使用が *jus in bello* の規則の要件を満たす状況は考えられないとの議論もありうる（ICJ 1996:para. 94）。しかし、一般国際法で禁止される害敵手段とは必ずしもされない核兵器を国際人道法にしたがって適法に使用することは可能とする立場からは、このような議論には根拠がないとの批判があろう[21]。こうした対立状況から、*jus ad bellum* の規則である自衛権上の核兵器の使用の法的評価にも関係してくる、害敵方法を規律する *jus in bello* 上の議論が重要になってくるのである。

　この点は、ICJ の 1996 年の勧告的意見は、自衛の極限状況において核兵器の威嚇または使用が合法であるか違法であるかについて判断しなかったことに

20）　このことは、国際法が、ある国が核兵器を保有する目的は他国の核兵器による攻撃を抑止するという考え方——いわゆる「唯一の目的」論——までは要求していないことを意味する。「唯一の目的」論については、Fetter［2018］を参照。

21）　例えば、米国は 1995 年の ICJ への陳述書で、以下のように述べている。「核兵器は、軍事目標に照準を合わせられないので違法との主張がある。この議論は、核兵器で特定の軍事目標を狙うことができる運搬システムの能力と、様々な種類の軍事目標に対処するために核兵器の効果を調整する兵器設計者の能力を無視している。核兵器は、軍事目標に照準を合わせることができ、区別的な方法で使用することができるので、本来的に無差別なわけではない」（United States 1995:23）。他方で、米国の戦略軍司令官を務めた C・ロバート・ケーラー空軍大将は、「通常戦争に適用されるますますの制限や法解釈は、核兵器やその不可避な付随的影響に適用された場合、達成できない（極端に実施されるのであれば、望ましくない）可能性があることを懸念していた」（Kehler 2022: 150）と述べている。

も関わってくる。ICJ の勧告的意見には、自衛の極限状況であれば *jus ad bello* の規則である自衛権の要件をも緩和するような主張を導きかねない危険性がある。しかし、この見解は、国際人道法に違反する核兵器の使用であっても自衛権で許容される可能性を ICJ が完全には排除しなかったというにとどまり、*jus in bello* の次元でのみ議論すべきであろう。またその次元で議論するとしても、*jus in bello* の規則は、*jus ad bellum* の規則の評価にかかわらず紛争当事者に等しく適用されるのであって、ICJ の見解は、平等適用の原則を否定することになりかねない。何よりもこの見解は、害敵方法を規律する *jus in bello* 上の法的評価を、*jus ad bellum* の規則である自衛権上の核兵器の使用の法的評価に関連付けることを意味し、*jus in bello* の遵守を重視する ICJ の考え方とも両立しないであろう。

次に、核兵器を使用する用意があるとの意図を明らかにすることと、国連憲章第 2 条 4 項で禁止されている「武力による威嚇」との関係について検討を行った。他国に何かをさせること、またはさせないことを目的とするかを問わず、自国の違法な武力の行使を他国に合理的に予期させる強制は、単なる内政干渉を超えて国連憲章第 2 条 4 項にある「武力による威嚇」に該当し違法となる。

ICJ が 1996 年の勧告的意見で核抑止政策の法的評価を行わなかった背景には、一般性を有する核抑止政策は強制ではなく単なる警告であり、禁止された武力による威嚇には該当しないと考えられてきた経緯もあろう。しかし、一般的抑止も、核兵器を使用する用意があるとの意図を明らかにするという点で直接的抑止と変わりはなく、本来はともに国連憲章第 2 条 4 項及び第 51 条から法的評価を受けるべきなのである。本節では特に、通常兵器とは異なる壊滅的な破壊力を持つ核兵器については、一般的抑止の下無制限にその保有することを認めることは、実際に自衛権を行使することを想定した場合、均衡性の要件から見て保有数そのものが自ずと過剰という議論もありうるのではないかとの問題提起を行った。そうした考え方が法的にはいい過ぎであったとしても、何らかの法的な制約がない限り核軍拡競争を招く危険性があるという議論には、政策的な理由がある[22]。そして、この点に軍縮国際法の重要な意義を見出すことができるのである。

---

22) いわゆる「安全保障のジレンマ」の問題（Herz 1959；Jervis 1979）は、こうした議論の根拠となろう。

3 国際人道法と核兵器

真山　全

1 国際人道法

国際人道法の構造

　国際人道法（international humanitarian law）（武力紛争法）（*jus in bello*）は、武力紛争におけるその当事者の行為を規律するいわば「戦い方のルール」で、武力行使や戦争そのものを防止したり抑圧したりする機能はない。武力行使の防止は国連憲章第2条4項のような他の規則群（*jus ad bellum*）による（第3章2節参照）。

　国際人道法の具体的な規則は、それが戦争法とか戦時法（戦時国際法）と呼ばれていた19世紀半頃から国家間の戦争や武力紛争への適用を念頭に形成されてきた。この種の武力紛争は20世紀半から国際的武力紛争と呼ばれるようになる。一国内の政府と反徒の間の内戦といった非国際的武力紛争は、その性格からして国際人道法の規律が及びにくく、非国際的武力紛争に適用される国際人道法規則の範囲は国際的武力紛争のそれより限定的である[23]。核兵器使用に関しても国際的武力紛争における使用が主に議論されてきたのであり、本節はそれとの関連でのみ論じる。

　国際人道法は、いくつかに区分できる。核兵器使用の法的評価の目的からして最も重要な区分は、戦闘その他の敵対行為を規律するハーグ法（Law of The Hague）と武力紛争犠牲者保護のためのジュネーヴ法（Law of Geneva）のそれである。前者の名称は、敵対行為に関する規則を中心にした条約が1899年と1907年のハーグ万国平和会議で多数採択されたことによる。後者の方は、ジュネーブ所在の赤十字国際委員会（International Committee of the Red Cross, ICRC）が19世紀後半以来、武力紛争犠牲者保護の条約作成の音頭をとってきたことに由来する。

ハーグ法からして敵対行為が適法であるためには次の3つの基本的な規則に従わなければならない。まず、戦闘員及び積極的に敵対行為をなす艦船と航空機は、敵対行為参加資格を有するものであることを外部に表示しなければならない。次に、攻撃は、殺傷や破壊が許容される目標である戦闘員と軍事目標にのみ指向されなければならない。さらに、こうした目標へ向けての攻撃であっても、無差別の効果又は戦闘員に過度の傷害若しくは無用の苦痛（superfluous injury or unnecessary suffering）を与える兵器を使用してはならない。前二者を害敵方法（methods of warfare）に関する規則といい、3つ目を害敵手段（means of warfare）の規制という。

　ジュネーヴ法は武力紛争犠牲者を傷病兵、難船者、捕虜及び文民に分けてその取り扱いを定める。これらの者に共通するのは戦闘外にあって抵抗していない点で、それ故に攻撃から免れ、必要な保護を受ける。

　1907年ハーグ陸戦法規慣例条約付属規則（ハーグ陸戦規則）の規定の多くはハーグ法に分類され、武力紛争犠牲者保護のための1949年のジュネーヴ諸条約は今日のジュネーヴ法の中核を構成する。1977年には国際的と非国際的の武力紛争のそれぞれについてこのジュネーヴ諸条約を補完する第1追加議定書及び第2追加議定書が設けられた。この2つの議定書はジュネーヴ諸条約に追加されるものであるがハーグ法の規定も持ち、両分野に跨る条約となった。

　国際人道法は、その攻撃の目標や保護の対象の所在場所により陸戦法規、海

23）　戦争法は国家間の闘争のみを規律するものではなかったが、主権国家だけが「正しく」戦争をなしうるとされるに至る19世紀において、専らそのような戦争、すなわち、後に国際的武力紛争と呼ばれる闘争を規律するものとされるようになる。戦争法の守備範囲はこうして縮小したのであって、内戦その他の非国際的武力紛争は主に国内法で処理されるものとなった。国際的武力紛争では国家のような国際法上対等の紛争当事者が存在し、相互に殺傷し破壊しあうことが許容される。そのためハーグ法がそこで生じうる。非国際的武力紛争は、例えば、国内法秩序を維持しようとする政府とその転覆を企図する反徒の間の闘争である。国内法からはこの二者は警察官と犯罪者の関係にあり、国際法も前者による後者の国内法に基づく制圧を認め、さらに国内裁判所による後者の処罰を禁止しない。こうした非国際的武力紛争では、法的に対等なもの同士の闘争の存在を必要とするハーグ法の適用は原理的になじまない。また、ジュネーヴ法でも対等当事者の存在を前提とする捕虜関連規定の適用は義務的ではなくなる。非国家的集団が国境外から国家を襲い、それが武力紛争になる場合も非国際的武力紛争に分類される。一国内の内戦で核兵器を使用することはあまり考えられないとしても、非国家的集団の越境攻撃といった状況で、その根拠地に向けて核攻撃を行うことはあるかもしれない。

戦法規と空戦法規にも区分できる。例えば、地上目標への核攻撃は、陸海空のいずれからなされるのであれ同一の規則で規律され、それを陸戦法規と称する。陸戦法規と海戦法規の間では攻撃目標の選定基準に1980年代まで大きな違いがあり、私有財産の扱いでは現在でも顕著な相違がある。空戦法規は海戦法規に範をとったもので、前者は後者の特別法といってよいであろう。陸海空戦法規という区分は、ハーグ法とジュネーヴ法の区分とは独立であるから、陸戦法規でハーグ法の規則とか海戦法規でジュネーヴ法規則といった分類ができる。

　新しい作戦ドメイン（作戦領域）（operational domain）とされるサイバー戦、電磁波戦や宇宙戦については、宇宙戦だけが陸海空戦法規と並ぶ国際人道法の法的ドメイン（legal/*de jure* domain）である宇宙戦法規の形成を導くであろう。サイバー戦と電磁波戦は、現時点では国際人道法上の新法的ドメイン形成には至らず、その効果の発生場所に適用される既存法的ドメインの評価対象となり、そこにおける害敵手段の問題として処理すればよいであろう。

「法の消滅点」における法

　国際人道法は武力紛争の相手方当事者に対する暴力行為を禁止しない。それでは何のために国際人道法があるかといえば、殺傷と破壊が行き過ぎないようにするためである。基本的には許容される行為の行き過ぎを制限又は禁止するのであるから、国際人道法は「これこれしてはならない」という禁止規則の集合である。つまり国際人道法の最も基本的な原則を参照しても禁止が導けない殺傷と破壊は許容される。禁止されない殺傷と破壊は許容されるを反転させ、国際人道法が許容する殺傷と破壊だけが認められるとすれば武力紛争の影響を一層局限できるが、そのような転換はなされていない。

　この点では、法的に戦争に訴えることが許されていた平時戦時二元論の時代にあって戦時に適用される戦時法と変わるところはない。ただし、二元論の時代には戦時法が平時法を排除して適用されると一般に解されていたから、戦時法が禁止しない行為は許されると平時法との関係でもいわれてきたが、国連憲章による平時一元化後は人権法や環境法その他の平時法の規律が武力紛争時にも同時にありうることに留意する必要がある。

　なお、どの場合にどちらが優位して適用されるか、あるいは重畳的な同時適用となるかといった肝心の平時法と国際人道法の効力関係について定説を見ず、

どのような理屈で国際人道法上許容される行為の制限として平時法を作用させるかは残された重要問題である。しかし、国際人道法の枠組内に限っていえば、禁止されない行為は許されるということは今日でも依然正しい。

禁止規範である国際人道法は、国家の存亡がかかり、個々の戦闘員の生死にかかわる状況、すなわち、法的制約を顧慮する余裕がほとんどなく、自らの生存を最優先しなければならない状況で国家や戦闘員の欲する行動を制約する。いかなる原理でかかる「法の消滅点（vanishing point of law）」というべき極限的状態で法的制約を設定しうるかが問われる。この問題は、特にハーグ法で顕著である。それはハーグ法が正に敵との撃ち合いを規律するからで、戦闘外にあって抵抗しない者を扱うジュネーヴ法ではこうした極限的状態を考える必要はあまりない。

これについて通説的には、ハーグ法は極限的状況における作戦の完遂と部隊の損害の最小化という軍事的必要性（軍事的考慮）を織り込み済であり、規則を遵守しても負けることはないようにしているといわれる。しかし、同じく通説的にはハーグ法といえども人道的考慮にも立脚し、軍事的必要性と人道的考慮を均衡させて規則群を構築してきたという。このように国際人道法は両者の均衡をいうが、均衡とは軍事的必要性からすれば人道的考慮への妥協で、勝利の可能性の低減につながるのであって、極限的状況において遵守できる規則を均衡点を探して形成していくのは容易ではない[24]。

2　害敵手段規制と核兵器使用

害敵手段規制の原則と「禁止される兵器」

国際人道法からする核兵器使用の法的評価は、敵対行為評価に関するハーグ法のいう3つの基本的規則の内の害敵手段、すなわち兵器の使用規制に関するものに照らしてまずは行うのが適当であろう。

24）　条約についていえば、その革新性故にそれに入ることに安全保障上の懸念を感じる国が増え、締約国数が多くならなければ普遍性を欠く条約となって実際の適用場面も限定される。条約による制限の強化と条約の普遍性確保はなかなか両立しない。対人地雷禁止条約（オタワ条約）やクラスター弾条約（オスロ条約）はその例で、それらの締約国数はかなり多くなったとはいえ、外国からの軍事的脅威を感じる国で入らないものがかなりある。

無差別的効果を与えるか又は戦闘員に過度の傷害若しくは無用の苦痛を与える害敵手段の使用を禁じるというのは慣習法の確立した原則である。無差別的とは、戦闘員又は軍事目標に向けてもそれらの周囲にある文民と民用物を巻き込むことを指す。過度の傷害又は無用の苦痛は、戦闘員を戦闘外に置くに必要な傷害や苦痛をこえるものをいう。敵対行為に直接参加していない文民に対しては、戦闘員や軍事目標への攻撃に伴う過度ではない巻き添え損害、すなわち付随的損害が発生する場合を除き、傷害や苦痛をそもそも与えてはならない。したがって、必要な傷害や苦痛なら発生させてもよいことを前提とする過度の傷害又は無用の苦痛を生じる害敵手段使用の禁止原則は、専ら戦闘員と敵対行為に直接に参加する文民についてのみ適用があるといわねばならない。

　もちろん、いかなる害敵手段であれ無差別的な効果や、過度の傷害又は無用の苦痛を与えるよう使用することはできる。例えば、通常の弾を用いる自動小銃も乱射すれば無差別的効果を生じ、射撃を受けて戦闘外にある負傷兵に重ねて射撃すれば過度の傷害や無用の苦痛を与える。しかし、自動小銃は戦闘員に対してのみ射撃することができ、負傷兵に向けないことも可能である。自動小銃には適法に使用できる場面があるので、その使い方、つまり害敵方法に注意すればよいことになる。このため、その使用を禁じる特別の条約でもなければこの種の害敵手段の使用自体は適法である。他方、使用すればその固有の性格故に常に無差別的効果又は過度の傷害若しくは無用の苦痛の発生を回避できない害敵手段ならば、「禁止される兵器（prohibited weapon）」とされ、その使用状況毎に検討を加えるまでもなく、その使用自体を捉えて法的に非難できる。

　核兵器使用もこうした慣習法から適法性が判断される。核兵器は革新的兵器であり、それを知らない時代に形成された慣習法の適用がないとの核兵器特殊兵器論というべき主張が以前あった。例えば、1963年に判決が出された東京地方裁判所の下田事件の審理において、被告日本国政府はそのような見解を表明した（下田事件判決 1963:22）。しかし、そうした考え方は消えていき、米その他の核兵器保有国も核兵器出現以前に形成された慣習法が核兵器使用に適用されることを肯定する。1996年の国際司法裁判所（International Court of Justice, ICJ）の核兵器に関する勧告的意見でもこれが確認された（ICJ 1996: para.105（2）D）。核兵器も他の兵器の使用に適用される慣習法に従うという意味においては、核兵器特殊兵器論は否定されている。

評価の対立からくる手詰まり状況——核兵器は「禁止される兵器」か

　害敵手段規制の慣習法が核兵器使用にも適用があるとしても、そこから核兵器がその固有の性格のため常に使用が禁止される兵器といえるかという点について諸国の見解が一致しておらず、学説も同様である。

　これは核攻撃時に生じる爆風、熱線及び放射線の効果の評価における不一致による。大出力の核兵器を都市という重要な価値を持つ目標に投射するようなカウンター・バリュー（countervalue）（対価値）攻撃を行えば無差別的効果を常に生じるのは明らかである。1945年の米国による広島と長崎への核攻撃を違法とした下田事件判決は、この攻撃に関してのみ確定判決として法的意味を持ち、結論の一般化はできないとはいえ、論旨は明快で、同様の規模の都市に同様の出力の核兵器を投射すれば無差別的効果を生じるから違法であるという主張の根拠になる。したがって、核兵器のこの種の使用の適法化は、戦時復仇（belligerent reprisals）といった違法性を阻却する事由が見い出されなければ無理である。しかし、核兵器には大小あり、核攻撃の目標とその周辺の状況も様々であるから、使用すれば常に無差別的効果又は戦闘員への過度の傷害若しくは無用の苦痛を与えるとはいえないのではないかとの見方も生じる。

　例外的であれ核兵器使用が適法となる場合を挙げることができれば、害敵手段固有の性格を理由とするその使用の全面的禁止を回避できる。原野の機甲部隊、地中深くの司令部壕や大洋中の潜水艦に対する核攻撃ならば国際人道法に抵触しないといった主張がなされるのはそのためである。

　例外的許容事例として、敵国指揮通信システム妨害のための宇宙空間における核兵器使用をさらに挙げることができるかもしれない。宇宙空間での核爆発により生じる電磁波で軍事目標である敵国の軍民の通信衛星を含む通信施設を無力化するというなら、宇宙条約上の評価は別にして、国際人道法上の問題は確かになさそうに思える。しかし、それらが担っていた民生用通信や、民用物である地上通信施設を同時に電磁波で麻痺させてしまうことをどうみるかが問われる。電磁波攻撃では物理的損害は多分ないといえるのであれば、今度は、民生用システム停止という非物理的損害だけで国際人道法違反になるかの問題になる。サイバー戦によるシステム停止と同様、非物理的損害が付随的損害としてすら認識できないとの見解はありうる。さらに、非物理的損害を付随的損害と捉えるとしても、それが核兵器使用から得られる軍事的利益に比し常に過

度となるのでなければ、ここでも核兵器使用に適法な場合が見いだせるということになってしまう。

　生物兵器及び化学兵器については、例外的にその使用が適法となる場合を探し出し、それによって「禁止される兵器」ではないという議論は目立ってなされたことはないままに普遍的な使用禁止規則が成立した。瞬時の広域制圧能力が生物兵器や化学兵器より格段に大きく、加えて長期に亘る放射能汚染を伴うにもかかわらず、核兵器についてのみ「禁止される兵器」カテゴリーに取り込まれてしまわないないように、この種の「例外の探求」がなされてきた。

　革新的兵器である核兵器への従来の慣習法の適用を否定する核兵器特殊兵器論は、既存の法による制約から核兵器使用を解放するから、核兵器保有国に有利に作用するはずにもかかわらず、それらの諸国はそうした立場を結局は採らなかった。むしろ既存慣習法適用を確認し、通常兵器に適用されるものと同じ害敵方法規制規則に従えばよく、それに照らせば核兵器使用が適法となる場合が限定的ながらもあるとしてきた。慣習法の適用という段階までは核兵器保有国は核兵器特殊兵器論を排除してきたと評せる。

　これに対しては、核兵器使用の際に文民と民用物に生じる付随的損害が小さいことはそうありそうにもなく、そうしたことがあるとしても生存戦闘員は放射線傷害を負い、それは過度の傷害又は無用の苦痛というべきで、遺伝的な影響ももたらしうるという見解も根強い。また、核兵器以上に自然環境に長期的な影響を与える害敵手段はなかろう。使用すれば必ず害敵手段規制規則に抵触するとのこのような主張は、通常兵器使用に適用されてきた慣習法規則の核兵器使用への適用を認め、その点で核兵器を特殊なものとは捉えないが、核兵器の固有の性格の故にその使用が慣習法規則に抵触するというのであるから、その意味ではこれも一種の核兵器特殊兵器論といってよい。

　核兵器はその特殊性故に害敵手段規制規則からして「禁止される兵器」とされるかについての対立は収束せず手詰まり状態になり久しい。期待された1996年のICJの核兵器に関する勧告的意見も両様に読め、この問題に関する決定打とならなかった。

核兵器禁止条約とその慣習法化の可能性──手詰まりを打開するか

　核兵器を名指しして使用を禁止する国際人道法関係条約はこれまで存在しな

かったが、2017年の核兵器禁止条約（TPNW）によって初めて使用禁止の条約規則が成った。同条約は第1条1項柱書において「締約国は、いかなる場合にも、次のことを行わないことを約束する。」とし、同項（d）で「核兵器その他の核爆発装置を使用すること、又は使用すると威嚇すること。」を挙げる。害敵手段規制規則について生じた手詰まり状況をこの核兵器禁止条約は解消するであろうか。

核兵器禁止条約は、前文10項で「核兵器のいかなる使用も武力紛争に適用される国際法の規則、特に国際人道法の原則と規則に反する」とICJの勧告的意見を踏み越えた見解を示している[25]。しかし、核兵器が「禁止される兵器」であるかに関しての対立が大きいことから、この前文がいうような禁止が慣習法として存在すると断言するのは難しいであろう。そうであれば、同条約第1条1項（d）が求める核兵器不使用の約束も慣習法上の義務の確認ではなく、条約規定としての効力しか有さないことになって、核兵器禁止条約非締約国には拘束的ではない[26]。

もっとも、条約規定が慣習法生成を促進することはあり、慣習法化がなれば条約非締約国もそれに拘束されるが、そこにも問題がある。まず指摘されるべきは、条約締約国数増加により条約は一層普遍的に適用されていくとはいえ、この増加が条約規則の慣習法化に直ちには結びつかないことである。締約国がそれを遵守するのは条約の拘束性故で、規則遵守の慣行は慣習法生成に寄与する慣行ではないともいえる。こうして、締約国数増で慣習法成立に必要な慣行がかえって認識しにくくなるという「バックスターの逆説（Baxter's Paradox）」として知られる現象を生じる（Baxter 1970:64）。

このため、核兵器禁止条約の締約国数（2024年4月現在70）が増大し、たとえ核兵器保有国を除くすべての国が締約国になったとしても、第1条1項（d）が慣習法化するにはこの条約規則が法的信念を伴った一般慣行をもたらしたことが示される必要があろう。そこでさらに問題になるのは、核兵器使用禁止の慣習法が少数とはいえ核兵器保有国の法的信念を伴う慣行抜きで成立しうるか

---

25) 勧告的意見主文E前段とほぼ同文であるが、E前段では核兵器使用が国際人道法に「一般には」反するとしている（ICJ 1996:para.105（2）E）。

26) ただし、条約に批准又は加入しなくとも、署名国は一定の期間において条約の趣旨及び目的を失わせるような行為を慎む義務を負う（ウィーン条約法条約第18条）。

である。核兵器によりその生存を脅かされるのであるからすべての諸国がこの問題に利害関係を持つのは確かである。しかし、新慣習法規則成立でその使用を新たに法的に封じられるに至るのは核兵器保有国だけであるという意味でこれらの国は最大の利害関係国であり、それらの慣行と法的信念なしで慣習法規則が成立するというには問題が残る。

　核兵器保有国の慣行や法的信念なしで慣習法化するとしても、今度は「一貫した反対国（persistent objector）」の問題が出てくる。慣習法規則の形成過程において、ある国がそれに一貫して反対していたとすると、当該慣習法規則はその国に対抗できないというのが一貫した反対国の理論である。そのような反対国の地位がそもそも認められるかには議論があるものの、核兵器禁止条約第1条1項（d）の慣習法化に反対していた核兵器保有国は、慣習法化に抗えなくなったならば、今度は自らが一貫した反対国であるとしてその慣習法に拘束されることを拒否するであろう。一貫した反対国の理論は、多数諸国によって新しい慣習法が形成されつつある際に、それを受容できない国の最後の防衛線として機能するものである。こうして、慣習法化が成就してすらもその効果の範囲内に核兵器保有国を包含できないことはありえ、そうなればその新慣習法規則は実質的には無意味になる。

　もっとも現時点では、核兵器保有国としては、最も大きな利害関係を持つ核兵器保有国の慣行と法的信念を欠けば慣習法は成立しないとすればよく、一貫した反対国の地位を主張する必要はまだないと考えられる。

　慣習法上の害敵手段規制規則からある兵器の使用が禁止されなくとも、つまり適法に使える場合のある兵器でも、諸国の合意さえあれば条約を作成してその使用を禁止できるのはいうまでもない。核兵器に関しても同様で、全国家が合意すれば核兵器使用禁止規則が全世界に及ぶからその普遍化の努力は重要である。しかし、核兵器禁止条約の締約国数は頭打ちで、その第1条1項（d）の慣習法化にも障害が多く、その政治的、人道的及び思想的な意義は別段、こと害敵手段規制に関していうなら、それに関する法的手詰まり状況をこの条約が近い将来打開するであろうとはいいにくい。

3　害敵方法規制と核兵器使用

害敵方法規制規則からする評価の意味――核兵器使用全面禁止追求の断念

　害敵手段としての核兵器の使用禁止が慣習法から導けず、害敵手段に関する特別の条約による禁止にも限界があるというのであれば、害敵手段の種類にかかわらず適用のある害敵方法規制規則から評価する他はない。

　害敵方法規制から論じるとすると、目標区別原則に反し、無差別的効果を生じたかといった検討を核兵器の個々の使用毎にすることになる。つまり、使用が適法か否かは個別の使用状況次第となるから、核兵器使用は常に違法とはいえないことを前提とするに等しい。これは核兵器保有国の見解と何ら変わらない。したがって、核兵器使用全面違法化を追求する核兵器廃絶運動の立場からは、害敵方法からする検討に転換しにくい。

　しかし、ここで改めて認識されなければならないのは、害敵方法規制規則から核兵器使用の多くが違法とされうる点である。害敵方法規制の内の目標区別原則や過度の付随的損害発生の防止その他に関する慣習法上の規則を適用すると、低出力核兵器ですら最大級の通常爆弾である10トン爆弾より大きな破壊力を発揮するのであるから、核兵器が適法に使用できる状況はかなり限定される。

　害敵方法規制規則からする評価では、個々の核兵器使用について付随的損害が過度であったか否かといった分析をしなければならないから、「例外の探求」を個々の核兵器使用事例で繰り返し行うに同じである。その結果、例外を見い出せないということになれば、元に戻って、核兵器が害敵手段規制規則にいう「禁止される兵器」と認識され、使用の全面的禁止を導けそうではあるが、害敵方法規制規則から評価する以上は、核兵器使用が適法となる例外がありうることを前提とするのである。

ジュネーヴ諸条約第1追加議定書解釈の大分裂

　害敵方法規制規則の多くは慣習法として存在し、条約としてはハーグ陸戦規則を中心にいくらかの規定が存在する程度であった[27]。条約上の害敵方法規制

---

27)　ハーグ陸戦規則は第2次世界大戦時には慣習法化していたとされる。

を大きく拡充したのがジュネーヴ諸条約第1追加議定書である。

　同議定書は、無差別の攻撃を局地的ながら許容する防守地域の基準を廃し、軍事目標のみに攻撃を向けるよう求める軍事目標主義への一本化を達成した上、過度の付随的損害防止をはじめとする文民と民用物の損害低減のための詳細な規定を多数置いた（特に第4編第1部の諸規定）。また、一定以上の損害を自然環境に与える害敵の方法と手段の使用も禁じた。さらに後述のように、文民や民用物に対する戦時復仇の禁止規定も設けた。ハーグ陸戦規則の70年を経ての大改訂版といえるこの議定書が核兵器使用に適用されるとその使用は一層制限される。それこそ原野の機甲部隊や洋上の潜水艦に対する攻撃といった限定された状況でしか核兵器使用は適法ではなくなるかもしれない。

　1970年代前半に始まった議定書起草作業の初期からこのことは予見されたにもかかわらず、この問題を本格的に議論すべきという主張はどの国からも、また議定書起草の音頭をとったICRCからもなされなかった。結局、議定書は特定の兵器をその適用から除外する規定を設けなかったので、文理解釈上は核兵器使用へのその適用があるということは可能に思える。しかし、通常兵器だけでの防衛に不安を感じていたイギリス，フランスその他の主要な北大西洋条約機構（NATO）諸国、とりわけ西独は、核兵器使用への不適用の了解が議定書起草過程で成立していたとし、議定書は専ら通常兵器使用に適用されると確認する宣言を批准に際し行った。議定書未批准の米国も署名時に同様の宣言をしている（ICRC IHL Database）。

　主要NATO諸国の宣言が議定書の趣旨及び目的と両立しない留保であると異議を唱えた国はなかったのであるが、宣言が留保を構成するか、又は起草過程における諸国の了解の確認であるのかについて学説も大分裂の様相を呈した。主要NATO諸国の宣言が留保なら、そして、その留保が議定書の趣旨目的と両立するなら、そのような留保国との関係においてのみ議定書の核兵器使用への適用がなくなる。他方、これが了解の確認であれば、議定書の核兵器使用への適用は、宣言国との関係だけではなく全面的に否定され、核攻撃時の文民と民用物の保護は慣習法の水準のままということになる。

　核兵器保有国を含む主要NATO諸国は、通常兵器も核兵器も同じ害敵方法規制規則に従うとし、核兵器特殊兵器論をその意味で否定していた。しかし、議定書適用の場面に至ると、核兵器使用は通常兵器に適用される規則の適用を

受けないとしてその特殊性を強調し始めた訳である。

　もっとも、旧ユーゴスラヴィア国際刑事裁判所などの国際的な刑事裁判所の判決で、議定書の慣習法化を承認するものが生じている。NATO諸国といえども核兵器使用への慣習法の適用は否定しないので、慣習法として適用されれば議定書という条約に直接依拠せずとも核兵器使用を制限することができよう。しかし、果たしてそのような慣習法化を見たかには異論もある。また、通常兵器にのみ適用されるという条約が慣習法化したらそれだけで核兵器使用への適用も認められることになるのは何故かという疑問も生じよう。害敵方法規制を進めた議定書の核兵器使用への適用の有無、そして議定書慣習法化の有無という重要問題に決着がついていないのである。

　なお、ロシア及び東アジアの他の核兵器保有国である中国と北朝鮮は核兵器適用問題について何も宣言しないまま議定書締約国となった。主要NATO諸国の宣言が議定書起草過程における諸国の了解の確認に過ぎないのであれば、ロシア、中国及び北朝鮮は特段の宣言をしていなくともそうした了解を前提に行動することを妨げられない。日本も同様の宣言をせず、また主要NATO諸国の宣言の性格について見解を明らかにしてもいない。東アジアにおける核兵器使用もありうるとされるため、これらの諸国の見解に関心が持たれる。

4　戦時復仇としての核兵器使用

戦時復仇

　害敵の方法又は手段の規制規則から核兵器使用が違法とされても、敵国に対する戦時復仇としての使用であれば、それは適法化されてしまう。戦時復仇とは、敵国が国際人道法に違反した場合に、その違反を止めさせ、法遵守に戻らせるためため、他に手段がなければ、被害国が同程度の国際人道法違反行為に訴えることをいう。

　例えば、武力紛争当事国がその相手国の文民居住都市に対し軍事目標主義に反する攻撃を加えたなら、被害を受けた当該の国は戦時復仇として加害国の都市に同様に違法な攻撃を向けることができる。戦時復仇としてなされる行為は、定義上、この例のように文民の殺傷といった本来は国際人道法違反とされるものであるとしても、その違法性が阻却される。戦時復仇は、戦争犯罪処罰と並

び国際人道法履行確保の主要な手段である。なお、平時一元化のため戦時は存在しないが、事実状況としての武力紛争はあるので、そこにおける復仇を現在でも戦時復仇という。

　違法行為に違法行為で応えるのであるから戦時復仇も国家責任法のいう対抗措置であるということができる。国家責任条文は、対抗措置として武力行使に訴えることを禁じ、対抗措置は「復仇を禁止する人道的性格の義務」（第50条）に影響しないというが、武力紛争中になされる戦時復仇は、国際人道法の履行確保手段として重要であると長く認識されてきた。同様の被害を受ける恐怖から、そもそも違法行為に訴えないという抑止の効果が戦時復仇には期待できる。加えて、発生した違法行為に即時に応えることが戦時復仇なら可能で、違法行為の継続を阻止しうる。

　ただし、敵国により先行してなされる違法行為に責任のないその敵国の文民などに戦時復仇が向けられることが多いという難点が指摘される。また、敵国が自己の行為の違法性を認識していなければ、それに戦時復仇で応えると、今度は敵国が戦時復仇で対応し、戦時復仇の連鎖が生じることも懸念事であった。そうしたことからジュネーヴ諸条約は、武力紛争の一方の当事国の権力内に陥った他方当事国の捕虜や文民などに対する戦時復仇を禁じた。第１追加議定書は戦時復仇禁止の範囲を一挙に拡張し、一方当事国内にあるその国の文民や民用物に対する他方当事国による戦時復仇を禁止した。

　第１追加議定書の戦時復仇禁止規定は、文民攻撃のような先行する違法行為、及びそれに対抗してなされる文民への戦時復仇によって文民損害が敵味方合わせて結局２倍になるよりは、自国文民が違法な攻撃で失われても我慢して戦時復仇に訴えず、後の国家責任追及や戦争犯罪処罰に期待すべきことを求める画期的な規定である。先述のように最近では戦時復仇禁止も慣習法化したとの判例や学説も現れている。なお、主要ＮＡＴＯ諸国は、戦時復仇禁止規定に留保しつつ第１追加議定書に入り、その非締約国の米国も戦時復仇が適法と認識する。ロシア、中国、北朝鮮や日本はそうした留保を付さずに締約国となった。

核復仇

　核抑止は核兵器使用の脅しで成立するが、核兵器使用が国際人道法上許容される状況があれば、その範囲内では核抑止の説明に核兵器による戦時復仇、す

なわち核復仇（nuclear reprisals）を持ち出す必要はない[28]。他方、先に触れたカウンター・バリュー攻撃は国際人道法の違反であるから、戦時復仇の援用なしには適法化は不可能である。カウンター・バリュー攻撃の威嚇で相手国の通常兵器又は大量破壊兵器による攻撃を抑止するのであれば、確かに戦時復仇以外にその法的基盤となるものはない。

このように戦時復仇制度の維持が核抑止に必要となることがあるため、主要NATO諸国が第1追加議定書の核兵器使用への不適用の主張に加え、その戦時復仇禁止規定に留保したのは当然といえる。また、これらの諸国は戦時復仇禁止の慣習法化をはっきりと肯定してはいない。この結果、議定書が核兵使用にも適用され、核兵器使用が多くの状況で議定書違反となっても、違法行為に違法行為で応える戦時復仇としてであれば核兵器使用ができる。このようにして主要NATO諸国は核兵器使用のために二重の法的防衛線を設定しているのである。

戦時復仇による差別適用の否定

核復仇に関して改めて強調される必要があるのは、戦時復仇は国際人道法違反への対応としてなされることである。このため、戦時復仇で *jus ad bellum* 違反に対抗することは認められない（藤田 2003:39）[29]。例えば、侵略は武力行使禁止原則といった *jus ad bellum* の違反ではあるが国際人道法違反ではないから、侵略国の国際人道法違反のない限り、核兵器で反撃するにしても国際人道法が適法とする範囲においてでしかできない。核復仇のような戦時復仇で応えることを認めると、*jus ad bellum* 上の評価を基に国際人道法上の権利を否定する差別適用に異ならなくなり、国際人道法上は適法に行動する侵略国、つまり間違った戦争を正しく遂行する国の捕虜や文民の保護を奪うことができてしまう。

戦時復仇による差別適用は、戦時復仇が違法性阻却事由であるから、戦時復

---

[28] 復仇（reprisals）と報復（retorsion）という語はしばしば互換的に用いられるが、両者は国際法上区別される。報復は国際法違反でない行為で相手国に不利益を与えることをいう。

[29] *jus ad bellum* 違反国には、その被害国は自衛権行使で対抗し、国際社会は集団的措置で制裁を課す。

仇に訴える側も本来なら違法な行為をしていると捉えられる。しかし、「違法から権利は生じない」（*ex injuria jus non oritur*）から、侵略国にそもそも国際人道法上の権利は生じていないと考えれば、戦時復仇を援用せずとも侵略国の無権利をいえるかもしれない。国際人道法の差別適用をいう場合にはむしろこうした説明をすることが多い。ナチスのような社会の根源的な価値を破壊するものに対する行動では国際人道法から逸脱できるとの見解が提示されたことがあるが（Lauterpacht 1952:351）、これも戦時復仇とは別の説明によっているように思われる。

　差別適用の説明の仕方にはいくつかあるとはいえ、国際人道法の通説は差別適用を否定し、その平等適用を確認する。差別適用を容認すると、相互に相手を侵略国と認識して国際人道法上の権利を否定することになるのは疑いなく、そうなれば無法状態になるからである。日本が太平洋戦争という違法な戦争を遂行したが故に 1945 年の日本の都市に対する無差別的な核攻撃は戦時復仇として適法化されるといった主張も平等適用の観点からして否定される。

　なお、ICJ の核兵器に関する勧告的意見は、核兵器の使用は「一般には」国際人道法に反するとしつつ、国家の生存がかかる「自衛の極限状態」、すなわち、*jus ad bellum* 上正しい側の生存が危機に瀕する状況にあっても同じことがいえるかの判断を避けてしまった（ICJ 1996:para.105（2）E）。

拡大核抑止と集団的戦時復仇

　戦時復仇は国際人道法違反行為の直接の被害国が援用する違法性阻却事由であると一般に考えられる。共通の敵国に対して複数の国が協同して戦う場合であって、その内の 1 つの国が敵国の国際人道法違反行為を向けられたときに、ともに戦う他の国が当該敵国に対し戦時復仇に訴えることができるかも否定的に捉えられることになる。国家責任法の分野でも直接の被害国以外の第三国が加害国に対しとりうる措置はかなり限定される。こうしたことから、カウンター・バリュー攻撃の脅しによる拡大核抑止の法的説明には困難が生じよう。

　侵略を受けた国を他国が武力を用いて助けるのは、*jus ad bellum* 上は国連憲章第 51 条が集団的自衛権を確認しているから「権利」として可能である。ここでの問題はそれとは異なり、国際人道法の内の問題で、ある国が敵国から国際人道法違反の攻撃を受けたときに、当該被害国と協同して戦う他の国が加

害国である敵国に戦時復仇をなしうるかである。拡大核抑止の理屈からすれば決定的に重要なこの集団的な戦時復仇が国際人道法で議論されるのは不思議なことに稀であった（Sagan et al. 2021：140）。米ソ（露）がそれぞれの陣営のいわゆる同盟国の防衛のために戦略核兵器を投射し合う事態となればこの世の終わりで、それ以上考えても仕方ないとされたか、又は、拡大核抑止という核戦略における重要な枠組みの法的基盤である集団的戦時復仇の適法性は疑いを差し挟む余地のないほど当然とされていたかのごとく国際人道法からする議論はほとんどみられなかった。しかし、世界が滅びようとも法的説明はなさざるべからずで、また、限定核戦争は冷戦中も想定されたのであるから、集団的戦時復仇の分析は必要だったはずである。

　なお、日本、韓国、豪州やウクライナのように第1追加議定書戦時復仇禁止規定に留保をしていない国にとっては、戦時復仇としての核兵器使用を「核の傘」又は「核の影」の提供国に要請するとしたら、それは自ら行えば違法となる行為を他国に依頼するということになる。当該の他国が核兵器使用について第1追加議定書から来る法的制約を受けていないとしても、こうした違法行為の肩代わりを認めると議定書上の禁止は容易にすり抜けられる。したがって、拡大核抑止を機能させるには、締約国になってしまってからは議定書への留保はできないので[30]、集団的戦時復仇の適法性を肯定しつつ、そもそも議定書が核兵器使用に適用されないとの解釈をとる他はない（真山 2023：33-35頁）[31]。

5　核兵器使用と戦争犯罪

戦争犯罪

　国際人道法は、元々は国家などの国際法主体を拘束するものであるが、その違反であって同時に行為者の刑事責任を追及できるものがあり、それを戦争犯罪（war crime）という。犯罪とは個人の刑事責任を問える行為であるという

---

[30]　敵国が留保していたら、留保を付さなかった国もその敵国の留保を援用できる。
[31]　集団的自衛権の場合には、他国への武力攻撃を自国へのそれとみなすなどして、武力攻撃を受けていない国も自衛権行使ができると説明される。このような考え方を国際人道法に持ってきて、他国への国際人道法違反行為は運命共同体的にその被害国と結びついている国への違法行為ともみなして集団的な戦時復仇を適法化することは果たしてできようか。

定義は循環論法式のものとはいえ、時代によって責任を問える範囲は変動するため、戦争犯罪もこの程度の定義にとどまる。

　国際法は戦争犯罪の範囲を慣習法や条約で定めるとしても、戦争犯罪は武力紛争当事国にとって危険であるから、関係の当事国によって直接にはその国内法上の処罰規定に基づき主に武力紛争中に処罰がなされてきた。

　第2次世界大戦後になると、国際軍事裁判や極東国際軍事裁判のように国際的な要素を持つ刑事裁判所が特設され、そこで独日の指導者が戦争犯罪についても裁かれた。また、国による処罰範囲も拡張され、ジュネーヴ諸条約の「重大な違反行為（grave breaches）」と呼ばれる戦争犯罪については、武力紛争当事国か否かを問わずに処罰するか又は処罰のため他国に引き渡すことが義務的となった。第1追加議定書の「重大な違反行為」も同様に処罰や引き渡しが義務とされる戦争犯罪である。

　さらに1990年代には国連安全保障理事会がその決議で旧ユーゴスラヴィア国際刑事裁判所及びルワンダ国際刑事裁判所を設置した。条約に基づく常設的な刑事裁判所の設置がこれに続き、1998年に国際刑事裁判所（International Criminal Court, ICC）規程が採択された。今日では戦争犯罪は、侵略犯罪、集団殺害犯罪及び人道に対する犯罪と並んで国際社会全体を危うくする国際犯罪と認識されるに至り、各国の国内裁判所の他に常設の国際的な刑事裁判所でも裁かれる。

核兵器使用そのものの戦争犯罪化の可能性

　核兵器使用の法的評価に対立があることから、核兵器使用を名指しして戦争犯罪とする慣習法や多数国間の普遍的な条約はなく、核兵器という害敵手段使用それ自体を捉えての戦争犯罪化は達成されていない。ICC規程起草過程においては、大量破壊兵器の内、途上国でも開発可能な化学兵器の使用が戦争犯罪として規程対象犯罪とされようになる一方、主に大国が持つ核兵器の使用が処罰から免れるというのでは均衡しないことからも核兵器使用を規程対象犯罪化すべきといわれた。結局、核兵器使用を明示して戦争犯罪とすることは見送られ、かわって、特定の害敵手段使用を国際的武力紛争における戦争犯罪としてICC規程に追加するための手続規定を設けた（第8条2項（b）（xx））。これは妥協的規定ではあるけれども、兵器が「包括的禁止の対象」となっていること

との要件が設定され、通常の規程改正よりかえって文言上厳しくされているようにみえる。この手続規定を通じて核兵器使用が規程上の戦争犯罪となるにしても、この規程改正は規程第121条5項で発効するため、同第12条2項にもかかわらず、その改正を受諾しない締約国の国民又はその領域内での核兵器使用には適用がない。

　なお、核兵器という害敵手段の使用そのものを犯罪として処罰する国内法を制定することは妨げられない。「核兵器使用罪」を国内法で設けるならば、それは核兵器使用が国際人道法上適法となる余地がないとの認識が多分前提となろう。しかし、核兵器使用が常に違法かについて国際人道法上の議論があるから、国内法により実際に外国軍将兵を処罰すれば国際人道法と抵触するかもしれない。

　特別条約で核兵器使用それ自体を戦争犯罪として処罰する国際的な刑事裁判所をICC以外に設置することも考えられないことではない。国際軍事裁判所のように、敵国制圧後に戦勝国が協同してそれらの間の条約で国際的な刑事裁判所を設けたことがある。国際社会代表性の観点からは問題はないともいえる安保理の決議に基づく裁判所設置もあった。核兵器禁止条約はその非締約国に法的効果を生じないとしても、個人処罰目的の裁判所設置条約ではその非締約国の将兵などにも管轄権を行使する旨の規定を設けることは可能である。非締約国国民に対する管轄権行使はICCでもありえ、同規程第12条2項に基づき、戦争犯罪が行われた国、つまり犯罪行為地国が規程締約国であれば、被疑者国籍国である核兵器使用国がICC規程非締約国であっても管轄権行使ができる。

　しかし、ICCの他に核兵器使用それ自体を戦争犯罪として処罰する特別裁判所の設置は理論的にはありえても、国内法制定の場合に同じく、国際人道法との抵触の可能性がある。また、国際社会を代表する刑事裁判所と認識されるICCの設立後にあっては、そしてそのICC規程では核兵器使用それのみを戦争犯罪化することが否定されている状況において、核兵器使用処罰のための新たな国際的刑事裁判所の設置の正当性を主張できるかは疑問である。

害敵方法規制規則違反としての戦争犯罪

　核兵器使用それ自体の戦争犯罪化に困難があるとしても、それが無差別的な攻撃の禁止といった兵器種別を問わず適用される害敵方法規制規則違反の戦争

犯罪とされることは当然ある。

　前述のとおり、第1追加議定書にある文民や民用物等の保護規定に反する核兵器使用は、議定書上の「重大な違反行為」である戦争犯罪とされ、その実行者は普遍主義による処罰又は引き渡しの対象となる。もっとも、主要 NATO 諸国が第1追加議定書の核兵器使用への不適用の了解が存在することをそれらが締約国となる際に確認しようとしたが、そのような了解が存在するなら議定書からは核兵器使用は戦争犯罪にならず、議定書締約国が処罰するとしてもそれは議定書を根拠としてはできなくなる。

　ICC 規程にも害敵方法規制規則違反を戦争犯罪として処罰する定めがあり（特に第8条2項（b）（i）～（v））、核兵器使用にも適用がある。ICC 規程起草時には、核兵器使用への規程の適用がないとの議論は第1追加議定書の際と異なりなかった。主要 NATO 諸国も規程の核兵器使用への適用を否定しない。それでもイギリス，フランスだけは ICC 規程批准の際に、議定書批准時の自国宣言に言及したり、議定書批准時と同種の宣言をしている（UNTC）[32]。

戦争犯罪処罰における戦時復仇の扱い

　国内裁判所や国際的刑事裁判所による審理において、核復仇のような戦時復仇としてなされる行為ならば、戦争犯罪の構成要件を満たすとしても、その違法性を阻却されて処罰を免れるかを最後に検討したい。

　国内法上は戦時復仇を正当行為に読み込んで処理できるかの問題となろう。国際的な刑事裁判所の場合もそれらの規程での違法性阻却事由の定め方次第である。ICC 規程は戦時復仇に直接言及しないものの、戦時復仇を読み込める箇所はあると指摘される（第8条2項（b）柱書、第9条に基づく構成要件文書、第21条1項（b）、第31条3項）。

　加害国の国際責任を除き、国際人道法の履行確保が国内と国際の刑事裁判所による戦争犯罪処罰を通じ充分になされるなら、違法行為に対し責任のないものに向けられることが多く、非人道的結果をもたらす戦時復仇の制度を維持する必要はないであろう。しかし、戦争犯罪を処罰するには困難が多く、ICC の

---

32) ICC 規程が核兵器使用自体を戦争犯罪としていなくとも、その使用が規程の評価対象になるのは疑いない。また、規程は留保を禁止している。このため、核兵器使用を規程適用範囲外とする宣言は留保を構成し、無効である。

処罰も選択的にしかなされない。このように戦争犯罪処罰が不充分な状況で戦時復仇を違法阻却事由として扱わず、それを命じた各級指揮官及び実行の将兵を処罰すると、戦時復仇を抑制する効果を生むから、結果として国際人道法の履行確保が妨げられることになるかもしれない。国際的な刑事裁判所における戦時復仇の抗弁の扱いに関する判例の動向が注目される。

6 おわりに——国際法を「共通言語」という意味

　核兵器はそれを使用すれば常に無差別的効果又は過度の傷害若しくは無用の苦痛を生じ、したがって禁止される害敵手段とされるかに関し見解は割れる。他方、害敵方法規制規則は、害敵手段の種類を問わずに適用され、核兵器使用もそれによる個別的評価の対象になる。この害敵方法規制規則からする評価結果も一致しないことがあると思われるとしても、核兵器がその固有の性格から禁止される害敵手段となるかの問題にこだわっているよりは有益な議論ができるはずである。しかし、核抑止論に今後も頼るしかないというものも、核抑止論に依存すべきではないと考えるものにしても害敵方法に関する規則からする核兵器使用制限にさほど関心を示してはこなかった。

　核抑止論支持の論者は、核兵器保有国を含む有力国が入らなければ害敵手段としての核兵器使用を禁じる条約の意味はなく、そうした諸国の慣行や法的信念を抜きに核兵器使用禁止の慣習法も成立しないと考えてきた。害敵方法規制についても全く同様で、核抑止の決定的重要性からして核兵器使用を通常兵器使用以上に制約する慣習法はないとしていた。また、戦時復仇制度が維持されれば、害敵方法規制規則からして違法な使用でも適法化しうるから核抑止が維持できる。害敵方法規制規則への無関心は、こうした国際法状況からすれば自然なことであったのかもしれない。いくらかの法的対応をしなければならなかったのは、第1追加議定書の核兵器使用適用問題の処理の際くらいではなかろうか。

　他方、核抑止による平和の維持ではなく核廃絶に向かうべきとの論者の多くは、核兵器使用が戦時復仇に依らずとも適法であることがありうることを意味する害敵方法規制規則からの評価への転換は忌避されるべきものとしてきたと想像される。その故に、使用が適法であるような「例外」の発見によって覆さ

れうるにもかかわらず、害敵手段規制規則からする禁止が成立していると主張し続ける他はなかったのであろう。

　害敵手段規制規則からする核兵器使用禁止は確立せず、それに向けての展開が実際上望めない状況では、害敵方法規制規則からの議論を進める必要がある。国際人道法を含む国際法は、こうした議論のための概念や用語を準備し、議論の組み立て方も示す。そういう語彙と文法を用意してくれるという意味で国際法は「共通言語」であるといってもよいかもしれない。本節の限られた紙幅のうちでも害敵方法規制からの問題をいくつか提示することができた。核兵器使用をめぐる問題の提起とそれへの応答はこうした「共通言語」を用いてなされなければならず、そこでは「共通言語」を用いていかに説得的な主張を展開できるかが問われる。

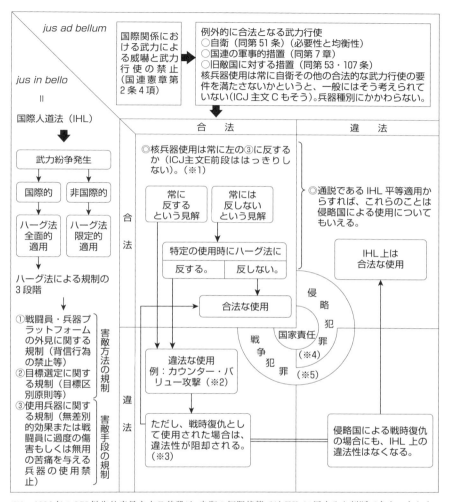

※1 1996年のICJ勧告的意見主文E後段は、自衛の極限状態ではIHLに反するか判断できないとした。しかしその場合でも、jus ad bellum に反してもよいとはいっていない。
※2 オイルプラットフォーム事件判決でICJが示したように、自衛権行使としての攻撃が均衡性要件の下で合法であるためには、IHL上の要件も充足することを要し、それは合法的軍事目標に向けられなければならない。
※3 第1追加議定書は広く戦時復仇を禁止している。主要NATO諸国は、同議定書の核兵器使用への適用はないとし、加えて戦時復仇禁止規定に留保を付している。ロシア、中国、北朝鮮、韓国及び日本は、同規定に留保を付していない。米国はこの議定書の締約国ではない。
※4 jus ad bellum 違反のうちの侵略行為をなした国の指導者が侵略犯罪の責任を追及される。
※5 IHL違反であって、かつ、個人の刑事責任を追及できるものを戦争犯罪という。刑事責任を問う範囲は条約や慣習法で決まるが、それは時代によって異なる。戦争犯罪の定義もこうした循環論法的なものにならざるをえない。

4 軍縮国際法と核兵器

樋川和子

1 軍縮国際法と安全保障との関係

2022年2月のロシアによるウクライナ侵攻を受け、日本国内おいて日本もNATO同様、米国と核共有すべきではないかとの議論が持ち上がった。核共有という形で、米国の核を日本も使えるようにすることで日本の安全保障を担保しようといる議論である。日本も核共有すべきと声高に叫んでいた政治家のなかで、核不拡散条約（NPT）という条約の存在、そしてそのNPT締約国として日本が負っている国際法上の義務について理解している人はどのくらいいたであろうか。例えば、NPTは核兵器の配備は禁止していないが、管理を禁止している[33]。

軍縮という考え方が国際法の分野に初めて登場したのは19世紀に遡るといわれている。

1868年のサンクト・ペテルスブルク宣言は、軍縮国際法というよりも、国際人道法として位置付けられるものであるが、国際法によって軍備を制限するという意味においては、近代国際法の分野で初めて軍縮という考え方が登場した例とも考えられる。ただし、その目的はあくまでも戦争時に過度な被害を人間に与えないということにあった。一方で、1899年のハーグ万国平和会議を招集したロシアのニコライⅡ世皇帝は、軍備を制限すること、すなわち軍縮は、真の永続的な平和のために必要であることを説いた。この考えは、その後、国際連盟規約（1919年）にも受け継がれ（国際連盟規約第8条では、平和維持のために、国の安全や国際義務にとって支障ない最低限度まで縮小する必要があること

---

[33] NPTでは、非核兵器国は核兵器国の保有する核兵器を自国に配備することは妨げられないが、管理すること、端的にいえば核兵器国の同意なしに、勝手に自国の判断で使用することはできないことになっている（NPT第1条及び第2条）。

を規定している[34])、のちの国連憲章にも、国際の平和と安全の維持（maintenance of international peace and security）という文脈のなかで軍縮が盛り込まれている[35]。

こうした経緯はあるものの、今日に至るまで軍縮という言葉に国際社会が認めた明確な定義はなく、軍縮には特定の兵器の撤廃や廃絶も含まれるといった広義の考え方から、軍縮とは「軍備を縮小及び制限する」ことであって廃絶は含まれない、または、管理や規制は軍縮ではなく軍備管理に該当するため軍縮には含まれないといった狭義の考え方まで様々な捉え方がある[36]。実際、軍縮国際法として扱われている国際法のなかには、生物兵器禁止条約（BWC）や化学兵器禁止条約（CWC）のように兵器の撤廃までも条約として規定しているものもあれば、NPT のように核不拡散を主眼とした条約もある。よって、軍縮国際法の範囲について明確な線を引くことは難しい。しかしながら、国際人道法との比較において重要なのは、国際人道法と違って軍縮国際法は、平時から兵器の保有等を規制するための国際法であるということである。

平時において我々が取り組まなくてはいけないことは何か。軍縮を、国連が想定したような国際の平和と安全、すなわち安全保障を達成するための手段であると考えた時、そのために軍縮国際法が果たしうる役割とは何なのか。

これらのことを念頭に、平時の国際法である軍縮国際法が共通言語として核兵器をめぐる議論にどのような示唆を与えるのか考えてみたい。

本稿では、NPT、包括的核実験禁止条約（CTBT）、核兵器用核分裂性物質生産禁止条約（FMCT）、核兵器禁止条約（TPNW）が核兵器関連の国際法として成立するために重視した（している）点に焦点を当て、共通言語としての軍縮国際法と安全保障を損なわない核軍縮との関係について考察してみたい。

---

34) 国際連盟規約第 8 条「聯盟国ハ、平和維持ノ為ニハ其ノ軍備ヲ国ノ安全及国際義務ヲ協同動作ヲ以テスル強制ニ支障ナキ最低限度迄縮少スルノ必要アルコトヲ承認ス」

35) 国連憲章第 11 条 1「総会は、国際の平和及び安全の維持についての協力に関する一般原則を、軍備縮小及び軍備規制を律する原則も含めて、審議し、並びにこのような原則について加盟国若しくは安全保障理事会又はこの両者に対して勧告をすることができる。」

36) この点については黒澤［1986a］に詳述されている。

2　NPTと安全保障

"NPTは普遍性を何よりも重視した軍縮国際法である"

　核兵器が世界で初めて開発され、実戦で使用された1945年以降の安全保障環境のなかで、どのような経緯・過程を経てNPTは策定されたのか。

　1945年10月、「国際の平和と安全（International Peace and Security）」の維持を第1の目的として国連が創設された。そして、1946年1月、ロンドンにて開催された記念すべき第1回国連総会の議題は核兵器をめぐる問題であった。この総会にて設置が決定された国連原子力委員会は、同じ年の6月に核兵器の管理についての議論を開始する。この時点で核兵器を保有していたのは米国のみであり、いってみればこの委員会の目的は、どうやったら米国の核を管理できるか、ないしは、米国にこの恐ろしい兵器を廃棄させることができるかにあった。しかし、一度手にした最強の兵器を手放すことを米国が応じるわけもなく、1949年9月にはソ連が核実験に成功し、結局この委員会は具体的な成果を残せないまま、1952年に解消される。同じ年の10月にはイギリスが核実験に成功している。

　核兵器を管理ないしは制限する何の国際ルールもないなかで、1953年、米国は「平和のための原子力」という提案を国連総会にて行う。この提案の趣旨は、原子力は核兵器という恐ろしい兵器だけではなく、平和のためにも使用可能である、各国がこの原子力の平和利用の恩恵を受けられるよう協力しよう、その代わり、各国との協力の下で行われる原子力の平和利用が軍事転用されないことを管理するための国際機関を設立しよう、というものであった。この提案に基づき1957年に設立されたのが、国際原子力機関（IAEA）である。この時点で核兵器を保有していたのは、米国、ソ連、イギリスの3カ国のみであった。

　以降、原子力の平和利用促進という旗印の下、ベルギー、カナダ、インド、イスラエル、イタリア、日本、オランダ、スウェーデン、スイス、西ドイツが原子力の開発を進めていく。その意味するところは、核兵器の開発を一般に禁止する国際法が存在しないなかで、核兵器を製造する能力を有する国の数が増大していくということであった[37]。さらに、フランス、中国は、核兵器を制限しようとする動きが国際社会で高まるなかで、核兵器開発を進めていく。そ

うした状況のなかで、生まれたのが NPT である。NPT は、1959 年、これ以上核兵器を開発する国が出てくることを阻止すること、すなわち「不拡散」を目的にアイルランドが行った提案を契機に交渉が行われ、1968 年 6 月、核兵器の拡散を管理する国際法として国連総会にて推奨決議が採択された[38]。米国による世界初の核兵器開発から実に 23 年経ってのことであった。1959 年に不拡散（これ以上核兵器を持つ国の数を増やさない）という考えが提案されてから、9 年にわたる交渉を経てようやく採択されたのであった。

　NPT の交渉過程で何よりも重視されたのは、不拡散というその目的を達成するために、可能な限り多くの、特に原子力の平和利用を進める国がこの条約に参加できるようにすること、すなわち条約を普遍的なものにすることであった。そのために、いわゆるグランド・バーゲン[39]と呼ばれる取引や、NPT の下で導入される保障措置を非核兵器国にとって受け入れやすいものとする努力が行われた。例えば、当時、原子力発電といった民生分野における原子力活動を行っており、技術的には核兵器製造能力があると考えられていた日本や西ドイツを NPT に参加させるために、保障措置がこれらの国の民生用原子力活動に過度な負担を与えないようなものとなるよう粘り強い交渉が行われた（そのため NPT に基づく IAEA 保障措置は最大公約数を目指したある意味緩いものとなっている）。また、NPT に核軍縮の要素を盛り込むことについては、条約交渉開始時から議論の対立点であったが、多くの非核兵器国が核軍縮は不可欠な要素と主張したところから、NPT 第 6 条の核軍縮交渉義務として盛り込まれることとなった。

　このようにして成立した NPT は、冷戦終結後の 1990 年代に締約国の数を劇的に増やしていった[40]。2023 年時点で、NPT 締約国は 191 カ国（北朝鮮を

---

37) 当時の IAEA 保障措置（原子力の平和利用を軍事転用させないための査察等を含む措置）は、IAEA の協力をうけて行う原子力活動のみに保障措置がかかる仕組みになっており、IAEA の協力を得ていない分野については保障措置の対象外であった。

38) この推奨決議（A/RES/2373（XXII），1967 年 12 月 18 日）にて、NPT 条文の推奨と寄託国への署名開放が要請された後、同年 7 月 NPT は寄託 3 カ国首都で英米ソと他の 50 カ国以上により署名された。なお、NPT 推奨決議が採択される間に、いわゆる駆け込みで 1960 年にフランスが、1964 年に中国が核実験を行っている。

39) 非核兵器国が核兵器を開発しない代わりに、原子力の平和利用の権利が保証されるとともに、核兵器国は核軍縮を行うという取引。

含む）であり、そのうち5つの核兵器国を除く186カ国が、NPTに基づき、核兵器を製造・取得しない国際法上の義務を負っていることとなる。NPTは1960年代の状態を固定し、軍縮・不拡散・原子力の平和利用という3つの柱のバランスを保つことで、「国際の平和と安全の維持」を目指した国際法といえる。

この最も普遍化された条約の1つとも呼ばれるNPTに、インド、パキスタン、イスラエルは参加していない。参加しなかっただけではなく、独自に核兵器を開発し、NPTの枠外にある核保有国となっている（イスラエルは公式には核保有を認めていない）。北朝鮮はいったんNPTに参加するものの、2003年に脱退を一方的に宣言し、2006年に核兵器の製造に成功している（北朝鮮のNPT上の法的地位については、各国の見解は分かれている）。

3 CTBTと安全保障

"CTBTは採択を何よりも優先した条約である"

CTBTは、核兵器を製造するために必要とされる核実験を禁止することで、核兵器の数を増やさない（核軍縮）、核兵器を保有していない国が核実験を行なって核兵器を製造することを防ぐ（核不拡散）ことを目的として作成された条約である。「包括的」とされたのは、この条約ができる前段階において、地上や大気圏における核実験についてすでに部分的に禁止されていたが、CTBTによって初めて地下核実験も含め、いかなる場所においても核爆発を伴う核実験が禁止されることになったからである。

CTBTは1996年、インド、イランの反対によって軍縮会議（CD）で採択されることができなかったことを受け、オーストラリアが国連総会での採択を提案し、同年9月の国連総会において158カ国の賛成をもって採択された。しかしながら、2024年7月現在に至るまで発効にはいたっていない。

採択から28年経っても、何故CTBTは発効しないのか。その大きな理由は、CTBTに一貫して反対していたインドが発効要件国に含まれているからである[41]。インドはCTBT交渉時からすでに、主権侵害という観点から発効要件

---

40) 中国及びフランスも1992年にNPTを締結した。1990年以降のNPT締結国については樋川［2021］で詳述している。

国に自国が含まれることや、CTBT は核軍縮ではなく、5 核兵器国以外の国（含むインド）への不拡散を目的としており、更なる不平等条約を作り出すことにしかならないといった理由で条約案に反対していた。国連総会における CTBT 条約案採択に際しても、インド代表は、インドがこの不平等な条約に署名することはない、CTBT 第 14 条（発効要件）がある限り、この条約が発効することはない、と明言している[42]。よって、たとえ米国や中国が CTBT を批准したとしてもインドがそれに続く保証はないといってよい。

それにもかかわらず、なぜインドを発効要件に含む形で、CTBT 条約案を採択したのか。

まず、CTBT の交渉は、1994 年に CD で開始されていたが、1995 年の NPT 運用検討・延長会議で NPT の無期限延長が決定された際に、同時に採択された「核不拡散及び核軍縮のための原則と目標」と題する決定のなかに、CTBT に関する交渉を 1996 年までに完了すると盛り込まれたことで、交渉完了に対する圧力が一気に高まったという背景がある。

また、CTBT の発効要件については、CD における交渉の終盤において特に大きな対立点として浮かび上がり、これに適切に対処する時間のないまま、ほぼ時間切れの形で議長が条約案採択を強行しようとしたが、インドの明確な反対によりコンセンサスが得られず、条約案の採択自体がブロックされた経緯がある。インドは一貫して発効要件国に自国が含まれることに反対していた。それにもかかわらず、CD 議長が、インドが発効要件国に含まれる CTBT 条約案を提案した背景には、中国及びロシア（特に中国）が、NPT 外の 3 核保有国（インド、パキスタン、イスラエル）を発効要件に含めることに固執し、議長に圧力をかけていたからだといわれている。また、ロシアは中国抜きの CTBT は受け入れられないとしていたため、ロシアを参加させるためには、中国を参加させる必要があり、中国を参加させるためにはインドも参加させなければならないとい事情もあった。イギリスもまた、5 核兵器国＋ 3 核保有国の参加を

---

41) CTBT が発効するためには、特定の 44 カ国（発効要件国）すべての批准が必要とされており（CTBT 第 14 条）、インドもこの 44 カ国のなかに含まれている。

42) "I would like to declare on the floor of this Assembly that India will never sign this unequal treaty — not now, not later. As long as this text contains this article, that treaty will never enter into force."（A/50/PV.125, 1996 年 9 月 10 日, p.4.）

発効要件として強く求めていた。CTBT の発効要件については、CWC 方式で、発効要件に特定の国を入れることはせず、条約を採択した後で特定の国の参加を促すという案も提案されたが、NPT によって 5 核兵器国以外の国の核兵器保有が禁止されているなかで、CTBT によって新たに核実験を行えない義務を負うことになるのは、NPT 締約国の 5 核兵器国と NPT 非締約国として NPT 上の義務を負わないインド、パキスタン、イスラエルのみであることから（北朝鮮はこの時点でまだ NPT からの脱退を宣言していない）、これらの国をどうやって CTBT に参加させるかという点は大きな論点であった。

最終的に原子力施設を有する国 44 カ国の批准が発効要件として盛り込まれたのは、インドを名指しすることなく、また、インドに核保有国としての特別の地位を与えることなく、発効要件国の 1 つとして盛り込むことの苦肉の策であった。しかし、どのような表現であっても発効要件国に自国が含まれることにインドは反対であった。

このようにインドが反対するなかで、国連総会で条約案が投票にかけられたのは、オーストラリアがそれを提案したからであり、これについては NAM 諸国のなかにも CD のコンセンサス・ルールを侵害するものであり、先例とすべきではないという批判があったとされている。

なお、CTBT は確かに条約として未発効ではあるが、少なくとも 5 核兵器国はすべて署名していることを忘れてはならない。署名済み 5 カ国は、条約法条約第 18 条に則り、署名国として、条約の趣旨及び目的を失わせてはならない義務を負っている。この点において、例えば、発効はしたものの NPT 内の 5 核兵器国とそれ以外の 4 核保有国のいずれも署名すらしていない TPNW と比べても、少なくとも NPT 内の 5 核兵器国の署名を得ている CTBT の方が、国際規範としての役割を果たしているとみることもできる。

4　FMCT と安全保障

"FMCT はコンセンサス重視によって交渉すら開始されていない"

FMCT は核兵器の材料となる核分裂性物質（高濃縮ウランとプルトニム）を兵器製造目的で生産することを禁止するための条約である。ただし、この条約は 1993 年 9 月にクリントン米国大統領（当時）が国連総会演説で提案し、同

じ年の12月の国連総会にて、国連加盟国としてFMCTの交渉を開始することをコンセンサスで決定したにもかかわらず、30年以上たった現在においても交渉は開始されていない。日本政府は、FMCTを核軍縮分野での最優先事項の1つと位置付け、この30年間、関係国との2国間協議の実施や、作業文書の作成、専門家会合の開催の開催など様々な取り組みを行っている。

2012年には、国連総会において、FMCTに関する政府専門家会合（GGE）を開催すること、そのための報告書を翌年の国連総会に提出することを国連事務総長に要請する決議（A/RES/67/53）が賛成多数で採択されている。また、2016年の国連総会においては、FMCTに関するハイレベルFMCT専門家準備グループの設置を国連事務総長に要請する決議案が採択され、2017年及び2018年に専門家準備会合がジュネーブで開催されている。NPT運用検討会議においても、FMCTの早期交渉開始が要請され続けてきている。2023年5月に開催されたG7広島サミットの成果文書の1つ、「核軍縮に関するG7首脳広島ビジョン」のなかでも改めてFMCTの早期交渉開始の重要性が述べられている。

過去30年間、日本を含め、国連加盟国やNPT締約国が継続的にFMCTの重要性を訴えるなかで、なぜFMCTはいまだに交渉すら開始されていないのか。

FMCTの交渉開始を阻んでいる要因は、何よりもこの条約を交渉するマンデートを持ったCDが、手続規則上すべての決定をコンセンサスで行わなければならないことになっていることにある。CDは毎年年初に年間の作業計画を採択しなくてはならないことになっているが、1996年にCTBTの交渉が決裂して以降（CTBTはCDでコンセンサスが得られなかったため国連総会で投票により採択されている）、1998年と2009年を除いて、この作業計画にコンセンサスが得られず、実質的な作業を開始できないという状況が続いているのである。作業計画にコンセンサスが得られない要因についてここでは詳細に立ち入らないが、端的にいうならば、国連総会決議によってCDに交渉マンデートが与えられているFMCTと、明確な交渉マンデートが与えられているわけではない「宇宙における軍備競争の防止（PAROS）」（主に中露の関心事項）、消極的安全保証（NSA）及び核軍縮（共に非核兵器国、特に非同盟運動（NAM）諸国の関心事項）に関する各国の立場の相違により、年間作業計画が採択できないからである。そうした中にあって2009年には、FMCTについては交渉、PAROS及

び NSA については実質的な議論、核軍縮については意見及び情報交換を行うことを内容とする作業計画案がコンセンサスで採択された。それにもかかわらず、FMCT に反対するパキスタンが修正案を提出したことから作業計画の実施に至らなかった経緯などを考えると、FMCT に反する立場をとる国の存在が CD における実質的作業開始の主な障害となっていることは否めない。

　パキスタンが反対するなかで、コンセンサス方式によらず作業計画を実施に移していたらどうなっていたか。反対の立場をとるパキスタンも参加するなかでの交渉は困難を極める可能性があるし、またパキスタンを除外する形で交渉を行い、条約策定にこぎつけることができたとしても、パキスタンが参加しない FMCT にどこまで意味があるのかという問題が残る。

　また、米国は FMCT の作成にあたってはコンセンサスが必要との立場をとっている。CTBT と同様、コンセンサスがないなかでの採択は、核兵器国の 1 カ国でも反対に回った場合には条約の発効を妨げる、もしくは仮に発効したとしても条約の実効性を阻害する可能性がある。軍縮国際法の作成にあたり、コンセンサスを求めるか否かという論点は、コンセンサスを得ることですべての関係国を取り込むことができるというメリットがある一方で、コンセンサスを求めることによって内容の薄い条約となりうるというデメリットもある。また、コンセンサスではなく投票で採択することは、確かに条約の策定は容易にするかもしれないが、CTBT や TPNW（後述）の例から明らかなように、本来条約に参加すべき国を取りこぼすおそれがあるというデメリットがある。

5　TPNW と安全保障

"TPNW は発効を優先させた軍縮国際法である"

　TPNW は、2017 年 7 月、国連が設置した交渉会議にて 122 カ国の賛成により採択された（交渉会議に参加した国のなかでは、オランダが反対票を投じ、シンガポールは棄権している）。122 カ国という数は国連全加盟国 193 カ国のおよそ 6 割余りにあたる。6 割という割合を多いとみるか少ないとみるかについては意見が分かれるだろうが、少なくとも国際社会の圧倒的多数といえないことは確かである。このようにして採択された TPNW は、条約に規定されている発効要件（50 番目の批准書が寄託されてから 90 日後）を満たした 2021 年 1 月 22 日

に発効した。2024年4月現在、締約国数は70となっている。

　TPNWの問題点としてよく指摘されるものに、現在核兵器を保有する国が1カ国もこの条約に参加していないという批判がある。これに対し、NPTが採択された際も、多くの国がすぐに参加したわけではないといった反論がなされることがあるが、この点、すなわち条約の普遍化という点においてNPTとTPNWでは決定的な違いがある。

　まず、第1に、TPNWの場合、TPNWという条約の構想自体に反対する核兵器国・核保有国の多くは、条約交渉開始を求める国連総会決議（A/71/258, 2016年12月23日）に反対票を投じている。5核兵器国のうち中国を除く4カ国が反対（中国は棄権）、NPT非締約国で核兵器を保有している国のうち、イスラエルは反対、インド、パキスタンは棄権している（北朝鮮は欠席）。全体としてみても、賛成したのは113カ国、反対が35カ国、棄権が13カ国であった。

　一方のNPTは、1961年の国連総会にてNPTの交渉を求めることになった「管理査察を伴う核兵器拡散防止協定の早期締結を要請する」決議案が無投票にて採択されている。

　TPNW、すなわち核兵器を禁止する条約が最も取り込まなくてはいけない国は、NPTの下で核兵器を持たないという国際法上の義務をすでに負っているNPT上の非核兵器国ではない。TPNWが最も取り込まなくてはいけないのは、NPT上核兵器を持つことが許されている核兵器国と、NPTに参加せず（もしくはNPTから脱退宣言して）核兵器を保有しているインド、パキスタン、イスラエル、北朝鮮である。しかし、これらの国はいずれもTPNWの交渉にすら参加していない。さらに、条約交渉に参加しなかった核兵器国のうち、米国、イギリス、フランスは、「この条約に署名することも、批准することも、これに加入することも意図していない」と明確に述べている。またその理由として、このTPNWが安全保障環境を無視したものであることを挙げている（US Department of State 2017）。

　これに比してNPTは、核兵器国はもとより、後にNPTに参加しないという決定を下したインド、パキスタン、イスラエルを含め、条約を交渉することには反対はしていなかった。NPTは核不拡散条約であり、この条約で最も取り込まなくてはいけなかったのは、条約交渉時点でまだ核兵器を保有していない国々であった。そして上述のとおり、インドを除き、当時まだ核兵器を保有

していなかった国で、NPT の条約交渉に当初から反対していた国はいないのである。

このような経緯や背景を考えると、NPT 同様に TPNW でも今後参加する国が出てくるだろうとは、必ずしもいえない。TPNW への各国の参加可能性と NPT と同列には扱えない、といえるのではなかろうか。NPT の参加国が着実に増えていき、インド、イスラエル、パキスタンを除いても 191 カ国（北朝鮮を含む）という普遍化された条約となったのは、交渉の時点から 1 カ国でも多くの国を取り込もうという努力が行われてきたからである[43]。

TPNW は一言でいえば、核兵器を国際法によって禁止するというコンセプト自体に反対した国を置き去りにしつつ、条約としての発効を優先させた国際法といえる。

6 安全保障のための軍縮国際法
―― 共通言語としての軍縮国際法

2000 年に開催された NPT 運用検討会議の最終文書に盛り込まれた「すべての国の安全保障が損なわれないという原則（the principle of undiminished security for all）」[44]という原則がある。核兵器国、特にフランスなどがよく言及し、重視する原則である。これは、NPT 第 6 条の規定に基づき、軍縮を進めるにあっては、すべての国の安全保障が損なわれないように進める必要がある、という考え方に従って合意された原則である。この原則は、2023 年 5 月に広島で開催された G7 広島サミットの成果文書の 1 つである「核軍縮に関する G7 首脳広島ビジョン」（外務省 2017）の冒頭部分にも盛り込まれている。

何故この原則が核兵器国にとって重要なのか。それはひとえに、安全保障と核軍縮との関係を考えた時、軍縮のそもそもの目的が国際の平和と安全（すなわち安全保障）であったにもかかわらず、軍縮によって自国の安全（安全保障）が損なわれるという考え方が台頭してきたからではないだろうか。NPT にしても、CTBT にしても、FMCT にしても、TPNW にしても、これらの条約に

---

[43] NPT の交渉経緯については、黒澤［1986b］、Shaker［1980］に詳しく述べられている。

[44] 2000 年 NPT 最終文書で合意された「核軍縮に向けた 13 措置」の前提となっている原則。

参加しない、もしくはこれらの条約を支持しないとしている国がその理由として挙げているのが安全保障である。それにより、NPTは核不拡散条約として、インド、パキスタン、イスラエルという3カ国を取りこぼし、CTBTは発効にいたれず、FMCTは交渉すら開始されず、TPNWは条約が本来縛るべき核保有国すべてを取りこぼしている。

　国際法は完全ではない。それでも国際法の共通言語としての機能を考えた時、核軍縮を実現するという観点から条約作成にあたって重視すべきなのは、「普遍性（NPT）」なのか、「採択（CTBT）」なのか、「コンセンサス（FMCT）」なのか、「発効（TPNW）」なのか。ここで議論しているのは、条約の実効性ではなく、共通言語としての機能である。

　例えば、普遍性を目指したNPTは国際的核不拡散体制の礎として、共通言語としての役割は十分果たしているのではないかと考える。NPTがあるからこそ、我々は核開発に走った北朝鮮や、核開発が疑われるイランを非難し、安保理決議も採択することができる。

　また、CTBTは未発効ではあるが、CTBTが採択されて以降、いわゆる「核実験モラトリアム」という形で、少なくとも5核兵器国は1996年以降核実験を行なっていない。インド、パキスタンも1998年以降は核実験を行なっていない。さらにいえば、CTBTは確かに国際法として未発効ではあるが、少なくとも5核兵器国はすべて署名している。そしてこれら署名済み5カ国は、条約法条約第18条に則り、署名国として、条約の趣旨及び目的を失わせてはならない義務を負っている。すなわち、少なくとも署名国については、条約法条約という共通言語を通して、CTBTは一定の機能を果たしていると考えることができる。この点において、例えば、発効はしたもののNPT内の5核兵器国とその他の4核保有国のいずれも署名すらしていないTPNWと比べても、少なくとも5核兵国の署名を得ているCTBTの方が、共通言語としての機能を果たしているとみることもできる。

　コンセンサス・ルールに基づく交渉・採択を目指しているFMCTは、ある意味完全な共通言語作りを目指しているものと考えられる。一方で、コンセンサスを目指すあまり内容の薄い共通言語になってしまう恐れがあるとともに、コンセンサス・ルールに徹し続けては、合意の展望が開けないという現実も存在する。

核軍縮を実現したいと考えた時、可能な限り多くの国が合意できる国際法を目指すべきなのか（NPT）、条約の採択を優先させるべきなのか（CTBT）、条約の発効を優先させるべきなのか（TPNW）、すべての国が合意できる国際法を目指すべきなのか（FMCT）。どれがいいかは一概にいえるものではないが、軍縮国際法の共通言語としての役割に着目するのであれば、コンセンサス・ルールに縛られて交渉すら開始することができずにいるFMCTを除き、NPT、CTBTはその機能を相当程度果たしているのではないかと考える。

7 核廃絶と安全保障の共通言語

核廃絶と安全保障を考えた時、共通言語は普遍的なものである必要があるのか。この問いに答えることは簡単ではない。核兵器の分野で共通言語として最も普遍化したNPTを例にとるならば、NPTがあるからこそ、世界で核兵器を保有する国を9カ国に抑えることができ、NPTを盾に北朝鮮やイランに核兵器開発は国際法違反であることを求めることもできる。また、国連憲章を盾に、国連加盟国に対して、核兵器による威嚇は国際法違反であると論じることができる。

一方で、核不拡散を実現するためにはすべての国の関与が必要となることから、普遍的な共通言語が必要とされたが、安全保障は関係する国の間のみで共通の言語を持てばよいので、普遍的な共通言語は必要ないと考えることも出来よう。

また、すべての国の関与が必要となる核廃絶を実現するにあたっても、例えば、すべての地域に非核地帯条約を作って、世界全体として核廃絶を実現するといった場合には、それぞれの地域の当事国同士が共通言語としての国際法を作ればよいという主張もなりたつ。

日本の安全保障を考えたときは、どちらが重要なのか。日本にとって受け入れ可能な普遍的な共通言語（国連憲章でありNPTであり）であれば、それを維持し、利用しない手はない。また、たとえ日本が参加しない国際法であったとしても核兵器を保有する国の間で（2国間であれ多国間であれ）共通言語としての国際法を作ることができるのであれば、それが日本の安全保障にとってよい内容である限りにおいて、メリットはあるものと思われる。

5 おわりに
—— 共通言語としての国際法

樋川和子

　本章では、安全保障に関する国際政治学の議論のなかで国際法の観点が取り残されがちになってしまっているという問題意識から、安全保障を議論するにあたっては、むしろ国際法を「共通言語」として積極的に使うべしという問題提起を行なった。

　核兵器に関連する国際法は、大別して、武力行使・武力紛争に関する分野（*jus ad bellum* と *jus in bello*）と、軍縮に関する分野に分けられる。本章では、第2節において、*jus ad bellum* と位置付けられる国連憲章第2条4項と核兵器の関係について論じた上で、第3節において、武力紛争時の行動を規律している国際人道法を、第4節においては武力紛争で使われる兵器の保有等を規制する軍縮国際法を取り上げた。

　第2節「武力行使の違法化と核兵器」（*jus ad bellum*）が明らかにすることを試みたのは、国連憲章第2条4項で禁止されている武力行使及び武力による威嚇の禁止と核兵器との関係である。国連憲章という国際法では、武力の行使のみならず、武力による威嚇も禁止されているが、核抑止も威嚇に相当すると考えるのであれば、国連憲章によって禁止されている行為の対象となるのではないか。このような問題を直接的抑止と一般的抑止に分けて提示することで、核抑止について議論する際に、日本も加盟国として拘束されている国連憲章の規定を検討することの重要性を指摘している。また同じ問題意識から、自衛権と核兵器の使用の問題についても議論している。

　第3節「国際人道法と核兵器」（*jus in bello*）では、国際人道法と核兵器との関係を、害敵手段規制、害敵方法規制、戦時復仇といった国際人道法が定める諸規定を詳細に検討することにより、どのような議論を行っていくべきなのかについて問題提起を行なっている。すなわち、核抑止論者にとっても、核抑止による平和の維持ではなく核廃絶に向かうべきとの論者にとっても、国際人道

法を含む国際法は、議論のための概念や用語を準備し、議論の組み立て方についての指針を提供するものであり、核兵器をめぐる問題を議論するためには、こうした国際法の「共通言語」としての役割を活用し、いかに説得力のある議論を組み立てていくかが問われていることを指摘している。

　第 4 節「軍縮国際法と安全保障との関係」では、軍縮国際法のなかで核兵器の問題を扱っている NPT、CTBT、FMCT、TPNW がどのように成立してきたか（もしくは成立できずにいるか）を例に、共通言語としての軍縮国際法の役割について問題提起を行った。その上で改めて、国際法の共通言語としての意義、そして、その共通言語は普遍的なものである必要があるのか、いやむしろ、関係する国の間で共通言語を作ることができれば、それで十分なのではないかというという問題提起を行った。

　そこからみえてくるものは何か。

　まず、共通言語には二面性があるということである。すなわち、1 つには、規範的枠組みを提供するとことにより、どこまで何が許されるのかという共通の土台を提供するという側面、もう 1 つは、共通言語の文法と語彙を駆使した法に基づく議論（ローフェア）が可能となるという側面である。国際社会においては、法解釈に違いがあったとしても、国際法の枠内で、その流儀に則って、議論している実態がある。

　それらを踏まえた上で最後に、日本の安全保障を考えた場合、国際法をどのように使うべきかについて述べてみたい。

1　共通言語の意義

　共通言語である国際法は条約と慣習法に分かれる。条約に拘束されるかはすべて主権国家の判断次第である。いかなる国も他の国に特定の条約を締結することを強要することはできない。第 2 節で論じた武力行使の禁止と核兵器との関係は、すべての核保有国のみならず国連加盟国 193 カ国が拘束される国連憲章第 2 条 4 項及び第 51 条という、ほとんど普遍的な国際法を共通言語として使う重要性を指摘している。第 3 節及び第 4 節で論じた国際人道法及び軍縮国際法は、共通言語としての意義は指摘しつつも、締結しない国は縛られないという国際法の原則から来る限界をある意味示したものとなっている。

第2節で論じた国連憲章、第4節で論じたNPTのように普遍化された国際法を共通言語として使わない手はない。
　一方で、第3節で論じた国際人道法や第4節のTPNWのように実際に核兵器を保有する国が締結していない、ないしは拘束されていない国際法の場合はどうか。革新的急進的条約はその成立自体が肯定的に評価されることが多いが、その革新性故に締約国数が増えなければ普遍性を欠く条約となって、実際の適用場面も限定される（TPNWがよい例である）。このため、できるだけ広範囲の諸国に入ってもらうために内容を弱めた条約を作ることもあるが、これは結局のところ条約の本来の目的を後退させることにつながってしまう。同時に、革新的急進的であるために締約国が限られる条約であっても、慣習法化することにより、適用範囲が広がる可能性、及びその限界もある。安全保障などを理由に一貫して条約に反対する国があれば、慣習法化したとしてもその国は適用を免れる可能性があり、そうであるならば、やはり革新的急進的条約が、核兵器保有にこだわる国にとっても共通言語となることは難しいといえるかもしれない。

2　共通言語を使った議論を行うべし

　普遍的な共通言語であったとしても、関係国間のみに通用する共通言語であったとしても、法の遵守や法に基づく支配を訴えるのであれば、共通言語のいいところ取りは避けなければならない。例えば、核抑止について議論するにあたり、国際人道法で規制されている「戦時復仇」を当然視した主張を行うことや、NPTによって明らかに禁止されている核兵器の管理を含む核共有を提唱することなどは、共通言語を無視した議論といわざるをえない。国際法というものが存在し、「法の支配」を日本が訴えるのであれば、抑止の議論も核共有の議論も、国際法という共通言語を使って、より論点を絞った現実的な議論を行うべきではないか。すなわち、国際法を無視した共通言語から逸脱した形の議論は避けるべきである。

3　日本に求められること
　　──共通言語の明確化と法の支配（恣意性の排除）

　その上でさらに重要なのが、共通言語の明確化と恣意性の排除である。

第3節で詳述されているように、国際法には、それぞれ解釈上の問題や、解釈について対立点が包含されたままのものがある。法に基づく議論を国際情裏で展開するためには、そうした対立点が含有されたままの論点について日本の理解をまず明らかにしなくてはらならない。例えば、ジュネーヴ諸条約第1追加議定書における核兵器の適用問題や、NPTの下で核兵器の配備が核共有にあたるのかといった問題について、日本としてどのように法を解釈しているのかについてまずは明らかにしないことには議論ができないのではなかろうか。日本自身が法をどう解釈しているのかを明らかにせずに、法の遵守を訴えてみたところで、何をどう守ればよいのかはみえてこない。

　日本は法の支配を国益としているが、法の支配という言葉を恣意的に使ってしまっているのではないかという問題もある。

　例をあげてみよう。ロシアによるウクライナ侵攻を日本は欧米諸国と共に、国際法違反であるとして非難している。しかしながら、ロシアがウクライナで行っていることは、国際法の観点からみると、かつて西側がやってきたことと同様ではなかろうか。プーチン大統領は、ウクライナ侵攻にあたり、これが国連憲章第51条に基づく集団的自衛権行使による特別軍事作戦である旨述べている。また真偽のほどはともかくとして、ウクライナによる大量破壊兵器（WMD）開発疑惑にも触れつつ、侵攻を正当化している。2003年、米国は、イラクのWMD開発疑惑を主な理由にイラクに侵攻した。この侵攻にあたっては、その正当性につき安保理は一致した立場を示すことはできなかった。それでも日本は、イラクが累次安保理決議を遵守してないからという理由をもって、米国によるイラク侵攻を支持した。安保理自体はそのような認定は行っていないにもかかわらず、である。

　イスラエルによる国際人道法違反に対し、米国を始めとする西側諸国が毅然とした態度を示していないことも、国際法の示威的な使い分けの一例である。

　法の支配をいくら訴えてみたところで、自らが法の支配に従っていなければ、説得力を欠く。それこそがまさに、対ロシア非難で国際社会が一致できない要因の1つであると考える。

　法の支配という言葉を、一貫性なく、状況依存的に使うとあとでしっぺ返しをくらいかねないということを忘れてはならない。法の支配を訴えるからには、恣意性を排除することがまずは求められると考えられる。

【参考文献】

梅本哲也［1996］,『核兵器と国際政治』日本国際問題研究所。

大沼保昭［2001］,「国際社会における法と政治——国際法学の「実定法主義」と国際政治学の「現実主義」の呪縛を超えて」国際法学会編『国際社会の法と政治』（日本と国際法の100年第1巻）三省堂, 1-34頁。

外務省［2017］,「核軍縮に関するG7首脳広島ビジョン（仮訳）」, 2023年5月。https://www.mofa.go.jp/mofaj/files/100506513.pdf

「久間章生前防衛大臣の『原爆発言』と政府の核兵器に対する見解に関する質問主意書に対する答弁書」（平成19年7月10日）［2007］, 答弁書第80号, 内閣参質166第80号（安倍晋三）。

黒澤満［1986a］,『現代軍縮国際法』西村書店。

黒澤満［1986b］,『軍縮国際法の新しい視座』有信堂。

小泉悠［2021］,「ロシアの核・非核エスカレーション抑止概念を巡る議論の動向」『「大国間競争時代のロシア」研究プロジェクト報告書』日本国際問題研究所, 93-101頁。

下田事件（原爆裁判）判決［1963］, 東京地方裁判所, 1963年12月7日判決,『判例時報』第355号（1964年）, 17-33頁。

土山實男［2014］,『安全保障の国際政治学——焦りと傲り〔第2版〕』有斐閣。

根本和幸［2004］,「自衛権行使における必要性・均衡性原則」村瀬信也編『自衛権の現代的展開』東信堂, 59-87頁。

樋川和子［2021］,「第10回NPT運用検討会議に向けて——NPT運用会議の結果と核不拡散を巡る動向に関する考察と今後の展望」『軍縮研究』第10巻, 第1号, 2021年7月, 4-15頁。

藤田久一［2003］,『国際人道法〔新版再増補〕』有信堂。

真山全［2023］,「武力紛争法における『核の忘却』の終焉——対ウクライナ核攻撃を武力紛争法からどのように・どこまで非難できるか」『有斐閣オンライン・ロージャーナル』2023年7月, 記事ID: L2306008（https://yuhikaku.com/articles/-/12925）。

Baxter, R. R. [1970], "Treaties and Custom," *Recueil des Cours de l'Académie de Droit International*, Vol.129, pp.25-105.

Brodie, Bernard (ed.) [1946], *The Absolute Weapon: Atomic Power and World Order*, Harcourt, Brace and Company.

Burroughs, John [1997], *The Legality of Threat or Use of Nuclear Weapons: A Guide to the Historic Opinion of the International Court of Justice*, LIT.

Dunlap, Charles J., Jr., [2008], "Lawfare Today: A Perspective," *Yale Journal of International Affairs*, Vol.3, Issue 1, pp. 146-154.

D'Amato, Anthony [2014], "Groundwork for International Law," *American Journal of International Law*, Vol. 108, No. 4, pp. 650-679.

Fetter, Steve and Jon Wolfsthal [2018], "No First Use and Credible Deterrence," *Journal for Peace and Nuclear Disarmament*, Vol. 1, Issue 1, pp. 102-114.

Franck, Thomas M. [1970], "Who Killed Article 2(4)? or: Changing Norms Governing the

Use of Force by States," *American Journal of International Law*, Vol. 64, No. 5, pp. 809–837.

George, Alexander L. and William Simons (eds.) [1994], *The Limits of Coercive Diplomacy*.

Gray, Christine [2018], *International Law and the Use of Force*, 4th ed., Oxford University Press.

Greenwood, Christopher [1999], "Jus ad bellum and jus in bello in the Nuclear Weapons Advisory Opinion," in Laurence Boisson de Chazournes and Philippe Sands (eds.), *International Law, the International Court of Justice and Nuclear Weapons*, Cambridge University Press, pp. 247–266.

Herz, John H. [1959], *International Politics in the Atomic Age*, Columbia University Press.

Howe, E. [1996], Parliamentary Under-Secretary of State, Ministry of Defence, (Earl Howe), *Defence Estimates*, Vol. 574, Hansard, 12 July 1996.

ICJ [1986], *Case Concerning Military and Paramilitary Activities in and against Nicaragua, Judgment, I.C.J. Reports 1986*.

ICJ [1996], *Legality of the Threat or Use of Nuclear Weapons, Advisory Opinion, I.C.J. Reports 1996*.

Dissenting Opinion of Vice-President Schwebel.

Dissenting Opinion of Judge Higgins.

Separate Opinion of Judge Guillaume.

ICJ [2003], *Oil Platforms (Islamic Republic of Iran v. United States of America), Judgment, I.C.J. Reports 2003*.

International Committee of the Red Cross(ICRC), IHL Databases(https://ihl-databases.icrc.org/en/ihl-treaties/api-1977/state-parties?activeTab=default).

Jervis, Robert [1978], "Cooperation under the Security Dilemma," *World Politics*, Vol. 30, No. 2 , pp. 167–174.

Kehler, C. Robert [2022], "Commanding Nuclear Forces," in Charles L Glaser, Austin Long and Brian Radzinsky (eds.), *Managing U.S. Nuclear Operations in the 21st Century*, Brookings Institution Press.

Kissinger, Henry A. [1957], "Strategy and Organization," *Foreign Affairs*, Vol. 35, No. 3 , pp. 379–394.

Kohen, Marcelo G. [1999], "The Notion of 'State Survival' in International Law," in Laurence Boisson de Chazournes and Philippe Sands (eds.), *International Law, the International Court of Justice and Nuclear Weapons*, Cambridge University Press, pp. 293–314.

Kolb, Robert [2014], *Advanced Introduction to International Humanitarian Law*, Edward Elgar.

Lauterpacht, Hersch (ed.) [1952], *Oppenheim's International Law*, Vol.2, 7th ed., Longmans.

Matheson, Michael J. [1997], "The Opinions of the International Court of Justice on the Threat or Use of Nuclear Weapons," *American Journal of International Law*, Vol. 91, No. 3, pp. 417-435.

Morgan, Patrick M. [2003], *Deterrence Now*, Cambridge University Press.

Norway [2013], Chair's Summary: Humanitarian Impact of Nuclear Weapons, The Conference on the Humanitarian Impact of Nuclear Weapons in Oslo 4-5 March 2013.

Reuters [1996], "France Says World Court Upholds Its Nuclear Stance," 8 July 1996.

Russia [2020], Указ Президента Российской Федерации от 02.06.2020 г. No. 355.

Sadurska, Romana [1988], "Threats of Force," *American Journal of International Law*, Vol. 82, No. 2, pp. 239-268.

Sagan, Scott D. and Weiner, Allen S. [2021], "The Rule of Law and the Role of Strategy in U.S. Nuclear Doctrine," *International Security*, Vol.45, No.1, pp.126-166.

Schelling, Thomas C. [1966], *Arms and Influence*, Yale University Press.

Shaker, Mohamed I. [1980], *The Nuclear Non-Proliferation Treaty – Origin and Implementation*, OCEANA Publications.

Simma, Bruno, Khan, Daniel-Erasmus, Nolte, Georg, Paulus, Andreas, and Wessendorf, Nikolai (eds.) [2012], *The Charter of the United Nations: A Commentary*, 3rd ed., Oxford University Press.

Snyder, Glenn H. [1960], "Deterrence and Power," *Journal of Conflict Resolution*, Vol. 4, No. 2, pp. 163-178.

Snyder, Glenn H. [1961], *Deterrence and Defense*, Princeton University Press.

Stürchler, Nikolas [2007], *The Threat of Force in International Law*, Cambridge University Press.

Testimony of Vice Admiral Frank McMullen, Vice Director Strategic Target Planning, JSTPS, Hearings in House Committee on Armed Services, Hearings on Military Posture and H.R. 1872 (US Government Printing Office, 1979), Book 1, Part 3, p.20.

United Nations Treaty Collection (UNTC), https://treaties.un.org/Pages/ViewDetails.aspx?src=TREATY&mtdsgno =XVIII-10&chapter=18&clang=en#EndDec

United States, Letter dated 20 June 1995 from the Acting Legal Adviser to the Department of State, together with Written Statement of the Government of the United States of America, pp. 1-48. Written proceedings, ICJ, Document No. 8700.

US Department of Defense [2022], *Nuclear Posture Review*.

US Department of State [2017], "Joint Press Statement from the Permanent Representatives to the United Nations of the United States, United Kingdom, and France Following the Adoption," New York City, 7 July 2017. https://usun.usmission.gov/joint-press-statement-from-the-permanent-representatives-to-the-united-nations-of-the-united-states-united-kingdom-and-france-following-the-adoption/

第2部
「統合知」からの発信

第4章
核兵器の総合的評価

***
吉田　文彦
遠藤　誠治
佐藤　丙午
真山　　全

はじめに——激動期における二項対立の克服に向けて

　国際社会の現状を改めて概観すると、核兵器禁止条約（TPNW）支持諸国と、これに反対・慎重な核抑止依存諸国（核保有国、核の傘国）が「分断」状態にあり、理想主義（前者）と現実主義（後者）が鋭く対峙する構図になっている。核不拡散条約（NPT）を基盤にした核軍縮・不拡散によって国際安全保障、国家安全保障の安定化をはかるという、ここ半世紀の核問題のグローバルガバナンスの根幹さえ揺るがしかねない様相を呈している。

　そうした中にあって本研究プロジェクトは、「安全保障を損なわない核軍縮」に向けた最適解と重点政策群を提示することを基本的な目的としてきた。

　このゴールに近づいていくためには多分野の専門家の統合知によって複眼的に課題群を分析し、得られたデータや研究成果をもとに、核抑止の実相と、安全保障に関する考えが多様化する国際社会における核兵器の現在地を見定める必要がある。そうした複眼的な分析作業を通じて、従来の二項対立的な評価や、安全保障観の多様化や先端技術革新・拡散を十分に反映しない評価を乗り越えていくべく、視野を広げていく。その上で、「ポスト核時代」について過度に楽観的にも悲観的にも偏らない立ち位置をさぐりながら、現状だけでなく近未来における新展開の可能性も見据えた核兵器に関する総合的政策評価を示していくことが不可欠と考えられる。

　そこで本章ではまず、(1) 核兵器とモラルの歴史的経緯、(2) 核抑止と大規模戦争不在の歴史、(3) 継続される「必要悪」論、(4) 核抑止と安全保障政策、(5) 核抑止論の前提と限界、(6) 核抑止破綻の偶発的リスク、(7) 新興技術と核兵器、(8) 核発射権限に関するリスク、(9) 核兵器と国際人道法、(10) NPTの意義と持続可能性、(11) 核抑止と軍備管理、(12) NPTと原子力平和利用、(13)「核不拡散レジーム」から「核廃絶レジーム」への移行——の13の角度から核兵器をめぐる多種多様な論点、総合評価の際に考察すべき点を総覧する。それを受けて、核兵器が有する主に安全保障政策上の効用とともに、その限界や課題を分析して核兵器に関する総合的政策評価につなげていく。

　なお、上記の13項目に関する原稿は、本研究チームが中間的研究成果として著わした『核兵器問題の主な論点整理——国際政治・安全保障編（改訂版）』

RECNA ポリシーペーパー第 17 号（2023 年 6 月）と、『核兵器問題の主な論点整理——国際人道法編』RECNA ポリシーペーパー第 18 号（2023 年 5 月）をベースにしており、ここに掲載された論考をもとに吉田文彦・遠藤誠治・佐藤丙午・真山全の責任で本章全体をまとめた。

1　核兵器とモラルの歴史的経緯

　第 1 章で記したように、核兵器に関するモラルの問題（道徳・道義上の問題）については、原爆投下前にすでに論争が始まり、広島・長崎での実戦使用後は、より広く深く議論されるようになった。

　米国政府の側からの発信は、核使用の正当化が出発点である。スティムソン陸軍長官の名前で 1947 年 2 月に発表された論文「原子爆弾使用の決定」は、原爆投下の正当性を主張した。その論理だては、原爆使用が戦争終結を早め、日本への本土侵攻作戦で失なわれたかもしれない 100 万人の米兵の生命を救ったというものだった（Stimson 1947:97-107）。ただこの正当化は、救われたと想定された 100 万人の生命との比較に主眼が置かれ、核兵器保有や使用に関するモラルの問題に正面から答えたものではなかった。スティムソン論文への批判論者として知られるガー・アルペロヴィッツは 1965 年発表の『原爆外交』で、日本を早期降伏させる軍事目的のために原爆が使用されたのではなく、戦後に米国がソ連に対して優位な立場に立つという外交目的のために使用されたのだと論じ（Alperovitz 1965:236-242）、「100 万人の米兵の生命を救った」説に異論を唱えている。広島・長崎への原爆投下の意思決定・判断基準などに関する歴史的評価の研究として貴重な著書であることは間違いないが、やはり、核兵器保有や使用に関するモラルの問題に正面から答える論文ではなかった。

　原爆投下に対する日本からの批判はどうだったのか。日本政府は 1945 年 8 月 10 日には早くも、中立国であったスイスを通じて、原爆投下は国際法であるハーグ陸戦規則に違反すると国際人道法の視点から米国に抗議した（「米機の新型爆弾による攻撃に対する抗議文」1945）。しかし敗戦で占領下に置かれたあとは原爆の惨禍の報道などは GHQ のプレスコードによって規制され、自由な発信は不可能となった。「勝者による裁き」となった東京裁判でも、原爆投下の国際法上の問題や責任は争点にはされずじまいだった。日本は 1952 年に発

効したサンフランシスコ講和条約で主権を回復したが、米国を含む交戦国への損害賠償請求権は放棄された。それでも広島では、1953年の広島市長の平和宣言で「原爆下の広島の惨状は、今もまざまざとわれわれの眼に浮かんで来る。それは、人間の想像をはるかに超えた痛ましき限りのものであった。しかも1個の原子爆弾がのこした罪悪の痕は、いまなお、消えるべくもなく続いている。それは今後の戦争の深刻さを警告し、人類が自らの滅亡を望まないならば、再び武器をもって争ってはならないことを訓えている」（広島市 1953）と、モラルの視点から核兵器を批判していた。

国際人道法の視点から、原爆使用の違法性を確認するよう求める試みもなされた。1955年に数名の原爆被害者が、原爆投下は国際法に違反する不法行為であり、賠償請求権を放棄した日本政府に原爆から生じた損害の賠償を求める訴訟を東京地方裁判所に起こした。1963年の判決には、米国の原爆使用が（国際人道法を含む）国際法に違反するとした画期的な判断が含まれていた（原爆裁判・下田事件。下田事件については、真山［2023］を参照）。損害賠償訴訟そのものは原告が敗訴したが、広島、長崎の2都市への核攻撃を違法と断じた点は大いに意味を持ち、こうした無差別攻撃は違法という慣習法の存在の主張をする際にこの判決が論拠となっている。

米国政府が公式に、モラルの視点から核兵器の保有や使用を公式に全面否定したことは一度もない。ただ、主にモラルの視点から、核兵器は実際には使用が困難な兵器、あるいは核による先制攻撃は極めてハードルが高いとの考え方は米国だけでなく、他の核保有国のなかでも多かれ少なかれ存在してきたと考えられる。いわゆる「核のタブー」ともいわれる価値観である。第1章でも紹介したが、例えば原爆投下を決断したハリー・トルーマン米国大統領は戦後、核使用に極めて慎重になり、拒否反応とも思えるような態度を示してきた。

1948年に、核爆弾・弾頭を軍からシビリアン（文民）の原子力委員会に移管する議論があった。この時、軍から反対意見が出されたのに対してトルーマンはある会合で、「とんでもない（terrible）破壊力、かつてない破壊力を持つものを使用する命令を出すのは、とんでもない（terrible）ことだ。諸君には、これ〔核兵器〕は軍事的な兵器ではないことを理解してもらいたい。女性や子供たち、武装していない市民までも一掃する（wipe put）ために使われるのであり、軍事的な使用〔軍事目標の攻撃〕が目的ではない。核兵器についてわれわ

れは、ライフルや大砲といった通常のもの〔通常兵器〕と異なる扱いをしなければならない」と語っている（National Security Archive 2017）。だが、だからといって米国政府が核廃棄へ動いたわけではない。

モラルの視点から核兵器保有の継続に疑問を呈したのが、2009年のバラク・オバマ米国大統領のプラハ演説であった。「私ははっきりと、信念を持って、米国は核兵器のない世界の平和と安全を追求することを誓約したい」とし、「20世紀に我々が自由をめざし闘ったように、21世紀において我々は、恐怖から解き放たれて生きるというすべての人々の権利をめざし共に闘わなければならない。核保有国として、核兵器を使用した唯一の核保有国として、米国には行動する道義的責任がある」と明言した（White House 2009）。「核兵器を使用した唯一の核保有国」として道義的責任を意識しながら、「核のない世界」へと行動する決意の表明であり、歴史的演説となった。

だが、そのオバマでさえ、核抑止に依拠する考えも合わせて強調した。「誤解のないよういっておきたいが、核兵器が存在する限り、米国はいかなる敵をも抑止できる安全、安心で効果的な核兵器保有を継続する」と明言しているのである（同上）。米国大統領としては異例なほどにモラルの視点を前面に出して、核軍縮・不拡散、そして核廃絶の追求の必要性を強調する一方で、核保有・核抑止の正当性も明確な言葉で打ち出す内容となっている。

このように、核保有国の政府がモラルの視点から核兵器を全面否定したことはこれまで一度もない。対照的に人道主義に立脚して核兵器を全面的に否定しているのが、2021年1月に発効したTPNWである。TPNWは、核兵器使用がもたらす圧倒的な非人道的結末に鑑み、今後決して使用されないためにはその使用などを禁止し、廃絶するしかないという国際規範の確立を優先目的に据えた条約である。ただ、核兵器に対する国際社会の評価がTPNWの考え方に収斂する状態に至ってはおらず、その見通しも現段階ではない。2017年7月に条約交渉会議がTPNWを採択した際には122カ国が賛成したが、批准国は期待された速度では必ずしも伸びておらず、2024年4月現在で70カ国にとどまっている。NPT「公認」の5核兵器国及び米国あるいはロシアの同盟国らは、ロシアのウクライナ侵略によって核保有国間の関係が悪化していない段階ですでに、TPNWに反対していた。ウクライナ侵略後はロシアだけでなく、他の核兵器国、さらには核兵器国から拡大核抑止（核の傘）を提供されている核の

傘国も核抑止依存を強める傾向が強まっており、TPNW 支持国との間の距離は拡大傾向にある。

その一方で、ウクライナ侵略後にロシアが核による恫喝を繰り返していること、及び核抑止依存強化論が跋扈する現況を深刻に受け止めた TPNW 支持派の非核兵器国や市民社会を中心に改めて核兵器の非人道性を強調する動きが強まっている点にも留意しておく必要がある。

2　核抑止と大規模戦争不在の歴史

モラル、人道の視点から核兵器への評価が分かれる一方で、次のような問いかけが続いている。そもそも広島、長崎への原爆投下以降、核抑止は有効に機能してきたのだろうか。誰しもが、あるいは少なくとも多くの人々が、折に触れてこの根本的な疑問と向き合ってきたことだろう。この点に関してしばしば議論の的になるのが、第 2 次世界大戦後における大規模戦争の不在は、核抑止が機能してきたことを実証するものなのかどうか、という問いへの答えである。

「第 2 次世界大戦後に次の世界大戦が起きなかったのは、核抑止が存在してきたからだ」。こうした「解釈」をとる代表的存在が、冷戦研究の権威である歴史学者のジョン・ルイス・ギャディスである。ギャディスは著書『ロング・ピース』（初版、1987 年）のなかで、1945 年から 1986 年までの 41 年間にわたって米ソ間の大戦は勃発しなかった、そうした大規模戦争が起きなかった事実について、核抑止の他に説得力のある説明がないとの見方を示した。そして、「核抑止は、ポスト第二次世界大戦の国際システムを支えてきた最も重要な行動メカニズムであった」と結論づけた（ギャディス 2002:398）。ギャディスの主張の主な論拠は、① 2 つの大国による二極構造は、3 つあるいはそれ以上の大国が併存する状態に比べて安定性が高いことは考えられるが、それだけでは戦争不在の説明にはならない、②経済関係や文化交流を密にしていくことが戦争防止つながるとの古典的自由主義の主張は適切ではなく、やはり戦争不在の説明とはならない、③戦争に発展してもおかしくなかったが、そうは至らなかったという危機のケースを分析すると、核兵器による抑止力の影響が大きかったと推論できる、といったものである（ギャディスの主張の主な論拠はウィルソン [2016:98-100] を参照）。

こうした歴史解釈とは逆の見方をとる研究者も数多く存在する。その1人が歴史学者のフランシス・ギャヴィンで、「第1次世界大戦の原因をめぐる多くの未解決の議論が示すように、実際に起こったことの原因を〔完全に〕理解することさえ、ほとんど不可能である。ましてや、何かがなぜ起こらなかったのかを理解しようとすることは、方法論的には悪夢でさえある」と指摘している。そして、「核抑止力という考え方は直感的には説得力があるが、1945年以降の世界情勢が相対的に平和で安定していたことについては、他にも説明が存在しうるだろう」との見方に立っている（ギャヴィン 2022:283-301）。

　結論からいうと、「第2次世界大戦後に次の世界大戦が起きなかったのは、核抑止が存在してきたからだ」という「解釈」は存在するにせよ、それが定着しているわけではない。「何かがなぜ起こらなかったのかを理解しようとすることは、方法論的には悪夢でさえある」（同上）ならば、少なくとも当面は決着の見通しさえたてられないのが実情だろう。それでも核抑止論者からは、「核抑止の成果だった可能性は高いという推論が成り立つ」との反論が出るだろうが、だからといって、核抑止論の信頼性を裏付ける定説にはなりえないのが現状というべきだろう。

　こうした状態の背景にあるのは、核抑止に内在する不確実性である。安全保障政策の研究者であるシュイラー・フェルスターによると、抑止効果の程度は敵国の意図によるところが大きく、現実に冷戦期における米国の抑止力の効果をめぐる論議はしばしば、ソ連の意図の問題に集中してきた。しかしながら、相手側の意図を本当に知ることは不可能に近いものであり、時間がたてば変わるものでもある。そうした不確実性に満ちた核抑止についてフェルスターは、「誰も確信をもって核抑止が作用しているといえない」とみる。したがって、仮に核抑止効果が存在する前提にたっても、「抑止効果というのは決して証明されることはない性格のものなのであり、証明できるのは、〔核戦争が起きた時に〕抑止効果がなかった〔時の〕ことである」（Foerster 1990:42）と論じている。

　こうした不確実性は、一方で核抑止が宿す脆弱性の大きな要因となっているが、他方で核抑止を支えるプラスの要因でもあるという逆説的な側面もある。核戦略史研究の重鎮であるローレンス・フリードマンは次のように分析している。「我々は、1945以降の欧州では平和が続いたことを知っている。これは核抑止が、信頼できないものであるにせよ、可能な政策ではないかということを

示している。多くの不確実性の存在は、攻撃がもたらす結果について誰も十分に予測できないことを意味している。核戦争を思うように運び、管理できるかのように準備したところで、すべてが手におえない状態になりかねないという恐怖心が残るだろう。そうした恐怖心こそが、現代の世界において、慎重さを保つ最も強力な源になっている。抑止という王様は裸かも知れないが、それでも王様ではある」(Freedman 1989:430)。

核抑止は不確実性が存在するがゆえに、その有効性の自己証明は困難な状態のままであるものの、不確実性の存在のおかげで自己価値を維持してきた面もある。その意味において核抑止は不確実性が有する両面性と不可分な政策として継続されてきたといえるだろう。陰陽の両面を有するそうした不確実性が直面する課題については、後段の「核抑止論の前提と限界」の項でより詳しく記すことにする。

3 継続される「必要悪」論

国際社会は核兵器に関するモラル面の問題を意識しつつ、しかも核抑止論の歴史的評価を定めきれないまま、安全保障政策としての核抑止に依存して核兵器を肯定するか否かについて、「分断」状況に直面している。後者の立場のなかには前者の立場を全否定するのではなく、プラハ演説でオバマ大統領が「核兵器が存在する限り、米国はいかなる敵をも抑止できる安全、安心で効果的な核兵器保有を継続する」と言及したように、いわば「必要悪」論に立脚した核抑止依存の正当化を説いている。そうした立場がしばしば、「現実主義」的なアプローチとも表現される立場である。

「必要悪」論を端的にいい表したのが、第1章でも引用したジョンズ・ホプキンス大学教授のハル・ブランズの言葉である。いわく──「外交政策における核兵器の役割を米国は安全に減らすことができるという考え」が、冷戦後の新たな潮流として存在してきた。しかしながら、ウクライナ危機の犠牲になったもの〔ウクライナ危機でこわされたもの〕の1つが、そうした〔核兵器の役割を安全に減らす〕考えだといえるだろう。ウクライナ危機は、核兵器が依然として大国間対立において中心的な存在であることを明らかにしたのである。人間が発明してきたもののなかでも「最も悪魔的な兵器」が、国際秩序を維持す

るために不可欠であることを思い起こさせることになった。

　核兵器は人類を危険にさらす可能性があるほどに強力な兵器である。そうした点から核抑止力は、しばしばモラル面から不合理にみえるが、冷戦時代に自由世界の発展を守るために、「軍事的な盾」を提供してきた。核時代の大きな「逆説」は、想像を絶する破壊の道具が、前例のない人類の繁栄と創造の時代に貢献してきたということである。核兵器は、新たに展開されている国際秩序再編をめぐる〔民主主義勢力と権威主義勢力の〕闘争においても、同様に中心的な役割を果たすだろう――（ハル・ブランズの見方は Brands［2022］を参照）。

　約めていえば、核リスクが巨大であることは間違いないが、核抑止ほどに国際秩序形成・維持に貢献できる手段（兵器を含めて）はなく、どれほど悪魔的な兵器であろうと今後も核抑止に依存するのが得策であるとの見方である。

　条約採択時には 122 もの国が賛成し、国の数では国際社会のなかで多数を占める支持を得て誕生した TPNW だが、その存在をもってしても、モラルで「必要悪」論を克服、凌駕するにはいたってはいないし、それが奏功するシナリオも描けていない。規範的なアプローチは極めて重要であることは間違いないが、それだけでは核兵器国・核の傘国の核抑止依存を少なくとも短期間のうちには解消できそうにないという現実の壁、しかも非常に厚い壁が存在することは否定できない。

　ただ、変化の芽が皆無というわけではない。ロシアのウクライナ侵略開始のその年（2022 年）にインドネシアのバリ島で開催された G20 首脳会議で発表された「G20 バリ首脳宣言」に記された重い言葉である。もともと経済分野が主テーマである首脳会議であるにもかかわらず、「G20 バリ首脳宣言」は「国際連合憲章に謳われている全ての目的及び原則を擁護し、武力紛争における市民及びインフラの保護を含む国際人道法を遵守すること」の意義に力点を置いた上で、「核兵器の使用又はその威嚇は許されない」との、首脳レベルの宣言としては異例ともいえるほどの明確な表現で、核保有国さらには核兵器そのものの存在に警鐘を鳴らした（G20 バリ首脳宣言の邦訳は、外務省［2022］参照）。

　G20 首脳会議は毎年 1 回開催されている。参加国はいわゆる先進諸国による G7 メンバー国（米国、イギリス、フランス、ドイツ、イタリア、カナダ、日本）と欧州連合（EU）に加えて、アルゼンチン、豪州、ブラジル、中国、インド、インドネシア、メキシコ、韓国、ロシア、サウジアラビア、南アフリカ、トル

表1 2030年・2050年のGDPランキング

順位	2030年		2050年	
	国	予想GDP	国	予想GDP
1	中国	38,008	中国	58,499
2	米国	23,475	インド	44,128
3	インド	19,511	米国	34,102
4	日本	5,606	インドネシア	10,502
5	インドネシア	5,424	ブラジル	7,540
6	ロシア	4,736	ロシア	7,131
7	ドイツ	4,707	メキシコ	6,863
8	ブラジル	4,439	日本	6,779
9	メキシコ	3,661	ドイツ	6,138
10	イギリス	3,638	イギリス	5,369

2016年購買力平価（PPP）ベースで換算、単位は10億米ドル。
出典：PwC［2017:23］．

コが名を連ねている。G20の動向が注目されるのは今後、世界経済のパワーシフトがG7からそれ以外のG20諸国へと進むと考えられているからである。例えばPwCコンサルティング合同会社の予測によると、2030年ではG7の4カ国以外にG20の6カ国（1位中国、3位インド、5位インドネシア、6位ロシア、8位ブラジル、9位メキシコ）がGDP上位10位に入るとされている。2050年になると上位7位に入るのは米国だけで、それ以外のG7の国は8位日本、9位ドイツ、10位イギリスに下がる見通しである（表1）。

　グローバルサウスという言葉が近年、盛んに使われるようになっているが、これはアジアやアフリカ、ラテン・アメリカに多い新興国の総称である。G7諸国など北半球中心の先進諸国と対比して使われることが多いものの、国土が南半球に位置しているかどうかの地理的概念にとらわれずに、「新興国全般を意味する」場合も少なくない。G20メンバーに名を連ねる新興国はグローバルサウスの代表的な存在であり、彼らの後ろには多くのグローバルサウス諸国が控えている。

　グローバルサウスの大半は、核武装しておらず核抑止にも依存していない諸国であり、TPNW支持国の多くがグローバルサウスに属しているか、将来そ

の一員となる可能性のある諸国である。したがって大多数のグローバルサウスの諸国は、G7メンバー国や中国、ロシア、インドなどが核抑止に頼り続ける現実に厳しい視線を向けている。アントニオ・グテーレス国連事務総長がTPNW第1回締約国会議に寄せたメッセージで「我々は、一握りの国が振りかざす核兵器が地球上のすべての生命を危機にさらすことを許すわけにはいかない」と指摘したが（United Nations 2022）、これにはグローバルサウスの多くの諸国が共感したと考えられる。

今後、こうしたグローバルサウスの力が、北半球で核抑止に依存するグローバルノースにどのような政策選択を促していくのか。確たる予測は困難な状況ではあるが、核兵器＝「必要悪」をめぐる議論に変化をもたらすかもしれない。ただ現段階では、先述のように、「必要悪」論がその根を広く深く張りめぐらせたままである。

4　核抑止と安全保障政策

核兵器の登場は国際政治に巨大なインパクトを生み出し、旧来型の安全保障政策は修正を余儀なくされた。抑止という軍事的概念は核兵器の登場以前から使われていたが、安全保障上の戦略のなかで特に大きなウエイトを持つようになったのは、核時代になってからのことである。

核抑止の基本的な目的は、相手がこちらに害を与えるような行動をとった場合には、相手に重大な打撃を与える意思と能力を持っていることを従前から明示し、相手がそうした行動に出ることを思いとどまらせることにある。こうした意味において核抑止は理論的には、核兵器を持ちながら核兵器を実際に使用することなく戦争を回避することが主眼の戦略であり、核兵器の「問題解決力」に重心を置く考え方である。

このような特質を有する核抑止論はしばしば、基本的には相互確証破壊（MAD）の考えに基づくとの説明がされる。MADの考え方を最初に公に提起したのは、ケネディ及びジョンソン政権の国防長官だったロバート・マクナマラである。1963年2月の米国議会証言で、「奇襲攻撃を受けた後においても、明確で誤解のない能力で敵、または敵陣営に対して耐え難い損害を与える戦略をとることで、米国とその同盟国への意図的な核攻撃を抑止すること」が、

MADの基本と説明した（US Congress 1963:90-91）。MADは、ソ連が米国に先制核攻撃をかけても、ソ連に耐え難いだけの報復をしかける能力を保っておけばソ連は先制核攻撃を思いとどまるという論理、想定に基づいてきた。

　だが、MAD的な発想では被害が巨大過ぎて核使用は困難であり、むしろ核抑止の信頼性が揺らぎかねないとの懸念がしばしば示されてきた。そうしたMADに代表される全面核戦争論、都市・産業地帯攻撃論の弱点を補完する形で台頭してきたのが限定核戦争論である。教科書などでしばしば事例として引用される冷戦期の米ソの場合だと、米ソが互いに相手を壊滅させるような大型の戦略核は使わず、欧州やアジアなどにおいて軍事衝突した場合には、戦術核や中距離核戦力（INF）によって戦場・戦域限定型の核戦争を遂行する、というのが基本的な考え方である。

　目標戦略の視点から表現すれば、敵国の都市における文民及び民用物を攻撃対象にするカウンター・バリュー戦略を全否定しないまでも、相手の軍事関連施設を攻撃対象にするカウンター・フォース戦略の選択肢をより前面に出したのが限定核戦争論ともいえるだろう。限定核戦争論には、核兵器を抑止兵器としてだけではなく、実際に使用可能な兵器としても明確に位置づけることで、核抑止の信頼性を高めるねらいが込められてきた。MADを採用したケネディ政権以降の歴代政権ではMADを基本に置きつつも、実際の核戦争計画には限定核戦争論も組み込んでおくといった選択肢が継続的に維持されてきたのである。

　2022年2月にウクライナへの侵略を開始したロシアは明示的・暗示的に、核による脅しの言動を繰り返してきた。世界最大量の戦術核を保有するとみられるロシアは、大別して2種類の役割を戦術核に担わせているとされる。1つは、垂直的なエスカレート（戦闘の激化）の抑止を目的とした使用である。すなわち、一気に核保有国同士による全面的な核戦争に至るのを避けるために、限定的に戦術核を使用するというものである。もう1つは、ロシアが戦闘中に米国などが介入してくるのを防ぐ目的で、限定的に戦術核を使用する水平的なエスカレートの抑止（大国の参戦阻止）である。垂直的・水平的エスカレーション抑止のための核使用という思想は近年、「エスカレーション抑止のためのエスカレート（escalate to de-escalate）」（エスカレーション抑止）の名で知られるようになってきた（小泉 2022:32-35）。米国を中心とする北大西洋条約機構

(NATO)のウクライナ戦線への軍事介入を強く牽制するねらいが込められていたと考えられることから、プーチン大統領の言葉による脅しは、どちらかといえば水平的エスカレーション抑止を念頭においたものとも解釈できるだろう[1]。

　日本政府も、核戦争が起きても限定核戦争に留まることを想定しながら、核先制不使用宣言や、核保有の目的は相手の核兵器使用の抑止のみに限定する「唯一の目的」宣言に対して慎重な姿勢を続けている。生物・化学兵器などの核兵器以外の大量破壊兵器の使用を抑止するためには、こうした兵器が使用された場合には核報復する選択肢を確保しておく必要があるというのが日本政府の基本的な考え方である（Abe 2018:137-151）。

　核抑止と安全保障政策の関連では、日本政府やその周辺の安全保障専門家のなかには、「安定・不安定パラドックス」に対する懸念も存在するとされる。核抑止による安定化によって核保有国間の核戦争リスクを低下できたとする。仮にそれが可能になったとすると核戦争のリスクが減ることから、逆に、非核戦力による紛争に打って出るリスクが高まる恐れがある。その結果、紛争の危険のある地域は安定化した核抑止関係のなかで不安定化する危険が強まる、という考え方である。例えば米国の核抑止によって北朝鮮は核使用を控えるかもしれないが、（核先行不使用宣言をしてしまえば）生物・化学兵器で日本などを攻撃してくるかもしれないとの危機感である。これに対応する方策の1つとして、（実際に限定的ですむかどうかは別にして）限定的な核兵器の先制使用という選択肢の温存が重視されるわけである。

　このように限定核戦争論は、MAD的な対応を基本に置く核抑止の限界を補強して、総体として核抑止を維持するために試みられてきた安全保障政策と考えられる。その目的のために、MAD的な対応を維持しながらも、実際の核戦争計画には限定核戦争論も組み込んでおくといった政策選択が繰り返されてきたのである。

---

1)　プーチン大統領の今回の核の脅しについては、「限定核戦争」よりはむしろ「限定（的）核使用」の論理に基づくものとの考え方もある。プーチン大統領の想定が、冷戦期に想定されていた大量の戦術核の使用のようなシナリオとは異なると考えられるとの視点からの区別化である。ただ、「限定（的）核使用」の論理も、全面核戦争に至らないレベルでの核使用を想定したものであり、本稿では「限定核戦争」の範疇のなかにあると位置づける。

しかしながら、限定核戦争論への批判は長年にわたって根強く続いている。第1は、限定核戦争に踏み出しても全面核戦争にはエスカレートしないという想定は、限定核戦争論者に都合のよいシナリオに過ぎない、との批判である。米国での近年の動きを振り返ると、オバマ政権は限定核戦争論からかなり距離を置き、トランプ政権も公式には限定核戦争論を支持したわけではなかった。それでもトランプ政権は、冷戦末期に締結されたロシアとのINF全廃条約も破棄して、爆発規模を限定的にする非戦略核の開発に力を入れ始めた。これに対して、非戦略核の開発に関する米国議会での公聴会でジョージ・シュルツ元米国国務長官は、小型であっても「核兵器は核兵器」であり、「小型を使えば、それは大型の核兵器使用に移行する」として、トランプ政権の「使える核兵器」導入を真っ向から批判した（US Senate Committee on Armed Services 2018: 42）。

第2の批判は、仮に核戦争が米ロの全面戦争に至らなかったとしても、核戦争の被害は深刻なものになる公算が大きい点である。戦術核の使用が無人の場所を目標とした示威的な使用であった場合には被害は極めて限定的で、必ずしも国際人道法上の問題は生じないとの「想定」もあるが、核使用の非人道的影響がそれで収まる保証はない。全面的核戦争にまでエスカレートしない場合であっても、双方の軍事施設などを核攻撃し合えば爆風、熱線、放射能の被害は文民に及ぶ危険がある。仮に比較的少数の限定された核使用であっても、非人道的な付随的被害をもたらすリスクが大きい核戦争であることに変わりはない、との批判も向けられている。

第3の批判は、限定核戦争によって、長崎への核攻撃以降続いてきた「核のタブー」が破られることへの批判である。「核のタブー」研究の第一人者である米国ブラウン大学のニーナ・タネンワルドは、「核のタブーは〔これまで〕広く共有されてきているものの、他の種類の規範よりももっと脆弱である。なぜならば、少数の違反〔核使用〕によって破壊されてしまう可能性が高いからである」と指摘する（Tannenwald 2022）。いったん「核のタブー」がウクライナ侵略で壊れてしまえば、その影響は欧州に留まることなく、北東アジアや南アジア、中東にまで及ぶ恐れがあり、核兵器使用の敷居が全般に低くなるだろう。そうした事態は核兵器のある世界を一段と不安定にする公算が大きいことから、限定核戦争による「核のタブー」破壊のリスクについても、厳しい視線

が向けられている。

　先に記したように限定核戦争論はそもそも、全面核戦争リスクによる核抑止の不備を補完する目的で登場してきた。その核戦略を担保するために冷戦期に米ソは大量の戦術核、戦域核といった非戦略核を配備していた。冷戦終結後の1991年夏にソ連でミハイル・ゴルバチョフ大統領に対するクーデター未遂事件が起きた時に、大量の非戦略核の盗取を防ぐための管理状況が深刻な問題になったことをきっかけに、米国のジョージ・H・W・ブッシュ大統領はごく一部の戦術核（NATO加盟国との共有分）を除いて、韓国などから米国本土にすべて撤収した。ソ連もこれに同調して非戦略核のソ連本土への撤収を基本方針にしてきた。

　しかしながら、近年の中国の核戦力の多くが非戦略核である点や、中距離核ミサイルの拡散が進んでいる現実などから、ロシアは非戦略核の再活用に傾斜してきた。2023年3月になってロシアの非戦略核をベラルーシに再配備することで同国と合意したと発表した。核武装した北朝鮮のミサイルの多くも非戦略核の範疇に入ると考えられており、世界各地で限定核戦争の想定が拡散している可能性もある。

　限定核戦争論が、核抑止論に内在する弱点を補完する選択肢になりうるのか。長年にわたって論争の的になってきたこの根本的な問いに対する明確な答えがないまま現在に至っており、その不確実性が核兵器の使用リスクを高めていると考えられる。

5　核抑止論の前提と限界

　改めて、核抑止の基本を教科書的におさらいしておこう。核抑止には、「拒否的抑止」と「懲罰的抑止」があるが、核抑止で圧倒的に大きな役割を持つのは、有害な行動に対する報復を予め準備しておく懲罰的抑止である。懲罰的抑止を成立させるためには、①相手に対する（堪え難い）報復能力の保持、②相手に対する報復意思の明示、③互いに①②を理解すること、という3条件を満たすことが必要となる。

　この3条件は極めて基本的なものであり、このうち1つでも満たされなければ核抑止の信頼性は極めて危うくなる。なかでも、国家同士が互いに①②を理

解するという③の条件が満たされているかどうかの判断を下す際、NPT 内外の核保有国や核の傘国は大きな困難に直面することが少なくないだろう。そうした状況の下であっても、核抑止を「問題解決力」を持つ存在に保っておくために、3条件を補足するような核抑止に関する5原則が示されている。改めて概観すると、第1章で記したように、核戦略に詳しい米国海軍のダニエル・ポスト中佐は論考のなかで、5原則について次のように解説している（Post 2023）。

●**脆弱性の原則**――敵対するＡ国とＢ国を想定する。Ａ国にとって受忍できないような重要な利益侵害（核攻撃）にＢ国が出た場合に、Ａ国はＢ国に核兵器で報復すると想定される。この際、Ａ国の報復攻撃に対してＢ国が脆弱であること（高確率で防御する手段を持たないこと）が、核抑止の論理が成り立つ前提である。仮にＢ国が脆弱でなければ、Ａ国の報復攻撃を恐れる必要性が低くなり、Ａ国による核抑止も弱まる。これは上記の条件①に深く関わる原則である。

●**不確実性の原則**――Ａ国による核抑止がＢ国に対して機能するには、Ｂ国がＡ国の核兵器の威力や、ミサイルの射程距離などの概要を知っている必要がある。他方で、Ａ国の核抑止効果を高めるには自分の核戦力の正確な位置や射程範囲、使用されるタイミングなどが不確実なままの（相手に全容を知られない）方がいい。核抑止に必要なのは、自分の選択の確実性ではなく、不確実性である。確かにこうした不確実性は核抑止効果を高める側面を持つものの、不確実性が高まると互いの不信感の拡大、相手の先制攻撃への不安増大などにつながって、核保有が報復目的であるとの理解が薄れ、③が混乱に陥って不安定化するリスクがある。

●**例外性の原則**――巨大な破壊力・殺傷力を持つ核兵器は、通常兵器とは極めて異質な兵器である。にもかかわらず、例えば比較的「小型」で射程距離の短い核戦力（非戦略核戦力）を通常兵器に近い形で扱うようになった場合、限定的な核戦力や核戦争を推すドクトリンの採用によって、抑止を目的とした努力が核使用の閾値を下げるという逆効果をもたらしかねない。したがって核抑止力は、核使用を真に例外的な状況に限定することが重要である。核兵器を「問題解決力」を持つ存在に保っておくには不可欠な原則であると同時に、3条件に基づく核抑止の安定化に欠かせない原則でもある。

●**合理性の原則**――核抑止力は、核保有国同士が合理的なアクターであること

を前提としている。ここでいう合理性とは、核保有国が共に、お互いの目的を達成するための最善の方法を選択すること、すなわち非合理的な判断で突然に核使用に至ることなく、的確に理性的な判断で問題の対応にあたれる存在であることである。これは3条件以前の基本条件ともいうべき点について記した原則である。

●意思伝達性の原則――例えば敵対するB国の核使用でA国の重大な利益を脅かされる場合には、A国はB国がそうした利益を得ることを許さず、核報復によってB国に容認できないほどのコストを課す。核抑止効果を維持するには、A国にはそうした能力に加えて意思があることをB国に前もって伝えておく必要がある。これは前記の3条件の②③と深く関わる部分である。

核抑止が信頼できるとすれば最低限、これらの原則を満たしている必要があると考えられるが、現実には果たしてどうなのか――。

まず、ロシアによるウクライナ侵略を事例から考えてみよう。ウクライナ侵略は、プーチン大統領の独裁的な判断と主導による戦争であり、同大統領による核による恫喝の色彩が濃い戦争でもある。その意味において「プーチン危機」ともいうべき軍事的政治的行動である。このウクライナ侵略におけるプーチン大統領を中心とするロシア発の言動は、核抑止に関する3つの条件や5つの原則に照らした時、核抑止の成立要件に大きな疑問を抱かせる。

第1に脆弱性の原則だが、米国やNATOの同盟国の核戦力を考えると、ロシアには脆弱性が存在するのは確かだろう。しかしながら、合理性の原則には大きな疑問符がつく。国際人道法を含めた国際法を軽視・無視するプーチン大統領の暴走気味な言動は、合理的判断力に対する不信感を誘発している。例外性の原則でも、問題が生じている。度重なる核による恫喝は「核のタブー」への挑戦であり、「エスカレーション抑止」論への傾斜にも、核使用の閾値を下げるような傾向がみられる。ロシアにおいてどこまで例外性の原則維持が意識されているのか、強い疑問を抱かせるところがある。

不確実性の原則でも危うさが潜む。ロシアの見方を想像してみよう。仮に、NATO諸国が武器供与を続けるウクライナでの戦況がロシアにとって極めて不利になった場合、ロシアがウクライナ領内で核兵器を使用しても、NATO加盟国への直接の攻撃ではないのでNATOは核も含めて本格的な介入・反撃はしてこないとロシアは判断するかもしれない。他方で、ウクライナでのロシ

アの核使用をNATOが看過しないで核攻撃で報復するような事態になった場合には、米国を含むNATOとロシアの間での大規模な衝突や、場合によっては核戦争に至るリスクが高まることになる。こうした不確実性がどこまで、核抑止効果の維持に作用しうるのかを推し量るのは容易ではなく、不確実性がこうじると互いの不信感の拡大を招き、相手の先制攻撃への不安の増大などにつながる。そうした不安がさらなる不安を招く悪循環に陥ると、核保有が報復目的であるとの理解が薄れて、核抑止が不安定化するリスクは極めて高くなるだろう。

　不確実性の原則は、意思伝達性の原則と密接な関係にある。不確実性の原則が核抑止の安定にプラスに作用するには、双方とも双方にとって超えてはならない一線（レッドライン）を相当程度、理解しあっていることが必要だろう。それを極めて明確に伝えることは現実には軍事戦略・外交戦略の観点から困難と考えられるが、可能な限りの意思伝達をはかってレッドラインを意識し合っていないと、想定外の核使用につながる恐れがある。「プーチン危機」でもこの点は重要であり、意思伝達性の原則が満たされない状態、あるいは崩れてしまった状態では、不確実性の原則が核抑止の安定にプラスに作用することは難しいと考えられる。

　以上のように考えると、3条件のレベルで核抑止が機能するようにみえても、5原則のレベルにまで細分化して考えてみると、核抑止が直面するより現実的なリスクが浮かび上がってくる。ただ米国とロシア（ソ連）は冷戦期から核抑止の裏表を最も理解してきた国であり、現在も双方が4000発前後の「現役核弾頭」（退役・解体待ち状態の分を除いた核弾頭）を保有する核大国である。それゆえに核兵器国同士の「戦略的安定」では経験値の高い関係にあるといえ、これらが何らかの形で核不使用に作用することもありうる点は、付言しておきたい。

　核抑止に関する5原則に照らした時、冷戦後にたびたび懸念されてきたのが、後発の核保有国である。特に独裁的な北朝鮮と軍事政権であるパキスタンの判断基準や行動規範に疑問符が突きつけられてきた。例えば、通常戦力でも核戦力でも優位な敵国に攻撃された時に、5原則を軽視して想像よりはるか手前の段階で核使用へと暴走するのではないか、との危惧がたびたび示されてきた。

　歴史をふり返ると、核抑止を支える合理性の原則が危うく崩れかけ、核戦争

になりかねない事例があった。核抑止論では、核を持つ国（核を使用できる国）はその破壊力をより理解していることから、核による報復を受けた場合の被害の甚大さを勘案して、核使用も控えるという合理的な判断に至るはずだと想定されている。しかしながら、核使用決定権を持つ指導者が自暴自棄の状態になったり、想定もしないような決定をする状況に陥ったりすると、合理的な判断のシナリオは崩壊し、核抑止も機能不全になるリスクがある。歴史的な事例が、キューバ危機の際のキューバの指導者だったフィデル・カストロの行動原理・心理である。

米国は、ソ連がキューバに中距離核ミサイルを搬入していることを察知して、ソ連にこれらのミサイルの全面撤去を要請した。しかし実は、この時すでに、射程距離の短いソ連製の戦術核もキューバ領内に配置されていた。戦術核の最終的な発射権限についてはモスクワにあったのか、キューバ駐留のソ連軍現地部隊指揮官にあったのかなどについてはいまだ不明確な部分が残っているが、いずれにしても、戦術核の持ち込みについて米国はまったく知らない状態だった。そうしたなかで米国は、ソ連が中距離核ミサイル撤去に応じない場合に備えて、キューバへの軍事作戦の準備を進めていた。

しかし、カストロは後年、仮に米国がキューバ攻撃を開始した場合、「核戦争になっていただろう。その代償は理解していたつもりで、キューバは消滅していただろう。それでも私は核使用に同意しただろうか。答えはイエスである」と述懐している（Blight et al. 1993:250-255）。ソ連製戦術核による米軍攻撃は、米ソの核戦争へと拡大するリスクが高く、米国の知らないところでキューバ危機に内在していた核戦争リスクが極めて深刻な状態であったことを物語っている。

こうしたケースに鑑みると、やはりアジアでの大きなリスク要因が懸念される。具体的には、北朝鮮の指導部が米国の攻勢で軍事的に追い込まれた場合、当時のカストロと同様な心理状態になるリスクがある点である。あるいは、インドの通常戦力による攻撃でパキスタンが前後不覚状態に陥り、核先制使用の引き金を引き、それがより大規模な核戦争に拡大するリスクもある。そうした核を持つ大国と小国が対峙するアジアの対立構図が、核抑止の課題や限界を強く示唆してもいる。

核抑止に関する理論はここで紹介したもの以外にも数多くの論考が世に出さ

れているが、そのいずれも一定の前提や条件に基づいている点は共通しているといえるだろう。ここで取り上げた3条件、5原則もやはり、核抑止は一定の前提や条件が満たされてこそ、想定された期待値に近づける安全保障政策であることを強く示唆している。こうした弱点を裏返してみると、核抑止失敗のコストが想像を絶するほどに大きいことから、核抑止の限界線を常に認識しながら政策展開しないとハイリスク・マイナスリターンの安全保障政策へと失墜する事態もありうるとの含意もみえてくる。

6　核抑止破綻の偶発的リスク

　どれほど核抑止の理論や安全保障政策が精緻に組み立てられ、それを実践する規則などが整備されても、核使用の意思決定に関わる人間が誤解や誤判断をしたり、核兵器システムの故障などで核使用リスクが高まったりするような事態をゼロにすることは不可能に近い。そうした意思決定制度、様々な技術が集約された核兵器システムの誤作動によって「偶発的」核戦争が起きるリスクが常時といっていいほどに存在している。

　偶発的な核戦争はいいかえると、意図しない核戦争でもあるが、それは複数の類型に分けることができる。第1は、システムエラー（機械の誤作動）である。懸念されるケースとしては、例えば、相手の弾道ミサイルの発射をいち早く探知して報復攻撃に備える早期警戒システムが誤作動した結果、核戦争に至る事態である。幸い核使用には至らなかったが、実際に過去に複数の「ニアミス」が起きており、その1つが米国のジミー・カーター大統領の時代のケースであった。

　1980年6月、就寝中のズビグニュー・ブレジンスキー大統領補佐官（国家安全保障担当）に「ソ連からミサイル飛来」の緊急情報が入った。北米航空宇宙司令軍（NORAD）が探知した情報によるとソ連潜水艦が220発のミサイルを米国に向けて発射したと伝えてきた。1979年末にソ連のアフガニスタン侵攻が始まって米ソの緊張が続く状況であり、その情報が本当であっても不思議ではなかった。追って入ってきた情報では発射されたミサイルは2200発と、さらに深刻な数字だった。ソ連の核先制攻撃に対して米国大統領が核報復を決断する時間は、ソ連の発射後3分－7分しかなかった。ブレジンスキー補佐官が

カーター大統領に電話をかけようとした時、別の警報システムは攻撃を報告していないとの緊急の連絡が入った。やがて 220 発発射も 2200 発射も「誤警報」であることが確認された。ソ連の核攻撃に備えた訓練用の指令が誤って入力されて NORAD のコンピューターで動きだし、「誤警報」が発せられてしまったのが原因だった（ペリー他 2020:96-98）。

　第 2 は、ヒューマンエラー（人間のミス）による「誤警報」である。その重要な「ニアミス」の事例が、1983 年秋に NATO が軍事演習「エーブル・アーチャー 83」を行った際の、ソ連側の危険な「誤解」だった。この軍事演習は、戦闘が核戦争にもエスカレートする事態も視野に入れたもので、NATO 内の欧州同盟国の全域にわたって行われた。この時、西欧に入っていたソ連スパイが誤った判断をして、軍事演習を装った実際の核戦争計画の準備と考えられると本国に伝えた。その結果、ソ連軍は核兵器を装備した陸軍や空軍などの部隊に、命令が出れば短時間のうちに核攻撃できるように高度な戦闘準備態勢をとらせた。対応に当たった NATO の幹部がソ連軍の動きに対してリアルに警戒態勢を高めるのではなく、「注意深く状況を見極める」方針で臨んだことで、一気に米ソ間の緊張が高まるような事態は回避された。ソ連側も、自らの諜報機関がつかんだ情報が「誤報」であることに気づいて警戒態勢を緩めたが、緊張下のヒューマンエラーに潜むリスクの大きさを如実に物語る史実である（Jones (ed.) 2016:34-38）。

　第 3 は、「想定外」の事態が核戦争を招くリスクだ。歴史検証でそのリスクが明らかになったのが、1962 年のキューバ危機の事例である。先述のようにキューバにはソ連の短距離ミサイルが配備済みで、この現実を知らないまま米国がキューバに対する軍事作戦を開始する準備を進めていた。だがキューバ危機では実は、もう 1 つ想定外があった。核魚雷を搭載するソ連潜水艦が、米国の脅しに対抗する形で核魚雷を発射しかねない状況に陥っていたことが、冷戦後の研究で判明した。

　当時のソ連潜水艦では、何らかの事情でモスクワ指導部などとの通信が途絶えれば、潜水艦の幹部たちのコンセンサス（全員一致）による現場判断で核使用の決定をできる制度になっていた。そうした現実を知らないまま、キューバ危機の際、ソ連潜水艦を発見した米国海軍は浮上を要求した。この時、通信状態が悪く、潜水艦内では屈服して浮上するか、現場の判断で核魚雷を発射する

のかの選択を迫られていた。潜水艦内の幹部協議では、核魚雷発射論と反対論の2つの意見に途中まで割れた。結果的に浮上する決断にいたったが、仮に搭載していていた核魚雷を発射していたら、歴史は大きく変わっていたことだろう（National Security Archive 2022）。

ビル・クリントン政権で国防長官をつとめるなど、米国政府で要職を歴任したウィリアム・ペリーは、複数の「誤警報」への対応に関わってきた。その実体験から、「誤警報を机上の空論とはみなさなくなった」と自著に記し、「〔誤警報は〕米国でもロシアでもそれは起きているし、また起きかねないのだ。それは自然の摂理である。人間は間違いを犯し、機械は壊れる」との考えも示している。近年は早期警戒システムも改善されており、「誤警報が偶発的な戦争につながる可能性は低い」ものになっているが、「ゼロではない」と断言する。偶発的な核戦争が起きる確率は低いとしても、「その結末は文明の存在を脅かす。誤警報のわずかな可能性も受け入れるべきではないし、受け入れる必要もない」と強調している（ペリー他 2020:98）。この点は、機械や人間のミスに限らず、想定外の事態による偶発的な核戦争でも同様だろう。

威嚇による平和という瀬戸際戦略に依存する抑止をどう考えればいいのか。この点を突き詰めていくには、核抑止「効果」と背中合わせの偶発的な核戦争リスクを直視しなければならない。それを安全保障政策のなかでどう認識し対応していくかという課題は、今後とも核時代に重要な論点であり続けると考えられる。

7 新興技術と核兵器

核抑止論を支えている「モノ」は、核弾頭やそれを搭載するミサイルなどの、直接的な攻撃手段のみではない。情報収集・警戒監視・偵察（ISR）システムや、核の指揮・統制・通信（NC 3）システムといった核戦争計画を成り立たせるための「核兵器システム」の存在が不可欠となる。いわば、核抑止のための巨大インフラである。

どれだけ核兵器を数多く保有していようと、こうした巨大インフラなしには、核戦略を常に安定的に運用可能な状態に置き続けることはできない。なかでも、次々と最先端技術を導入してきたISRやNC3システムは、直接的な攻撃手段

とともに、巨大インフラにおける中核部分を構成しているといえるだろう。

2018年の米国の核態勢見直し（Nuclear Posture Review: NPR）は、核戦争の最中であったとしても、常に米国の核戦力の指揮統制を確実にするNC3システムを維持しなければならないと強調した上で、米国の核戦力や同盟国に配備された核戦力だけでなく、その指揮統制、早期警戒及び攻撃評価システムへの攻撃も核報復の対象となると明言している。これらの点は、NC3システムの重要性を裏打ちする記述である（US DOD 2018）。

だが、存在感の大きさは、いくつもの弱点と背中合わせであることも忘れてはならない。陰の部分に目を向けると、ISR・NC3システムの信頼性や確実性が損なわれれば、核戦略の基盤を揺るがすことになる。核抑止力を支える巨大システムの脆弱性がそこに存在するわけで、相手にとっては、照準を定めやすい大きな的のようにもみえることだろう。そこでここでは、サイバーや対衛星（ASAT）兵器などによる核兵器システムへの攻撃を事例に、新興の核戦争リスクに焦点を当てることにする。

核兵器に関連するサイバー攻撃には、大別して2種類の脅威がある。第1は核兵器製造に利用可能な核物質をねらったサイバー攻撃で、機密性の高い核物質保管施設のセキュリティシステムを停止させ、核兵器製造に使える高濃縮ウランにテロ集団がアクセスできるようになるケースである。これも極めて危険なシナリオだが、核戦争の危機に直ちにつながるリスクのあるのは第2のケースである。それは、ハッカーが核保有国のNC3システムに侵入して、敵が核ミサイル攻撃を開始したとの誤報をシステム上に流し、その結果として実際に核戦争のスイッチが入って何百万人もの命が奪われるような事態である。

第2のケースに関していうと、核兵器システムのデジタル化、ネットワーク化は日進月歩であり、早期警戒システムやNC3システムはより自動化、機械学習が取り入れられると考えられている。すでに複数の核保有国が空、海、陸に無人の運搬手段（軍用機や軍の艦船、車両など）を配備しており、そのなかには核抑止で中心的機能を担う可能性のあるものも含まれている。しかも、そうした無人運搬手段のすべてが複雑なITシステムによって支えられていると考えられる。例えばロシアは、核兵器でも通常兵器でも搭載可能な二刀流の無人潜水機「ポセイドン」を大型潜水艦に配備する計画を進めているが、このような自律航行型の海軍システムは、巧みな攻撃の目標になりやすいデータ（航行

中を含む）を内蔵し、それに依存している。仮に自律航行型の海軍システムがサイバー作戦の主要な標的とみなされるようになると、核兵器システムへのサイバー攻撃に起因する核兵器の使用につながる可能性がある。核兵器システムとサイバー攻撃の危うい相関関係への懸念は、今後ますます強まることが予想される（Wan et al. 2021: 17）。

　サイバー攻撃対策に力を入れてきた米国であっても、不安は払拭しきれていない。高度なサイバー兵器に攻撃された場合、米国当局の核兵器システムに異常が発生して、誤った警告につながったり、場合によっては敵対者に核兵器システムの制御を許したりする可能性さえあるとされる。米国政府はこうした脆弱性を最小限に抑える努力をしているが、サイバー脅威は日々巧妙になっており、政策立案者から軍関係者、施設運営者、規制当局に至るまで、担当者は対応に追われているのが実情とされる。「NC3システムが計画どおりに作動することを、完全に確信することはできない」と語る当局者もいる（Stoutland 2022）。

　次のリスク要因は、宇宙システムである。核保有国のISR・NC3システムは少なからず宇宙システムに依存している。ISRシステムのなかをみると、早期警戒衛星はいち早く相手のミサイル発射を探知する役割を担っており、その情報が核報復攻撃をするかどうかの判断の際に活用される。全地球測位システム（GPS）の衛星には、核爆発の発生位置を確認するシステム（USNDS）が搭載されており、核戦争になった場合に発射された核弾頭が目標に到達したかどうかの確認に使われる。こうした宇宙からの情報は、核兵器をめぐる大統領の判断・指揮には欠かせない存在となっている。NC3システムの一環で配置されている衛星には、軍事戦略戦術中継衛星（MILSTAR）や、その後継システムとなる先進ミリ波（AEHF）衛星といった軍事通信衛星があり、核戦力の運用に関わる情報伝達の役割を果たしている。核戦争の際には大統領の命令を迅速・正確に徹底させる上で不可欠なコミュニケーション機能を担っている。

　ISR・NC3システムは核戦力だけでなく、通常戦力の指揮・統制・通信（C3）システムにも少なくとも一部が活用されている。核戦力・通常戦力の両面で超大国である米国は、宇宙システム活用でも最先端を走っているといえるだろう。それだけに、宇宙システムの防御が重要な課題であるが、逆にいうとここが米軍のアキレス腱となるリスクも潜んでいる。核超大国である米国の核抑止力の弱点はここだと目をつけたのか、中国やロシアは次々と、米国のNC3システ

ムを脅かすような宇宙兵器の開発を進めている（永井 2021:172-196）。

　中国とロシアは、地上からのジャミング（レーダーや通信のための電波の妨害）やスプーフィング（別の国などになりすまして行う攻撃）といった手法によって宇宙システムによる信号の送受信を妨害する「電子戦能力」の強化にも取り組んでいるとの見方がある。サイバー攻撃も宇宙システムにとって潜在的な脅威で、過去に米国の人工衛星がサイバー攻撃を受けた事案も報告されている。宇宙システムに対するサイバー攻撃によって、米国の核戦略を支える NC3 の信頼性が損なわれる可能性も否定できず、2018 年に公表された米国の『国家サイバー戦略』は、通信や気象など民生面と軍事面の両方で有用な宇宙システムがサイバー攻撃の標的となるリスクも指摘している（White House 2018）。

　このように米国は、核抑止に必要な巨大インフラをより迅速で正確で効果的なものへアップデートするため、また、核抑止力の安定・強化のために次々と最先端技術を導入してきた。核保有国は程度の差こそあれ、最先端技術で敵対相手の巨大インフラへの攻撃能力を高め、同時に自らの巨大インフラを防御するシステムの強化をはかってきた。こうした攻撃 vs 防御の技術開発競争は日進月歩で、そのメカニズムが複雑になればなるほど、機器の誤作動や人間の判断ミスで危機管理上のリスクが高まることも考えられる。ここでも「安全保障のジレンマ」が目立つようになってきており、核抑止の安定性にとって今後の大きな課題となるだろう（宇宙システムのリスクについては、SIPRI［2024］を参照）。

8　核発射権限に関するリスク

　核保有国における核使用決定権がどこに委ねられているのか。この点は核使用に関わるリスクを考える時、非常に重要な点である。核兵器をめぐる秘密性から必ずしも全容は明らかでないものの、核を持つ諸国を概観すると、各国の政治体制や核保有に至る経緯によって異なっている。

　大半の核保有国では、大統領や首相といった国家元首あるいは政府の長（議院内閣制では首相）が核使用決定権を有するが、国家元首／政府の長のみが権限を有する場合もあれば（米国、フランス、北朝鮮）、法的には唯一の権限者であっても実際には他の政府高官との協議に基づく集団的な意思決定の体制をと

る（とみられる）国もある（イギリス、中国）。ロシアの場合は、形式的には大統領に加えて国防相と参謀総長の3名の同意が必要とされているが、権威主義的体制において実質的には大統領のみが核使用決定権を持つと考えられる。インドやパキスタンのように政府のトップが議長を務める核指揮局や国家指揮局といった組織に決定権が委ねられている国もある（Lewis et al. 2019）。

核使用に関する決定は極めて慎重に行うべきなのはいうまでもない。最終的な発射決定権限者は基本的に国家の首脳レベルの判断に委ねるというのが1つの考え方で、上記の例の多くは概ねこの考え方に基づいた意思決定システムとなっている。これに対して、核抑止を最大化するために、特に通常戦力で劣位にある場合に敵の大規模侵攻を抑止するためには、敵が侵攻の徴候を見せたら臨機応変に核で応酬できるよう現場の司令官に核使用決定権を委ねるべきとの考え方もある。後者の場合、核使用の敷居（閾値）が低くなり、核兵器が実際に使用されるリスクを高める作用を持つことにつながりやすいが、現場への決定権移譲の背景には戦闘地域での使用（戦術核の先行使用）を想定した選択肢が抑止力拡大や戦闘能力拡大に資するとの計算があると思われる。

既述のように、キューバ危機において核魚雷を搭載したソ連潜水艦が米国海軍の艦船に発見され、威嚇を受けた（とソ連潜水艦は考えた）。当時のソ連潜水艦では、何らかの事情でモスクワ指導部などとの通信が途絶えれば、潜水艦の幹部たちのコンセンサス（全員一致）による現場判断で核使用の決定をできる制度になっていたことから、現場裁量の拡大の危うさを示した事例として語り継がれている。

現在では北朝鮮が大きな懸念対象となっている。2022年9月に北朝鮮の最高人民会議で採択された「核兵器政策」に関する法令は11項目からなるが、核兵器に関する権限については、国務委員長である金正恩総書記に集中させている。他方で法令には、核攻撃か通常攻撃かを問わず、「指導部」や「重要戦略対象」に対する攻撃が差し迫っていると判断される場合には核兵器を使用できることとされている他、特に「国家核武力に対する指揮・統制体系」が危険にさらされた場合には、自動的・即時に「核打撃」を実施する旨が定められている（北朝鮮の核政策に関する法令については、防衛省［2023:103］を参照）。

ここでいうところの、「国家核武力に対する指揮・統制体系」が危険にさらされた場合には自動的・即時に「核打撃」を実施するが、正確にどのようなケ

ースを想定しているかは不透明である。ただ、金正恩総書記による指揮統制システムが攻撃で機能しなくなった場合には、総書記の核使用命令が届かないタイミングであっても、「自動的かつ即時に敵への核攻撃を断行する」ことが想定されているとすれば、現場司令官に核使用決定権限を一定程度委ねているとも考えられる。

　他方で、核使用決定権の集中には弊害も指摘されている。例えば米国では大統領が、米国の核兵器使用決定の権限を持つ唯一の人物であり、一般的には閣僚や軍高官の助言を求めることが想定されるが、これらの助言に必ずしも従う義務はない。このような高度な権限集中に関して、ドナルド・トランプ大統領による核兵器使用を含めた度重なる不規則発言をきっかけに、大統領のみに核使用決定権を委ねているのはむしろ危険であるとの疑義が提起された。具体的には、2021年1月6日の議会襲撃事件の際、ナンシー・ペローシ下院議長がマーク・ミリー統合参謀本部議長に、不安定な大統領による核使用を防ぐよう要請した。ミリーはすでにそのようなことを防ぐべく、万が一トランプが核使用を指示した場合には自ら（ミリー議長）に連絡するよう米軍内に通達を出すという措置をとっていた（Schmidt 2021）。

　不安定な大統領による核使用のリスクは、1970年代前半のリチャード・ニクソン政権の際にもあった。ウォーターゲート事件の渦中、精神的に不安定になったニクソン大統領が非合理的な判断を下すことを恐れて、当時のジェームズ・シュレジンジャー国防長官が統合参謀本部議長に対して、万が一核使用の指示が出たら、それを自らかヘンリー・キッシンジャー国務長官に通すよう指示を出した（Graff 2022:chap. 54, para. 11）。このニクソン政権時代の不安定な経験をへたあとも大統領への権限集中は変わらず、そうしたなかでトランプに対する超法規的な対応措置がとられていたわけである。

　核使用の権限は、集中しておかないと想定外で無責任な核使用につながるリスクがある一方で、1人の人物にそれを集中させることは、特にその人物の判断力に疑問を抱かせるような状況がある場合にはかえってリスクの要因となる。特に非民主的・閉鎖的な核保有国の場合には、どのような場合にどのような意思決定が行われるのかがわかりにくいことそのものが大きなリスクとなる。核使用決定権限の帰属、権限委譲の条件や実態の不透明度が高ければ高いほど、核抑止の安定性が損なわれると考えられる。

9　核兵器と国際人道法

　国際法は、武力の行使について *jus ad bellum* と *jus in bello* の2つの規則群を持つ。第3章においては第3節で後者の規則群、すなわち国際人道法から核兵器使用の適法性を検討した。

　国際人道法は、*jus ad bellum* からする武力行使の違法合法の評価とは切り離して適用されるという平等適用原則をながらく維持してきた。したがって、侵略国と自衛権行使国のそれぞれの核兵器使用について国際人道法から評価する際には、侵略か自衛かいずれの状況での使用かは全く考慮しない。20世紀の武力行使の違法化の流れから独立して、平時戦時の二元論の時代から変わらずその平等適用原則は維持されてきたのである。

　法理上のその難点にもかかわらず、平等適用は合理的で実際的とされ、その妥当性を疑うものは稀であった。しかし、ICJは、1996年の核兵器の合法性に関する勧告的意見において、「自衛の極限状態」では国際人道法規則の適用がそれ以外の状態と同じかどうかの判断を回避した。これはその状態での判断を避けただけで、差別適用や戦数論を肯定するものではないが、そうした主張の復活の引き金になるかもしれないことが懸念される。

　引き続き平等適用がなされるべき国際人道法は、他の国際法分野に同じく、禁止規範の集合体である。したがって、国際人道法の最も基本的な原則からしても禁止が導けない行為は許容される。ただし、国際人道法の外にある人権法や環境法のような平時法は平時一元化状況で武力紛争時にも適用されるといわれている。そうしたなかで1996年のICJの勧告的意見で市民権規約第6条1項にいう「生命に対する権利」（生命権）が武力紛争時にも適用を排除されないとされたことから、改めて平時法と武力紛争法の適用関係に注目が集まった。このため、国際人道法が禁止しない行為が、人権法その他が禁止するのであればなしえなくなるのかが問われる。学説や判例では一般法と特別法の関係で説明するものがある他、重畳的適用をいうものもあり、定説をなおみない。こうした平時法の「関与」は、武力紛争時の人の殺傷、物及び環境の破壊に対して抑制的に作用するであろうから、この「関与」の経路をどう理論的に構成するのかが今後の重要な問題である。

国際人道法からして武力紛争当事者のその相手方に対する攻撃やその他の敵対行為を適法と評価するためには、3つの関門を通り抜けなければならない。第1は、(背信行為にならないよう)戦闘員等が攻撃時に適切な外見をとらなければならないことである、第2は、攻撃は殺傷や破壊が認められる人や物にだけ向けられねばならないことである。そして第3は、使用が禁止されない兵器をもって攻撃しなければならないことである。

　第1と第2の段階の規制を害敵方法の規制と呼び、第3段階は害敵手段の規制という。核兵器がそもそも国際人道法が禁止する害敵手段であるなら、核兵器使用を伴う攻撃が第1と第2の段階における条件を満たすものであってもそれは違法な攻撃となる。このため核兵器が禁止される害敵手段か否かから検討するのが最も手っ取り早い方法であるが、そこでの評価は対立していて収束しない。これは TPNW が発効した現在でも全く変わるところはない。

　核兵器が禁止される害敵手段であるという立場からすると、この第3段階の規制の議論から始めてそこでお終いになる。しかし、核兵器が禁止される害敵手段ではないとの見解をとると、その使用が適法な場合があることになって、その使い方に注意すればよいことになり、第2段階の規制の議論に戻る。

　多くの核廃絶運動団体では核兵器が禁止される害敵手段であることが前提であるために、彼らにとってこの第3段階の規制以外の議論は無意味となる。そうした議論は、核兵器が禁止されない害敵手段であることの承認になるのでむしろ危険なものとされるはずである。反対に、核兵器保有国や拡大核抑止依存国は、核兵器が禁止された害敵手段とされると核兵器使用は戦時復仇の場合でしか使えなくなり、核抑止の意義が大きく失われる結果をもたらすため、核兵器が禁止される害敵手段であるとはいわないのが普通である。

　本書で国際人道法を扱う第3章第3節の記述は、害敵手段の側面からの核兵器の評価が分かれることをまず指摘する。核兵器は爆風と熱線に加えて、他の兵器使用では生じない放射線傷害をもたらし、それはほとんどすべての場合で戦闘員にとって過度の傷害と無用の苦痛を構成するのであるから、それが禁止される害敵手段とする慣習法が成立してもおかしくはないのであるが、そうなっていない。戦時復仇以外で例外的ながら適法な核兵器使用があるとの主張は根強いのである。生物兵器と化学兵器では使用が適法となる例外的状況に関する議論を経ないまま、これらが禁止される害敵手段であるとの法意識が普遍化

したことと極めて対照的である。

　第1の段階の戦闘員等の外見の問題は核兵器使用との関連では議論する実益はほとんどない。このため、第3の段階の規制に抵触するような禁止の対象となる害敵手段ではないとすれば、議論は第2の段階におけるものに絞られるのであるが、国際人道法の基本原則である目標区別原則からすれば、核兵器使用のかなりの部分は違法と評価されよう。害敵手段規制から核兵器使用が禁止されるかについて見解が分かれ、進展がないことを想起すれば、この第2の段階でかなりの核兵器使用を違法ということは改めて認識されるべきである。特に核廃絶運動団体にあっては、この第2段階の議論に移行することは戦線を後退させたと認識されるかもしれないが、第3段階の議論にこだわっていても法的には展望がない。第2段階の議論に移行しなければ、例えば第1追加議定書の核兵器使用への適用問題という重要問題についても効果的な主張を展開することは難しい。

　このように主に第2段階が主戦場になるべきであって、そこではカウンター・バリュー攻撃の違法性はもちろん、カウンター・フォース攻撃でも過度の付随的損害を生じる核兵器使用攻撃の違法性も導ける。

　核兵器使用のかなりの部分が第2段階の規制から違法といえるとしても、核復仇としてなされれば違法性は阻却される。戦時復仇の全面的禁止が達成されるまではこの核復仇の違法性をいうことは国際人道法のみからは難しい。しかし、拡大核抑止は集団的戦時復仇の適法性の承認がなければ意味を持たないはずであるのに、この点を明確に認識した議論はほとんどない。拡大核抑止の法的基盤に関するこうした問題を扱ってこなかったのは実に不思議なことである。これは戦時復仇の問題であるから、核兵器が禁止される害敵手段であるとの立場からも、その立場を害することなく議論できる問題であったはずであるが、議論の提起もこれまで稀であった。いずれの立場からしても、この集団的戦時復仇の適法性の問題の検討が必要である。

10　NPTの意義と持続可能性

　1970年に発効したNPTは、国際的な核軍縮・不拡散体制の礎石ともいわれている。第1に、NPTの締約国である5核兵器国と核の傘国が、核抑止に基

づく安全保障政策を少なくとも当面の間は継続することができ、それがそれぞれの国益に資するとの認識に基づくものである。第2に、核抑止に依存しないでNPTの締約国となっている非兵器国にとっては、世界で核拡散が進まない方が自分たちの安全保障にとってプラスであり、核保有国に核軍縮を求める法的根拠を維持することができる利点がある。また、不拡散義務を果たせば原子力平和利用の際に協力を得られるとの計算もある。

全体としてみれば、NPTの基本的な利害バランスを構成する核不拡散、核軍縮、そして原子力の平和利用の推進（NPTの三本柱）と、それに基づく核兵器国と非核兵器国の権利と義務をめぐるグランド・バーゲンを基盤にして成り立っている条約である。それぞれの損得計算の「総和」としてプラス効果が注目され、国際的な核軍縮・不拡散体制の礎石との評価が存在しているわけである。

発効から半世紀以上がたったNPTがそのような形で礎石と呼ばれ、「普遍性」を有するに至ったのは1995年にNPTの無期限延長が決定されてからのことである。NPTの発効当初に同条約の締約国になったのは50カ国余りであり、現在の191カ国（北朝鮮を含む）と比較すると圧倒的に少なかった。しかも、いくつものいわゆる潜在的核保有国（将来の核保有が懸念される国）が加入していなかった。1995年にNPTの無期限延長が決定するまでは、条約は期限付きのものとして認識されており、普遍的なものとの認識は決して一般的であったわけではない。実際に、条約で核兵器国と規定されている中国とフランスですら、冷戦終結後の1992年までは条約に加入していなかったのである[2]。

冷戦終結という大きな時代転換があったにせよ、なぜNPTは無期限条約として新たなスタートを切れたのか。そこにはNPTが弱点の存在を残しつつも、冷戦後の核軍縮基調を強めることで核抑止を相対的に安定化させ、冷戦後に大きな懸念材料となった核拡散防止の強化に資するとの考えを核兵器国・核の傘国が共有したからだと考えられる。地球温暖化への対応策の需要の高まりを受

---

2) 中国がNPTに加入した際の声明は、United Nations Office for Disarmament Affairs [1992]。なおフランスは1991年の湾岸戦争時に大量破壊兵器や弾道ミサイルの拡散リスクへの国際的な懸念が急激に拡大したことを受けて、フランソワ・ミッテラン（François Mitterrand）大統領による政策転換がみられた。Yost [1991：146]；Tertrais [2011：219]。

け、原子力平和利用の拡大をめざす核兵器国・非核兵器国の双方にとっても、NPTの普遍化は好都合な選択となっていた。非核兵器国にとっては核不拡散の徹底は引き続き、自分たちの安全保障にとって大切な方策であり続けた面も見逃せない。

　こうした利害得失が合算された上で、無期限延長の際の約束、特に核兵器国の核軍縮へのコミットメントが守られればグランド・バーゲンが首尾よく機能して、「核兵器のない世界」と原子力平和利用が両立するようなNPTの最終ゴールに前進していけるとの評価、あるいは期待を生んだのである。無期限延長されたNPTは、現在の「核兵器のある世界」に一定の秩序を与え、核軍拡や核拡散による混乱を回避するというコア利益の確保に貢献している点を、多くの加入国が共通認識として有している。そこに立脚して核抑止を安定化させ、その前提の上で核軍縮交渉を進めながら、国際的な核軍縮・不拡散体制を維持していくのが、礎石としてのNPTに対する期待値だといえるだろう。

　だが次第に、普遍的な条約として扱われるようになったNPTへの期待は過大評価であり、期待感の縮小と不満感の拡大が同時進行するようになっていった。それはなぜなのか。

　第1に、5核兵器国の既得権への批判である。NPTは、締約国を「持てる者」（核兵器国）と「持たざる者」（非核兵器国）に明確に振り分けている。この区分は、本来であれば平等の権利を有する立場にあるはずの締約国に対して、条約に加わるという行為を通して、不平等な法的地位を受け入れさせ、そしてそれを明確に固定化することになりかねない内容である。NPTでは条約上の法的地位の違いに伴い、両者に対して条約を通して異なる権利義務を課し、核兵器国に核兵器の保有を認める一方で、非核兵器国には厳しい核不拡散義務を課している。こうした不平等性を解消する唯一の方法は、最終的に「核兵器のない世界」を実現することであるが、NPT内の5核兵器国と核の傘国は核抑止維持に高い優先順位をつけて、不平等の固定化が強く懸念されるようになってきている。

　第2は、核不拡散機能への疑問である。NPTの締約国ではない核保有国が3カ国（インド、パキスタン、イスラエル）存在すること、NPTの締約国となっていたものの核実験前に脱退を宣言して核保有に至った国（北朝鮮）が存在すること、そして現在NPTに加入している国であっても、秘密裏に核開発を進

める可能性が完全には払拭できない実情があることなどから、NPTでは完全に核拡散を防ぎきることが難しい状況にあるとの批判が浴びせられるようになった。

　NPTのこうした限界が顕在化するなかで、2017年にTPNWという新たな条約が採択される展開となった（NPTとTPNWとの関係については、例えば佐藤［2021:7-29］を参照）。ただ、TPNWは、どのように核廃絶に到達するか、いかにしてそれを不可逆なものにするかなどが入念に計画された上で採択されたわけではなかった。NPTを礎石とした国際的な核不拡散体制や、そこに包含されてきた核軍縮への交渉を引き継ぐ形で、不可逆的な核廃絶を最終的に実現する条約へバトンタッチしていく内容とプロセスを持たせる選択肢もあったものの、そうした選択はなされなかった。NPTを基軸に核軍縮・不拡散政策を前進させることを重視する諸国が多数存在するなかで、核抑止による安全保障政策に頼っていない非核兵器国が新たな法規範の成立を急いだことで、TPNWに対する不満が加重される展開となった。結果として、国際社会がTPNW派とNPT派により明白に分断される状況をもたらしている（TPNWの成立過程、条約の内容、及び条約の意義と課題については、例えば黒澤［2018:15-32］を参照）。

　普遍的な条約として期待がかかりながらも、普遍性を獲得し切れないまま、TPNWからの挑戦を受けているのがNPTの「現在地」である。核兵器のある世界がこれ以上の混乱期に突入するのを防ぐためには、NPTを礎にして核軍縮・不拡散体制の再生・再構築が必要と考えられるが、果たしてNPTは持続可能なのだろうかとの根本的な問いも存在する。

　NPT内の核兵器国や核の傘国がNPTを礎と位置付ける背景には、核抑止に依存した安全保障政策が継続する限りは、NPTを普遍的な存在として活用し続けることが現実的な選択肢だとの認識がある。裏を返せば、TPNWの締約国が大きく拡大し、NPTの存在感が相対的に薄れていくと、既得権に基づくNPT内の核保有国や核の傘国の安全保障政策に狂いが生じてくる恐れが出てきて、そうした基調が強まることを警戒しているわけである。換言すると、TPNWの規範力が国際社会で強まっていけば、核抑止への批判が強まって、それが核兵器国や核の傘国の安全保障政策に影響が及ぶことも考えられる。

　ただ、こうした懸念は主としてNPTのなかで核抑止に依存する諸国の論理

である。NPT が普遍性を持つ条約として持続可能なものであり続けるには、いわゆる「フォーラム・ショッピング」（NPT と TPNW を見比べて選ぶこと）を頭から押さえ込もうとするのではなく、「フォーラム・ショッピング」での TPNW との競争を意識しながら、NPT 自らの求心力を確保していく必要があるだろう。

核軍縮が実際に進み、核廃絶に向けた工程が具体化したとしても、それまでの間は、核抑止が現実として継続されることになるだろう。最終的に核廃絶に向かう流れのなかで、核抑止をどのようにしてより安全度の高いものに変えていくのかという議論が求められることだろう。また、NPT は「究極の目標」として核廃絶を目指すことをコンセンサス合意しているものの、核廃絶が実現した段階でどのようなポスト NPT 体制を形作ればいいのかという点については公式に議論されたことはない。ただちに NPT の今後に影響を与えるものではないだろうが、遅かれ早かれ、避けて通れない重要なテーマである。

5 核兵器国がすべて参加する核関連の多国間条約が NPT 以外には存在しないのは、厳然たる事実である。ただ、NPT が限界を抱えているのもまた深刻な現実である。他方で TPNW は核兵器の全面禁止を規定しているが、核廃棄を徹底的に、かつ持続的に検証する国際的組織の具体像は描けないままとなっている。すなわち、TPNW も不完全な部分が少なくなく、その意味で採択・発効を急いだ未完成の条約となっている。

いずれにせよ、この 2 つの条約が直面する現実を直視した上で、核軍縮と核不拡散をどのように同時進行させながら、「核兵器のない世界」へ漸近していけるのか、換言すれば脱核抑止に向かっていけるのかについて、TPNW 派と NPT 派の双方が真剣に議論していく必要がある。

11　核抑止と軍備管理

以上のように、NPT の持続可能性を高めることが、核抑止に基づく安全保障を核廃絶プロセスのなかで安定的に管理する際に必須要件ともいえるものである。この必須要件を達成していくために、絶対的といってよいほどに求められるのが、核軍縮を含む軍備管理である。

NPT 発効から半世紀が過ぎた今でも、核軍縮の進行の度合いをめぐって評

価が分かれ、それがNPTとTPNWに関する相克を生み出しているのはなぜなのか。その根底には、軍縮重視派と安全保障重視派の立場の相違がある。軍縮重視派は、①核軍縮によって軍備競争を食い止め、安全保障を向上させることができる、②安全保障環境の状況いかんにかかわらず、あるいは安全保障環境が悪い時こそ核軍縮を進めるべきと主張する。それに対して安全保障重視派は、③安全保障環境が悪い時に、あるいは安全保障環境を無視した形で核軍縮を進めればかえって状況が不安定化し、安全保障環境が更に悪化する、したがって④まずは安全保障環境を改善することでこそ、核軍縮も可能となると主張する。この相違をシンプルに表現すると、「軍縮→安全保障」なのか、「安全保障→軍縮」なのか、因果関係あるいは前後関係の矢印がどちらに端を発してどちらの方向に向かっているかという論争である。第3章の「4　軍縮国際法と核兵器」で触れられているように、古くて新しい論争でもある。

　ここで死活的に重要なポイントは、軍縮重視派と安全保障重視派の全面対決の構図のなかでは、NPTの持続可能性を高めるシナリオはみえてこない実態である。この現実を直視しながらも、着目しておくべきことは、多くの安全保障重視派は「軍縮→安全保障」の方向性を完全に否定しているわけではない点である。

　例えば安全保障重視派のなかには、一定の安全保障を考慮した「軍縮→安全保障」のアプローチはあり得るとの考えが存在する。中露や北朝鮮が核増強を続けている状態で、米国のみが一方的に軍縮や核廃絶に向かうことはむしろ安全保障を悪化させるとの立場をとる。その一方で、ロシアとの軍備管理を通じた戦略的安定性を確保した上での核軍縮は可能であり、それが一定程度安全保障を向上させ得ることには前向きな姿勢を示すような立場である。こうした「軍縮→安全保障」を全面的に否定しているわけではない柔軟性を持つ主張については、多くの軍縮重視派から強い反発があるものではなく、その点においては、軍縮重視派と安全保障重視派との間で、人によって程度の違いこそあれ、一定のコンセンサスを形成しうるといえる。軍縮が先か安全保障が先かの二者択一論は非現実的であり、両者の共通項を見出していくことでしか、NPTの持続可能性を高めることを望めないだろう。

　先述のように、核軍縮と核不拡散をどのように同時進行させながら、「核兵器のない世界」へ漸近していけるのかが、今後の国際安全保障にとって重要な

課題であり、そのためには両者の共通項の模索が不可欠である。核廃絶が実現した段階でどのようなポストNPT体制を形作ればいいのかを公式に議論していくためにも、やはり両者の共通項の模索が求められる。

考えられる共通項の例をあげておこう。安全保障重視派のなかに次のような懸念がある。核軍縮の条約に合意したとしても、秘密裏の違反行為を探知できる効果的な検証技術や体制が整っていない状態を想定してみよう。そうした状況の下では、ある国が秘密裏に条約に違反しても、それが発覚しないと思ってそのような行為に向かう恐れがあり、核軍縮合意が違反国に誤った安心感（false sense of security）を与えてしまって、かえって危険を招きかねないとも考えられる。そうした核軍縮条約ができても、安全保障派のアプローチからすると、いつ相手が合意を破っても対応できるようヘッジをかける（リスクを管理する）こととなり、核軍縮の合意は常に不安定になる。特に核兵器の数がより低い世界になるほど、より高いレベルの検証体制や、違反に対して迅速に対応できる執行体制の構築が必要との考えが安全保障派には強い。こうした「軍縮→安全保障」を全面的に否定しているわけではない含意を持つ立場からの指摘は、多くの軍縮重視派にとっても共有できる懸念材料である。より高いレベルの検証体制や、違反に対して迅速に対応できる執行体制の必要性においては、両者の間で最小限のコンセンサスを模索する突破口を見出しうるといえるだろう。

他方で、主として人道的な価値観から核兵器は「絶対悪」との立場を強調するアプローチも強まっている。核兵器が存在する限り、核兵器は使用される可能性があり、一度核兵器が使用されると非人道的で破滅的な結末を招くこととなることから、安全保障環境いかんにかかわらず早急に核軍縮・廃絶を進めなければならないとする立場である。軍縮重視派というより核軍縮・廃絶派であり、安全保障について、国家の安全保障ではなく人間の安全保障を考えるべきとする。核兵器が使用されればその被害は国境を超えてグローバルに影響を及ぼすことになることから（例えば、気温の低下、農業生産量の低下、飢餓人口の増加など）、核軍縮を進めることで（伝統的な意味での国家間の安全保障ではなく）人間の安全保障が向上するのであって、そうした安全保障を考えるからこそ核軍縮を進めて核廃絶をめざすのであると核軍縮・廃絶派は主張する（核廃絶・軍縮派の論考の一例はKmentt［2021］）。この人道アプローチの結晶がTPNWで

ある。この点においては少なくとも現段階では、安全保障重視派との間では折り合いがつかない。人間の安全保障自体には異論はないとしても、国家間の安全保障環境を考慮しないこと、あるいは重視しないことに対しては、安全保障重視派は同意できないと考えられる。

軍縮重視派、安全保障重視派、そして核廃絶・軍縮派の三つ巴の論争において、共通項を見いだせないまま対立構図が濃くなるばかりでは、NPTの持続可能性もやがては、今よりさらに高く厚い壁にぶちあたりかねない。それはすなわち、核廃絶プロセスのなかで核抑止に基づく安全保障の安定的な管理が困難に直面することをも含意している。

NPTが国際的な核軍縮・不拡散体制の礎石であるとは、いったい何を意味しているのだろうか。核軍縮を含む軍備管理のあり方を問うことは、この根本的な問いと向き合うことでもある。

12　NPTと原子力平和利用

NPTは条約上の非核兵器国の締約国に対し、核不拡散義務（第2条及び3条[3]）に従った上で、平和目的のための原子力の研究、生産及び利用を発展させることを「奪い得ない権利」（第4条）として認めている。第4条では、ウラン濃縮や使用済核燃料再処理（プルトニウム抽出）に関する活動についても、不拡散義務を履行する限りにおいて認めている。しかしながら、濃縮及び再処理技術の拡散は核兵器取得能力の拡散を意味し、また核テロなどの核セキュリティ上のリスクの拡散も意味する。原子力の平和利用と核不拡散を如何に両立させるかの難題は残されたままである。

NPTの持続可能性を維持していくには、核廃絶のプロセスのなかで核抑止に基づく安全保障を安定的に管理するための核軍縮を前進させることが重要だが、それと並行して核不拡散の徹底をはからないと、NPTの持続可能性は危うくなる。この点は第2章で強調されたとおりである。

不拡散の徹底に関しては、主に以下が重要な論点となっている。

第1に、1997年に国際原子力機関（IAEA）で採択された包括的保障措置追

3）　第2条は非核兵器国の核兵器等の受領、製造等を禁止している。第3条は非核兵器国による保障措置の受諾、国際原子力機関との保障措置協定の締結等を規定している。

加議定書に関してである。NPT 第 3 条で受諾が義務付けられている包括的保障措置を補完することを目的につくられたのが追加議定書で、未申告の核物質や原子力活動がないことや保障措置下にある核物質の軍事転用がないことを検認するために、従来よりも強い権限が IAEA に与えられている。

　この追加議定書をめぐっては、非同盟運動（NAM）諸国をはじめとする途上国が、NPT 第 3 条は包括的保障措置の受諾を規定しているものの、追加議定書の受諾まで義務付けておらず、あくまで各国が任意で行うべきものだと主張して国家主権尊重の原則を前面に出している。他方で、日本などの西側諸国は、追加議定書が NPT 上の義務ではないことを認めつつも、これを今日における NPT 上の保障措置の標準（スタンダード）とすべきと主張し、すべての締約国が追加議定書を締結するよう促している。ここに国家主権尊重の原則（合意しなければ拘束されないという原則）と NPT における核不拡散の原則の相克がある。

　第 2 に、ウラン濃縮・再処理といった機微技術の移転制限に関する議論である。核物質、関連資機材・技術の移転については、NPT の枠外の核不拡散を共通の目標とする有志国の集まりである原子力供給国グループ（NSG）が、独自に設定したガイドラインに基づいて輸出管理を行っている。NSG では、濃縮・再処理技術について 2011 年に新たな輸出ガイドラインを策定し、技術等の受領国が追加議定書を発効させていることを条件とするなど規制が強化された。輸出管理の重要性は NPT 加入国間で一般的に共有されてきてはいるが、NAM 諸国は、原子力の平和的利用の制限やその手段として輸出管理が用いられることに懸念を示しており、供給国が技術の機微性を理由に移転を制限することを慎むべきと主張している。ここでは原子力の平和利用の権利と核不拡散を目的とした制限の相克がある。

　第 3 は、原子力平和利用の権利を踏まえつつ、核拡散リスクを減らしていくために提案された多国間による核燃料サイクルの管理をめぐる議論である。提案では、核不拡散上最も懸念されるウラン濃縮と再処理を多国間で共同管理する、あるいは共同保有することを通じて技術が軍事転用されるハードルを上げ、同時に燃料供給の保証を通じて各国が独自に濃縮・再処理能力を保有する必要性を減じることが意図されている。

　このような提案の契機となったのが、2005 年のモハメド・エルバラダイ

IAEA事務局長（当時）による「核燃料サイクルの多国間アプローチ」（IAEA 2005）であり、2017年にはカザフスタンに低濃縮ウラン燃料バンクが設立された。だが、ウラン濃縮や再処理の技術開発や施設の保有を断念させられることに抵抗を覚える国もあり、NAM諸国は核燃料サイクルも含めて、どのような原子力政策を選択するかは各国の主権の問題であると主張している。ここにも国家主権尊重の原則と核不拡散の原則の相克があるだけでなく、技術を「持つことが認められる国」と「認められない国」の間に生じる不平等性の問題も横たわっている。

　第4に、国家への核拡散に加えて、テロリストなどの非国家主体への核拡散に対する対処、すなわち核セキュリティに関する議論がある。NPTには核セキュリティに関する規定がない。西側諸国は、原子力の平和利用にあたっては、原子力安全、核セキュリティ及び保障措置の確保が前提であり不可欠であると主張する一方、NAM諸国は核セキュリティの一義的な責任は各国にあり、これらの強化を目的とした措置やイニシアティブが「途上国の奪いえない権利の否定または制限のためのいい訳（pretext）」として利用されてはならないと主張する。米国のオバマ大統領が提唱して2010年から2016年にかけて開催された核セキュリティ・サミットやIAEAによる核セキュリティに関する様々な取組や活動を通じて、核セキュリティの重要性に対するNAM諸国の理解は進んだが、どのような措置をどのようなレベルで講じるかは各国の主権の問題だとすれば、国際的な取組において脆弱な箇所ができ、核テロのリスクを思うように低減できないことが懸念される。ここにも、国家主権尊重の原則と核不拡散の原則の相克がある。

　核不拡散、核セキュリティでは以上のような論点が複雑にからみあっているが、諸問題の根底にはやはり、IAEAを中心組織に置く不拡散制度の有効性とその限界点をめぐる論争がある。

　IAEAは、原子力の平和利用を促進しつつ、平和利用下にある原子力が軍事目的に利用されることを防ぐことを目的に1957年に設立された国際機関である。この「原子力の平和利用の促進」と「軍事目的への利用の防止」（すなわち軍事転用の防止）という2つの目的は、IAEA憲章にはっきり記されている。IAEAはこの目的を達成するために、保障措置制度を構築し、IAEAとの間で協定を結んだ国に対し、原子力が軍事目的に転用されないための保障措置を行

なってきた。

　その後、1970年のNPT発効に伴い、IAEAはNPT締約国である非核兵器国との間でNPT第3条に基づき、「原子力の軍事目的への転用」ではなく、より狭義の考えに立脚して、「核物質の核兵器その他の核爆装置」への転用を防ぐための保障措置を行ってきている。すなわち、国際機関が非核兵器国による原子力の軍事転用を防ぐという意味においては、額面上はIAEAがすでに一定の役割を担ってきているということができる。

　では、IAEAは、原子力の軍事転用防止という意味において、十分な役割を果たしてきているといえるだろうか。

　ここでまず念頭におかなくてはならないのは、国際社会の基本的な構造である。国際社会では主権国家を超える権力はなく、国際社会固有の強制力というものも存在しない。NPTからの脱退を宣言し核開発に至った北朝鮮の例からも明らかなように、NPT締約国としてIAEAの保障措置を受けていたとしても、主権国家がNPTからの脱退を決めて、核開発に走ることを国際機関が防ぐ手段は残念ながら今のところ存在しない。

　IAEA保障措置の基本的な考え方は、核兵器の製造自体を防ぐというよりもむしろ、その可能性を適時に探知することによって、国連安全保障理事会（国連安保理）に問題を報告し、国連安保理に行動を取るよう要請するというものである。より端的にいえば、IAEAの役割はあくまでも核兵器製造の可能性を探知することであり、その可能性を現実のものとしないために強制行動をとるのは国連安保理の役割ということになる。

　例えば、北朝鮮の例でいえば、IAEAは北朝鮮による核開発の可能性を探知し、国連安保理に付託していることから、ある意味、IAEAとしての役割は果たしたといえる。しかしながら、北朝鮮の核問題を付託された国連安保理は、その後数多くの決議を採択しながら、結局のところ北朝鮮の核兵器開発を防ぐことはできなかった。これは、国連安保理が国連憲章に基づく強制措置を決められる存在でありながらも、その機能を十分に活かしてこなかったこと、特に非軍事的手段による制裁措置による効果に限界があったことに起因している。

　国際社会に実効的な強制力を有する国際機関はない、ということを前提に議論を進めるならば、非核兵器国が核物質を核兵器製造に転用することを防ぐために、国際機関はどのような役割を担うべきなのだろうか。

まず上述の北朝鮮の例からも明らかなとおり、IAEA がいくら適時に核開発の可能性を探知できたとしても、強制力を持った権力が国際社会に存在しないために、核兵器製造を防ぐことはできない。そうであるならば、IAEA の探知は意味がないのではないか、という議論もありえよう。もちろん、国際機関による強制力以外の手段に解決の糸口を見つけるという考え方はある。まさに北朝鮮の例では、北朝鮮の核開発を防ぐために国連安保理ではなく 6 者協議[4]という枠組みが作られ、問題の解決が図られた。ただし、この 6 者協議も結局は北朝鮮による核開発を防ぐことはできなかった。イランについて、IAEA 理事会がイランの保障措置上の義務違反などを認定し、国連安保理に付託したが、北朝鮮のときと同様に決議は功を奏さず、EU3（英仏独）＋ 3（米中露）による包括的共同作業計画（JCPOA）という枠組みでの解決が図られてきた。しかし、この枠組みも現時点では頓挫している状況である。

　さらにいえば、保障措置実施機関としての IAEA の役割が、適時に核開発の可能性を探知するということにあると考えると、北朝鮮の例は別にしても、少なくともイランの例をみるならば、秘密裏の核開発が明らかになったのは IAEA の保障措置によるものではなく、イラン反政府組織による暴露によるものであったという点も忘れてはならない。反政府組織の暴露がなければ、IAEA に探知されることなくイランが核開発を続けることができた可能性は排除されないのである。

　次に念頭におかなくてはならないのは、前述のように、核兵器製造に転用可能な核物質（高濃縮ウランとプルトニウム）の製造・抽出・使用自体を一般的に禁止する国際法は現時点では存在しないということである（米国とアラブ首長国連邦（UAE）の 2 国間原子力協定などの個別の協定は除く）。すなわち、個別の協定で取極めをしていない限り、非核兵器国も平和利用目的であればウラン濃縮を行うことが可能であり、取極めがなければ高濃縮を行うことも法的には何ら問題はないということになる。イランはまさにこのケースにあたり、具体

---

[4] 北朝鮮が NPT からの脱退を宣言（2003 年 1 月）するなど、北朝鮮による核問題が深刻さを増すなかで、問題の外交的解決を図るために米国、中国、北朝鮮、日本、韓国、ロシアの 6 者が参加する形で立ち上げられた協議のための枠組みである。2003 年 8 月以降計 6 回の会合が開催され、朝鮮半島の非核化に向けた具体的措置などについても合意がなされたが、2008 年 12 月の首席代表会合を最後に、今日に至るまで中断されたままとなっている。

な原子力発電所の建設計画もないなかで、ウラン濃縮施設を建設し、低濃縮ウランの製造を行い、その後高濃縮ウランの製造まで行なっても、IAEA に然るべく報告を行い、IAEA の保障措置の適用を受けている限りにおいては、イランによる高濃縮ウランの製造は国際法違反とはならず、IAEA も国際機関としてこれをやめさせることはできない（ここでは現在頓挫したままのイランの核問題に対応する JCPOA に関する論点はとりあえず捨象する）。

　国際機関として、核兵器製造の可能性を適時に探知して、国連安保理に付託しても、国連安保理も憲章第 7 章の措置をもってしても有効に非核兵器国による核兵器製造を阻止できず、反政府組織の助けなしでは国際機関として核兵器製造の可能性も探知できないのであれば、国際機関は一体どのような役割が果たせるのであろうか。

　むろん、国連安保理の強制力の機能強化や IAEA の探知能力の強化が必要であるとの議論は大いにありうるだろう。ただ、国際社会において主権国家間の厳しい対立、特に国連安保理常任理事国間の対立が継続する限り、集団安全保障の観点から「国連常設軍」を設置するなどの画期的な措置が実現することは考えにくい。また、IAEA の探知能力の強化についても同じことで、IAEA の査察に関する権限を強化しようとしても、主権国家はこれを拒否することが可能である。つまり、主権国家の集まりである現在の国際社会において、国際機関ができることには限界があるということをよく念頭に置かなくてはならない。

　このように考えると、非核兵器国が核物質を核兵器製造に転用しないための国際機関の役割というものは少なくとも現段階では、非常に限定されたものといえるのではなかろうか。転用を防ぐために適時に転用の可能性を探知できるかもしれないが、できないケースも想定しておかなければならない。仮に転用の可能性を探知できた場合も、核兵器製造を阻止することまではできないこともありうる。我々は国際機関に過度に期待することなく非核兵器国による核物質の軍事転用を防ぐ手段を、これまで以上に真剣に考えなければならないだろう。

13　「核不拡散レジーム」から「核廃絶レジーム」への移行

　NPT の持続可能性を維持して、核兵器廃絶の実現へと進むためには、単に、現存する核兵器を地上から消し去れば済むというものではない。現在の「核不

拡散レジーム（体制）」から「核廃絶レジーム（体制）」へ移行していくには、そのレジームが安定的に機能するために必要な条件を整えておく必要がある。例えば、すべての核保有国が核廃絶に同意していることもさることながら、違反についての効果的な検証や執行体制を整えておく必要がある。原子力の平和利用の扱いも安定的な核廃絶レジームの構築において重要な論点である。これは、「核廃絶」とはそもそも何を意味するのかという問いにも深く関わる論点である。

　果たして原子力の平和利用は核廃絶レジームにおいて、NPTを中心とする核不拡散レジームにおいてと同様な形で認められるべきか、否か。そもそも原子力の平和利用は、NPTによって初めて付与された権利ではなく、国家の主権に基づく権利としてNPTに「奪い得ない権利」と明記されたとの立場をとれば、核廃絶レジームにおいて認められるか否かを論点にすること自体が誤りであるとの考え方が強まるだろう。NPTにおいて形式上は認められつつも、実態としては核不拡散の名目のために多くの制約が課されてきたことから、核廃絶レジームにおいては、それら様々な制約を取り除き、すべての国が真の意味で原子力の平和利用を行えるようにすべきであるとの論理である。

　これとほぼ正反対の考え方もある。核廃絶レジームでは、1発の核兵器の戦略的価値が圧倒的に高まり、ある1カ国が密かに核兵器を保有（ブレークアウト）すれば、他国は一気に戦略的劣勢に立たされることとなる。核廃絶レジームの下で各国がこれまでどおりに原子力の平和利用を行えば、各国は、他国に出し抜かれることを避けるために、それぞれが原子力の平和利用を最大限活用し、核（再）武装直前の状態を維持するという緊張状態に置かれることとなる。途上国を含め、より多くの国が、原子力の平和利用を行う状態になれば、より多くの国がブレークアウト直前の状態に近づきうることを意味し、現在の核不拡散レジームよりも不安定な体制となりかねない。

　現在の核不拡散レジームでは9カ国程度に収まっている核保有国数が、場合によっては増えてしまい、より深刻な核拡散に直面するという皮肉な状況に直面しうるだろう。また、核不拡散レジームにおいては核保有を放棄する非核兵器国への代償として、積極的安全保証（PSA）（いわゆる「核の傘」）と消極的安全保証（NSA）（いわゆる「非核の傘」）が適宜供与されてきたが、核廃絶レジームでは、すべての国が非兵器国となるため、そうした安全の保証を提供・享受するというシステムが消えてしまう。そうした大転換にいたった段

階での核廃絶レジームでは、原子力の平和利用は認めるべきでない、あるいは、少なくとも現在の核不拡散レジームよりは厳格化すべきとする考え方もあろう。

　他方で、核廃絶レジームにおいて原子力の平和利用を認めるべきとの考え方は単なる権利論ではなく、安定的な核廃絶レジームの構築にこそ必要であるとの考え方もある。すなわち、国家による義務違反を取り締まる世界警察のような超国家組織ができない限り、各国は自らの安全を自力で担保せざるをえず、また、人類の核兵器製造にかかる知識を消し去る（uninvent）ことができない以上、むしろ原子力の平和利用を認めて、核（再）武装能力を各国に持たせることによって、核兵器がない状態での抑止力（無兵器抑止力（weaponless deterrence））を創出し、それによって核廃絶レジームを構築・維持することができるという考え方である。そうした核廃絶レジームが必ずしも恒久的に安定的なものとならないとしても、（米露や印パのように）互いの核兵器が相手側に届き大量の人々が死に至るまでの時間が10分弱や30分弱といった現状よりは、核（再）武装まで数週間から数か月のリードタイムを要する状態の方がまだましだということである（weaponless deterrence の考え方については、Schell［2000: 112-123］参照）。ただ、この選択がブレークアウトリスクを伴っていることは忘れてはならない。

　上記のような幅広い議論を踏まえて考えると、原子力の平和利用を完全に禁止すべきという考え方を除けば、いずれの立場においても、核廃絶レジームにおいて認められる原子力の平和利用の範囲（スコープ）はどこまでかという論点が重要なカギを握ることは明らかである。国家の主権に基づく権利なのであるから、原則論として無条件かつ完全に認められるべきとの考え方もあるだろう。特に途上国にとっては経済開発のために原子力の平和利用が必要という切迫したニーズもある[5]。しかし、上記の反対論のうち、現在の核不拡散レジームよりは厳格化すべきとの考え方では、開発やエネルギー源としての有用性を認めつつ、核廃絶レジームの安定性を担保するために、例えば、濃縮や再処理といった機微な技術に関わる部分のみを禁止するという考え方はあろう。また、保障措置を現状の追加議定書よりも更に厳しいものとすることも必要となろう。

---

[5] ただ、開発という観点からは、原子力に代替する安定エネルギー源があれば、禁止または制限は可能ということになる。

他方で、どこまで支持が広がるかは別にして、上記の「無兵器抑止力」の考え方からすれば、機微技術こそ各国に認めるべきということになる。濃縮・再処理といった機微技術を除いた原子力技術では、「無兵器抑止力」を構築することはできないからである。また、「無兵器抑止力」の考えの下では、現在原子力技術を有していない国にまで原子力技術を提供、すなわち拡散すべきなのかという点も論争の的になり得る。

　核廃絶レジームにおいては原子力の平和利用は完全に禁止すべきとの立場をとる場合、それをどう担保するのかは非常に難しい問題である。いったん人間が生み出した技術や知見をなかったことにする（uninvent）のは不可能だからである。仮に原子力の平和利用を禁止する場合、再び原子力技術が復活しないようどう担保するのか、すなわちどのようにどの程度まで不可逆性を担保するのかという問題に直面する。あるいは、原子力に匹敵する代替エネルギーが実現するまでの間は原子力の平和利用を認め、代替エネルギーの実現後に段階的に原子力の平和利用を禁止するという段階論もあろうが、それでも最終的にどのように禁止するのかは難問として残る[6]。

　少なくとも、現在の核不拡散レジームにおけるIAEAによる保障措置体制よりも遥かに強力な検証・執行体制が必要となるだろう。しかもそれは、核廃絶レジーム全体の厳格な検証・執行体制の一部を構成することになるだろう。原子力の平和利用以外を行っていないかを検証するのみならず、核廃絶レジームにおいては、そもそも運搬手段を含めて核兵器システムの開発・保有に関わる活動を一切行っていないか、「原子力」の部分を超えて厳格な検証・執行体制が必要となるからである。

14　核兵器の総合評価

　本章では多角的な視点から核兵器に関する評価を試みてきたが、もちろんこれで語りつくせているわけではない。さらに専門技術的に論点に分け入れば、数限りなく評価の論点が浮かんでくるだろう。その意味ではここでの評価は核

---

[6]　原子力の平和利用については安全面や、いわゆる「核のゴミ」（放射性廃棄物）の処理・処分などの問題を抱えており、こうした側面から強いブレーキがかかる可能性も十分に考えられる。

兵器の真の全体像に対する評価ではない。しかしながら、紙幅の限りがある中において、現段階で核兵器について総合評価する際に考慮しておくべき主要な論点は取り上げたと考えている。

「1 核兵器とモラルの歴史的経緯」で明らかにされているように、核兵器がモラルの面から大きな問題を内在させる特殊な兵器であることは、国の指導者も含めて多くの人々の共通した認識である。しかしながら、核兵器を非人道兵器として生物・化学兵器のように条約で禁止する場合にどのような条約で禁止すべきかについては意見が分かれており、国際社会は「分断」状況にあるとさえ評される。

「2 核抑止と大規模戦争不在の歴史」で論じたように、核抑止の存在こそが第3次世界大戦を防いできたとの論調には、確たる証拠はないといえる。しかも、「4 核抑止と安全保障政策」、「5 核抑止論の前提と限界」、「6 核抑止破綻の偶発的リスク」、「7 新興技術と核兵器」、及び「8 核発射権限に関するリスク」で解説したように、核抑止は意図しないものも含めて取り返しのつかない核戦争勃発の危険と常に隣合わせである。それでも核抑止を前提にした安全保障政策に頼る国が消えないのは、「3 継続される『必要悪』論」で記したように、「核時代の大きな『逆説』は、想像を絶する破壊の道具が、前例のない人類の繁栄と創造の時代に貢献してきた」などの判断から、核抑止依存への正当化を「必要悪」に依拠しているところが大きい。「必要悪」論の独走を阻止するには、「11 核抑止と軍備管理」で記したように核軍縮を安全保障政策の重要な柱に位置づけることや、「9 核兵器と国際人道法」で説いたように国際法上の枠組みを活用した規制の実効性の確保が重要なポイントとなる。

このような状況のなかで多くの国や人々が、何度も期待を裏切られながらも、「核兵器のない世界」へとつながる多国間条約として望みをつないできたのが、NPTである。NPTの存在価値は、「10 NPTの意義と持続可能性」に記したとおりである。しかしながら、NPTへの期待感や信頼感の過大評価は禁物であり、NPTが不平等で危険な核時代の固定化の道具であってはならない。NPTは原子力平和利用と核不拡散の両立という重い使命をおっているが、「12 NPTと原子力平和利用」で指摘したように、時を経るにつれてむしろ課題が増加しているともいえる。であればこそ、本来的に「核兵器のない世界」の実現も使命であるNPTには、「13『核不拡散レジーム』から『核廃絶レジーム』

への移行」が強く求められるだろう。

　約めて表現すればこれが、1〜13を総覧した上での、核兵器に関する総合評価である。

核兵器に関する「未知数」の拡大（1）　気候変動×核戦争

　以上の総合評価を踏まえた上で、今後特に留意しなければならないグローバルリスクと核兵器に関する「未知数」の問題について付記しておきたい。第1は、気候変動と核戦争の関係である。

　本章で記したように、「核抑止は機能してきたかどうか」という命題は、明確な形では証明不能なものである。機能したかもしれないし、核保有国が信奉するほどに機能してこなかったかもしれない。他方で、「核抑止は機能し続けるかどうか」という問いも、不確実性の闇に置かれている。機能し続けるかも知れないが、あまりに不確実な要素が多くて、確信を持って答えを示すことは誰にとっても困難だろう。「抑止効果というのは決して証明されることはない性格のものなのであり、証明できるのは、（核戦争が起きた時に）抑止効果がなかったことである」（Foerster 1990:42）との見方さえある。

　79年にわたって核不使用が継続してきていること自体は、世界にとって大きな成果である。ただ、その成功物語のなかで、「未知数」のことを詰め切れないまま、そして「未知数」をブラックボックスのなかに入れたまま、時を過ごしてきた感は否めない。確かなのは、核戦争が起きた時、すなわち核抑止に失敗した時に核抑止効果の限界が証明できる点でしかないとするならば、そのような証明にどれほどの意味があるといえるのかとの疑問も抱かせる。核不使用の継続のなかでの、核兵器に関する「未知数」は果てしなく巨大なままである。

　以上のように核兵器はすでにいくつもの「未知数」に囲まれているのが現実であるが、安全保障観の多様化が進むなかで、核抑止に関する新たな「未知数」が大きな懸念材料となるような事例も出てきている。その代表例が、気候変動と核兵器の問題の交錯である。地球温暖化が進むと、環境ストレスや紛争に対して脆弱な状況にある地域で安全保障上のリスクが高まり、それが核戦争のリスクを高める事態になれば一気に危機レベルが上がることになる。ここではしばしば言及される南アジアでのリスクに焦点を当てることにする。

南アジアでは核武装したインドとパキスタンが国境問題や宗教的相違などが原因で対峙し続けている。さらにインドは隣接する中国が核戦力強化を進めていることに神経をとがらせている。こうしたなかで、「インド、パキスタン、中国、バングラデシュの約7億人が、インダス川、ガンジス川、ブラマプトラ川の流域の共有水に依存している南アジアほど、気候危機と核戦争の脅威の増大の関係が明確なところはないだろう」との指摘さえある（Asokan et al. 2022）。「ヒマラヤ氷河を水源とするこれらの河川〔の水量〕は、気候変動により著しく減少」しており、「この地域の地政学的緊張が高まるにつれ、〔気候変動による〕水不足と核戦争のリスクという、絡み合った2つの存亡の危機に対処し、解消することがより一層重要」になりつつあるとの見方である（同上）。

　米国の戦略リスク評議会・気候安全保障センターのクリスティン・パーセモアも、中国、インド、パキスタンの利害が交錯する地域では「これまでにも気候変動の影響を大きく受けており、効果的に防止しなければ、将来さらに深刻な問題が発生すると予測している。インドとパキスタンでは、中国に始まる淡水システムの将来について、すでに大きな懸念がある」と指摘している（Parthemore 2021）。ヒマラヤ氷河を水源とする河川をめぐる水争いが、核使用リスクの高まりにつながるのをどう防ぐかは、国際安全保障にとって死活的な問題になる可能性を秘めているが、気候変動にも「未知数」がある上に、核抑止でも「未知数」が大きいため、状況の評価や対応の策定のハードルを高くしている。

　核兵器と気候変動の関係では、核戦争による地球寒冷化リスクも重大な懸念材料となっている。冷戦期に危惧された大規模な核戦争による地球寒冷化は「核の冬」とも呼ばれた。冷戦が終結して核軍備削減も進み、「核の冬」への懸念は弱まったかにみえたが、その後の研究で、冷戦期に想定された大規模な核戦争ではなく地域的な核戦争でも地球寒冷化が起きるリスクが存在することが明らかになってきた。米国ニュージャージー大学のアラン・ラボックらの研究グループの論文によると、パキスタンが150発、インドが100発の核戦力で双方の都市を核攻撃した場合、核戦争後には世界平均で地表温度が2°-5°低下し、降水量は15-30パーセント減少、日照量も20-35パーセント減少するとのコンピュータを駆使した分析結果が出た。こうした地球寒冷化は食料生産に重大な打撃を与え、大量の飢餓死者が発生するなど、南アジアだけでなく世界各地で

「巻き添え被害」が出るとの計算結果を示した。いわゆる、「核の飢饉」の到来を予測するもので、限定核戦争の被害が局地的被害に留まらない公算が大きいとの結果が出たのである（Toon et al. 2019:2-10）。

正確な未来予測は不可能なのが実情であり、「未知数」が残るのは否めない。ただ、気候変動による安全保障リスクに、核使用リスクという「未知数」がかけ合わさると、それらをどう評価して政策選択につなげていけばいいのか。国レベル、グローバルレベルを問わず、安全保障にとって大きな課題である。

気候変動問題は一例であり、核抑止に関連する様々な「未知数」が新たなリスク要因となっていくことが考えられる。

核兵器に関する「未知数」の拡大（2）　新興技術兵器×核兵器システム

核抑止関連の「未知数」をめぐって、新たなそして避けて通れないリスク要因として注視しておく必要があるのが、新興技術の兵器化による影響である。「7　新興技術と核兵器」でも記したテーマではあるが、「未知数」の拡大という視点から改めて記しておきたい。

そもそも核兵器は、核分裂物質という特殊な物質を確保しないと製造できない。この特質が核拡散防止にプラスに作用し、核保有国の寡占体制の維持にも貢献してきた。しかしながら今、私たちは第4次産業革命の時代に生きているといわれ、AI、サイバー、モノのインターネット（IoT）、3Dプリント、5G、ナノテクノロジーなどの新興技術が進歩・拡散しつつある。

新興技術とは、少なくとも次の5つの特徴を持つものと定義することができる。すなわち、1）革新的な新規性（Radical Novelty）、2）他の技術に比べて速い成長（Relatively Fast Growth）、3）技術同士が干渉して進歩（Coherence）、4）顕著なインパクト（Prominent Impact）、5）不確実性と曖昧性（Uncertainty and Ambiguity）の5つである（Khan 2022）。これらの特徴を兼ね合わせる新興技術は、探知レーダー、通信ネットワーク、偵察、武器に活用され、軍事的な革命（RMA）がすでにグローバルな規模で進行しているのが現実であり、新興技術の拡散防止や寡占体制の維持は極めて困難である。新興技術による影響は、通常兵器の戦略にとどまらず、核戦略にも少なからず影響を及ぼすことが考えられ、新興技術と核兵器技術の交錯は、戦略思想に革命をもたらそうとしている。

1945年以降の核兵器不使用の継続においては、核兵器システムによる抑止力のみならず、核先行使用リスクを下げる戦略的安定システムの存在の貢献が大きかった。戦略的安定システムとは、危機時でも先制核攻撃の誘因が生じにくい状態である「危機時の安定性（crisis stability）」と、先制攻撃能力の高い核戦力などを増強する誘因が抑えられた状態である「軍拡競争に係る安定性（arms race stability）」を維持するシステムである。換言すると、政治的・軍事的意思疎通、軍備管理制度などからなる総合的な安定化システムである。しかし近年は、多様な新興技術の軍事応用によって、戦略的安定システムの不安定化リスクの高まりが懸念されている。

　例示してみよう。極超音速兵器・指向性エネルギー兵器・サイバー兵器などの破壊力と探知困難性の拡大が同時に進行すると、これらの兵器による先制攻撃の優位性が高まり、核兵器による報復能力（抑止力）が脆弱化して、戦略的安定が大きく揺らぐ恐れがある。陸海空に加えてサイバー・宇宙空間が加わった軍事領域のマルチドメイン化に核兵器システムも組み込まれつつあり、相手の意図が不明確な非核兵器システムへの攻撃さえもが負の連鎖で、核使用へエスカレートするリスクを高めかねない。指揮・統制・通信・コンピュータ及び情報（C4I）システムが、通常兵器と核兵器の両用になっていたり、核弾頭・通常弾頭とも搭載可能な両用ミサイルの拡散が進んだりすると、想定外のエスカレーションリスクが高まることにもつながる。AIなどの導入で意思決定時間が短縮し、敵対的意図の確認が困難になっていくなかで、性急な判断を自らに強いるリスクも指摘されている。自律性が向上したAIへの依存心が強まり、重要な評価の場面で人間の判断が現実的には入り込めないことへの懸念も強まっている。

　安全保障観の多様化や新興技術革新・拡散を十分に反映しない政策評価は非現実的になりうる。AIなどの新興技術の軍事応用が進む大きな転換期では、新たな安全保障論が伝統的な安全保障論にとってかわるのだろうか、そうであるとするならば新たな安全保障論とはどのようなものなのか。

　こうした不確実性を有する新興技術時代に核兵器システムが複雑な形で作用しあうことで拡大しうる「未知数」もまた、新たなリスク要因となっていくと考えられる。

核兵器が怠たらせた「代替手段」の模索

最後に核兵器の「代替手段」をめぐる政策上の課題を指摘していくことにする。

個々の核保有国は常に、世界の隅々まで核抑止に基づく安全保障政策にコミットしているわけではない。

イデオロギーに基づく「世界分割」を米ソが競い合った冷戦期には、核抑止の対象範囲は世界規模のものが想定されていた。米ソがからむ戦争が起きたところでは、ほぼ自動的に核抑止政策と、それを支える核兵器の存在が意識されていた。それだけに地域紛争を契機に全面核戦争へと拡大する危険も大きかった。

冷戦終結後、ソ連崩壊で状況は一変し、米国とロシアの核抑止に基づく安全保障政策のコミットの地理的範囲が縮小した。それと同時に、冷戦時代の核の脅威や拡大核抑止への依存から解放された地域・諸国は核抑止の影響をできるだけ縮小する政策に乗り出した。その試みの1つが非核兵器地帯の拡大である。冷戦期にすでにトラテロルコ条約（ラテン・アメリカ及びカリブ核兵器禁止条約、1968年発効）とラロトンガ条約（南太平洋非核地帯条約、1986年発効）が締結されていたが、冷戦後にはバンコク条約（東南アジア非核兵器地帯条約、1997年発効）、ペリンダバ条約（アフリカ非核兵器地帯条約、2009年発効）、セメイ条約（中央アジア非核兵器地帯条約、2009年発効）が新たに加わった。TPNWを支持している国の多くは非核兵器地帯条約の締約国である。冷戦後に拡大した非核兵器地帯条約づくりの動きは、核抑止の「代替手段」模索が、核保有国の核抑止に基づく安全保障政策のコミットが消えたか、大きく弱まった地域で加速した結果であった。

その一方で、5核兵器国・核の傘国、さらには4つのNPT外の核保有国は引き続き、核抑止維持を重視している。9カ国の間で核兵器の位置づけは微妙に異なる点があるものの、自国や同盟国の安全保障のために、あるいは敵対する国が核兵器を持つ限り、核抑止を保持する基本方針を維持している。ロシア、中国、北朝鮮などの権威主義的な国家の方が核抑止への依存度を高める傾向を強めており、その現実が投影される形で民主主義国家での核抑止依存度もなかなか低まらない状況にある。

ここで立ち止まって考えてみよう。核抑止依存諸国の間では実は、予見しう

る将来においては核抑止が不可欠な選択肢との考え方が固定化し、安全保障に関する「代替手段」の模索や、それを並行して進めるべき「核兵器のない世界」に必要な準備作業がないがしろにされてきたのではないだろうか。しかも、そうした状況の裏側には、核抑止が崩れて核戦争が起きるリスク、そうなった場合のリアルな想定を提示せず、説明責任もあいまいにしたままやり過ごしてきた核抑止依存諸国の側の政策上の怠慢があるのではないだろうか。そうした怠慢が再生産してきた政策空間の「空白」部分を鋭く突いたのが、核リスクの存在を強く意識した米国の「4賢人」のリアリズムとも考えられる。この「4賢人」はジョージ・シュルツ元国務長官、ヘンリー・キッシンジャー元国務長官、ウィリアム・ペリー元国防長官、サム・ナン元上院軍事委員長である（Shultz et al. 2007）。彼らはあえてモラル面を含めた思想的な側面を起点にして「核兵器のない世界」を提唱することはせず、核テロや偶発的核戦争も含めた核リスクによる核抑止の不安定化、場合によっては無力化をリアルに懸念して、安全保障政策の軌道修正を促したのである。

　仮に当面は危うさに囲まれながら核抑止に頼るにしても、そこが永続的な安住の地であるはずはない。核抑止依存が「代替手段」の模索を封じるような固定的な体質を有していることを強く自覚し、そうした体質を改めて柔軟な思考で、一定の時間軸を念頭に置きながら、「代替手段」の模索に力点を置いていく必要があるだろう。「4賢人」から学ぶべきは、彼らの提言だけでなく、党派を超えた果敢な「代替手段」の模索の姿勢である。

「必要悪」を半永久化する NPT の弱み

　本章の締めくくりで強調しておきたい政策上の課題は、「必要悪」と NPT の関係である。

　本章で記してきたように核兵器は、抑止力としても戦闘用の兵器としても数々の問題を抱え続けている兵器である。そうした属性を有するからこそ、NPT が認めた 5 核兵器国は少なくとも究極的には核兵器をなくすことを政治的に約束してきた。他方で、マイナス面の多い核兵器であっても特定の 5 カ国に相当期間にわたる保有を容認している NPT が半世紀以上にわたって存続しているのは、程度の差こそあれ、核兵器を「必要悪」と受け止めて、全面拒否はしない姿勢が多くの国に内在するからだろう。

TPNWは基本的に核兵器を全面否定しているものの、NPTとの並立も打ち出していて、真正面からNPT脱退キャンペーンを展開しているわけではない。NPTの限界を意識してTPNWの成立に動いた諸国がNPTを切り捨てないでいるのは、NPTによって原子力平和利用の恩恵にあずかれる利点に加えて、5核兵器国に核軍縮の交渉義務を課している唯一の多国間条約であるからだろう。この点は、TPNWを支持しないNPT内の非核兵器国も同様と考えられる。

　このような形でNPTには「必要悪」が構造的に埋め込まれており、少なくとも当面の間は是認せざるをえない状態になっている。そこには不平等が歴然と存在し、核軍縮・不拡散体制としては明らかに不完全でありながらも、ほとんどの非核兵器国はNPTを全面否定することをしない。そのねじれ現象のなかで、「必要悪」にはむかえない弱さと、やがては「必要悪」を消せるとの期待感が交錯している。

　裏を返せば、それほどまでに核保有国の既得権は大きく、「必要悪」を手にした時に得られるパワー、国際社会におけるプレゼンスの変化を強く示唆してもいる。すでにNPTに背を向けた（北朝鮮を含む）4つの核保有国が存在するに至ったのは、核実験などで一時的に国連安保理などの経済制裁を受けても、「必要悪」をわがものにした方が国益にかなうと判断したからだろう。相当期間の「必要悪」存続を容認し、しかもそれを公式には5核兵器国に限定しようとするNPTは、「必要悪」拡散の一因となっていることも忘れてはならない。

　NPTがなければ「必要悪」がさらに拡散して、「核兵器のある世界」はよりハイリスクのものとなる公算が大きいが、5核兵器国がNPTを逆手にとって、「必要悪」保有の公認という既得権を事実上、永続化しようとするならば、NPTから抜け出してTPNWへ転籍する非核兵器国が増えることも考えられるし、それとは逆に自ら核武装して自分の「必要悪」を手にしようとする国が続出し、新たな核拡散のうねりに直面するかもしれない。

　核兵器の評価をめぐるこれまでの多くの議論の枠組みは、基本的にはNPT内の5核兵器国による「必要悪」の寡占体制が無期限に、少なくとも長期にわたって継続されることを事実上想定している。しかしながら、NPT内での「必要悪」が半永久的に現在の5核兵器国による寡占体制の枠を飛び出さない保証など存在しない。現在の核軍縮・不拡散政策の礎はNPTと強調されることが多いが、「必要悪」の価値を漸減させていかない限り、NPTに立脚した核抑止

依存に安全保障を頼るという核兵器国・核の傘国の基本方針の脆弱性が高まると考えられる。

　永続する安全保障システムなどそもそも存在するはずがなく、「必要悪」の半永久化が隠れた目的であるようなNPTであるならば、遅かれ早かれ根本的な見直しは避けられないだろう。

【付記】本章のベースとなった本研究チームのメンバーによるRECNAポリシーペーパーの論考は以下である。

『核兵器問題の主な論点整理――国際政治・安全保障編（改訂版）』［2023］に収載のもの。
中尾麻伊香「原爆開発と科学者の責任」「核実験と国際条約」
吉田文彦「核抑止は戦後の平和を守ったか」「偶発的核戦争の新たなリスク」「最先端技術と核戦争リスク」
西田充「核使用決定権」「核軍縮と安全保障」「核廃絶後の原子力の平和利用」
樋川和子「原子力の軍事転用防止――国際機関の有効性とその限界点」「濃縮・再処理技術の独占は必要なのか」
堀部純子「原子力の平和的利用は核不拡散を損なうか」
向和歌奈「核兵器不拡散条約の不平等性」「核不拡散条約の持続可能性」

『核兵器問題の主な論点整理――国際人道法編』［2023］に収載のもの。
真山全「既存の兵器から隔絶して大きな破壊力を持つ故に核兵器は既存武力紛争法規則の適用を免れるか？」「害敵方法規制からする核兵器使用の評価―その3―付随的自然環境損害」「東京地裁下田事件判決の評価」「核兵器禁止条約の評価――使用禁止規則の慣習法性」「核兵器使用への人権及び環境の保護に関する条約の適用可能性」
河合公明「害敵方法規制からする核兵器使用の評価―その1―目標区別原則」「害敵方法規制からする核兵器使用の評価―その2―付随的損害」「害敵手段規制からする核兵器使用の評価―その3―付随的自然環境損害」「害敵手段の条約による禁止の意義と限界」「核兵器使用へのジュネーヴ諸条約第1追加議定書適用可能性」「戦時復仇としての核兵器使用の評価―その1―直接

の被害国による使用」「戦時復仇としての核兵器使用の評価―その2―被害を受けた交戦国のための共同交戦国による使用」「核抑止に関する諸国の国際法的評価」「核兵器使用の合法性に関する1996年ICJ勧告的意見の評価」

【参考文献】

ウィルソン，ウォード（広瀬訓監訳）[2016]，『核兵器をめぐる5つの神話』法律文化社．

外務省［2022］，「G20バリ首脳宣言」（日本外務省仮訳）．https://www.mofa.go.jp/mofaj/files/100422034.pdf

『核兵器問題の主な論点整理――国際人道法編』［2023］，RECNA ポリシーペーパー第18号，2023年5月．https://www.recna.nagasaki-u.ac.jp/recna/bd/files/REC-PP-18.pdf

『核兵器問題の主な論点整理――国際政治・安全保障編　改訂版』［2023］，RECNA ポリシーペーパー第17号改訂版，2023年6月．https://www.recna.nagasaki-u.ac.jp/recna/bd/files/REC-PP-17-Rev.pdf

ギャヴィン，フランシス・J.［2022］，「歴史と核時代における未解決な問い」ゴーディン，マイケル・D.，アイケンベリー，G. ジョン編（藤原帰一，向和歌奈監訳）『ヒロシマの時代』岩波書店，283-301頁．

ギャディス，ジョン・L.［2002］，『ロング・ピース』芦書房．

黒澤満［2018］，「核兵器禁止条約の意義と課題」『大阪女学院大学紀要』第14号，2018年3月，15-32頁．

小泉悠［2022］，「ロシアの核政策と5核兵器国首脳共同声明」『核戦争に勝者はありえず，核戦争は決して戦ってはならない』RECNA ポリシーペーパー13号，2022年3月，29-38頁．

佐藤史郎［2021］，「NPTの不平等性と核兵器禁止条約の論理――秩序／無秩序，平等／不平等」『平和研究』第57巻，7-29頁．https://www.jstage.jst.go.jp/article/psaj/57/0/57_57002/_pdf/-char/ja

永井雄一郎［2021］，「対宇宙能力の発展と核兵器システム――『戦闘領域』と化す宇宙空間で高まる核リスク」，吉田文彦，鈴木達治郎，遠藤誠治，毛利勝彦編『第三の核時代――破滅リスクからの脱却』（デジタル版），長崎大学核兵器廃絶研究センター，172-196頁．

広島市［1953］，広島市長平和宣言．https://www.city.hiroshima.lg.jp/site/heiwasengen/9476.html

「米機の新型爆弾による攻撃に対する抗議文」［1945］，『法律時報』第355号（1964年），33頁．

ペリー，ウィリアム，コリーナ，トム（田井中雅人訳）［2020］，『核のボタン』朝日新聞出版．

防衛省［2023］，『令和5年版防衛白書』．http://www.clearing.mod.go.jp/hakusho_data/2023/pdf/R05zenpen.pdf

真山全［2023］，「東京地裁下田事件判決の評価」『核兵器問題の主な論点整理――国際人道法編』RECNA ポリシーペーパー第18号，2023年5月，81-86頁．https://www.recna.nagasaki-u.ac.jp/recna/bd/files/REC-PP-18.pdf

Abe, Nobuyasu [2018], "No First Use: How to Overcome Japan's Great Divide," *Journal for Peace and Nuclear Disarmament*, Vol. 1, Issue 1, pp.137-151.

Alperovitz, Gar [1965], *Atomic Diplomacy: Hiroshima and Potsdam: The Use of the*

Atomic Bomb and the American Confrontation with Soviet Power, Vintage Books.

Asokan, Asha and Helfand, Ira [2022], "Climate Change and Water Scarcity Will Increase Risk of Nuclear Catastrophe in South Asia," *Bulletin of Atomic Scientists*, 11 July 2022.

Blight, James G., Allyn, Bruce J. and Welch, David A.[1993], *Cuba on the Brink: Castro, the Missile Crisis, and the Soviet Collapse*, Pantheon.

Brands, Hal [2022], "Putin Reminds Biden That Nuclear Deterrence Works," *Bloomberg Opinion*, 2 March 2022. https://www.aei.org/op-eds/putin-reminds-biden-that-nuclear-deterrence-works/

Foerster, Schuyler [1990], "Theoretical Foundations --Deterrence in the Nuclear Age," in Schuyler Foerster and Edward N. Wright (eds.), *American Defense Policy*, 6th ed., Johns Hopkins University Press, pp.42-54.

Freedman, Lawrence [1989], *The Evolution of Nuclear Strategy*, 2nd ed., St. Martin's Press.

Graff, Garett M. [2022], *Watergate: A New History*（Kindle 版）, Avid Reader Press.

IAEA [2005], *Multilateral Approaches to the Nuclear Fuel Cycle*.

Jones, Nate (ed.) [2016], *Able Archer 83*, The New Press.

Khan, Abdul Moiz [2022], "Emerging Technologies and The Nuclear Responsibilities Approach," BASIC, 14 February 2022. https://basicint.org/emerging-technologies-and-the-nuclear-responsibilities-approach/

Kmentt, Alexander [2021], *The Treaty Prohibiting Nuclear Weapons: How it was Achieved and Why it Matters*, Routledge.

Lewis, Jeffrey G. and Tertrais, Bruno [2019], "The Finger on the Button: The Authority to Use Nuclear Weapons in Nuclear-Armed States," *CNS Occasional Paper*, No.45, February 2019, pp.4-31.

National Security Archive [2017], "U.S. Presidents and the Nuclear Taboo," 30 November 2017. https://nsarchive.gwu.edu/briefing-book/nuclear-vault/2017-11-30/us-presidents-nuclear-taboo

National Security Archive [2022], "The Underwater Cuban Missile Crisis at 60." https://nsarchive.gwu.edu/briefing-book/russia-programs/2022-10-03/soviet-submarines-nuclear-torpedoes-cuban-missile-crisis

Parthemore, Christine [2021], "Nuclear War and Climate Change: The Urgency for Action," Council on Strategic Risks, 12 November 2021.

Post, Daniel [2023], "The Value and Limits of Nuclear Deterrence," *U.S. Naval Institute Proceedings*, January 2023. https://www.usni.org/magazines/proceedings/2023/january/value-and-limits-nuclear-deterrence

PwC [2017], "The Long View: How Will the Global Economic Order Change by 2050?" February 2017. https://www.pwc.com/gx/en/world-2050/assets/pwc-the-world-in-2050-full-report-feb-2017.pdf

Schell, Jonathan [2000], *The Fate of the Earth: The Abolition*, Stanford University Press.

Schmidt, Michael S. [2021], "In a Call with Pelosi after the Capitol Riot, Milley Agreed That Trump Was 'Crazy', Book Says," *The New York Times*, 28 September 2021.

Shultz, George P., Perry, William J., Kissinger, Henry A. and Nunn, Sam [2007], "A World Free of Nuclear Weapons," *The Wall Street Journal*, 4 January 2007. https://www.wsj.com/articles/SB116787515251566636

SIPRI [2024], "Space Securiy Program." https://www.sipri.org/research/armament-and-disarmament/weapons-mass-destruction/space-security

Stimson, Henry Lewis [1947], "The Decision to Use the Atomic Bomb," *Harpers Magazine*, Vol.104, February 1947.

Stoutland, Page [2022], "Addressing Cyber-Nuclear Security Threats," NTI (Nuclear Threat Initiative). https://www.nti.org/about/programs-projects/project/addressing-cyber-nuclear-security-threats/

Tannenwald, Nina [2022], "Is Using Nuclear Weapons Still Taboo?," *FP Analysis*, 1 July 2022. https://foreignpolicy.com/2022/07/01/nuclear-war-taboo-arms-control-russia-ukraine-deterrence/

Tertrais, Bruno [2011], "France and Nuclear Non-proliferation: From Benign Neglect to Active Promotion," Olav Njølstad, *Nuclear Proliferation and International Order*, Routledge.

Toon, Owen B., Bardeen, Charles G., Robock, Alan, Xia, Lili, Kristensen, Hans, Mckinzie, Mattew, Peterson, R.J., Harrison, Charles S., Lovenduski, Nicole S. and Turco, Richard P. [2019], "Rapidly Expanding Nuclear Arsenals in Pakistan and India Portend Regional and Global Catastrophe," *Science Advances*, October 2019. https://www.science.org/doi/10.1126/sciadv.aay5478

United Nations Office for Disarmament Affairs [1992], "China: Accession to the Treaty on the Non-Proliferation of Nuclear Weapons (NPT)." https://treaties.unoda.org/t/npt/declarations

United Nations [2022]、グテーレス国連事務総長メッセージ。https://unis.unvienna.org/unis/en/pressrels/2022/unissgsm1244.html

US Congress, House, Subcommittee of the Committee on Appropriations [1963], *Hearing on Department of Defense Appropriations for 1964, 88th Congress, 1st session*, U.S. Government Printing Office, Part 1.

US DOD [2018], *Nuclear Posture Review*, February 2018. https://dod.defense.gov/News/SpecialReports/2018NuclearPostureReview.aspx

US Senate Committee on Armed Services [2018]、シュルツ米国務長官公聴会証言、"S.Hrg. 115-738 – Global Challenges and U.S. National Security Strategy," 25 January 2018. https://www.congress.gov/event/115th-congress/senate-event/LC65021/text

Wan, Wilfred, Kastelic, Andraz and Krabill, Eleanor [2021], "The Cyber-Nuclear Nexus: Interactions and Risks," UN Institute for Disarmament Research (UNIDIR), Nuclear Risk Reduction: Friction Point Series, Paper 2. https://unidir.org/files/2021-11/NRR-

CyberNuclear.pdf
White House [2009], "Remarks by President Barack Obama in Prague as Delivered," 5 April 2009. https://obamawhitehouse.archives.gov/the-press-office/remarks-president-barack-obama-prague-delivered
White House [2018], *National Cyber Strategy*. https://trumpwhitehouse.archives.gov/wp-content/uploads/2018/09/National-Cyber-Strategy.pdf
Yost, David S. [1991], "Mitterrand and Defense and Security Policy," *French Politics and Society*, Vol.9, No.3/4, Summer/Fall 1991, pp.141-158.

第 5 章
提言
安全保障のための核軍縮と核廃絶

***

吉田　文彦
遠藤　誠治
佐藤　丙午
真山　　全

1　はじめに——持続可能な「核兵器のない世界」に向けて

　本書の目的は、「安全保障を損なわない核軍縮」とはどのような政策なのかについて、私たちの研究グループの提言を示すことである。そのために第1章「国際政治と核兵器」、第2章「核不拡散と軍縮」、第3章「安全保障の共通言語としての国際法」において核兵器に関する理論や政策、国際法などについて多角的に分析した。その成果に基づいて第4章では、「ポスト核時代」に過度に楽観的にも悲観的にも偏らないことを意識しながら、現状だけでなく近未来における新展開の可能性も見据えた核兵器に関する総合的な政策評価を示した。

　総合的な政策評価の概要を記すと、(1) 核兵器がモラルの面から大きな問題を内在させる特殊な兵器であるものの、核兵器を非人道兵器として生物・化学兵器のように条約で禁止すべきかどうかについては意見が分かれ、国際社会は「分断」状況にある、(2) 核抑止の存在こそが第3次世界大戦を防いできたかについての明確な結論はなく、核抑止は、意図しないものも含めて取り返しのつかない核戦争勃発の危険と常に隣合わせである、(3) それでも核抑止依存が続いているのは、核保有を「必要悪」として正当化する論理に基づくところが大きい、(4)「必要悪」論の独走を阻止するには、核軍縮を安全保障政策の重要な柱に位置づけることや、国際人道法を含む国際法を通じた規制の活用が重要なポイントとなる、(5) 核不拡散条約（NPT）はグローバルな核軍縮・不拡散の基盤をなす条約であるが、5核兵器国や核の傘国に都合よく活用されて、不平等で危険な核時代の固定化を後押しする条約へと変質してはならない、(6)「核兵器のない世界」実現も重要な使命であるNPTには、「核不拡散体制」から「核廃絶体制」への移行が強く求められる——というものである。

　これを受けた最終章である第5章では、「安全保障を損なわない核軍縮」とは何かを特定し、その解に立脚した核軍縮と安全保障の実現に必要と考えられる政策群を提示していく。本章での考察のプロセスでは、①核軍縮と核抑止が二律背反ではない関係を安定化させ、核兵器を含む軍縮が国際秩序の維持、持続可能な平和にとって緊要な手段であることを共通認識とする、②国際人道法、環境関連の国際法、核のタブーなどの多面的な制約をベースにして核兵器の役割を最小化し、並行して「ポスト核時代」の安全保障システムの構築を進めて

いく、③核不拡散体制の強化・徹底をはかって、核廃絶後の違法な核（再）武装を防ぐ保障措置の実装にも取り組んでいくこと——に重きを置く。いい換えると、現在の NPT の有効性を活用しながら、NPT の使命である「核兵器のない世界」を持続可能な形で実現可能にする国際的な枠組みをどのように構築するかを分析する。

本章の責任筆者は吉田、遠藤、佐藤、真山であるが、その内容は本研究グループでの議論やメンバーが執筆した論考などを踏まえたものである。

2　安全保障を損なうものとは何か

「安全保障を損なわない核軍縮」について政策提言を考えるとき、第 1 に、「損なわないようにしなければならない安全保障」とは何かについて明確にする必要がある。この点に関して重要なのは、日本外務省が主催した「核軍縮の実質的な進展のための賢人会議」（賢人会議）の議長レポート（2019 年 10 月）において示された「核抑止は、特定の環境における安定性を強化するかもしれないが、世界の安全保障にとって危険な基盤」との認識である（「核軍縮の実質的な進展のための賢人会議——議長レポート」2019：49）。第 4 章の核兵器の総合的評価で解説したように、核抑止は数多くの不確実性やリスクを伴っており、国際社会が将来にわたって、持続可能な基盤として頼っていける国際的な安全保障とはいい難い。しかしながら、核抑止に依存する諸国はこの難点と本格的に向き合わず、事実上、棚上げ状態にしたまま時間を過ごしている。

この点についてもう少し詳しく、広島 G7 サミット（2023 年 5 月）を例にみてみよう。このサミットに集ったのは 3 つの核保有国と米国の核抑止に依存する計 7 カ国の首脳と欧州連合（EU）の代表たちだった。発表された「核軍縮に関する G7 首脳広島ビジョン」（広島ビジョン）には、「核兵器の威嚇も使用も許されない」との文言を盛り込んだ G20 首脳（G7、ロシア、中国、インドなども参加）によるバリ声明（2022 年 11 月）を「想起する」と記されたが（日本外務省による仮訳は、外務省［2023］参照）、バリ声明の遵守までは踏み込まなかった。その上で、「ロシアによる核兵器の使用の威嚇、ましてやロシアによる核兵器のいかなる使用も許されないとの我々の立場」を改めて表明した。だが、G7 に関しては「我々の安全保障政策は、核兵器は、それが存在する限りにお

いて、防衛目的のために役割を果たし、侵略を抑止し、並びに戦争及び威圧を防止すべきとの理解に基づいている」との論を展開した。

　ここで浮かび上がるのは、「核兵器の威嚇も使用も許されない」との基本認識を想起し、ロシアの核の恫喝を許さないとの立場をとる一方で、G7諸国の核抑止依存を正当化する論理である。もちろん、核兵器をめぐるロシア批判には共感できるし、バリ声明へのコミットメントも国によって温度差があるのも事実だろう。例えば、インドや中国がバリ声明をどこまで尊重するのかといった重要点に関して不透明な部分を残したままだ。だが、バリ声明に加わっておきながら、過大なリスクを抱えたまま、G7の核抑止依存諸国がそれぞれの事情からそうした安全保障政策の自己正当化を続けていては、核抑止に頼らない非核兵器国の間で、「核抑止は、特定の環境における安定性を強化するかもしれないが、世界の安全保障にとって危険な基盤」との認識がかえって深まっていくことだろう。

　ロシアによる核の恫喝が続くなかで開催されたG20とG7サミットを経てよりくっきりとみえてきたのは、キューバ危機以来の核使用リスクの高まりに直面し、「安定」に必要な「特定の環境」がますます危うくなっているにもかかわらず、核抑止依存を継続する核保有国・核の傘国の頑なな姿勢である。こうした実態が国際的な安全保障をハイリスクな状態に置き続ける大きな要因になっている。核抑止が「特定の環境」で安定しているかどうかを判断する際には、まず何よりも、核抑止依存が安全保障を損なっている側面が少なからずある現状を確認しておく必要があると思われる。

　核兵器国・核の傘国にとって「損なわないようにしなければならない安全保障」は、「核兵器は、それが存在する限りにおいて、防衛目的のために役割を果たし、侵略を抑止し、並びに戦争及び威圧を防止すべきとの理解」に基づいて、核兵器国が核保有を継続することだろう。しかしながら、安全保障政策を核抑止に依存せず、核兵器の存在がむしろリスクであり、かつ非人道的な兵器であると判断する多くの非核兵器国にとって、「損なわないようにしなければならない安全保障」は、核リスクのない安全保障であり、「核兵器のない世界」で実現できる安全保障である。破滅と常に背中に合わせにある状態で、「特定の環境」の下でのみ成り立つ「安定」に身を託すことを選択しない安全保障である。

すなわち、私たちのこの世界では今、「損なわないようにしなければならない安全保障」について考え方が二分されているといっても過言ではないだろう。そしてその分水嶺は、安全保障を核抑止に頼るかどうかに関する評価や選択をめぐる大きな相違にある。
　では、どうするのか。「広島ビジョン」に組み込まれた「解」は、以下である。「核不拡散条約（NPT）は、国際的な核不拡散体制の礎石であり、核軍縮及び原子力の平和的利用を追求するための基礎として堅持されなければならない。我々は、現実的で、実践的な、責任あるアプローチを通じて達成される、全ての者にとっての安全が損なわれない形での核兵器のない世界という究極の目標に向けた我々のコミットメントを再確認する」（外務省 2023）。NPT を礎石にして核軍縮・不拡散政策を推進し、「核兵器のない世界という究極の目標に向けた我々のコミットメントを再確認」した点は最低限の合格ラインに過ぎない。この重要な目標を、どのようにして「全ての者にとっての安全が損なわれない形」で、しかも、どのような「現実的で、実践的な、責任あるアプローチ」で達成するかについては新たな政策は示されず、「広島ビジョン」に組み込まれた「解」は事実上、二分された世界に共通項を提示できないままとなった。
　「広島ビジョン」の最大の問題点は、「核抑止は、特定の環境における安定性を強化するかもしれないが、世界の安全保障にとって危険な基盤」であるという基本認識が極めて薄い点である。その結果、予見しうる将来においては核抑止を継続する方が「全ての者にとっての安全が損なわれない」との視座から、核抑止に依存する立場からみた「現実的で、実践的な、責任あるアプローチ」によってしか「核兵器のない世界」へは転換しないとの考えに拘泥している。こうした核抑止依存諸国の唯我独尊的な安全保障観が固定化されて変わらないままでは、「国際的な核不拡散体制の礎石であり、核軍縮及び原子力の平和的利用を追求するための基礎として堅持されなければならない」はずの NPT への信頼感は時間とともに揺らいでいくだろう。NPT が供給する便益が核抑止依存諸国に偏ったままで、核抑止依存諸国自身がその偏りを修正する障害になり続けていくようでは、不平等感、核抑止偏重を半永久的に定着化させかねない NPT の属性に対する不満感、不信感の拡大が強く懸念される。
　「広島ビジョン」に基づいて「核兵器のない世界」に向かって行動する政治

的義務は第一義的に、核抑止依存諸国の側にある。「全ての者にとっての安全が損なわれない形」とは、どのような形なのか。「現実的で、実践的な、責任あるアプローチ」とは、どのようなアプローチなのか。多くの非核兵器国が支持する TPNW に背を向け、一方でこうした政治的義務を着実に果たしていけないのであれば、「特定の環境」の下での「安定」に身をゆだねるハイリスクな安全保障に安住しているとの批判を免れないだろう。

　それでは、どのような選択が必要なのだろうか。

　私たちの研究グループは様々な角度からの分析の成果として、NPT をその条約の目的に即して忠実に運用して核軍縮・不拡散を徹底し、「核兵器のない世界」へ着実に接近できる政策を打ち出し実践していくことが、国際的な安全保障に大きく貢献する選択であるとの認識を共有するに至った。「特定の環境」の下でのみ「安定」する核抑止はすでに多くの不確実性、リスクを抱えているが、国際情勢や地球環境の変化、新興技術の拡散などによって今後さらに不安定化する恐れがある。そうした安定条件の低下や減失の可能性を考えると、一定の移行期を経ながら「核兵器のない世界」へ着実に接近していくことでこそ、「全ての者にとっての安全が損なわれない形」の国際社会へとシフトしていけるだろう。

　したがって、「安全保障を損なわない核軍縮」とは何かという問いへの答えは、「厳重かつ効果的な国際管理の下における全面的かつ完全な軍備縮小に関する条約に基づき核兵器の製造を停止し、貯蔵されたすべての核兵器を廃棄し、並びに諸国の軍備から核兵器及びその運搬手段を除去することを容易にするため、国際間の緊張の緩和及び諸国間の信頼の強化を促進することを希望」する NPT 前文の文言を重く受けとめ、NPT 無期限延長（1995 年）の際にコンセンサスで採択された「核不拡散と核軍縮のための原則と目標に関する決定 (Principles and Objectives for Nuclear Non-Proliferation and Disarmament)」で「核兵器国による究極的廃絶を目標とした核軍縮努力」が強調されたことなどを踏まえて（同決定の全文は、United Nations [1995] 参照）、NPT に基づいた核軍縮（核不拡散を含む）を徹底していくことであるというのが、この研究グループの基本的な結論である。

　以上のような「解」は、「核兵器があることで安全保障が損なわれる」との見方に立脚している。これに対しては、「核兵器がないと安全保障が担保され

ない」との立場や、「核兵器があっても安全保障が保たれる」との立場から異論が提起されることが想定される。確かに「核兵器があることで安全保障が損なわれる」との結論は、「核兵器をなくしても安全保障は担保される」ことと同義ではなく、「核兵器がないと安全保障が担保されない」との立場から安全保障上の懸念が提起されるのは当然のこととも言えるだろう。「核兵器があっても安全保障が保たれる」との立場からすれば、「核兵器があることで安全保障が損なわれる」との見方は正反対の考えに位置するものであり、受け入れられないとの反論も予想される。

ただ、「核兵器がないと安全保障が担保されない」、「核兵器があっても安全保障が保たれる」という両方の立場とも、「特定の環境」の下でのみ「安定」する核抑止がすでに多くの不確実性、リスクを抱えており、今後それらが拡大・多様化する傾向にどう対処するかについて、「解」を示せていない。また、核抑止への依存継続とNPT上の義務との間にどのような整合性を持たせて、NPT締約国のなかのTPNW支持派に対して責任のある説得力を示せるかについても、「解」をみいだせていない。

さらには、NPTの関連会合では核兵器国だけでなく核の傘国に対しても厳しい批判が出始めていることにも注目しておく必要がある。例えば2023年のNPT再検討会議準備委員会においてエジプトは、「拡大核抑止、核同盟、あるいは『核共有』取り決めの下にある非核兵器国（NNWS）が条約を遵守しているかという判断を客観的に見直す必要性がある。どのような形であれ、自国の安全保障を核兵器に依存し続けている国について、条約を完全に遵守していると見なすことはできない」と述べた（RECNA NPT Blog 2023）。そうしたなかにあっても、核抑止依存の安全保障観を固持する選択肢しか示せないようだと、NPTは核抑止依存国の利益に偏った条約であるとの烙印を公然と押す国が増えていくだろう。核兵器国・核の傘国を合わせた約40カ国が、「核兵器がないと安全保障が担保されない」とか、「核兵器があってもリスクを回避でき、安全保障が保たれる」と繰り返すのみでは、こうした潜在的危険に対応できる「解」もみえないままとなる。

では、どのような針路が考えられるのだろうか。核兵器をめぐる安全保障の今後については、大きく分けて①核抑止依存の継続、②核抑止依存を減らして核兵器以外の手段による抑止や安定へとシフト、③核廃絶の3つの選択肢があ

る。これからの変貌する世界を考えると、核廃絶を受け入れる諸国を増やしつつ、核兵器を保有すること・核抑止に依存することが安全保障上の優位・安定にはつながらないと判断する世界を作っていくことが重要と考えられる。すなわち、③に向かって②を強化していく道の選択である。そうした目的意識を明確にした上で、「核兵器があることで安全保障が損なわれる」との見方に立脚した安全保障へ移行していくことが重要と考えられる。

　ただ、ここまでで止まるのなら、従来から核抑止依存諸国が主張してきた方針と大差はないようにみえるだろう。レトリック（巧言）でその場しのぎを繰り返すのではなく、現実に存在する壁を乗り越えながら、上記の③に向かって②を強化していかなければならない。さらには、③が実現したあとに、核（再）武装（ブレークアウト）がおきるのを防ぐ仕組みも具体化していかなければならない。こうしたリアルなニーズを直視ながら、NPTに基づいて「核兵器のない世界」への移行を実現できる包括的な政策枠組みを構築し、それを実践していけるNPT体制へと移行していく必要がある。それでこそ、核廃絶に高い優先順位を付けた安全保障へと転換していける。

　では、どのような包括的な政策枠組みが必要なのだろうか。

　NPTを基盤にして「核兵器のない世界」を達成するには、「現実的で、実践的な、責任あるアプローチ」に基づく政策を積み重ねればその延長線上でやがてはゴールに到達するという、予定調和的なフォーキャスティング方式に頼りきっていては、まるで逃げ水のようにゴールに手が届かないままになる。堂々めぐりの繰り返しで核心に接近できないようなこれまでの構図に突破口を開くには、達成期限を明示できないにしても、核廃絶を明確で共通のゴールと位置づけた上で、それを達成するために必要な手段を多角的に逆算して、同時並行でそれらの手段を今から実行していくバックキャスティング方式に基づきながら、核軍縮・不拡散プロセスを強化していく必要がある。核軍縮の主導権を核抑止依存諸国に預け、その構図を所与にする形であっても継続的に努力していれば、いつとはいえないがいずれはきっと核廃絶に到達できるという予定調和的なフォーキャスティング方式を維持する限り、NPTに基づいて国際的な安全保障を安定化させ、核リスクのない安全保障へとシフトさせていくことは望みがたいのが実情である。

　バックキャスティング方式による地球規模問題対応の先例としては、地球温

暖化に関する国連気候変動枠組条約（UNFCC）が存在する。2023年に開催された第28回UNFCC締約国会議（COP28）では、世界の平均気温の上昇を産業革命前に比べて摂氏1.5度に抑えるとの目標がこれまでの合意を継承する形で確認され、その目標達成には世界の温室効果ガスの総排出量を2025年までにピークアウトさせ、2050年には「ネットゼロ」（排出実質ゼロ）を達成する必要があるとの認識も示された。その上で、温室効果ガスの排出につながる石炭や石油、天然ガスといった化石燃料からの「脱却」を進め、将来に大きな影響を与えうる「この重要な10年間」において、「行動を加速させる」との見解を示した。達成目標（気温上昇の1.5度への抑制）を明確に設定し、それをバックキャスティング方式で達成するために、経時的なグローバルな指標（段階的で大幅な温室効果ガス排出削減の数値目標）を提示している。比較的簡単に今やれることで対応した形にするのではなく、目標とその達成指標を数値化して、困難をともなっても今すぐやるべきことを行動に移していくアプローチである。1.5度に抑制という目標達成は容易ではないが、バックキャスティング方式の基本は変えないまま、締約国会議で政策調整をはかっている（UNFCCに基づく政策調整プロセスについては、UNFCC［2023］参照）。

　もう1つの先例が、地球を取り巻く成層圏中のオゾン層の保護をめぐる対応である。成層圏中のオゾン層は、生物に有害な影響を与える紫外線の大部分を吸収している。だが、冷蔵庫・空調機器の冷媒及び電子部品の洗浄剤などに使われたCFC（クロロフルオロカーボン）類や消火剤のハロンなどが大気中に放出されて成層圏に達するとオゾン層を破壊することが、1970年代に入って米国などで指摘されるようになった。破壊の影響は地球規模に及ぶことから、オゾン層保護のためのウィーン条約が1988年に、同条約に基づいてオゾン層破壊物質の生産・消費を規制するモントリオール議定書が1989年に発効した。オゾン層保護のために必要な破壊物質の削減目標・スケジュールをモントリオール議定書（とその後の追加改正）で定めて排出を削減していく、バックキャスティング方式に基づいて取り組んできた。その結果、国連環境計画（UNEP）の発表（2023年1月）によると、このまま計画どおりに排出削減が進捗すれば、「オゾンホール」が確認された南極上空を含む全世界のオゾン層が2066年までに、1980年以前の水準に回復する見通しとなった（UNEP 2023）。

　地球温暖化防止にせよオゾン層破壊防止にせよ、1980年代半ばまでは国際

政治の大きな課題とはなっていなかった。しかしながら、地球環境破壊の深刻さを裏付ける科学的データの信頼性が次第に高まり、多くの国や社会が破壊の怖さをリアルに意識するようになって政策転換が進んだ。核廃絶という地球規模の課題解決への挑戦もこうした先例に倣って、問題に対する共通認識をリアルに高めながらバックキャスティング方式で対応していくのが、核抑止脱却への合目的的国際政治のアプローチとして賢策だろう。

　ただ、バックキャスティング方式を採用するにしても、地球環境問題とは異なるアレンジが求められるのは必至である。NPTに基づいて「核兵器のない世界」への移行を実現できる包括的な政策枠組み構築を目指しながら、NPTが供給する便益が核抑止依存諸国に偏った状態を修正していくプロセスは、核抑止に頼らない非核兵器国の意見を全面的に反映するばかりのプロセスではない。バックキャスティング方式を主流にしていくにしても、核抑止依存諸国に都合のいい予定調和的なフォーキャスティング方式の修正を進めながら、核抑止依存諸国の意見も包摂した道程にしていかないと、「全ての者にとっての安全が損なわれない形」にはならない。したがって、バックキャスティング方式の枠組みのなかで、「現実的で、実践的な、責任あるアプローチ」のあり方について「核抑止依存諸国」と「核抑止に頼らない非核諸国」の共通項を特定しその数を増やしながら、目標達成に合致する新たなフォーキャスティング方式も同時並行で動かして政策実装していくことが必要である。

　今後の選択をめぐるここまでの議論は基本的に、G7の広島ビジョンを見据えながら進めてきた。これはNPTの徹底による「核兵器のない世界」への移行においては、民主主義国家の集まりであるG7の主導力が欠かせないからである。ロシアのウクライナ侵略で、米国を中心とする北大西洋条約機構（NATO）とロシアの関係は悪化し、ロシアに本格的な経済制裁を実施しなかった中国と、これを批判してきた米国との間の不協和音も目立つようになった。ウラジーミル・プーチン大統領が核の恫喝を繰り返し、中国だけでなく、NPT外のインドとパキスタン、NPT脱退を宣言した北朝鮮も核増強を図る状況となっており、核軍縮の将来が視界不良に陥っているのも現実である。そうしたなかで、NPTを基盤にして、「特定の環境」の下でのみ「安定」する核抑止への依存を下げていく役割を中心的に果たせるのは、「法の支配」や多国間主義を重視するG7の諸国、そしてその他の民主主義諸国と考えられる。

こうした理解に立脚して、本章では以下において、バックキャスティング方式で構想・実行していくべき政策について提言を示していくことにする。

　バックキャスティング方式をどのようなプロセスと政策転換で進めていくのが賢策なのか。細かく分ければ様々な想定によっていくつものシナリオを描くことが可能であるが、ここでは全体を俯瞰しながら、核廃絶へのプロセスを以下の3つのフェーズに分けてフェーズごとに政策提言を記していくことにする。

　1　安全保障のシフト（Security Shift）
　2　核廃絶への制度構築（Regime Building）
　3　持続可能な核廃絶（Sustainable Zero）

　これらの3つのフェーズはいわば、①核軍縮、②核不拡散、③原子力の平和利用のNPTの「三本柱」の後継ともなるべき、核廃絶を実現するための「三本柱」である。

3　核廃絶を実現するための「三本柱」その1：安全保障のシフト（Security Shift）

　核抑止依存諸国にとって都合のいいフォーキャスティング方式への偏った依存から脱却する。NPTが目指す核廃絶の達成を明確な共通目標に設定して、その目標の達成に必要な政策の構想・実行をめざすバックキャスティング方式へ転換する。これが、本研究の結論のコアの部分である。しかしながら、NPTの前文やNPT再検討会議の関連文書に核廃絶を目標とすることは盛り込まれているものの、目標に向かうアプローチをバックキャスティング方式中心に転換する上で越えなければならないハードルは決して低くはない。避けて通れないのは、核抑止への依存を低減させ、できるだけ早い時期に核抑止に終止符を打つために、核兵器の位置づけの変更を含む安全保障のシフト（Security Shift）を前進させていくことである。この点に関してここでは特に重要と考えられる6つの提言（提言1～6）を記すこととする。

提言1：恣意的に生命を奪われない「生命権」の普遍化を
　まず根本的な問いから始めよう。核兵器と人間の関係を考える時、多くの人たちが共有・共感・享受できる価値観に基づいて、「核兵器のない世界」へと進んでいくことは可能なのだろうか。可能であるとすれば、その価値観とは何

なのだろうか。この問いに万人が納得する解答を明示することは極めてハードルが高いと推察される。それが客観的な現実であるとしても、重要な手がかりになると考えられるのが、万人が「人権」を有し、それが（一定の義務と責任を伴いながら）尊重され、広く享受されるべきとの価値観である。

　近代の人権思想は多分に欧米の影響が強く、政治的・文化的・宗教的多様性が重みを増すなかで、画一的な人権思想には批判も浴びせられてきた。その一方で、グローバル化が進む世界にあって、今では人口が80億を超えるに至った人間社会が持続可能な形で存立していくために、普遍的な基盤となるような共通の価値観が必要とされているのも間違いのないところだろう。そうした国際環境にあってここでは、核兵器の位置づけの変更を含む安全保障のシフトに向けて、多様な人権のなかでも特に、恣意的にその生命を奪われない「生命権」に着目する。

　核兵器、化学兵器、生物兵器は大量破壊兵器（WMD）に分類されている。その破壊力において少なくとも現段階では代表格に位置するのが核兵器であるといえるだろう。そして広島、長崎の実体験が示しているように核兵器は大量殺戮兵器（WMM）でもあり、いったん使用されると多くの人間の命を奪ったり危険にさらしたりするリスクが非常に高い特殊な兵器である。裏を返すと、現段階で人間の「生命権」を最も大量かつ瞬時に脅かし、いったん使用されると数多くの生命を一挙に奪い去る力を持つのが核兵器である。しかも何とか一命をとりとめたとしても、放射線障害やそのリスクと生涯にわたって向き合わなければならない理不尽を突きつけられる。そうであるからこそ、核兵器と「生命権」を対置し、「生命権」を重視・強化していく価値観をより広めることで、核抑止に依存しない安全保障へのシフトを促すことが重要な選択肢と考えるのが賢策である。

　近代的な「人権」概念が成文化され、「およそ人権宣言の先駆をなすもの」といわれているのが、米国独立直前の1776年に発せられたバージニア権利章典とされている（高木他 1994:108）。権利の平等を主張して、イギリスの一方的な課税に反対した新大陸の開拓者たちはこの権利章典第1条で、「すべての人は生来ひとしく自由かつ独立しており、一定の生来の権利を有すものである。これらの権利は人民が社会を組織するに当り、いかなる契約によっても、人民の子孫からこれを［あらかじめ］奪うことのできないものである。かかる権

利とは、すなわち財産を取得・所有し、幸福と安寧とを追求獲得する手段を伴って、生命と自由とを享受する権利である」（高木他 1994:109）と謳った。

この「生命と自由を享受する権利」の基本的な考え方は時を経て、そして様々な歴史的事象を経て、人間社会に顕在的あるいは潜在的な形で存在の根を広げてきた。幾世代にもわたって人権保護を強めようとしてきた歴史の成果として現代では、世界中の誰もが、恣意的にその生命を奪われない「生命権」を有することが、市民的及び政治的権利に関する国際規約（1966 年採択、市民権規約）に明記（第 6 条 1 項）されるに至っている。前述のように WMD、WMM の頂点にある核兵器は、その生命権を類例のない非人道性をもって踏みにじるリスクがある存在であり、私たち一人一人が自分の意思で選択した人生を歩む機会を一瞬にして大量に奪い去る兵器であることを強く自覚しておく必要がある。NPT に基づいて「核兵器のない世界」への移行する包括的な政策枠組みを構築して核廃絶を実現するということを、人権保護の拡大に膨大なエネルギーと時間を注いできた歴史をさらに大きく前進させる重要な通過点と位置付け、核廃絶は生命権の普遍化に向けて避けて通れない課題との自覚に基づいて行動していくことが肝要である。

第 4 章でも触れたが、バラク・オバマ米国大統領は 2009 年のプラハ演説で、「20 世紀に我々が自由をめざし闘ったように、21 世紀において我々は、恐怖から解き放たれて生きるというすべての人々の権利をめざし共に闘わなければならない。核保有国として、核兵器を使用した唯一の核保有国として、米国には行動する道義的責任がある」と明言した（White House 2009）。こうした言説の根底にも、「生命権」尊重の価値観が存在していたと考えられる。

ただ現状では、国際人権法である市民権規約は、武力紛争時において必ずしも優先される法とはなっていない。

第 3 章で記したように、国際法上は長年、戦時になると平時法の適用が停止され、戦時国際法ないし戦争法（今の国際人道法）が適用されるという「平時戦時の二元的構成」が一般的な考え方となってきた。しかし、この考え方は第 2 次世界大戦後に国連憲章が武力による威嚇及び武力の行使の禁止を完成させたことで修正を余儀なくされた。国連憲章によって法上の戦争は存在しえなくなり、武力行使の発生は事実上の戦争、すなわち武力紛争とみなされるようになった。その結果、武力紛争が発生しても平時の条約や慣習法が自動的に適用

停止になるような状態は後退した。一元化の下では、武力紛争においてどの法を適用するかは、「特別法は一般法に優位する」の原理で国際人道法を適用するか、又は単純に平時法と国際人道法を同時に重畳的に適用するといった方法がいわれている。

この一元化は核兵器使用の合法性の判断に際しても影響を与えている。国際司法裁判所（ICJ）は1996年の勧告的意見で、市民権規約第6条1項のいう「何人も、恣意的にその生命を奪われない」という生命権が核兵器使用によって侵害されるかについて、この人権規約が「戦争中で（in times of war）」も適用を停止しないとした。その一方で、第6条のいう恣意的な生命剥奪か否かは、国際人道法という特別法により判断されるとした（ICJ 1996: para. 25）。国際人道法を優位させるとの考え方であるが、一元化状況下では武力紛争時にも市民権規約が適用されることを前提にしている。

ICJのこの判断をみる限り、生命権を根拠に核兵器を否定していくにはまだまだ高い壁が立ちはだかっているのが現実だろう。ただ、ICJが勧告的意見のなかで、核使用に関しても生命権を規定した国際人権条約の適用は停止しないとの判断を示したことは注目すべきであり、今後の様々な状況の変化によって国際人道法と国際人権法の適用の態様も変わり得ることを示唆しているとも読める。現にICJの勧告的意見の後、国際人権法と国際人道法の関係については、学説もICJの判断も次第に特別法優先原則への言及を抑えていく傾向を見せてきている。例えば2004年の「パレスチナの壁」に関するICJ勧告的意見では、国際人道法を国際人権法に対して特別法であるとしつつ、規則ごとに判断すべきとの考えも示しており（CIJ 2004: paras. 102-106）、国際人道法が常に特別法であるとは考えていないことを示唆した。2005年のICJ「コンゴ領域における武力行動事件」判決では特別法という語は使用せず、国際人権法や国際人道法の適用関係にも踏み込まず、適用可能規則を列挙するにとどまった（ICJ 2005: paras. 215-221）。

歴史をふりかえると、時代の変化とともに新たな国際法が生まれ、既存の国際法の適用・運用も変化する重要な事例がいくつも存在する。例えば、幾世代にもわたる男女平等への人権運動が実る形で、市民権規約の第3条には「この規約の締約国は、この規約に定めるすべての市民的及び政治的権利の享有について男女に同等の権利を確保することを約束する」と盛り込まれた。また、同

じ人間の仕業とは思えない奴隷制度への抵抗、そして廃止への運動の奏功を反映して、第8条1項には「何人も、奴隷の状態に置かれない。あらゆる形態の奴隷制度及び奴隷取引は、禁止する」と規定された。

　NPTに基づいて「核兵器のない世界」への移行を実現できる包括的な政策枠組みを構築して、核廃絶へと向かっていくプロセスにおいては、核使用に関する国際人権法の適用範囲を広げ、かつ国際人道法も厳しく適用する方向へと進んで、実質的に世界中の人々の生命権を強めていくことが重要である。包括的な政策枠組みができた段階では、そうした生命権の普遍化のなかで核兵器を、生命権を侵害する兵器として平時から保有などを禁止する対象と明確に位置づけるべきだろう。新興技術の軍事応用が進む今後の国際社会において、核兵器に類するWMD、WMMも同様に生命権侵害兵器として禁止していくのも時代の要請と考えらえる。

　その上で重要となるのが、生命を奪われない「生命権」の普遍化を安全保障のシフトに活かしていくことである。

　地球環境問題への対応でバックキャスティング方式が導入された背景に、気候変動やオゾン層破壊を共通の脅威とみなし、地球環境問題を通域的な安全保障問題と認識するような安全保障観のシフトがあった。その奥底では、地球環境を破壊するリスクの高い既存の産業・消費活動が、人類にそして個人に非安全保障（insecurity＝安全が保たれていない状態）をもたらすとの意識変革が多くの人たちの間で進んでいた。NPTに基づいて核廃絶を実現する包括的な政策枠組みの構築が、共通のグローバルな目標として共有される状況をつくっていく上でも、こうした意識改革が不可欠であるが、その際に、生命を奪われない「生命権」の普遍化や共通価値化を通じて、核兵器の存在は人類そして個人にとって非安全保障をもたらすものだとの考えを広め、その変化のうねりを安全保障シフトにつなげていく「人権＋安全保障」戦略を考えていくべきである。

提言2：核軍縮・核廃絶へ向けた民主主義国の先導力向上

　本章ですでに記してきたように、G7を含む民主主義国の役割には重いものがある。ここでは民主主義国による先導力の向上について論じたい。NPT内の5核兵器国はそれぞれが別個の核政策・核戦力を有しており、核抑止や核軍縮の未来について必ずしもNPT内で一致しているわけではない。それでも

NPTを維持していくことでは基本的な一致を示してきた。非核兵器国がNPTに一定の信頼を寄せてきたのも、核兵器国がNPTの第6条に基づいて誠実に核軍縮交渉を進め、究極的な目標とはいえ、「核兵器のない世界」に向かってくとの想定を共有してきたからだ。

　ところが近年、ロシアや中国などの権威主義国では、人権・自由・民主主義などを要求する人々を外国からのエージェントと決めつけ、異論を挟む政治勢力を圧殺する傾向が深まっている。これらの国々にも存在するはずの平和指向性の強い人々や軍拡に反対する人々が表立って自分たちの考えを表明することが、極めて困難になってきている。ロシアによるウクライナ侵略開始後の権威主義国と民主主義国との亀裂の深まりは、NPT内での不一致にもつながっており、2022年のNPT再検討会議の最終文書採択はロシアの反対で阻まれた。2023年のNPT再検討会議準備委員会会合でも、議長が会合中の議論をまとめた総括文書の草案を示したが、ロシアに加えてイランなどが公式の記録とすることに反対して採択されなかった。NPTで認められた核兵器国のなかでも、あるいはNPT締約国全体のなかでも、民主主義vs権威主義という対立型の構図で国際政治をみる傾向が強まっている傾向は否めない。

　政治体制が異なり、法治主義をとっているかに疑問を抱かせる行動を重ねる権威主義的な中国が経済力・技術力を急速に拡大し、しかも核戦力も増強していることから、米国をリーダーとする民主主義グループが警戒心を強めている。さらには、やはり権威主義的な国家として核戦力を増強するロシアや北朝鮮に対しても猜疑心が向けられてきた。ロシアのウクライナ侵略後はこうした傾向に拍車がかかったといえるだろう。

　しかも、核抑止が民主主義国よりも権威主義国に有利に作用する安全保障政策であることも可視化されつつある。例えば、権威主義国は政策決定が中央集権的であることから、核抑止に関する政策を迅速に変更・展開することができ、他国に対して威嚇をより明確に示して、リスクを高めながら核抑止の効果を上げる動きに出やすい面がある。権威主義国は国内の統制が強い場合が多く、野党や国内外の世論をあまり気にすることなくリスクの高い政策を実行できるケースが多いと考えられる。

　他方で民主主義国の場合には、一般論として政策の決定や遂行において透明性と国民の意志を重視する傾向があり、核抑止に関する政策についても完全に

例外化することは困難である。民主主義国はまた、法の支配や倫理・道徳を重視する傾向があり、核兵器による威嚇やその使用についてもこうした側面からの検討が必要になる公算が大きい。さらに民主主義国は多くの場合、国際協力を尊重する傾向が強く、核抑止も他国との協力を通じて安全保障政策に活かす可能性が高い。権威主義国の核抑止がハイリスク化すればするほど、民主主義国の核抑止の運用に慎重さが求められる側面があるのも否定できないだろう。

　横暴なふるまいをする権威主義国にとって有利に作用するようなこうした構図そのものを変えていかないと、核抑止依存に基づく安全保障政策から次のステップへと進んでいくのも容易なことではない。権威主義国に主導権を握らせたり、核軍縮のペースメーカーにならせたりしては、ポストNPTへの移行は先延ばしになるばかりである。核軍拡に進む権威主義国に引きずられて民主主義国も核軍拡に走り、果ては「安全保障のジレンマ」にはまり込んでハイリスク化の悪循環に陥るようなことがあってはならない。

　そうした危険な事態を回避するためにも、（提言4で詳述するような）核軍縮を安全保障政策の中核に位置付けて実践していくことを鉄則とし、民主主義国の基本ドクトリンに据えて、信頼性と安定性をもって確立していくべきだろう。

　民主主義国の長所を付記すると以下のようになる。政治指導者や政党が独自の政策を掲げて民衆の支持をめぐる競争を展開した上で政治権力を行使することが基本となっている。また、政府やシンクタンクなども報告書や政策文書を発表して公開性や透明性の高い政策論議が展開されている。そのため、政治指導者や政党は、安全保障政策に関しても、説明責任と結果責任を担って行動することを求められる。結果的に、政権担当者の一存で政策を無暗に変更することは困難となり、有権者の支持を失うような政策を採用することも難しくなる。外交政策や安全保障政策においても、予測可能性の高い行動が期待されることになる。

　民主主義が持つこうした側面が、一定程度は、危ういながらも核抑止の安定性を背後で支えているともいえるだろう。つまり、民主主義国においては、公開の言論空間で表明されている核抑止を含む外交・安全保障政策が突然変更される可能性は低く、奇襲攻撃などの予想外の行動も極めて起こりにくいということが、予測可能性の高さを必要とする核抑止の安定性に貢献しているという現象である。また、有権者の支持を継続的に獲得する必要がある民主主義国に

おいては、権威主義国家においてよりも人命や人権が重視されるので、戦争などの政策を選択する上でのハードルが高いという面がある。

　長年の蓄積で培ってきた民主主義国のこうした政治的資産を最大限に活用すべき時である。もちろん民主主義国も数々の課題を抱えているが、国際安全保障を安定化させ、ポストNPT時代への軌道を確かなものにするためには、民主主義国が原動力になるより他はない。

　1991年夏にソ連でクーデター未遂事件が起きて間もないタイミングのことだった。米国のジョージ・H・W・ブッシュ政権は海外に配備していた自国保有の戦術核を、一部の例外（NATO配備の戦術核）を除いて米国本土へ撤収する方針を自主的に決断した（PNI：大統領の核イニシアティブ）。ソ連でのクーデター未遂事件の際、統制が弱まる渦中に戦術核が奪われたり、誤判断で使用されたりするリスクを実感したからで、米国が自主的撤収を決めた上でソ連にも同様な措置をとるよう促した。ソ連もこれに応じてロシア共和国内への自国の戦術核全面撤収の方針を打ち出した（PNIについては、Koch［2012］を参照）。プーチン政権のベラルーシへの核兵器配備（核の共有）でこの方針に風穴があく形となったが、全体としては1991年の米国主導の下での米ソの決定が世界の核リスクを低める役割を果たしてきた。

　このPNIは代表例の1つだが、相対的に安定度の高い民主主義国が主導権を握って核リスクを低め、「特定の環境」の下でのみ「安定」する核抑止への依存を下げながら、ポストNPTの実現という目標に漸近していく必要がある。法的拘束力のある条約が重要なのは論をまたないが、条約合意にたどり着くまでのプロセスにおいて、PNIのような自主的行動が歴史的な役割を果たせることも常に念頭に置いておきたい。

　日本外務省が主催した「実質的な核軍縮のための賢人会議」の議長レポートには末尾に近いところで以下のような記載がある。「国の国家安全保障政策に核抑止力が深く組み込まれている国にとって、核抑止への依存を低減し、最終的にはなくすための措置をとることは、政治的に難しいであろう。核兵器の廃絶は国際政治の構造における変化を構成し、幅広い政治的なモメンタムの構築なしには実現されえない。その意味で、国際社会は、核軍縮によって示される課題と機会に関する人々の認識を高め、核兵器がタブーであるという強固で普遍的な規範を促進する必要がある。避けられない政治的課題を克服するために

は、核兵器の非人道的結末のための旗を掲げる政治的・社会的運動が必要である」（核軍縮の実質的な進展のための賢人会議——議長レポート 2019:55）。こうしたミッションで中心的な役割を担えるのは民主主義国の社会であり人々であり、その意味でも民主主義国からの変化が大きな力となり得る。

　ただ、民主主義国の現在・未来を楽観することは禁物である。民主主義の発展・成熟度は国によって異なり、どの民主主義国も民主主義の発展途上にあるといっても過言ではないし、核リスクの存在、過度なまでの核抑止への依存は民主主義国側にも責任の一端があることも間違いない。核軍縮に関しても同様で、例えば重要な米露2国間条約である弾道弾迎撃ミサイル制限条約（ABM条約）や中距離核戦力全廃条約（INF全廃条約）の破棄に動いたのは、様々な背景があるにせよ、米国の方だった。こうした歴史も踏まえながら、核廃絶を実現する上で「避けられない政治的課題を克服するためには、核兵器の非人道的結末のための旗を掲げる政治的・社会的運動が必要である」（同上）との議長レポートの指摘に応えられるような民主主義国、民主主義社会を構築し、効果的に機能させていくことが不可欠である。

提言３：核使用による破滅リスクをリアルに想定するリアリズムの必要性

　しばしば、核抑止論者＝リアリストという図式で整理されるが、これから共有されていくべきリアリズムとはいったい何なのか。この点も問い直す必要がある。

　核使用のないままに核廃絶に到達するために必要なのは、破滅リスクについて熟考しないで核抑止に依存するリアリズムではなく、核抑止にほぼ必然的に内在する核抑止失敗のリスク、すなわち核使用によって大規模な非人道的な結末に直面するリスクをリアルに想定して対応するリアリズムである。核廃絶という目標へバックキャスティング方式で漸近するために核軍縮を進めていく上で、後者のリアリズムを浸透・徹底させていくことに高い優先順位をつけて政策を推し進めるべきである。端的にいうとこれが、提言３である。

　1985年11月の米ソ首脳会談（ジュネーブ）の共同声明には、「核戦争に勝者はなく、決して戦われてはならない」とのフレーズが盛り込まれた（Ronald Reagan Presidential Library and Museum 1985）。首脳会談にのぞんだ当時のロナルド・レーガン米国大統領とミハイル・ゴルバチョフ・ソ連共産党書記長は核

抑止に潜む破滅リスクを直視し、核廃絶を目指す決意を持ちながらこのフレーズを世界に発信した。

　だが今、このフレーズに理念的な共感を示しつつも、核抑止論の効用を重視する「リアリスト」が、核兵器国や核の傘依存国には少なくない。こうした「リアリスト」の多くは、核抑止論に内在する深刻なリスクをきちんと見定めることなく核抑止に依存した立論を続けている。破滅リスクの存在とそれへの対処法を熟考せず、事実上、破滅リスクについては思考停止状態に陥っているように思えるのが現状で、現状維持型リアリズムとも呼ぶべき思考回路のなかにいるようにさえみえる。NPT で核保有が認められている 5 核兵器国が 2022 年 1 月に発した核軍縮・不拡散に関する共同声明にも、上記のフレーズが盛り込まれた。これも冷徹に考えれば、現状維持型リアリズムの一例だといえるだろう（White House 2022）。

　これとは対照的に、1985 年の米ソ首脳会談に米国国務長官として同席したジョージ・シュルツは 2015 年 3 月の米国議会証言で、「核兵器はかつても今も、人類の生存を脅かす最大の脅威である。戦争を防ぐ効果が過大評価される一方で、（核兵器がもたらしうる）被害についての報告は軽視されがちである」、「将来にわたって無期限に核抑止力に依存するのは、無謀なことである。他の抑止手段がある場合には、なおのことそうだ」（US Senate Committee on Armed Services 2018：42）と指摘した。

　リチャード・ニクソン政権で国務長官を務めたヘンリー・キッシンジャーは 2009 年 2 月の講演で、「どんな形であれ、核兵器が使われれば間違いなく、予見可能な外交上の目的とは釣り合わないレベルの犠牲と破壊をもたらすことになる」とした上で、「仮に米国政府が〔核戦争を限定した形で戦え、有利に展開できるといった〕考えに基づいて政策を選択したとすれば、世界の安全保障を最も残忍で、おそらくジェノサイド〔集団殺害〕のような状態に転落させるだろう」と警鐘を鳴らしている（Kissinger 2009）。

　これらの重いメッセージを発してきたのは、多くの核抑止論者が敬遠するリベラルな政治家や有識者ではない。核政策も含めて、米国の外交・安全保障政策の中枢にいた重鎮たちが発した言葉である。同じ「リアリスト」のなかでも、深刻な核リスクを冷徹に見極め、それと向き合うリアリズムに立脚した元閣僚たちからの発信である（核リスクを直視するリアリストについては、吉田他編著

［2021］を参照）。

　核廃絶という目標のバックキャスティングで核軍縮を進めていくには、核リスクを直視するリアリズムを浸透・徹底させていくことが極めて重要なポイントと考えられる。

　第1章や第4章で詳述したように、核抑止に依存する安全保障政策では、複数のタイプの核使用リスクが並存している。第1は核抑止の論理の崩壊である。核抑止論は核保有国が合理的判断を下すことを想定しているが、何が合理的なのかについては、ウクライナ侵略後に核による恫喝を繰り返すプーチン大統領の言動が、大きな疑問を突きつける形となった。第2は、機械的・人的ミスに起因するものである。相手の核攻撃の探知システムのトラブルや、政府指導者や軍幹部らの誤解や曲解に基づく誤った判断で、本来なら回避すべき核戦争に突入するリスクである。

　今後の懸念材料は、新興技術の幅広い軍事応用がもたらすリスクである。前章で記したように、極超音速兵器・指向性エネルギー兵器・サイバー兵器などの破壊力と探知困難性の拡大が同時に進行すると、これらの兵器による先制攻撃の優位性が高まり、核兵器による報復能力（抑止力）が脆弱化して、戦略的安定が大きく揺らぐ恐れがある。陸海空に加えてサイバー・宇宙空間が加わった軍事領域のマルチドメイン化に核兵器システムも組み込まれつつあり、相手の意図が不明確な非核領域への攻撃でさえ、負の連鎖により、核使用へエスカレートするリスクを高めかねない。具体例をあげると、指揮・統制・通信・コンピュータ及び情報（C4I）システムが、通常兵器と核兵器の両用になっていたり、核弾頭・通常弾頭とも搭載可能な両用ミサイルの拡散が進んだりすると、想定外のエスカレーションリスクが高まることにもつながる。また、AIなどの導入で意思決定時間が短縮し、敵対的意図の不確実性が高まるなかで、性急な判断を自らに強いるリスクも指摘されている。自律性が向上したAIへの依存心が強まり、重要な評価の場面で人間の判断が現実的には入り込めない危険性もある。

　このようなハイリスクに囲まれた核抑止を、核保有国は自分たちや同盟国の意思だけで継続することが許容されるのだろうか。こうした疑問を背景にして近年、強まりつつあるのが、核保有国の「説明責任」論である。核使用にいたった場合に、どのような被害が起きうるかについて、核保有国はもっと説明す

る責任があるとの主張が市民社会や非核兵器国の間で強まりつつある。核抑止や核戦略に関わる政策や使用時の被害想定について核保有国が情報やデータを明らかにし、かつ被害を最小限にしていく方策も示していく「説明責任」を求めることで、核使用のハードルを高くし、核使用リスクを抑えようとする試みである。

ただ、核保有国が進んで「説明責任」を果たしてきているわけではない。日本外務省の「賢人会議」議長レポートも「自国の安全保障のために核兵器に依存している国は、説明責任の問題に必ずしも明確には取り組んでこなかった。例えば、核兵器がどのようにして人道上の大惨事をもたらさないのか、あるいは核武装した2つの敵対国が関与する紛争において核兵器が使用された場合、紛争が人道上の惨事にまではエスカレートしないと国際社会が確信すべき根拠について、明確化も実証もしてこなかった」と指摘している（「核軍縮の実質的な進展のための賢人会議――議長レポート」2019:44）。現状はそうであるにせよ、「事前説明」を求める動きもまた、核使用による破滅リスクをリアルに想定するリアリズムの1つの表象である（「説明責任」論については、吉田［2023］を参照）。

核廃絶という目標のバックキャスティングで核軍縮を進めていくプロセスでは、従来からの核抑止の弱点や、新興技術の広範囲な兵器化という新たなリスク要因も鑑みながら、核使用リスクを直視するリアリズムを核抑止依存諸国のなかで広めていくことが不可欠である。

提言4：核軍縮を安全保障政策の中核に

核軍縮を含む軍備管理は、安全保障にマイナスに作用する。核抑止依存国の間ではこうした警戒心、あるいは思い込みが根強く存在している。しかしながら、核軍縮は歴史的に安全保障政策の重要な柱となっており、安全保障のシフトを促すためにも、核軍縮を安全保障政策の立案・実行の全プロセスにおいて中核に置いていくべきである。この点が、提言4の真髄である。

第4章にも記したが、核軍縮と安全保障の関係についての立場は大別すると、2つに分類することができる。1つは軍縮重視派で、核軍縮によって軍備競争を食い止め、安全保障を向上させることができるとの基本認識を有している。安全保障環境が良好な時はいうに及ばず、安全保障環境が悪い時にも核軍縮を

進めるべきと主張する。もう1つは安全保障重視派で、安全保障環境が悪い時に、あるいは安全保障環境を無視した形で核軍縮を進めればかえって安全保障環境が不安定化したり、場合によっては更に悪化したりすると考える。このため、安全保障環境を改善させたあとに核軍縮は可能となるとの立場をとる。

どちらの立場にもそれ相当の論理性があるものの、核抑止を重視する安全保障重視派に軸足を置いた政策を続けていては、「特定の環境」の下でのみ「安定」する核抑止への依存を下げながら、NPTが直面する数々の難題を乗り越えていくシナリオは描きにくい。NPTが目指す核廃絶という目標からバックキャスティングした核軍縮を構築していく際にも、マイナス要因となるケースが多いことだろう。もちろん、安全保障重視派を無視して軍縮重視派のみに偏ることは現実的ではないが、そこでの安住は禁物である。むしろ、核軍縮による安全保障を中軸に据えた上で、安全保障重視派の懸念にも対応していくアプローチを強めていく必要があるだろう。

「核戦争に勝者はなく、決して戦われてはならない」とのフレーズが最初に米ソ首脳会談の共同声明に盛り込まれたのは、先述のように、1985年11月のことだった。約1年後の1986年10月の米ソ首脳会談（レイキャビク）では、このフレーズを強く意識しながら、レーガン米国大統領とゴルバチョフ・ソ連共産党書記長が首脳会談では異例な形でその場でそれぞれの主張をぶつけあいながら、交渉を行った。核抑止に潜む破滅リスクを直視し、核廃絶を目指す決意に立脚して、両首脳は両国の核廃絶合意の寸前まで進んだ。当時の米国のミサイル防衛研究開発計画の規制をめぐる意見の食い違いでこの最終合意は幻に終わったが、この時の交渉の前進がその後の核軍縮交渉、さらには冷戦の終焉にも影響を与えた。

レーガン・ゴルバチョフ型核軍縮・安全保障政策の大きな特徴は、軍縮が安全保障の対抗概念ではなく、むしろ軍縮が安全保障を補完さらには補強するものだとの概念を政策の中軸に組み入れたことである。冷戦時代には、核軍備管理交渉で譲歩が過ぎると国家安全保障を大いに損なう恐れがあるとの固定概念が根強く、核軍理管理、ましてや核軍縮には慎重な意見が大半であった。そうした冷戦時代の「慣性のモーメント」を見事に変えて見せたのが、レーガン・ゴルバチョフの首脳外交を軸とする核軍縮・安全保障政策であった。

米ソは第1次戦略兵器制限交渉（SALT Ⅰ）と第2次戦略兵器制限交渉

（SALT Ⅱ）で軍備管理条約に合意した経験を持っていたが、いずれも制限条約であって削減条約ではなかった。しかも戦略核兵器のみが対象であり、他のタイプの攻撃用核兵器は事実上野放しだった。その結果、1986年に米ソの核保有量の総数がピークに達したのである。そうした流れ、構造を思いきって変革し、核軍縮政策を安全保障政策のなかに明確に位置付けたところが、レーガン・ゴルバチョフ方式の真骨頂であった（レーガンとゴルバチョフの核軍縮外交に関しては、吉田［2022］を参照）。

　現在でも、軍備管理を含む軍縮が安全保障の手段として有効なのは間違いない。例えば国連の中満泉事務次長（軍縮担当上級代表）も就任以来たびたび、軍縮が安全保障の手段の１つであると強調している。2017年の長崎での講演でも次の諸点を強調した。「核を持つ諸国は、軍縮の第１の受益者である。核保有量を減らしたり、警戒レベルを下げるための措置をとったり、事故による核使用のリスクを軽減したりすることで、相互の信頼性を高めることができる。技術的に進んだ新型核兵器の開発を抑制する対策は、高額な新型核兵器の開発競争を防ぐことができる。先制攻撃を目的とした様々な武器の廃棄を促進することで危機の最中であっても安定性を高めることができる」、そして「軍事力の絶え間ない進歩と武力紛争の特質に鑑みると、核軍縮で不作為を続けることは、（安定した）現状維持の確保を意味するものではない。軍縮に関する不作為は、不安定な世界につながる」（Nakamitsu 2017）。

　新興技術の多様な兵器化が同時進行する現在の世界では、核兵器と通常兵器の両方を対象にした軍備管理が安全保障政策上の重要度を増している。

　1945年以降の核兵器不使用の継続においては、核兵器システムによる抑止力のみならず、核先行使用リスクを下げる戦略的安定システムの存在の貢献が大きかった。戦略的安定システムとは、危機時でも先制核攻撃の誘因が生じにくい状態である「危機時の安定性（crisis stability）」と、先制攻撃能力の高い核戦力などを増強する誘因が抑えられた状態である「軍拡競争に係る安定性（arms race stability）」を維持するシステムであり、政治的・軍事的意思疎通、軍備管理制度などからなる総合的なシステムである。しかし近年は、多様な新興技術の軍事的応用によって、戦略的安定システムの不安定化リスクの高まりが懸念されている。

　このような形で急速に不確実性が高まるなかで、戦略的安定システムをどの

ように進化させ、機能させていくかが国際社会にとって政策的にも学術的にも重要な課題となっている。変化する安全保障環境のなかにおいては、「どのような戦略的安定システムが必要となるのか」を問いながら、「新たな戦略的安定システムのなかで、どのような軍備管理が必要となるのか」との政策課題にも取り組んでいく必要がある。ここでいう軍備管理は、研究開発などに関する規範・自主的行動から、技術や関連物資の輸出管理、兵器の使用や保有などの条約による規制に至るまで幅広い分野を想定しており、同時多発的に進歩・普及する新興技術の安全保障への影響を広角的に視野に入れた対応が不可欠である。

このように、時代の要請に即した核軍縮も含めた軍備管理が求められているのであり、核軍縮による安全保障を政策の中軸に据えた上で、安全保障重視派の懸念にも対応していくアプローチを強めていく必要がある。

提言５：新興技術を活用した通常兵器システム・秩序安定化システムへの重心転換

核兵器の役割を低下させ、同時に核使用リスクを下げて、核抑止に依存しない安全保障へのシフトを促していく。そのプロセスにおいては、新興技術の軍事的応用による安全保障面での様々な変化も十分に考慮していく必要がある。ここでは例示的な変化として、核兵器に依存した懲罰的抑止に対する代替機能や高度なモニタリングシステムなどによる拒否的抑止の拡大について説明する。さらに早期警戒能力向上による信頼醸成、情報収集能力向上による軍備管理合意の検証能力向上についても記すことにする。

まず懲罰的抑止の代替機能である。軍事戦略上、懲罰的抑止には高いレベルの破壊力が期待されるが、核兵器が唯一絶対のものとはいえない。「オーバーキル」の批判を受けてきた核兵器に関しては、「使える核」の役割が重視されるようになっているが、これは核兵器の側から、「非核兵器≒通常兵器」へと接近していく行為といえるだろう。その方が軍事的に信頼性の高い懲罰的抑止力を発揮でき、仮に戦争になっても使用しうるとの判断があるからである。

こうした核兵器の限定的な懲罰的抑止力であれば、先端技術を活かした兵器によってかなりの程度、代替可能だろう。一例をあげると精密誘導システムと、迎撃が困難な超高速の打撃能力の進歩は、特定の軍事施設やインフラを標的と

する代替手段を国々に提供し、同様の目標を達成するためには核兵器の使用が必要との認識を減少させることができるだろう。核兵器を使用しなくても軍事的目的を達成できるようにする選択肢を拡大すれば、目的に対して不均衡な破壊をもたらす核兵器による紛争のエスカレーションを抑えることにも貢献できるだろう。

　国際人道法の視点からも、核抑止を先端技術兵器による抑止に置き換えていくことは有益である。第3章で記したように、核兵器による懲罰的抑止は戦時復仇としてなされればそれが国際人道法上の違法性阻却事由となって適法化される。しかし、核兵器による戦時復仇で核戦争がエスカレートし被害が巨大となって人類滅亡となっても適法というのでは、何のために法があるのかということになるだろう。このような点から考えてみても、核兵器のような破壊力を有さない先端技術兵器による抑止の方が合理性の高い選択肢と考えられる。

　相手の攻撃の軍事的効果を低く抑える措置を準備することで攻撃を相手に自重させる拒否的抑止の手段としても、先端技術の役割が期待できる。生物兵器や化学兵器が使われる場合に備えて、ハイレベルのモニタリングシステムを開発・配置して、できる限り早期に対応できるようにしておけば、被害をできるだけ小さく抑えることに役立つだろう。特に生物兵器に関しては被害者救済のための医療・公衆衛生システムも最先端化し、生物兵器が大量破壊兵器とならないような体制を整えていく。そうすれば生物兵器や化学兵器を抑止する役割を核兵器から外していく道もさらに拓けていくことだろう。

　AIを核使用リスク削減に活用することも重要だ。AI搭載システムは早期警戒能力を向上させ、効果的な危機管理を可能にする力もあるため、正しく機能させていくことができれば、偶発的な核エスカレーションのリスクを減少させる効果も期待できる。またAIを活用したシステムは、監視、偵察、及び紛争拡大防止に応用でき、様々なシナリオでの核兵器の必要性を最小限に抑えることにも役立てられる。高性能センサーや通信システムを搭載した衛星などの宇宙配備システムは、状況認識とコミュニケーション能力を向上させ、核対立につながる可能性のある紛争を早期に探知して外交的解決の余地を広げられる利点に加えて、誤解の可能性を減少させる機能を持たせることもできる。

　情報収集能力向上は、軍備管理合意の検証能力向上にも役立つだろう。ブロックチェーン（分散型ネットワークに暗号技術を組み合わせ、複数のコンピュータ

でシステム運用情報などのデータを同期して記録する手法）や高度なデータ分析などの新興技術は、軍備管理協定の履行の監視と検証を改善することができる。これらのツールは、国家間の信頼を高め、不正行為や不遵守の可能性を減少させることで核軍縮合意を促進させ、緊張緩和に寄与する効果を見込める。

　新興技術は核抑止依存国のみが獲得していくものではなく、普及・拡散が想定される。軍事応用された新興技術の国際的な安全保障フレームワークへの統合は複雑で継続的なプロセスが必要となる。そうした新興技術時代の特徴も踏まえて代替的な抑止効果の最大化、核抑止依存と核使用リスクの最小化を進め、新興技術兵器の軍拡競争による不安定化を避ける国際的な軍縮の取り組みなどを組み合わせながら、核兵器システムから非核兵器システムによる安全保障へと重心転換を進めていくべきだろう。

提言６：核の傘国一般と日本についての指針

　核兵器国は同盟国（＝核の傘国）に対して、拡大核抑止を提供している。拡大核抑止を受けている核の傘国が安全保障政策のシフトに反対また消極的なままでは、核兵器国も変化へ踏み出しにくい。したがって核の傘国自身も、新たなバックキャスティング方式による核廃絶への道筋づくりへ、積極的にハンドルをきっていく必要がある。特に唯一の戦争被爆国である日本がそうした変化を先導していく役割を担うべきだろう。

　そもそも拡大核抑止にはどのような政治的・軍事的ねらいが込められているのだろうか。拡大核抑止を支持する核兵器国の立場からみた場合、そのねらいは主に以下のようなものである。

① 同盟国の安全保障の強化：拡大核抑止は、同盟国に対して外部からの脅威や攻撃に対する強力な防御手段を提供すると想定されている。
② 信頼の構築：同盟国は核兵器国の拡大核抑止を受けることで安全を確保できると感じ、相互信頼の構築に貢献すると考えられている。換言すると、拡大核抑止の提供が、同盟関係の信頼と連携を強化する手段となっている。
③ 地域の平和と安定：拡大核抑止には、同盟国を含む地域全体の平和と安定を促進する目的も含まれている。核兵器国が同盟国に対して核抑止を提供することで、紛争の可能性が減少し、地域内の軍事的な緊張が緩和されるとの期待がある。

④　外交的影響力の向上：核兵器国が同盟国に対して拡大核抑止を提供することで、自らの外交的影響力を向上させるねらいもある。同盟関係を通じて国際的な協力や交流を深め、国際社会での立場を強化する手段ともなる。
⑤　同盟国の核武装防止：拡大核抑止を提供することで同盟国の安全保障上の不安をやわらげ、核武装の動機を弱める。核兵器国側にはそうしたねらいも込められている。

　双方にとってこうした「利点」があるにしても、核の傘国は今後の核軍縮のプロセスにおいて、次のような諸点を真剣に考え、政策選択を再評価・再検討していく必要がある。
　第1は、「安全保障のジレンマ」の罠である。拡大核抑止による周辺の核兵器国への対抗的な措置は核軍拡競争による「安全保障のジレンマ」を誘発しやすく、結局は核の傘を提供する核兵器国にもその同盟国にとっても核リスクの低下につながらない場合がある。第2は、同盟国の安全保障の強化と信頼の構築のために、過剰なまでに拡大核抑止に頼るリスクである。同盟国が望む結果、核兵器国が本来は必要のない核使用を、同盟重視の証として選択してしまう恐れがある。
　第3として、拡大核抑止の同盟関係が本当に地域の平和と安定に貢献するかどうかを、逐一検証しておくことが重要である。北朝鮮の弾道ミサイル開発に対応するという「大義名分」で日本は米国製のミサイル防衛システムの配備を始めたが、中国やロシアは自分たちの核抑止力にも影響するとの懸念を表明し、対抗的な措置をとっていく考えも示した。その結果、北東アジア地域で日本のミサイル防衛システムと北朝鮮、中国、ロシアの軍拡競争が加速し、やはりこれらの国は「安全保障のジレンマ」に陥っている。こうした軍備競争が地域の平和と安定に貢献するかどうかの政策評価が日米にとって不可欠だろう。
　第4としては、提言5で示したように、新興技術を活用して通常戦力システムへのシフトを同盟国として促し、拡大抑止における核兵器の役割を低下させていくことが肝要である。第5は、提言4と深く関わる部分であるが、核軍縮を安全保障政策の立案・実行の全プロセスにおいて中核に置いていくことが不可欠である。その延長戦上で、核軍縮を含む軍備管理を重要な柱とした安全保障へと、核抑止への依存をできる限り低減した拡大抑止による安全保障へと早

期に移行すべきである。そうしたプロセスのなかで、核兵器国と同盟国が新たな安全保障の枠組みについて率直に意見交換し、同盟国側から核兵器国側へ積極的に提案していくのが賢策だろう。核抑止への依存が減れば減るほど、核兵器国と同盟国はよりフラットに近い関係構築が可能となり、双方の利益にかなう拡大抑止や同盟関係へとアップデートしていく機会を今よりももっと広げられるだろう。

第6は、同盟国が核武装オプションをちらつかせる愚である。ロシアのウクライナ侵略後、拡大核抑止への疑問が強まったことを受けて、韓国では有力政治家が相次いで自主核武装論を主張し、世論調査でも多くの国民がそうした考えを支持しているとの数字がでた。日本でもごく少数だが、同様な主張をする政治家らがいる。しかしこうした考えは、同盟関係の信頼を損なうものであり、NPTの有効性を傷めるものでもある。言葉の上での政治ゲームでしかないと思われるが、そうしたワード・ポリティクスは過剰な核抑止依存に拍車をかけるだけであり、有害である。

特に日本は、唯一の戦争被爆国としての世界史的な固有の役割がある。核廃絶に関しては国際社会においてモラル・ハイグラウンド（モラルの視点から発言力が強い位置）に立っていることを自覚し、NPTに基づいて「核兵器のない世界」への移行を実現できる包括的な政策枠組みの構築を明確に念頭に置きながら、「広島ビジョン」に記された「全ての者にとっての安全が損なわれない形で、現実的で、実践的な、責任あるアプローチを通じて達成される、核兵器のない世界」を実現していくために、安全保障シフトへの方策を繰り出していくべきだろう。それこそが世界における日本ブランドであることを決して忘れてはならない。

4　核廃絶を実現するための「三本柱」その２： 核廃絶への制度構築（Regime Building）

時間軸で考えると、安全保障のシフトを進めるプロセスとほぼ並行して必要なのが、安全保障のシフトの着地点である核廃絶を可能にする様々な制度の構築に向けたプロセスの進行である。制度構築が滞れば、安全保障シフトを遅らせる理由にも使われかねず、制度構築の前進も待ったなしの重要課題である。そこで以下で特に重要と考えられる4つの提言（提言7～10）を記すことにする。

提言 7：核廃絶を可能にする条約・政策の整備・実行

　核廃絶とは、何を意味するのか。複数の考え方が存在し、NPT 再検討会議でも定義されているわけではない。ただ一般的には、核兵器を完全に廃棄して国際社会からその存在をなくすことを意味しており、核兵器の開発、実験、保有、使用、脅威などを禁止して、核兵器を持つ国々がこれらの兵器を廃棄することを含むものである。NPT はあくまで核廃絶への過渡期の条約であり、核廃絶のためにはポスト NPT の条約や政策が不可欠である。

　核廃絶に向けた条約としてはすでに TPNW が発効し、締約国が増えつつある。TPNW には前記のような一般的に核廃絶に必要な禁止規定が盛り込まれている。NPT の内外を問わず、現在の核保有国が TPNW の締約国となる際の核廃棄に関する条項も盛り込まれている。ただ、核保有国がどのような軍備管理を進めた上で核廃棄に至るのかという核軍縮のプロセスや、新たな核保有国の登場を防ぐための核不拡散制度の強化についての条項はない。いったん核廃絶を実現した後における核廃棄国の核再武装や、非核兵器国の新たな核武装を持続的に防いでいくには、国際的な検証機関・保障措置制度の有効性・信頼性確保が不可欠と考えられ、TPNW で核兵器を全面禁止する場合にもそこが重要なポイントになる。核（再）武装や核拡散を防ぐためにどのように検証・保障措置のための国際的な機関や制度を改善して、TPNW によって核廃絶を持続可能なものするかについては今後の交渉に委ねている。

　TPNW に反対する NPT 内の核抑止依存国は、TPNW に背を向ける「政治的な自由」があるにしても、核廃絶に背を向けることは NPT 上、許されない。ポスト NPT 時代のために包括的な政策枠組みを新たに構築する際には、核軍縮プロセスの検証や保障措置のための、国際的な機関・制度の強化は不可避の課題である。核廃絶を実現する包括的な政策枠組みは普遍性の極めて高い多国間の合意にする必要があり、そうした高いレベルの国際合意を形成していくにはやはり、以上のような一連の強化策が必須要件ともいえるだろう。

　こうした制度設計や政策枠組みを念頭に置きながら、どのようなバックキャスティング方式を構想するのが最適解と考えられるのか。

　最終的にベースとなる条約が TPNW であっても、新たなポスト NPT 条約であっても、既存の条約を包摂する条約（例えば、包括的核実験禁止条約（CTBT）や兵器用核分裂物質生産禁止条約（FMCT）、諸地域の非核兵器地帯条約のさらなる

拡充など、核兵器関連の活動全般をグローバルに禁止する条約などの組み合わせ）であっても、核廃絶を法的に義務付ける条約の存在が不可欠である。NPTに基づいて「核兵器のない世界」への移行を実現できる包括的な政策枠組みの構築においては、上記のような選択肢、あるいはその応用型によって、核廃絶を法的に義務付ける条約の成立実現を明確な目標とし、そこから逆算してこの目標達成に必要な外交・政策の実装をスタートさせることを、バックキャスティングの起点とするのが合目的的だろう。

　NPT関連文書はこの点を明記してはいないが、核廃絶のためには事実上、いずれかのタイミングにおいてそうした条約が必要であるとの認識が暗黙の了解として存在しているといえるだろう。NPT再検討会議などにおいて、成立期限を明確にしないまでも、核廃絶を法的に義務付ける条約の完成・締結をめざすことをNPT内のコンセンサスとし、それを共有することが必要である。その上で、こうした条約に必要な検証・保障措置を確保するための国際的機関・制度の原案や具体案を洗い出して、条約実現のために個々の交渉を同時並行で前進させていくアプローチが最適解につながると考えられる。

　こうしたバックキャスティング方式を採用できれば、不平等感をぬぐえない現在の核軍縮・核不拡散・原子力平和利用の「三本柱」よりもはるかに共通の目標が明確化され、NPTを基盤にして、「特定の環境」の下でのみ「安定」する核抑止への依存を下げながら、核不拡散と原子力平和利用の両立の可能性を高めるシナリオを描きやすくなるだろう。また、核廃絶を法的に義務付ける最終的な選択肢からTPNWを排除せず、未完のTPNWを発展させていく道も模索すべきだろう。その結果、現行のTPNWの微調整では限界があると多くの国が判断するならば、TPNWを大幅に改正するか、TPNWを基盤にしながら新たな条約交渉を進めることによって、ポストNPTの条約を締結する選択肢もあるだろう。現在はNPTに入っていない核保有国をポストNPTの核兵器廃絶のための条約の交渉に加えていく方策の具体化も不可欠である。

　大事なことは、NPTには明示こそされていないが、核廃絶を法的に義務付ける最終的な条約が必要との基本的な考え方が組み込まれている点であり、だからこそ、そこを起点にしたバックキャスティング方式でNPTに課された使命を完遂することである。

　TPNWをめぐっては既述のように、核兵器国・核の傘国が反対の意を表明

している。それが NPT 内で、TPNW 支持派との亀裂を広げる要因となっている。こうした対立構図を緩和していくためにもまずは、日本を含む核の傘国が TPNW 締約国会議にオブザーバー参加して、率直に意見交換することが重要だろう。TPNW 締約国は、核兵器を廃絶する条約の意義を強調し、その必要性を核の傘国に粘り強く説く。核の傘国はすぐには TPNW に加われない事情や、TPNW が未完成のままである点を指摘しながら、どのように TPNW を活用していけるかを締約国会議の内外で真剣に議論していくべきだろう。そうしたアプローチはバックキャスティング方式に見合ったものである上、NPT 内の亀裂への対応戦略としても有効だろう。

提言 8：フォーキャスティング方式の発展的活用

　バックキャスティング方式は、従来のフォーキャスティング方式を全面否定するものではない。むしろ、バックキャスティング方式の枠組みのなかでフォーキャスティング方式を発展させて、安全保障のシフト、核廃絶に向けた制度構築のプロセスで有効に活用していく必要がある。

　現段階でフォーキャスティング方式の中核的な機能を担っているのが、NPT 再検討会議である。1995 年に条約の期限の延長に関して、締約国による会議が開催された。NPT の条文を無修正のまま、無期限に延長することが決定されたが、同時に、「核不拡散と核軍縮の原則と目標」及び再検討プロセスの強化についても合意された。それにより、NPT 及びその再検討プロセスは、広くグローバルな核不拡散及び核軍縮の基盤となっていることが再確認された。NPT の再検討プロセスはこうして、単に条約の運用を検討するだけでなく、実質的に核軍縮と核不拡散について包括的に協議するために定期的に開催される最大の国際会議の性格を強く帯びることになった。

　再検討会議での最終文書採択はコンセンサス方式であることから、一国でも反対すると採択できない結果になる。その影響で、1995 年以降の再検討会議では 2000 年と 2010 年に最終文書が採択されたものの、他の年では不採択の憂き目にあった。それでも、2000 年に採択された最終文書のなかの「核不拡散と核軍縮の原則と目標」に関する同意には、「核兵器の全面廃絶に対する核兵器国の明確な約束」（外務省 2000）が明記され、2010 年採択の最終文書でもこの点が「確認」されるなど、核兵器国に核軍縮を促す重要なフォーラムとなっ

てきた。こうした形で進められてきたNPTを基盤とするフォーキャスティング方式が、多くの脆弱性を抱えた核軍縮・不拡散体制の底割れを防ぎ、ボトム・ラインを維持する役割を果たしてきた。

　今後、どうしていくべきなのか。バックキャスティング方式の下で今後は、フォーキャスティング方式を発展的に進化させていくのが得策だろう。まずはNPT再検討会議のプロセスを改善・発展させて、バックキャスティング方式に合致した運用に転換していくことが不可欠である。そのためには、NPT関連会合でのこれまでの蓄積を活用しながら、核廃絶への将来構想や行動計画などを政策に実装していく国際的基盤としてNPTが効果的に機能していく必要がある。それらに加えて、国連事務総長の軍縮諮問委員会や、国連軍縮研究所、その他の研究機関などで核廃絶に向けた安全保障シフトや制度構築、さらには後述の持続可能な核廃絶を堅持する仕組みなどについて提言してもらい、示された提言を具体策に政策実装していく協議システムを新設するのも一案だろう。

　バックキャスティング方式による地球規模問題対応の先例として地球温暖化に関するUNFCCが存在することは本章で記した。UNFCCの下で成立した議定書や締約国会議での合意に基づいて、温室効果ガスの排出削減・抑制策を進めてきた。こうした国際的な行動の背景に、科学的知見に基づいて予測や提言を提示する気候変動に関する政府間パネル（IPCC）の存在があり、これまでUNFCCでの議論や共通認識の構築に大きな貢献を果たしてきた。

　核廃絶に関しても、IPCCに相当するような専門家パネルを、例えば国連総会決議に基づいて設置して、NPTを基盤とするフォーキャスティング方式を修正・前進させるエンジン機能とするのも一案だろう。検討課題を例示すると、①核兵器使用で気候変動が起き、地球寒冷化が進んでグローバルに農業が打撃を受け、世界で10億人以上が餓死するとの研究報告があるが、こうした研究を発展させて核兵器の非人道性に関する共通認識のレベルを高める（核兵器使用による気候変動については、Robok et al.［2019］を参照）、②米国のプリンストン大学の研究者らが核兵器が使用された場合の放射性物質による汚染の拡散状況を理解するコンピューター・シミュレーション・モデルを更新しており（プリンストン大学の研究者らによるコンピューター・シミュレーション・モデルは、Philippe et al.［2023］を参照）、これを活用して攻撃対象・攻撃規模ごとに、放射性物質の拡散とその人体・環境への影響評価を進める——といったことが考

えられる。

　どのような進め方を選ぶかは今後の課題だが、いずれにしても、バックキャスティング方式の枠組みのなかでフォーキャスティング方式を発展させて、安全保障のシフト、核廃絶に向けた制度構築のプロセスで有効に活用していくことが求められる。

提言9：軍縮国際法遵守のための措置（違反事例への対応）
　軍縮の約束の履行や国際法の遵守をどのように確保していくか。約束をすれば「合意は拘束する（*pacta sunt servanda*）」からそれを遵守しなければならないが、実際にはそうならないことが多く、その意味で合意だけでは十分ではない。

　たとえ条約などに合意していたとしても、国内の履行措置を十分に担保せず、事実上政治的な関与の姿勢を象徴的に示すためだけに合意する場合や、履行措置を実施することを希望していても、国内の諸勢力の反対やサボタージュによって、十分に実施されないケースも存在するだろう。軍備管理・軍縮、特に核兵器や原子力技術の活用が、それぞれの安全保障政策において重要な意味を持つことを考えると、軍備の制約といった条約規則の成立のみを政策目標とするのは危険である。実効性が担保されない措置は、かえって国際合意に対する各国の不信感を招き、国際主義の空洞化が進むリスクが生じる。いったん国際合意が空洞化したとの認識が広がった後に、当該国際合意や新たな合意に対する国際社会の信頼の回復を図るのは極めて困難となる。

　核軍縮や核兵器の使用可能性（恫喝を含む）をめぐる状況を俯瞰すると、軍縮分野を含む国際合意に対する失望感が広がっていることは否定し難い。これは、2022年以降のロシアのウクライナに対する核の恫喝以前より広がっていた。冷戦後を振り返ってみると、北朝鮮の核兵器及びミサイル開発、イランの核問題に関する包括的共同作業計画（JCPOA）の動揺、さらには現象としてはTPNWの成立に象徴されるようなNPT第6条をめぐる問題など、国際合意の信頼性をめぐる問題が相次いで顕在化していた。このような問題は、今後も出てくることが予想される。

　とはいえ、軍縮国際法やその他の国際法の不遵守をめぐる問題が存在しながらも、それがNPTレジーム自体を破壊し、無効化する方向には向かっていな

い。この理由の1つとして、NPTが核軍縮、核不拡散、原子力の平和利用をめぐる重層構造を持つレジームであることの意味が大きい。そして、とりわけ、各国が独自に核開発を進める必要を感じるような事態、すなわち核不拡散体制の崩壊のような状況の出現を回避しようとする意思が、国際社会のなかに存在していることの意味が大きい。そして、核不拡散体制の維持強化を図る上で、NPTの重要性が否定できない以上、我々はこの体制の下での、ルールの遵守強化措置を構築していく必要がある。

この目的の下で、まず、核不拡散に関する国際社会の意思が継続されるための措置を強化する必要がある。と同時に、核拡散による国際安全保障の不安定化が、それぞれの国家や地域にとって不利益をもたらすものとする規範の再強化も重要課題となるだろう。これは、G7の首脳だけの合意では不可能であり、中露やグローバルサウスの賛同を得ていくことが緊要である。核兵器の使用の悲惨さの強調、不使用に関する国際的なタブーの強化などは重要な具体的方策になるだろう。

次に、軍縮国際法やその他の国際法の不遵守に関連する問題が出現しても、それがNPTを基軸とする核不拡散体制の崩壊につながらないようにする防止措置が必要である。国際的な規範やルールを重視し遵守する国々が、それらから逸脱している不遵守国に対して遵守するよう繰り返し求めるとともに、いずれの国もそれぞれの短期的な政治利益を追求しないようにすることが重要である。冷戦期に、一部の共産主義国の核兵器を肯定的に評価する政治勢力が存在したが、軍縮国際法やその他の国際法の不遵守問題に、そのような政治的な思惑を介在させるべきではない。つまり、国際合意に対する不遵守が当該国の政治的利益になるのを防ぐ措置、対応策の準備も欠かせないだろう。

さらに、違反国に対する「罰則」についての検討も求められる。核兵器の拡散と地域の安定を比較する際、地域の安定や戦略レベルの安定性を重視して、核拡散を容認するような主張は時と場所を変えてたびたび出現してきた。例えば、インドやパキスタンの事例から、NPTの締約国となっていない国が核兵器開発に成功しても次々と核拡散が発生しているわけではないし、核兵器の存在によって域内での安定が進むと判断される場合もある、といった考え方が存在してきた。ただ、こうした考えはNPT体制に対する最大の挑戦ともいえるだろう。国際合意の不遵守が国際の平和と安定とは無関係な場合、国際合意の

重要性が希釈化されるリスクが存在し、それが高じると国際合意の重要性と信頼性が損なわれることになる。

　実はこれまでも、NPT体制の下での違反国に対する対応は重要な課題であり続けてきた。違反国に対して、国際社会の経済的圧力を加えて政策変更へと誘導する方策が採用されてきたが、十分な成果を上げたとはいい難い。これを補完するため、米国のジョージ・W・ブッシュ政権では、不拡散措置に加え、体制転換（regime change）、拡散対抗措置（counter-proliferation）、輸出管理強化、行政執行力の強化など、様々な措置が考案された。2017年からのドナルド・トランプ政権では、包括的な視点から北朝鮮と核兵器問題の交渉を進めて外交関係の復活を図ると共に、日米安全保障体制の強化や米韓同盟の強化などを進めることで政策的に北朝鮮の核兵器の影響力を低下させる（報復的抑止と拒否的抑止を強化、核のエスカレーションの管理による抑止力の全般的な強化）などの方策も検討した。

　しかし、これら措置は必ずしも成果を上げたとはいえず、さらに今後同様の方策を採用した場合には、核兵器への依存を高める効果を生むリスクが存続することにもつながる。ただ、最低限いえることは、違反国が不遵守による利益を獲得し、周辺国が不利益を被らないような措置を考案して、それを核軍縮の方向性と矛盾がないように推進する必要がある。具体的な措置では不拡散体制の徹底がコアをなすべき存在であり、加えて輸出管理の強化、懸念物質や技術の管理強化、原子力の平和利用の国際的な管理監督の強化などが極めて重要な手段になる。

　体制転換をめざした軍事的措置は、その後のガバナンス体制の確立強化などにおいて、負の影響が発生する可能性が高い。相手のリアクションにも不確定要素が存在する。このため、この選択肢が想定どおりに奏功する確率は多くの場合で低いと考えられ、極めて慎重に判断する必要がある。

提言10：共通言語である国際法によるlawfare（法戦）の展開

　核戦略は軍事戦略のなかでも特殊な領域を構成し、そこでは、国際法は戦略的必要に従属する下位の要素と考えられる傾向が特に強く現れる。本来的には国際法に整合し、その枠内で核戦略が構築されなければならないのであるが、これが反転しているのは、国際法の側から核戦略が内包する法的問題について

問いかけてこなかったという事情もあろう。こうした経緯や現状を乗り越えて、国際法との整合性をとるよう核戦略の分野に国際法から呼びかけるべきというのがここでの提言である。

　本研究では、核戦略を含む安全保障に関する議論のなかで、国際法からする意味ある議論がほとんどなされていないという問題意識から、安全保障の議論に際してはむしろ国際法を共通言語として積極的に使い、核使用の可能性を小さくしていく必要があるとの認識に基づいて分析を行ってきた。つまり、核兵器使用では何が国際法からして問題なのかをまずは明らかにし、そうした問題にもかかわらず核保有国や拡大核抑止に期待する諸国が、核使用には適法な場合があるというのであれば、その使用の適法性をやはり共通言語で説得的に証明する責任があるという説明責任論に立脚したローフェア（lawfare、語義は第3章に詳述）を遂行することで、結果として核使用を抑制する効果が生じるであろうとの認識からの分析である。

　国際法は、国際社会の構成員間の関係を規律する法である。諸国に見解の対立があれば、いずれの国もこれを基礎に自国の正当性を主張する。つまり、相互に拘束されている国際法の実定的規則を基に、やはり国際法が示す解釈方法と議論の組み立て方に沿って自国の主張を展開する。そのような共通の基盤という意味において国際法を共通言語とここでは表現している。国際法の具体的な規則がそうした共通言語の語彙であり、国際法の解釈や議論の方法がその文法にあたると大雑把に例えることができるかもしれない。

　共通言語である国際法は主に条約と慣習法から成る。条約は国家などの間の合意で、合意さえあれば強行規範（*jus cogens*）に抵触しない限りでどのような内容の条約も作れるが、合意に加わらなかった国には何らの効果も生じない。このため条約は特定の諸国の共通言語にしかならない。しかし、その締約国数が増えていくと普遍性が高まり、国連憲章のようにほとんどすべての国家が締約国になっているものも現れる。慣習法は、稀に出てくる地域的慣習法を除けば全国家を拘束する一般国際法であるから全国家にとって共通言語である。こうした広く共通言語として機能する条約と慣習法を誰も公然とは否定できないので、これらを「安全保障を損なわない核軍縮」のために活用することは重要である。

　安全保障、特に軍事的な安全保障に関わる国際法分野は3つある。すなわち、

jus ad bellum、*jus in bello*（国際人道法（武力紛争法））及び軍縮国際法である。

現代の *jus ad bellum* の中核は、国連憲章第2条4項のいう武力不行使原則と同第51条の定める自衛権である。国連安全保障理事会による集団安全保障体制がこの憲章の規定どおりに機能することはまずないのであるから、それと組み合わさってはじめて意味を持つといえる武力不行使原則や制限的な自衛権規定が無視されてもおかしくはない。しかし、これらの原則と規則を否定する国はなく、つまり、皆この共通言語を承認して、その枠内で議論をしている。

国際人道法も普遍性の高い規則が多くある。武力紛争時の害敵の方法と手段を規制する諸原則は慣習法、つまり全国家を拘束する法として成立し、これを関係条約が補完している。そして目標区別原則や過度の傷害又は無用の苦痛を与える兵器の禁止原則といった基本原則は、それらの規則が想像すらしていなかった核兵器のような革新的兵器が出現してもその使用規制のために適用される。核使用に従来の慣習法規則が適用されないという議論はあったが、それはもはや核保有国ですらとらない見解である。

軍縮法は兵器の保有を制限する国際法規則群である。特定の兵器の保有を制限又は禁止する慣習法の成立は理論上考えられるが、現在のところ核兵器を何発以上持ってはならないといった法意識は一般化せず、そういった慣習法もないと思われる。つまり、軍縮法は条約規則として存在する。しかし、そこでもNPTのように普遍性の高い条約はある。

勿論、こうした原則や規則にも解釈上の問題は少なからず残り、それについて諸国間に対立があるが、むしろ留意すべきは、そうした解釈上の対立はかなり絞られている点である。今でも武力紛争が跡を絶たず、非人道的な害敵の方法や手段の使用もしばしばあるという現実から、「戦争の自由」を認めていた時代であった19世紀と実際上変わらず、実際の敵対行為を有効に規制できていないという見方はあるだろうが、武力行使違法化、国際人道法と軍縮法の展開はかなり大きな意味を持っているとやはりいうべきである。

ところが不思議なことに、前述のように、核戦略の分野の議論で国際法に言及されることは軍縮分野を除けば少なく（一層不思議なことに核廃絶運動でも国際法への言及は少ない）、国際法の方からも核戦略そのものを *jus ad bellum* や国際人道法の規則から評価しようとほとんどせず（核廃絶運動にこれらの解釈論を細かく説明することもなかった）、皆それぞれのサイロに籠ったままであった

と評される。

　このように、国際法との整合性をとるよう核戦略の分野に国際法から呼びかけてこなかったのであるが、それをすべきというのがここでの提言である。具体的には特に核兵器による第二撃と国際法の整合性がどうしたらとれるかを問うということである。核保有国とその拡大抑止に依存する国の意思と実行は核使用に関する慣習法の生成に重要な意味を持つというのは、この分野での最大の利害関係国は彼らであって、したがって彼らが慣習法成立を左右することからして正しい。しかし、実はそうした諸国が拘束性を承認する規則からも、核使用は相当に抑えられる。戦時復仇としての核使用を排除できないとしても、核使用を多くの場合で違法化できる。

　このような認識が広まれば、核兵器の有用性を抑え込み、使用の敷居を上げる力になりうる。共通言語である普遍性の高い条約規則や慣習法規則の価値を強調して、「説得力による抑止」をはかり、核使用リスクの低下へとつなげていく戦略が求められる。

　日本は唯一の被爆国であると同時に米国による拡大核抑止に依存するという矛盾を抱えているから、こうした議論はしにくいであろうが、それにしても軍縮法以外については、核使用の国際法的評価に日本は消極的であった。国際司法裁判所（ICJ）の核兵器合法性に関する勧告的意見審理の際の日本政府の意見陳述はあまりに抽象的で議論に実質的には寄与しなかった（核廃絶運動も国際法的論点を十分認識できていなかったから、こうした日本政府の態度を有効に批判できなかった）。日本はモラル・ハイグラウンドにありながらそれを核兵器の使用制限や廃絶に関する個別的な法的議論に結び付けられないでいる。この状況から脱する必要がある。

　日本にとって手を着けやすい課題は、国際人道法の環境保護規定の拡充かもしれない。国際人道法はその名称からして甚だ人間中心主義的で、環境保護に関しては手薄である。核使用では必然的に放射能汚染が生じるのであるから、国際人道法の領域で普遍性の高い共通言語として環境保護規定をどのように形成していくかはこれからの課題である。

　武力紛争時の環境保護についての国際人道法関連条約規定は、1977年の第1追加議定書の若干の条文くらいしかなく、これとて主要NATO諸国は核使用への適用を否定している。他方、1998年の国際刑事裁判所（ICC）規程にある

核使用への適用を排除しない戦争犯罪関連規定は、議定書よりは大きな保護を自然環境に与えるべきとの考えを基礎としているようにみえ、実定法上も自然環境保護を強化する方向は示されていよう。とはいえ、核使用の場合の武力紛争当事国若しくは第三国、又は国家領域をこえた海や大気に生じる放射能汚染は年間何ミリシーベルト以上ならば相手方の武力紛争当事国の自然環境に生じた付随的損害又は第三国の若しくは国際社会の法益侵害を構成する損害になるのかといった議論はない。どの程度の放射能汚染からして問題になるかは原子力事故通報関係の条約でも必ずしもはっきりしないが、核使用は地球の環境全体に対する脅威であるという認識は広まっている。この点の検討は、核使用時や原子力発電所事故の際の放射性物質拡散のシミュレーションの精緻化でかなり実際的な検討ができるであろう。

　いずれの問題を扱うにせよ、状況依存的ではなく、一貫性を持った議論をする必要がある。特定の時点で安全保障上有利になる解釈を選択しても、状況が変わると当該解釈が不利に作用することがある。そういう状況で国際法の解釈を改めてしまうか、沈黙する例は日本の場合を含め少なくないが、そのようなことをすれば日本の信頼性を低減させ、「説得力による抑止」につながらなくなる。例えば、拡大核抑止の法的根拠との関係で集団的核復仇が許容されるかの議論が生じるなら、第1追加議定書が核兵器に適用されるかの日本政府にとっては鬼門というべき問題が浮上してくる。まさにそのような場面で状況依存的ではなく長期の法的議論に堪える解釈を示せるかが試される。

提案11：国際主義のエンパワーメント

　NPT外でのインド、パキスタンの核実験、イスラエルの事実上の核保有。NPT脱退を宣言して核実験に突き進んだ北朝鮮。さらには、国連安保理の決議もないまま、イラク攻撃に乗り出した米国。そして、国連憲章に違反して、NPT上の責任も軽んじる形でウクライナを侵略したロシア。国際ルールを横目に繰り返されるこれらの「独断」「独善」の歴史を顧みると、国際主義に立脚した多国間条約で核兵器をなくし、国際社会の安全保障を大転換させることなど、夢物語にしか映らないかもしれない。

　しかしながら、国際秩序は底が抜けたような状態にあるわけではない。規範的秩序の基盤が揺らいでいたとしても、それを維持発展させながら国際社会の

無秩序化を避けたいという点においては、どの国においても最低限の共通利益があると考えられる。核廃絶という目標のバックキャスティングで核軍縮を進めていく上でも、そのボトム・ラインを常に強く意識しながら国際主義をエンパワー（促進・強化）していく必要がある。

　この際に大切なのは、現在進行中のグローバルなパワーシフトを常に念頭に置いておくことである。参考例として今後の世界のパワーシフト、特に経済力の変動をみておきたい。

　第4章でも紹介したが、PwC コンサルティング合同会社がまとめた調査報告書で示された国内総生産（GDP）のランキングがある。これによると2030年のGDP世界1位は中国で、2位に転落した米国の約1.4倍のGDPとなる見込みである。2030年での上位10位の中に残っているG7のメンバー国は、米国、日本、ドイツ、イギリスの4カ国のみとなっている。こうしたG7のメンバー国の後退と同時に、インド、インドネシア、ブラジル、メキシコといった新興国の躍進が際立っている。2050年になるとこの傾向はさらに強まり、上位10位のなかに残るG7メンバー国は、中国、インドに次いで3位に落ちる米国、8位の日本、9位のドイツ、10位のイギリスのみとなる見通しだ（PwC 2017: 23）。

　伸長が予想される主な新興国は、G20（金融世界経済に関する首脳会合）のメンバー国である（G7メンバーも入っている）。そのG20は2022年11月のインドネシア・バリ島での首脳会談でバリ声明を発表した。「安全保障問題を解決するためのフォーラムではないことを認識」しながらも、「安全保障問題が世界経済に重大な影響を与え得ることを認識する」と強調した。そのうえで、「ほとんどのG20メンバーは、ウクライナにおける戦争を強く非難し、この戦争が計り知れない人的被害をもたらし、また、〔経済〕成長の抑制、インフレの増大、サプライチェーンの混乱、エネルギー及び食糧不安の増大、金融安定性に対するリスクの上昇といった世界経済における既存の脆弱性を悪化させている」との見方を示した（外務省 2022）。

　そして、戦争と平和、さらには核兵器についてこう宣言した。「平和と安定を守る国際法と多国間システムを堅持することが不可欠である。これには、国際連合憲章に謳われている全ての目的及び原則を擁護し、武力紛争における文民及びインフラの保護を含む国際人道法を遵守することが含まれる。核兵器の

使用又はその威嚇は許されない。紛争の平和的解決、危機に対処する取組、外交・対話が極めて重要である。今日の時代は戦争の時代であってはならない」(同上)。

「理想主義」との批判もあるだろう。G20のなかには英米仏に加えて、ロシア、中国、インドといった核保有国が入っており、宣言上の文言とは別に様々な地政学的な思惑がうごめいているのも事実だろう。そうした現実はあるにしても、先述のように、どの国であっても、規範的秩序の基盤が揺らいでいたとしても、それを維持発展させながら無秩序を避けたいという点に、最低限の共通利益がある。核軍縮(核不拡散も含めて)は、グローバルなパワーシフトが進行する歴史的な過渡期にあって、同時に進めていかなければならない世紀のプロジェクトであり、国際社会の無秩序化を防ぐためにも、国際主義のエンパワーメントが強く求められるところだ。

その際に、重要な足場となり得るのがバリ宣言に盛り込まれた上記の国連憲章擁護、国際人道法遵守、核兵器の使用や威嚇は許されないなどの基本認識である。

宣言だけで事態の好転は望めないのが国際政治の現実ではあるものの、未来への理想をほとんど語らなくなったG7サミットが世界をリードする中心的存在である時代ではなくなりつつあることもまた現実である。今後のパワーシフトも見据えながら、バリ宣言において少なくとも一定程度は共有されたこうした国際主義の価値観を拡大させながら、2国間、多国間の核軍縮、その他の軍備管理合意を形成していく必要があるだろう。

5 核廃絶を実現するための「三本柱」その3：持続可能な核廃絶（Sustainable Zero）

核廃絶を可能にする安全保障シフトと核廃絶への制度構築ができれば、核のない世界という山頂にかなり近づくことになるが、まだ準備万端とはいい難い。残された大事な仕事は、いかにして核廃絶を持続可能なものにするかという問いに答えていくことである。核廃絶の「不可逆性」が低ければ、国際社会が協力して核廃絶に踏み切ることはなかなか難しいだろうし、仮に世界で核廃絶がいったんは実現しても、「不可逆性」が低いなかで核再武装国が出現してしまえば、世界は核抑止依存へと逆噴射する恐れさえある。そこでここでは、核廃

絶を持続可能なものにする方策について提言していく（提言 12 〜 15）。

提言 12：「不可逆性」向上のための核不拡散制度の強化

　核廃絶という目標達成には前記のように、①核廃絶前の核軍縮のプロセス、核不拡散制度の強化、②核廃絶後の違反を防ぐ検証・保障措置のための国際的な機関や制度が欠かせない。核軍縮のプロセスは別の提言に委ねているので、提言 12 においては核廃絶前における核不拡散制度の強化、提言 13 において核廃絶後に違法な核（再）武装を防ぐ国際的検証・保障措置機関や制度の設置について記すことにする。

　核不拡散制度の強化と、国際的検証及び保障措置のための機関・制度の設置の 2 つは実は、核廃絶の前と後の違いはあるが、いずれも非核兵器国（廃絶前において核保有国は対象外、廃絶後は対象内）の核保有防止を課題としているという点では共通している。NPT からポスト NPT の時代へと移行していくなかで連続した関係にある課題であることから、「3 核廃絶への制度構築」でも、核不拡散制度や、国際的な検証及び保障措置に関する機関・制度の強化の必要性を強調した。

　ここでは主として、いかにして核廃絶を持続可能なものにするかという視点から、核廃絶の法的義務付けをコアとする国際的な枠組みの確立を明確な目標におきながら、核不拡散制度の強化と並行して、国際的な検証及び保障措置のための機関・制度に関わる課題を考えていくことにする。

　実のところ、廃絶へのプロセスと同様に、核廃絶を不可逆的なものにするための包括的取り組みでも課題は山積している。

　核兵器製造に転用可能な核物質（高濃縮ウランとプルトニウム）の製造・抽出・使用自体を一般的に禁止する国際法は現時点では存在しない。NPT は非核兵器国の原子力平和利用について「奪いえない権利」を認めている。その上で国際原子力機関（IAEA）の保障措置によって軍事転用防止をはかってきた。ただ、こうした措置は万全ではなく、北朝鮮は NPT 脱退を宣言して核武装し、イランは IAEA の監視の目をかいくぐってウラン濃縮に関する活動を進めてきた。

　国際機関として、核兵器製造の可能性を適時に探知して、国連安保理に付託しても、現在の国連安保理のシステムでは非核兵器国による核兵器製造を完全

に阻止することはできない。そうした現状を勘案すると国連安保理の強制力の実効性を高めるべきで（提言15で詳述）、IAEA の探知能力も強化すべきという議論は有用である。しかしながら、少なくとも現行の国連安保理のシステムを前提とする限り、あらゆる違反事例、違反の疑いがある事例に関して強制力を持つ対応を実施することに各国がすぐに同意するとは考えにくい。また、IAEA の探知能力の強化についても同様で、IAEA の査察に関する権限を強化しようとしても、主権国家はこれを拒否することが可能である。つまり、主権国家の集まりである現在の国際社会において、現行の核問題に関するグローバルガバナンスを改革しない限り、国際機関ができることには限界があるということをよく念頭に置かなくてはならない。

そうした現実も踏まえながらバックキャスティング方式で軍縮を前進させていくには、何が必要か。第 1 に、（提言 9 などの延長線上で）核不拡散体制強化にもっと高い優先順位をつけて集中的に対応する必要がある。NPT をめぐっては、核軍縮の遅れに対する問題点の指摘が目立ちがちだが、核不拡散体制の完成度が高くならないままであることもまた、核廃絶を達成する上で事実上、大きな障害となっている。今後は原子力利用国を中心に核不拡散体制の強化を、核軍縮と同等のレベルの重要アジェンダとしてとりあげ、すでに提言されてきたウラン濃縮施設の多国間管理化、プルトニウムを抽出する使用済み核燃料再処理のモラトリアム・禁止を非核兵器国の主導で検討していくべきだろう。原子力平和利用についての「奪いえない権利」は、核廃絶に向けて必要な政治的義務を伴うものだとの共通認識を形成し、実践に移すべきである。特に TPNW を支持する非核兵器国がそのイニシアティブをとるべきと考えられる。

NPT の下での核不拡散体制強化が、核廃絶を実現するポスト NPT 時代での核武装・核再武装を防ぐ国際的な検証機関創設への助走であると考えるならば、原子力平和利用について何らかの合意プロセスを経て、「奪いえない権利」に制約を加えていくことが一段と重要な意味を持つ。原子力ではなく、再生可能エネルギー利用、省エネルギー活用に力を入れる国に対して、NPT 内で支援する仕組みをつくって核拡散リスクを下げていく制度の導入も検討課題だろう。TPNW は NPT との両立を強く意識しており、TPNW 自体には「奪いえない権利」が明記されていないが、「奪いえない権利」を明記した NPT 第 4 条の考え方を少なくとも解釈上、共有している。TPNW を支持する非核兵器国も、

TPNWに内在する核廃絶に向けたこの脆弱性を自覚して、何らかの合意プロセスを通じて「奪いえない権利」への制約の検討、実行を推し進めるべきだろう。

核廃絶を実現し、それを持続可能なものとして維持していくための新たな国際的枠組みにおいては、核廃絶に必要な措置を妨げるような原子力平和利用に関する「奪いえない権利」は、NPTのような形では容認しないことが賢策である。不平等条約であるNPTは、不平等性への不満緩和のために非核兵器国に「奪いえない権利」を保証する必要に迫られていたが、「核兵器のない世界」での国際的枠組みではそうした不平等緩和策はもはや必須ではない。むしろ、水素エネルギーを含む再生可能エネルギーの導入・活用を後押しする条項や付属文書などを加えるべきだろう。新条約の下でもIAEAが非核兵器国の検証・保障措置で大きな役割を果たすと考えられるが、原子力利用の拡大がスローダウンした方が検証・保障措置での負担も相対的に減ることだろう。

提言13：「不可逆性」を確保する国際的な検証・保障措置機関の創設

核廃絶に必要な国際的枠組みを確立させるには、NPT時代に強化された核不拡散体制を基盤にして、核再武装、さらには核新武装を防ぐ国際的な検証機関も整っていかなければならない。と同時に、核兵器国が核廃棄し、再武装するのを防ぐ国際的な検証機関の創設には核兵器国の協力が不可欠である。核弾頭関連の機密が漏れないような厳格な仕組みを構築した上で、軍事用核分裂性物質の廃棄や民生利用への転用をしっかりと検証し、軍事用のウラン濃縮施設、再処理施設の閉鎖・運転停止を確実に検証できる制度をつくらないといけない。この点はTPNW支持国も、NPT内で核廃絶を強く求める非核兵器国も共通の関心事であり、国際的な検証機関の創設に向けた共同歩調をすぐにでも模索すべきである。

現段階では「究極」の目標であるとはいえ、核廃絶を目指してきたNPTはこれまで、核廃絶を念頭においた不可逆性を確保する国際的な検証機関の創設に本格的に取り組んだことはなかった。原子力平和利用を「奪いえない権利」と位置付けたNPTはIAEAの検証・保障措置によって軍事転用防止をはかってきたが、先述のように、こうした措置は万全ではなかった。しかも、IAEAの検証・保障措置はそもそも5核兵器国を対象外にしており、核廃絶のために非核化した「元核兵器国」に対する検証・保障措置を担うことは想定されてい

ない。加えて、「不可逆性」の確保も念頭に置いた国際的な検証及び保障措置のための機関・制度の創設に力を入れてこなかった歴史をふりかえると、非核兵器国も含めた NPT 締約国全体の核廃絶に対する本気度が問われても仕方ないだろう。

　NPT の枠外で核廃絶をめざす TPNW には、核保有国が非核保有国として条約締約国になるための措置が記されており、非核化に関する検証や保障措置の導入が想定されている。ただ、それらがどのようなものになるかは今後の課題として残されている。しかも TPNW は、非核保有国として加入した諸国の核武装を防ぐ手立てを基本的には NPT-IAEA 体制に頼る構図になっている。繰り返しになるが、NPT-IAEA 体制は期待どおりに十分な効果を発揮できる体制になっていないにもかかわらず、この体制に頼ろうとしているのである。一方で、「元核保有国」が TPNW に入って非核化した世界においては、NPT そのものの役割が変質して、現在の NPT-IAEA 体制も大幅な修正を迫られるのは必至だろう。こうした諸点を見渡しながら、TPNW 締約国・支持国がどのようにして、不可逆性を確保する国際的な検証機関の創設に動いていくのか。

　そうした現実が目の前に広がってはいるものの、ポスト NPT における核廃絶の国際的枠組みを実効性のあるものにするには、不可逆性の確保は避けることのできない重要課題である。バックキャスティング方式で核軍縮を前進させていくには、提言 12 で記した不拡散体制強化を基盤にして、不可逆性を確保する国際的な検証・保障措置機関の創設へと駒を進めていく戦略が不可欠と考えられる。

提言 14：核兵器使用の適法性を持ち出す側の説明責任の強化

　国際法は中央権力の存在しない分権的な国際社会の法であり、慣習法以外は国際社会を構成する国家の合意によってのみ作られる。したがって、核兵器の保有や使用を全面的に禁止する条約ができ、それが倫理的及び人道的な見地からいかに優れたものであっても、またそれが多数の国の支持を受けていても、その非締約国を拘束することはできない。真に普遍的な条約規則は国際社会ではなかなか成立しないのである。

　分権的な国際社会を基盤とするが故に生じるこの限界の克服は容易ではない。これを完全に克服しようとするなら、諸国の上位に中央権力である世界連邦政

府を置き、それによっての連邦支分国である諸国に命令する体制を構築しなければならない。そこでは世界連邦政府と諸国の支配服従関係を律する世界法が適用され、それが主権国家という最高で絶対の主体間の合意を基礎とする国際法に取って代わる。第2次世界大戦後に世界連邦論が熱心に議論されたのは、核戦争防止のための核兵器の管理は合意的国際法のままでは困難と認識されたからである。

とはいえ、世界連邦政府の樹立をこの段階で唱えるのは政策の選択肢としては困難であり、したがって分権的構造の国際社会を前提としながら、合意がなければ進まないという「弱点」を持つ国際法によって核兵器の不使用と廃絶に向けての道筋をつけなければならない。

そうした視点からまず考えられるのは、自己を拘束する禁止規範が存在しない限り自由に行動できるという原則的に否定できない論理に依拠して、ある国が核兵器の使用が禁止されない場合があるというのであれば、その根拠を積極的に説明する責任があるという法意識を諸国の間に浸透させることであろう。

こうした立証責任の転換ともいえる主張に対して核兵器国や拡大核抑止依存国は、*jus ad bellum* 上の権利である個別的及び集団的自衛権や、核抑止の法的基盤である国際人道法上の戦時復仇に訴える権利を援用して反論するであろう。しかし、自衛権にしても戦時復仇にしても確かに権利性は認められようが、現代の国際法ではそれらは違法性阻却事由でもあるとされる。つまり、自衛権行使も武力行使に変わりはなく国連憲章第2条4項の武力行使禁止原則に一見して反するが、自衛であるからその違法性が阻却され、戦時復仇もその行為自体は国際人道法違反行為ながら復仇なのでその違法性がなくなるとされる。違法性阻却事由ならば、それを援用する側がその援用の妥当性を積極的に証明しなければならなくなる。こうして、現行法からも説明の責任が核兵器国や拡大核抑止依存国にあるということは支持される。

もう1つ重要なことは、かかる権利ないし違法性阻却事由は、核兵器使用国がその相手国との関係においてのみ援用できると原則的には考えられる点である。例えば、核使用で第三国領域に核汚染などの損害が生じれば、使用国は当該第三国との関係では自衛権や戦時復仇を援用して自己の行為の適法性を主張し、損害を黙認することを求めることは難しいのである。伝統的な中立法でも中立国の黙認義務はそこまで拡張されてはいなかったと思われる。なお、相手

国や第三国の領域外の公海やその上空に与える核汚染については、そこが軍事活動も自由になしうるドメイン（領域）であるから、他のものの利用に妥当な考慮を払えばそれを顧慮する必要はないというのが従来の考え方であった。しかし、最近では、こうした国際公域を保護する国際環境法は武力紛争時にも適用を停止しないという見解が一般化しつつあり、ここでも損害を容認しなければならないとの構成は揺らぎつつある。

いったん核兵器が使用されれば、武力紛争当事国もそれ以外も諸共に滅亡するか甚大な影響を受ける可能性が大きい以上、なぜ道連れを強要されるのかの理由（reason to die）を示すよう求めることは至極自然に思える。この自然な要求は、上記のように実は現行国際法からも支持される。

現在ある法（*lex lata*）ですら、つまり核保有国をも拘束している法からも説明の責任が核使用国にあることがいえる。したがって、核使用国へ立証責任を転換（シフト）する新たな法（*de lege ferenda*）の成立のために核保有国の合意を求めて努力すべきというよりは、現行法からもそういう立証責任が彼らに課されることをより強調すべきというのがここでの提言である。そうすることで核使用の敷居を上げ、結果として持続的な核廃絶（sustainable zero）に向かうことが期待される。

提言15：核廃絶にともなうグローバルガバナンスのシフト

「特定の環境」の下でのみ「安定」する核抑止を脱却して、核リスクのない「安定」を可能にする核廃絶へ到達する。そしてこれを明確かつ共通のゴールと位置づけ、それを達成するために必要な手段を吟味して、バックキャスティング方式でゴールに向かう核軍縮・不拡散プロセスを描いていく。本章ではこうした大きな絵柄を想定しながら、安全保障や核廃絶に関連する政策のパラダイムシフトの必要性を説いてきた。こうしたアプローチで期待される歴史的成果を手にできた場合に、それらを不可逆なものとして定着化させていくには、核廃絶を持続可能なものにできるグローバルガババガバナンスの構築が求められる。ここではそうしたグローバルガバナンスへのシフトについて、提言していくことにする。

第1は核廃絶に関する国連の改革である。

1945年10月24日に発効した国連憲章は、1945年6月26日にサンフランシ

スコ市において調印されたものである。米国が世界で初めて行った核実験が同年7月16日だったので、その20日前に調印されていた。つまり、核時代をリアルに体験する以前の世界を念頭においた「戦後」を想定して国連憲章は作成され、広島と長崎への原爆投下の後にそのまま発効したのである。冷戦の先鋭化がたびたび国連安保理の機能マヒを招いたが、国連安保理で拒否権を持つ常任理事国5カ国（P5）がNPTで認められた5核兵器国（N5）となったことも、国連憲章が描いた集団安全保障体制が奏功してこなかった大きな要因と考えられる。P5=N5となったことで、P5が核兵器に関わる問題で対立した際には国連安保理において集団安全保障体制が機能することなど、ほとんど期待できなくなっている。

　ポストNPT時代への移行に成功し、世界が核廃絶へ到達した段階での国連はどうだろうか。国連としては、核廃絶を機に集団安全保障体制の実効性・信頼性を高めていくための、そして脱核抑止を確実なものにするための改革を、以下2つの方策を通して断行すべきである。

　1つめは、拒否権行使に関する一定の条件づけである。国連安保理で核保有国が存在しなくなった段階で、国連安保理が再核武装の疑いのある国に対して断固たる措置をとれるように、核廃絶のための多国間条約などに違反する疑いのある行為に対する国連安保理の強制措置実施については拒否権を行使しないこと、行使は無効と確認することを国連安保理が自主的に決めて、自制的かつ協調的に行動することが求められる。核再武装への動きを平和の破壊、平和に対する脅威とみなし、集団安全保障体制の下での強制措置による対応を含めて、こうした行為を阻止していく必要がある。また国連総会の「平和のための結集決議」の利用も含め、国連全体を通じて核廃絶の持続可能性を担保することが重要である。

　2つめは、核抑止が存在しない時代に集団安全保障体制を強化するための、国連安保理の構成の改革である。提言11において、現在進行中のグローバルなパワーシフトを常に念頭に置いた国際主義をエンパワーしていく必要性を強調した。その考え方の延長線上にある提言であるが、国連安保理もグローバルなパワーシフトに応じて改革して、ポストNPT時代の様々な安全保障問題に最大限、集団安全保障体制で対応していく必要がある。

　これまで公にされてきた安保理改革案としては、①国連安保理常任理事国の

数を増やし、新たな常任理事国選定においては経済的・地域的なバランスを考慮し、新興国や地域代表を加える、②非常任理事国の選出枠を増やすことで、より多様性のある国々が国連安保理に参加できるようにする、などがある。新興経済諸国の台頭で国連分担金の比率も変わっていくことを考えると、当然求められる改革であり、ほとんど不可避でもあるだろう。

　そうしたなかで、核抑止を消し去った後の国際秩序が大きく乱れることがないように、改革後の国連安保理を中心にして国連憲章が想定したような集団安全保障体制が機能するように尽力する他ない。こうした形で国連安保理改革を実現できたとしてもやはり、国連総会における「平和のための結集決議」を積極的に利用して、国連安保理機能を確実に補完できるようにしていく努力も欠かせない。2国間紛争、地域紛争などを核抑止に頼ることなく、どのように対応していくかは、ここで記してきたバックキャスティング方式にとって死活的に重要なテーマであり、核抑止の代替手段を手当てしていくためにも避けて通れない課題である。

　第2のグローバルガバナンスのシフトとしては、核廃絶に必要な国際的枠組みの構築を可能にするような軍縮交渉フォーラムの整備が不可欠である。

　本章では、核廃絶へのプロセスを安全保障のシフト（Security Shift）、核廃絶への制度構築（Regime Building）、持続可能な核廃絶（Sustainable Zero）の3つのフェーズに分け、フェーズごとに政策提言を記してきた。この3つは、①核軍縮、②核不拡散、③原子力の平和利用というNPTの「三本柱」の後継ともなるべき、核廃絶を実現するための「三本柱」と位置付けてきた。この新たな「三本柱」のすべてにおいて、核軍縮・不拡散を含む多様な軍備管理に関する合意が必要であり、それらの合意を達成する軍縮交渉フォーラムが不可欠である。しかも、そのフォーラムは安全保障のシフト、核廃絶への制度構築のフェーズでも有効に機能し、持続可能な核廃絶の達成を常に視野に入れた交渉や合意を可能にするようなものでなければならない。そして持続可能な核廃絶を達成したあとも、継続的に軍備管理を安全保障のコアにしていくために、重要な役割を担っていく必要がある。

　既存の軍縮交渉フォーラムではジュネーブの軍縮会議（CD）が思い浮かぶが、意思決定に関して手続き的な事項にまでコンセンサス方式を採用しており、1996年にCTBTの条文確定に成功したあとは、具体的な成果を示せていない。

CDを大幅に改革するか、それが短期間のうちに実現できないのであれば、別の軍縮交渉機関を設置するなどして対応していくのが得策だろう。TPNWは国連総会決議に基づく条約交渉会議で成立したが、短期間で交渉終結をめざしたこともあって今後の対応がいくつも必要な未完成の条約となった。こうした経験・教訓も踏まえて、核軍縮・不拡散やその他の軍備管理を包括的・集中的に交渉するグローバルなフォーラムの創設が望ましいだろう。

その運用においては、首脳レベルや閣僚レベルの会合を最大限に活かして、政治意志による判断で交渉において包括的な突破口を開くシステムを備え、チャンスを引き寄せることが重要である。

「賢人会議」の議長レポートは、「抑止論者と核廃絶論者との間の行き詰まりの中心には、一連の『困難な問題』に関する見解の相違がある。建設的な方法でこれらの問題を議論し、対処しなければ、各国がいかにして行き詰まりを打開し、核兵器のない世界のための共通のビジョンを発展させうるかを見通すことは難しい」とした。そして、こうした「困難な問題」として、(a) 核抑止と、自衛権を含む安全保障との間の関係、(b) 核兵器の唯一残る役割としての核抑止、(c) 核兵器使用の国際人道法との整合性、(d) 核兵器の様々な側面に関係するリスク、緩和及び説明責任、(e) 安全保障環境を損なうことなく、核軍縮プロセスを管理する方法、(f) 核兵器のない世界の達成後にそれを維持する方法、をあげた(「核軍縮の実質的な進展のための賢人会議——議長レポート」2019: 40)。いずれも大所高所の視点から同時並行で前進させなければならない課題であり、専門分野ごとの交渉によるフォーキャスティング方式では数々の壁にはじき返されかねない。

レイキャビクでの米ソ首脳会談において核軍縮交渉が実質的に大幅な進展をみたあと、「レイキャビクの教訓」と題された筆者不詳の書面が米国国務省の公文書ファイルに残された。この首脳会談でレーガン大統領に同行したポール・ニッツ大統領顧問(軍備管理担当)が書き記したものとみられている。このなかでニッツは、核軍縮交渉における巨視的な視点からの「野心的な合意」の有効性について次のように指摘している。

野心的な合意には、細かな制約を克服できるいくつも利点がある。
——戦略兵器削減条約(START)におけるサブリミット、中距離核戦力(INF)のアジアでの削減に関する均衡性などの厄介な問題を、より管

しやすくなる[1]。
　——野心的な合意では利益の大きさが伝わりやすい。そうした合意に伴うコストを埋め合わせて余りあるほどの利益が、そこにはある。
　——野心的な合意は、細かな合意の交渉に比べて必ずしも難しいわけではない。
　——以上のような利点について私は長い間、理論的には指摘してきた。しかしレイキャビクでの経験は、この考えに理があることを証明する最初の実験であった。

　これらは、経験豊かな実務家ニッツが大局的な視座から、自らが実感したことを率直に公文書の形で残したものだ。そこで一貫して指摘されているのは、首脳の政治意志が持つ突破力の重要性といえるだろう（「レイキャビクの教訓」と題された国務省内の文書については、吉田［2022:238-240］を参照・引用）。この貴重な経験にもならって、バックキャスティング方式における核軍縮に関するグローバルガバナンスのシフトにおいても、政治的判断による突破力を促し、それをフル活用できる仕組みづくりと運用に心を砕く必要がある。

　以上、15の提言を記したが、核廃絶の国際的枠組み確立を明確な目標に設定して、そのために必要な措置をより広範な角度からバックキャスティングしていけば、さらに多くの提言が生まれてくるだろう。その意味ではここでの提言は端緒に過ぎないものであり、15の提言がそうした役割を果たすことができれば、必要最低限のミッションを果たせるともいえるだろう。大事な点は、核抑止が「特定の環境」の下でのみ成り立つ「安定」である現実を直視して、半永久的に核抑止に依存する選択は国の安全も個人の安全も保障するものではないとの基本認識を、私たちの未来を考える起点にも終点にもすることである。

1）　ここでのサブリミットの意味するところは、戦略核の総数に対する上限と同時に合意される、大陸間弾道ミサイル（ICBM）や潜水艦発射弾道ミサイル（SLBM）、戦略爆撃機に対する個別の運搬手段ごとの上限である。

6 おわりに
──「人新世」で求められる基本原則

核兵器「必要悪」論から「不要悪」論への転換

　本章を締めくくるにあたって、上記の15の提言を念頭に置きながら、2つの点について付記しておきたい。1つめは核兵器の「必要悪」論について、もう1つは地球環境問題などで採用されてきた「予防原則」についてである。「必要悪」論の駆逐はまさに本研究の目指すところであるが、バックキャスティング方式でこの目標を達成していくプロセスにおいて、「予防原則」（Precautionary Principle）の適用強化も大きなかぎを握ると考えられるからである。

　まず「必要悪」論である。第4章で記したように、核保有国やその同盟国で核兵器に頼る安全保障政策が、国の内部での反対意見を抱えつつも継続されてきた根底には、「必要悪」論が根強く残っている現実がある。

　核抑止依存国の政府ではおおむね、安全保障政策において核抑止が理論的根拠を持つ上、国際人道法との整合性もあると受け止められてきた。核抑止に関する経験的な成功意識や同盟関係管理（同盟維持と核不拡散）上の必要性も核抑止依存継続の要因となってきた。バランス・オブ・パワー論（勢力均衡論）に基づく政策立案では、核兵器のパワーが魅力的に映ってきたとも考えられる。そうした核兵器評価のいずれもが、反論を受けながらも、核抑止依存国内においては他の選択肢に比べて、（程度の違いこそあれ）それ相当の支持を得ている考え方と認識されてきたといえるだろう。

　他方でこれらの国では程度の差はあっても、核兵器の国際人道法上の問題、道徳上の問題が意識されており、核兵器は「必要善」であるとの認識は必ずしも一般的ではないだろう。むしろ、核抑止の負の側面を意識しつつも、その必要性に相対的に高い価値を付与し、「必要悪」論に落ち着いてきたわけである。「必要悪」論についてのさらなる説明は第4章をご参照願いたいが、一連の核抑止支持論は煎じ詰めていくと、上記のようにして、少なくとも民主的で法治主義の国家では「必要悪」論の存在に行きつく。

　しかしながら今、こうした「必要悪」論についてこれまで以上に沈思熟考が求められているのではないだろうか。

　改めて紹介しておくが、日本外務省が主催した核軍縮に関する「賢人会議」

の議長レポート（2019年10月）は、「核抑止は、特定の環境における安定性を強化するかもしれないが、世界の安全保障にとって危険な基盤」との認識を示している（「核軍縮の実質的な進展のための賢人会議――議長レポート」2019:49）。換言すると、核抑止は、国際的な安全保障の方策としてはもともと、特定の環境の下でしか安定しないような「危険な基盤」という属性を持つ。決して忘れてならないことは、これまでも「特定の環境」が成り立っていたかどうかには未知な部分が多い点に加えて、仮にこれまで「特定の環境」が成り立っていたと想定してもこれらが継続する保証はないという現実である。それは換言すると、「特定の環境」の変容リスクとも評すべきものである。

　それだけでも核抑止の不安定性を説くには十分かも知れないが、それに加えて、核抑止の継続的選択を支えてきた「必要悪」論も今後、いくつもの未知のチャレンジを受けるであろうことも強調しておきたい。「必要悪」論は実は危険で不確実ないくつもの変数に立脚しており、「特定の環境」が変容すれば、人類や地球への深刻な「加害者」になりかねない脆弱性を抱えている。例をあげると以下のような脆弱性がある。

　第1は「核のタブー」に関してである。核不使用の継続は「核のタブー」に支えられてきた側面があるが、何らかの事由によって「核のタブー」が崩壊し、核保有の本来的目的は核を使わせないためという核抑止安定化の「特定の環境」が崩れかねない脆弱性が常に内在している。全面的核戦争が起きてしまった段階では、「核のタブー」は消え、核抑止の「必要悪」論も居場所を失う公算が大きいが、仮に核戦争が限定的なもので終結した場合には、「必要悪」論が弱まるのか強まるのか、具体的なケースによるかもしれない。だが、仮に「必要悪」論が生き残ったとしても、「核のタブー」崩壊によって、より核が使われやすい世界となり、そうした状態が「必要悪」論にどのようなインパクトを与えるかを見通そうとする試みは、ほとんど不可知を追い求めることに近い。「核のタブー」が崩壊して核抑止の信頼性が失墜した段階でも別の選択肢を見いだせないままであれば、失敗があり得ることが証明された核抑止に依存し続ける選択肢がないわけではないだろう。だが、別の選択肢を持たないまま、「必要悪」として核抑止に依存することの「合理性」を、説得力を持って示せるのかどうか。そして、それが安全保障政策として成立するのかどうか。「必要悪」にまつわる、こうした重要点での脆弱性は強く懸念されるところである。

第2は、核抑止依存国が維持する「必要悪」論に対してTPNW支持諸国が本格的に打倒する動きには出ていないし今後もそのように動くことはないだろうという想定、すなわち、これは、核抑止による安全保障継続に必要な「特定の環境」なのであるが、これが崩れた時にどうなるかである。核抑止依存国がNPTを都合よく活用する一方で、核抑止依存国間の対立を緩和できずに核軍縮への展望を開けない事態が続いたとしよう。さらには、非核兵器地帯の諸国も含めて、核抑止に安全保障を頼っていないTPNW支持諸国が、核抑止依存国が維持する「必要悪」論を自分たちの安全保障を脅かすものとさらに深刻に受け止めるようになったとしよう。そうした事態が現実になれば紛れもなく、「特定の環境」の変容リスクに直面することになる。

　そうした変容リスクはすでに荒唐無稽なものではなくなりつつある。たとえば、2022年8月のNPT再検討会議で議長をつとめたグスタボ・スラウビネン大使（アルゼンチン）は同会議終了後にロシアのシンクタンクのインタビューの中で、5核兵器国がNPT第6条で義務付けられた核軍縮交渉を誠実に進めない状況が続けば、「NPT体制の信頼性を損なう可能性がある」との懸念を語った。さらに、多くの非核兵器国の「フラストレーションは明らかに増え続け」ており、「もし一部の非核兵器国がNPTから脱退することになれば、それはNPTの終焉の始まりとなるだろう」（Karnaukhova 2022）との危惧も示している。

　「必要悪」論は、核抑止依存国自身の安全保障の枢要な部分をなすNPTをも著しく損ねるリスクの高い論理であり、核抑止依存国がそこに安住するとすれば、「必要悪」論が持つそうした脆弱性を直視していない現実の反映とみることもできるだろう。

　第3は、核抑止を国際法上十分に説明できるという立場の優位性という「特定の環境」が、国際法に関する部分で大幅に修正を迫られた時である。第3章での記述と関連することであるが、現段階では核兵器国と核の傘国がともに、国際法上違反ではないと主張して核兵器を使用する選択肢が存在すると考えている。仮に国際人道法の強化や、国際人道法を重視する国際世論の強まりなどで、核使用に対する「抑止力」が大きく拡大すれば、核抑止を支える「特定の環境」も弱まる方向に変化するだろう。また、環境保護に関する国際条約の強化が進めば、核使用の敷居は高くなり、やはり「特定の環境」は大きく変わる可能性があるため、今後の重要な注目点でもある。核使用の際の広い意味での

「コスト意識」が強まれば、それにともなって、「必要悪」論の価値が低くなることも考えられる。これもまた、「特定の環境」の変容リスクであり、核抑止を支える「必要悪」論に内在する脆弱性といえるだろう。

　第4は、新興技術による兵器システムの革新・普及によって、現在の安全保障観や安全保障体系が変貌をとげ、核兵器の役割が変化していくような、「特定の環境」の変容である。先述のように、安全保障観の多様化や先端技術革新・拡散を十分に反映しない核兵器への評価は非現実的になりうる。AIなどの先端技術の軍事応用が進む21世紀では、伝統的抑止論とは異なる安全保障理論が優位に立ちうるのか、だとすればそれはどのようなものかといった根源的な問いが不可避となる。そうした世紀単位のスケールの大きな変化のなかにあって、核兵器が「必要悪」論に依拠して抑止力の王様のような地位を維持できるのか、それが妥当なのかとの問いが強まるだろう。そうした問いの結果、「必要悪」論が後退していけば、「特定の環境」の変容はプラスの変化と評価できるだろう。それは本章の提言5でも指摘したところである。一方で、「特定の環境」の変容のなかで、新興技術による兵器システムに対する抑止力として核兵器を活用すればするほど、先述したような「核のタブー」崩壊シナリオへと自ら近づいていく恐れがあり、非常に危険なレベルのマイナス作用となりうる。80年近く前に兵器化された核分裂反応は新興技術から数多くの挑戦を受けることとなり、その反射効果として「必要悪」論の基盤の脆弱化が進んで、それがまた核使用の敷居（閾値）を低くするリスクを内在させているのである。

　第5は、核抑止論に基づく「戦略的安定」の脆弱性である。ロシアのような権威主義の国は、核抑止に関する民主的なチェック機能が弱くて独善的・独断的判断に偏りやすく、それが非合理的判断に陥る事態が大いにありうることが想定されるなか、いわゆる「戦略的安定」が維持される核抑止体制を期待できるのか。核抑止の根源に関わる「特定の環境」に関わる根本的な疑問が強まると、核抑止への依存がむしろ、自分達の安全保障にマイナスになるとの危惧が強まることが予想される。そうなれば、「必要悪」論に依拠した核抑止依存継続への疑問符も大きくなると考えられる。

　以上のような諸点を不確実な変数として考えると、「特定の環境」が短期間に変容して、核抑止論に関する脆弱性がある瞬間から急速に高まることもありうるだろう。そうなれば「必要悪」論が急速に弱まって、すぐさま「絶対悪」

論にまで転じなくても、「不要悪」論への接近が進むことは、事態の動向次第ではありうることだろう。

しかし、「核抑止の脆弱性拡大⇒核危機の深刻化」という構図のなかで「不要悪」論への転換を「待つ」ことはあまりにもリスクが大きく、賢明な選択肢とはいい難い。だからこそ、本章で示した提言、その他のアイデア・構想を積極的に活用しながら、核抑止に代わる別の選択肢へと能動的に転換し、まずは「不要悪」論を、やがては「絶対悪」論をグローバルスタンダードとするよう促していくことが緊要なのである。

核廃絶でも「予防原則」の明確な適用を

上記のようなグローバルスタンダード化のプロセスにおいて重要な意味を持つのが、「予防原則」である。できる限り核リスクが低い状態を継続させ、核戦争の危機を遠ざけながら、長崎を「最後の戦争被爆地」として歴史に刻む形で核廃絶に到達することが重要であり、それを実現するために核兵器に関する問題においても「予防原則」を採用し、しかもできる限り貫徹していくのが賢策である。

本章で先述したように、ここで記してきたバックキャスティング方式によるアプローチは、オゾン層破壊や地球温暖化進行の防止に適用されてきたものである。地球環境問題でこうした先駆的なアプローチがグローバルに採用された根底には、1980年代に入ってから市民権を拡大してきた「予防原則」がある。

予防原則とは、「人の健康や環境に重大かつ不可逆的な影響を及ぼす恐れがある場合、科学的に因果関係が十分証明されない状況でも、規制措置を可能にする制度や考え方」のことを指している（環境イノベーション情報機構HP）。予防原則は1982年に国連総会採択の「世界自然憲章」で初めて国際的に広く認知されるようになり、1992年の国連環境開発会議（UNCED）リオ宣言は、原則15で予防原則について、「深刻な又は回復し難い損害のおそれが存在する場合には、完全な科学的確実性の欠如を環境悪化を防止する上で費用対効果の大きい措置を延期する理由として用いてはならない。」と記した。地球温暖化対策などに関して、「科学的な不確実性を口実に対策を拒否または遅らせる動きの牽制とする意味合い」もあるとされる（同上）。地球環境保護などにおける特定の目標達成について、「完全な科学的確実性の欠如」が、「費用対効果の大

きい措置を延期する理由」として使われることを防ぐねらいも込めて、予防原則を活用しながら、明確な目標設定とそれを実現するためのバックキャスティング方式に立脚した政策を実装してきたのである。

核兵器に関しても、「人の健康や環境に重大かつ不可逆的な影響を及ぼす恐れがある場合、科学的に因果関係が十分証明されない状況でも、規制措置を可能にする」（同上）予防原則の適用の必要性がもっと強調されるべきである。核戦争がもたらしうる「人の健康や環境に重大かつ不可逆的な影響」の恐れを考え合わせると国際社会は、世界自然憲章やリオ宣言の視点からも核兵器廃絶を明確な目標に設定した包括的な政策枠組みの構築を強く促すべきだろう。

近年、「プラネタリーヘルス」という学問領域への注目度が高まりつつある。プラネタリーヘルスのめざすところは、「私たち人間の健康も含めた『地球の健康』を支え続けるために有効な『答え〔解決策〕』を探求し、私たち自身の意識変容、行動変容を促す」取り組みであり、「その探求は、地球や地球上の生態系との関係を踏まえて社会のあるべき最適な姿を模索すること」であるとされている（長崎大学HP）。従来のプラネタリーヘルスも、地球環境政策一般と同様に、必ずしも核抑止に内在するリスクへの対策を研究の重要な柱には据えてこなかった。「人新世」の到来とそこでの地球と人間の関係が改めて問われているなかで、プラネタリーヘルスにおける予防原則を、やはり核兵器の問題にも積極的に適用していくのが賢策だろう。そのことが、上記の15の提言の政策実装と、包括的な政策枠組み構築を促進させる新たな原動力となるとも考えられる。

核兵器をめぐるリスクに対して幅広く予防原則の導入・貫徹を促していけば、上記の第1～5で指摘した脆弱性を抱える核抑止「必要悪」論から、「不要悪」論・「絶対悪」論へとシフトさせてくための、極めて重要な理論的・政策的基盤となるだろう。そうした期待は、本章の提言全体にも通底しているところである。上記の5つの脆弱性に関する「特定の環境」の変容は悪い方向に同時並行で進みうるものであり、私たちは常に高度の緊張と警戒を余儀なくされている。このような瀬戸際の日々から抜け出すために、核兵器に関する問題でも予防原則をできる限り貫徹していけば、核抑止の脆弱性が切実な危機に転がり落ちるずっと以前の段階で、「必要悪」論を絶滅に追い込むことも、はるか遠い地平線の向こうの景色ではなくなるかもしれない。

【参考文献】

外務省［2000］,「2000年NPT運用検討会議最終文書の概要」。https://www.mofa.go.jp/mofaj/gaiko/kaku/npt/saisyu.html

外務省［2022］,「G20バリ首脳宣言」。https://www.mofa.go.jp/mofaj/ecm/ec/page3_003519.html

外務省［2023］,「核軍縮に関するG7首脳広島ビジョン」。https://www.mofa.go.jp/mofaj/gaiko/summit/hiroshima23/documents/pdf/230520-01_g7_jp.pdf?v20231006

「核軍縮の実質的な進展のための賢人会議──議長レポート」（日本語仮訳）［2019］。https://www.mofa.go.jp/mofaj/files/000529774.pdf（Group of Eminent Persons for Substantive Advancement of Nuclear Disarmament, "Chair's Report of the Group of Eminent Persons for the Substantive Advancement of Nuclear Disarmament." URLは日本語仮訳と同じ）

環境イノベーション情報機構HP, https://www.eic.or.jp/ecoterm/?act=view&serial=2635

高木八尺, 末延三次, 宮沢俊義［1994］,『人権宣言集』（第49版）, 岩波文庫。

長崎大学HP, https://www.plh.nagasaki-u.ac.jp/message/

吉田文彦［2022］,『迫りくる核リスク』岩波新書。

吉田文彦［2023］,「核抑止政策の説明責任」『核兵器問題の主な論点整理──国際政治・安全保障編』RECNAポリシーペーパー17号, 2023年4月, 65-67頁。https://www.recne.nagasaki-u.ac.jp/recna/bd/files/REC-PP-17.pdf

吉田文彦, 鈴木達治郎, 遠藤誠治, 毛利勝彦編著［2021］,『第三の核時代──破滅リスクからの脱却』（デジタル版）, 長崎大学核兵器廃絶研究センター。

Fuhrmann, Matthew and Early, Bryan R. [2008], "Following START: Risk Acceptance and the 1991–1992 Presidential Nuclear Initiatives," *Foreign Policy Analysis*, Vol. 4, No. 1, pp.21–43.

ICJ [1996], *Legality of the Threat or Use of Nuclear Weapons, Advisory Opinion, I.C.J. Reports 1996*.

ICJ（CIJ）[2004], *Conséquences juridiques de l'édification d'un mur dans le territoire palestinien occupé, avis consultatif, CIJ Recueil 2004*.

ICJ [2005], *Armed Activities on the Territory of the Congo (Democratic Republic of the Congo v. Uganda), Judgment, I.C.J. Reports 2005*.

Karnaukhova, Elena [2022], "Always Say the Truth, Be Fair and Transparent to All,– Interview with H.E. Ambassador Gustavo Zlauvinen," *PIR Center*, 7 November 2022. https://pircenter.org/en/news/always-say-the-truth-be-fair-and-transparent-to-all-interview-with-h-e-ambassador-gustavo-zlauvinen/

Kissinger, Henry A. [2009], Speech to the 45th Munich Security Conference, 6 February 2009. https://www.americanrhetoric.com/speeches/henrykissinger45thmunichsecurityconference.htm

Koch, Susan J. [2012], *Case Study 5 The Presidential Nuclear Initiatives of 1991–1992*, Center for the Study of Weapons of Mass Destruction at National Defense University,

September 2012.
Nakamitsu, Izumi [2017], The 9th General Conference of Mayors for Peace: Opening Ceremony Keynote Speech, 8 August 2017. http://www.mayorsforpeace.org/english/report/meeting/data/9th_meeting/01_Opening_Keynote_Speech.pdf
Philippe, Sébastien and Stepanov, Ivan [2023], "Radioactive Fallout and Potential Fatalities from Nuclear Attacks on China's New Missile Silo Fields," *Science and Global Security*, Vol. 31, April 2023, pp.3-15.
PwC [2017], "The Long View : How Will the Global Economic Order Change by 2050?" February 2017. https://www.pwc.com/gx/en/world-2050/assets/pwc-the-world-in-2050-full-report-feb-2017.pdf
RECNA NPT Blog [2023], https://www.recna.nagasaki-u.ac.jp/recna/bd/files/RECNA_NPT_Blog_2023.pdf
Robok, Alan, Toon, Owen B., Bardeen, Charles G., Xia, Lili, Kristensen, Hans, M., Mckinzie, Mattew and Peterson, R.J. [2019], "How an India-Pakistan Nuclear War Could Start—And Have Global Consequences," *Bulletin of the Atomic Scientists*, Vol. 75, Issue6, October 2019, pp.273-279. https://www.tandfonline.com/doi/full/10.1080/00963402.2019.1680049
Ronald Reagan Presidential Library and Museum [1985], Joint Soviet-United States Statement on the Summit Meeting in Geneva. https://www.reaganlibrary.gov/archives/speech/joint-soviet-united-states-statement-summit-meeting-geneva
UNEP [2023], "Ozone Layer Recovery Is on Track, Helping Avoid Global Warming by 0.5℃," 9 January 2023. https://www.unep.org/news-and-stories/press-release/ozone-layer-recovery-track-helping-avoid-global-warming-05degc
UNFCC [2023], *Past Conferences Overview*. https://unfccc.int/process-and-meetings/conferences/past-conferences/past-conferences-overview
United Nations [1995], "Principles and Objectives for Nuclear Non-Proliferation and Disarmament." https://front.un-arm.org/wp-content/uploads/assets/WMD/Nuclear/1995-NPT/pdf/NPT_CONF199501.pdf
US Senate Committee on Armed Services [2018], シュルツ米国務長官公聴会証言, "S.Hrg. 115-738 – Global Challenges and U.S. National Security Strategy," 25 January 2018. https://www.congress.gov/event/115th-congress/senate-event/LC65021/text
White House [2009], "Remarks by President Barack Obama in Prague as Delivered," 5 April 2009. https://obamawhitehouse.archives.gov/the-press-office/remarks-president-barack-obama-prague-delivered
White House [2022], "Joint Statement of the Leaders of the Five Nuclear-Weapon States on Preventing Nuclear War and Avoiding Arms Races," 3 January 2022. https://www.whitehouse.gov/briefing-room/statements-releases/2022/01/03/p5-statement-on-preventing-nuclear-war-and-avoiding-arms-races/

あとがき

「まえがき」でも記したが本書は、科研費研究基盤（B）の助成に基づく研究プロジェクト「安全保障を損なわない核軍縮」（代表研究者・吉田文彦、2021-2023年度）の成果をまとめたものである。

助成の申請準備をしていた2020年の夏ごろはまだ、核兵器禁止条約（TPNW）は未発効だったが、発効は時間の問題だった。3年間の研究の間に、TPNWは予想どおりに発効したものの、想定していなかった事象も起きた。ロシアによるウクライナ侵略である。ロシアのウラジーミル・プーチン大統領ら政府首脳が「核の恫喝」とも受け取れる発言を繰り返し、キューバ危機（1962年）以降では最も核リスクが高まったなどの懸念が続出した。その反射効果か、ロシアだけでなく米国とその同盟国、さらには中国、北朝鮮でも核兵器への依存傾向が強まった。TPNWを支持する非核兵器国と核抑止依存諸国（核兵器国・核の傘国）の間の「分断」状態もさらに深刻化して、核軍縮の時代は（少なくとも当面は）終わったとの見方も相次ぐようになった。

ウクライナ戦争開始後、権威主義国家の色彩の濃いロシアと北朝鮮の接近が目立つようになったことも、北東アジアの安定に影を落とすようになった。ロシアのプーチン大統領は2024年6月19日、24年ぶりに北朝鮮を訪問して金正恩総書記と首脳会談を行った。北朝鮮の朝鮮中央通信は翌20日に両首脳が19日に署名した包括的戦略パートナーシップ条約の全文を公開したが、そのなかに、どちらか一方が武力侵攻を受けた場合には「軍事的およびその他の援助を提供する」との文言が盛り込まれていた。

金総書記は「両国は、同盟関係という新たな高いレベルに達した」と軍事協力も含めた関係強化にいたったことを強調したが、実際にどのような「同盟」なのかは不明確な部分も多い。それでも欧州戦線でウクライナ戦争を継続中のロシアが北朝鮮とこの条約に合意し、北東アジアへの関与を一段と強めたことは北朝鮮の非核化のみならず、北東アジアでの平和と安全保障にとって新たな変動要因となることも考えられる。

一連の動きは一見すると、本研究プロジェクトには逆風のようにも映るが、よくよく考えると実は順風にも作用すると思うようになった。こういうタイミングだからこそ、核時代からの「出口戦略」を「統合知」で構想することのニーズが高まると考えられるからである。

　もとより「出口戦略」をリアルな視点を持ちながら描き切ることは、ハイレベルの難行である。3年間で研究が完結するわけではなく、今後の研究に多くの宿題を残していることは私たち研究チーム自身も認識している。あるいは、その点を最も強く認識しているのが私たちかもしれない。国際社会の多くの国、人々が共有できるような「出口戦略」の具体化にはまだまだ時間がかかるだろうが、その頂を目指す登山道づくりに着手しなければ、頂を仰ぎみる時間ばかりが過ぎていく。本書が今後の登山道づくりへの議論や行動の触媒になれば幸甚である。

　この難行に一緒に挑んできてくれた本研究チームの仲間の皆さんのご尽力に、改めて感謝の気持ちと敬意を表したい。書籍化に向けては早稲田大学出版部の武田文彦さんに大変お世話になった。この場を借りてお礼を申し上げたい。

2024年10月吉日

　　　　　　　　長崎大学核兵器廃絶研究センター（RECNA）センター長・教授
　　　　　　　　　　　　　　　　　　　　　　　　　　吉田　文彦

索　引

アルファベット

G7 広島サミット　　225, 228
NPT/IAEA 保障措置　　156, 158, 162
N5　　16, 17, 51, 52, 54, 57-62, 160, 349
P5　　16, 51, 52, 60, 61, 349
　──プロセス　　52, 57
P5 = N5　　51, 52
P5/N5　　52, 53, 55-60, 62
　──体制　　17, 51, 52, 57, 61, 62

あ　行

アインシュタイン，A　　18, 166, 167
アフリカ非核兵器地帯　　60, 146
アメリカ・ファースト　　59
アルゼンチン・ブラジル核物質管理機関
　　（ABACC）　　142, 163
一貫した反対国　　204
1 発の核兵器の戦略的価値　　152, 161, 283
一般国際法　　194, 337
一般的抑止　　190-193, 195, 231
「違法から権利は生じない」（*ex injuria jus non oritur*）　　210
イラン　　25, 91, 126, 133, 134, 139, 141, 142, 145, 147, 152, 157, 185, 222, 229, 230, 281, 282, 316, 334, 343
インド　　25, 27, 42, 55, 60, 63-65, 68, 73, 77, 78, 82, 83, 89, 92, 122, 126, 133, 134, 138, 159, 160, 169, 220, 222-224, 227-229, 249-251, 259, 266, 272, 288, 303, 304, 310, 335, 340-342
ウクライナ侵略　　16, 27, 53, 56-60, 96, 190, 245, 246, 249, 254, 257, 310, 316, 321, 329
宇宙空間　　22, 47, 75, 201, 290, 321
エスカレーション（核の）　　20, 36-39, 59, 290, 321, 326, 336
　──抑止　　191, 252, 253, 257
オイルプラットフォーム事件判決　　185
欧州原子力共同体（ユーラトム）　　131, 132, 142, 146, 163
オープンエンド作業部会（OEWG）　　53, 54

か　行

海戦法規　　197, 198
害敵方法・害敵手段　　180, 185, 194, 195, 197-207, 212-216, 231, 269, 270
カウンター・バリュー（戦略）　　180, 201, 209, 210, 252, 270
カウンター・フォース（戦略）　　252, 270
化学兵器　　202, 212, 253, 269, 286, 302, 312, 326
　──禁止条約（CWC）　　219, 224
核拡散抵抗性　　135, 136
核共有　　31, 40, 44, 46, 49, 59, 60, 218, 233, 234, 307
核軍縮交渉義務　　221
拡散対抗（counter-proliferation）　　139, 336
拡散に対する安全保障構想（PSI）　　139, 144
核秩序の保護者（ガーディアン）　　58
核セキュリティ　　135, 140, 143, 145, 146, 255, 277, 279
核戦略　　34, 36, 37, 66, 87, 191, 211, 247, 255, 256, 262, 263, 265, 289, 322, 336-339
拡大（核）抑止　　44, 63, 73, 74, 90, 328, 329, 339
核秩序　　52-62, 149, 150, 174
　──の不安定化　　149
核燃料サイクル　　139, 140, 145, 146, 278, 279
　──の多国間管理　　139
核燃料バンク　　139
核廃絶レジーム　　149, 154, 155, 157, 159, 161-166, 168, 242, 283-286
核不拡散　　16, 24, 26, 48, 51, 57, 58, 60, 62, 83, 120-124, 126, 127, 130, 132, 133, 135-138, 143, 147, 149, 150, 155-157, 162, 169-172, 175, 218, 219, 222, 223, 227, 229, 230, 242, 271-275, 277-279, 283, 286, 302, 303, 305, 306, 311, 330-332, 335, 342-345, 350
　──レジーム　　159, 162, 165, 242, 282-286
核不拡散条約（NPT）
　再検討（運用検討）会議
　　1995 年再検討・延長会議　　53, 124, 132, 223, 332

2000年再検討会議　53, 58, 133, 171, 228, 332
2005年再検討会議　53, 133
2010年再検討会議　53, 332
2015年再検討会議　126
2022年再検討会議　49, 58, 102, 103, 316, 355
　――の三本柱　48, 121, 138, 271, 311, 331, 350
　――の持続可能性　181, 242, 274, 275, 277, 282, 286, 349
　――の「抜け穴」　142
　――の不平等性　48, 121, 133, 134, 149, 272, 279, 345
　ポストNPT体制　150, 152, 158, 274, 276
核復仇　209, 214, 270, 340, 353
核兵器禁止条約（TPNW）　28, 31, 32, 41, 48, 49, 53-57, 62, 99, 101-103, 126, 141, 151, 152, 156, 158, 169, 173, 175, 203, 219, 224, 226-230, 232, 233, 242, 245, 246, 249-251, 269, 273-276, 291, 293, 306, 307, 330-332, 334, 344-346, 351, 355
核兵器の1発の戦略的な価値　→1発の核兵器の戦略的価値
核兵器の合法性に関する勧告的意見　184-189, 192-195, 200, 202, 203, 210, 268, 314, 339
核兵器の非人道性　28, 53, 101, 104, 105, 151, 170, 246, 333
核兵器廃絶国際キャンペーン（ICAN）　53
核兵器用核分裂性物質生産禁止条約（FMCT）　132, 219, 224-226, 228-230, 232, 330
核抑止政策　29, 38, 39, 42, 43, 96, 105, 189, 191-193, 195, 291
過度の傷害と無用の苦痛　269
環境法（国際環境法）　198, 268, 348
勧告的意見　→核兵器の合法性に関する勧告的意見
慣習法（慣習国際法）　180, 183, 184, 200-209, 212, 215, 232, 233, 244, 269, 313, 337-339, 346
北大西洋条約機構（NATO）　27, 31-33, 35-41, 44, 57, 72, 125, 130, 185, 190, 206-209, 214, 218, 252, 257, 258, 261, 310, 318, 339
北朝鮮（朝鮮民主主義人民共和国）　25-27, 42-46, 57-59, 63, 66, 74, 78, 79, 82, 84-90, 92, 96, 102, 122, 126, 133, 134, 137, 138, 141, 142, 144, 145, 147, 152, 160, 162, 169, 170, 174, 207, 208, 221, 222, 224, 227-230, 253, 255, 258, 259, 265, 266, 271, 272, 275, 280, 281, 291, 293, 310, 3
規範　19, 28, 48, 93, 100, 104, 126, 137, 140, 141, 143-148, 151, 170-172, 181, 199, 224, 232, 245, 249, 254, 258, 268, 273, 318, 325, 335, 337, 340, 342, 347
機微技術　166, 278, 285
究極の暴力　167
旧ユーゴスラヴィア国際刑事裁判所（ICTY）　207, 212
共通言語　182, 193, 216, 219, 229-233, 302, 337-339
ギヨーム，G　187
均衡性（自衛権の）　184, 185, 188, 191-195, 351
禁止される兵器　200-203, 205
空戦法規　198
区別原則　180, 181, 205, 270, 338
クラスター弾条約（オスロ条約）　199
グランド・バーゲン　48, 58, 131, 138, 146, 221, 271, 272
クリミア侵略　58
グローバルサウス　17, 57, 61, 134, 151, 159, 250, 251, 335
軍事的考慮　199
軍事的必要性　199
軍事目標　20, 180, 185, 194, 197, 200, 201, 206, 207, 244
軍縮会議（CD）　222-226, 350, 351
ケネディ，J・F　20, 24, 59, 251, 252
ケーラー，C・R　194
検証・執行体制　150, 161, 163, 165, 285
検証のコスト　154, 157
原子力供給国グループ（NSG）　122, 139, 143, 144, 171, 172, 278
原子力（の）平和利用　23, 48, 58, 121, 122, 127, 131, 141, 144-146, 161, 162, 164-166, 168, 169, 171, 172, 174, 175, 220-222, 242, 271, 272, 278, 279, 283-286, 293, 311, 331, 335, 336, 343-345, 350
現地査察　154
原爆判決　→下田事件判決
豪英米三国間安全保障パートナーシップ（AUKUS）　60, 78, 82-84, 171
公共善エコノミー　166, 168
行動計画　53, 333
高濃縮ウラン　60, 86, 120, 142, 224, 263, 281,

282, 343
国際管理構想　166
国際軍事裁判所（IMT）　213
国際刑事裁判所（ICC）　212-214, 339
国際原子力機関（IAEA）　25, 86, 121, 122, 131, 132, 137-143, 146, 153, 156, 157, 162-164, 166, 171, 173, 175, 220, 221, 277-282, 285, 343-346
　――保障措置　131, 132, 136, 138-142, 146, 156, 157, 161-166, 168, 183, 184, 221, 277-282, 284, 285, 303, 343, 345
　――保障措置追加議定書　138, 141, 143, 157, 158, 166, 277, 278, 284
国際司法裁判所（ICJ）　180, 181, 183-189, 191-195, 200, 202, 203, 210, 268, 314, 339
国際人道法　101, 180, 181, 186, 193-199, 201-203, 207-211, 213-216, 218, 219, 231-234, 242-244, 249, 254, 257, 268-270, 286, 302, 313-315, 326, 338, 339, 341, 342, 347, 351, 353, 355（武力紛争法もみよ）
国際政治学　94, 180, 181, 190, 192, 231
国際的武力紛争　196, 197, 212
国際の平和と安全　219, 220, 222, 228
国際法学　181
国際連盟規約　183, 218, 219
国連安全保障理事会（国連安保理）　25, 49, 58, 62, 92, 122, 129, 132, 133, 138, 140-142, 145, 147, 161-163, 212, 280-282, 293, 338, 340, 343, 344, 349, 350
　――改革　350
　――決議1540　140, 144, 172
　――常任理事国　16, 49, 51, 90, 142, 144, 162, 163, 282, 349, 350
国連憲章（国際連合憲章）　16, 52, 92, 129, 183, 184, 187, 188, 190, 193, 195, 196, 198, 210, 219, 230-234, 249, 280, 313, 337, 338, 340-342, 347-350
国連原子力委員会　220
国家責任条文　208
個別的自衛権　→自衛権

さ　行

最小限ポイント　149, 150, 152, 154-157, 172, 175
再処理　84, 120, 122, 139, 143, 165, 166, 169, 277-279, 284, 285, 344, 345

サイバー　27, 47, 69, 71-73, 75, 79, 80, 82, 198, 201, 263-265, 289, 290, 321
作戦ドメイン　198
差別適用　186, 195, 209, 210, 268
暫定的な体制　150
自衛権　80, 184-188, 191-195, 209-211, 231, 234, 268, 338, 347, 351
自衛の極限状態（極限状況）　184, 186-188, 194, 195, 210, 268
シェリング，T　190
市民社会　28, 53, 56, 126, 246, 322
下田事件判決　200, 201
シュウェーベル，S　191
従順な反抗（obedient rebellion）　61
集団的自衛権　→自衛権
集団的戦時復仇　211, 270
柔軟対応戦略　59
ジュネーヴ諸条約第1追加議定書（第1追加議定書）　180, 197, 206, 208, 209, 211, 212, 214, 215, 270, 339, 340
ジュネーヴ諸条約第2追加議定書（第2追加議定書）　197
ジュネーヴ法　196-199
ジュネーブ軍縮会議（CD）　54, 130
シュルツ，G・P　95, 254, 292, 320
消極的な安全保証　32, 58, 133, 225, 283
ジョージ，A　190
新アジェンダ連合（NAC）　53
人権法（国際人権法）　198, 268, 313-315
新興大国　55-57, 61, 62, 149
　――の台頭　53, 55
新戦略攻撃兵器削減条約（新START）　25, 27, 46, 102, 153, 154
人道的考慮　199
スナイダー，G　189
生物兵器　202, 269, 312, 326
　――禁止条約（BWC）　219
赤十字国際委員会（ICRC）　196, 206
絶対悪　158, 276, 356-358
戦時国際法　196, 313
戦時復仇（belligerent reprisals）　181, 201, 206-211, 214, 215, 231, 233, 269, 270, 326, 339, 347
潜水艦　22, 65, 66, 81-83, 87, 171, 172, 201, 206, 260-263, 266, 352

——発射型弾道ミサイル（SLBM） 43, 81, 86, 153, 352
戦争犯罪 207, 208, 211-215, 340
戦争法 180, 196, 197, 313
選択的核拡散 53
戦闘員 39, 180, 197, 199-202, 269, 270
戦闘方法・戦闘手段 →害敵方法・害敵手段
戦略的安定性 93, 120, 121, 126, 154, 155, 170, 275
戦略的ターゲット 154, 155
戦略爆撃機 67, 83, 153, 352
戦略兵器削減条約（START） 25, 126, 153, 351
戦略兵器制限交渉（SALT）Ⅰ 24, 153, 323
戦略兵器制限交渉（SALT）Ⅱ 153, 324

た 行

対抗措置 22, 144, 208
第3次世界大戦 57, 286, 302
対人地雷禁止条約（オタワ条約） 199
（核兵器を代替するという意味での）代替兵器 154, 155
大陸間弾道ミサイル（ICBM） 76, 85-87, 153, 352
大量報復戦略 59
多国間管理 145, 146, 344
懲罰的抑止 192, 255, 325, 326
直接的抑止 →一般的抑止
通常兵器 20, 36, 37, 87, 125, 185, 187, 189, 193-195, 202, 206, 207, 209, 215, 245, 256, 263, 289, 290, 321, 324, 325
敵対行為 182, 186, 196, 197, 199, 200, 269, 338
電磁波 72, 73, 198, 201
道徳哲学 167
トランプ, D 21, 27, 43, 46, 52, 59, 63, 64, 66, 73, 77, 92, 98, 102, 103, 254, 267, 336

な 行

濃縮 25, 83, 86, 120, 129, 139, 143, 165, 166, 277-279, 281, 282, 284, 285, 343-345

は 行

ハーグ法 196-199
ハーグ陸戦規則（陸戦条約付属陸戦規則） 197, 205, 206, 243

バーチャル抑止 164, 165
バックスターの逆説 203
発効要件 222-224, 226
パラダイム（パラダイム・シフト） 54-56, 158, 348
非核兵器地帯条約 99, 141, 146, 291, 330
ヒギンズ, A 186
非国際的武力紛争 196, 197
非国家主体 26, 120, 122, 137, 140, 143, 145, 167, 172, 279
必要性（自衛権の） 27, 32, 35, 43, 45, 47, 48, 71, 102, 120, 125, 140, 150, 156, 176, 180, 184, 188, 191-194, 245, 276, 278, 307, 326, 332, 343, 348, 349, 353, 358
平等適用 →差別適用
付随的損害 200-202, 205, 206, 270, 340
不戦条約 183
ブダペスト覚書 58
武力攻撃 32, 146, 184, 186, 188, 191, 192, 194, 211
武力行使 45, 80, 180-188, 190-192, 195, 196, 208, 209, 231, 232, 268, 313, 338, 347
武力による威嚇 182-184, 187-193, 195, 231, 313
武力紛争法 180, 196, 268, 338
フロイト, S 166, 167
ブローディ, B 180
紛争の平和的解決 42, 183, 342
文民 28, 180, 181, 197, 200, 202, 206-209, 214, 244, 252, 254, 341
平時 31, 79, 198, 199, 219, 268, 313-315
　——一元化 198, 208, 268
平和利用 128, 131, 132, 134-136, 138, 143, 144, 162, 168, 271, 279, 281
平和のための原子力 121, 129, 220
ベラルーシ 31, 40, 60, 91, 102, 255, 318
ペリー, W・J 95, 261, 262, 292
包括的核実験禁止条約（CTBT） 25, 91, 132, 141, 175, 219, 222-226, 228-230, 232, 330, 350
包括的共同作業計画（JCPOA） 92, 142, 147, 157, 158, 282, 334
包括的保障措置 137, 139, 164, 278
　——協定（CSA） 122, 139, 141, 157
法的ドメイン 198
報復（retorsion） 209

補完　54, 99, 137-139, 141, 144, 146, 148, 152,
　　173, 197, 252, 255, 278, 323, 336, 338, 350

ま　行

巻き添え損害　→付随的損害
マルティラテラリズム　91-93, 98-100
民用物　180, 181, 200-202, 206, 208, 214, 252
無期限延長　25, 53, 55, 91, 92, 124, 128, 132,
　　133, 137, 223, 271, 272, 306
無兵器抑止力　165, 166, 284, 285
明確な約束　53, 133, 152, 332
モーガン，P　190-192

や　行

唯一の目的　43, 73, 194, 253
輸出管理　26, 122, 126, 138-140, 143, 144, 171,
　　172, 278, 325, 336
ユス・アド・ベラム（*jus ad bellum*）　182-186,
　　188, 191-196, 209, 210, 231, 268, 338, 347
ユス・イン・ベロ（*jus in bello*）　180, 182,
　　183, 185, 186, 193-196, 231, 268, 338
ユス・コントラ・ベラム（*jus contra bellum*）
　　184
ユニラテラリズム　91-93, 98-100

ら　行

烙印　158, 307
陸戦法規　197, 198
留保　187, 206, 208, 209, 211, 214
ルワンダ国際刑事裁判所（ICTR）　212
六者協議　142, 144
ローフェア（lawfare）　182, 337

核なき時代をデザインする
国際政治・核不拡散・国際法からみた現実的プロセス

2024年12月30日　初版第1刷発行

編著者……………吉田　文彦
　　　　　　　　遠藤　誠治
　　　　　　　　佐藤　丙午
　　　　　　　　真山　　全
発行者……………須賀　晃一
発行所……………株式会社　早稲田大学出版部
　　　　　　　　〒169-0051　東京都新宿区西早稲田1-9-12
　　　　　　　　TEL03-3203-1551　https://www.waseda-up.co.jp
本文DTP…………株式会社ステラ
装　丁……………佐藤　篤司
印刷・製本………中央精版印刷株式会社

©Fumihiko Yoshida, Seiji Endo, Heigo Sato, Akira Mayama 2024 Printed in Japan
　ISBN 978-4-657-24008-8
無断転載を禁じます。落丁・乱丁本はお取替えいたします。